国家社科基金
后期资助项目
GUOJIA SHEKE JIJIN HOUQI ZIZHU XIANGMU

中国哲学史史料学史论

On the History of Historical Data Science in
Chinese Philosophy's History

曹树明 / 著

社会科学文献出版社
SOCIAL SCIENCES ACADEMIC PRESS (CHINA)

国家社科基金后期资助项目
出版说明

后期资助项目是国家社科基金设立的一类重要项目，旨在鼓励广大社科研究者潜心治学，支持基础研究多出优秀成果。它是经过严格评审，从接近完成的科研成果中遴选立项的。为扩大后期资助项目的影响，更好地推动学术发展，促进成果转化，全国哲学社会科学规划办公室按照"统一设计、统一标识、统一版式、形成系列"的总体要求，组织出版国家社科基金后期资助项目成果。

全国哲学社会科学规划办公室

摘　　要

　　本书以"中国哲学史史料学史论"为题，试图追溯中国哲学史史料学学科之产生、发展的过程，进而揭示其发展规律并预测其未来走势。

　　从现有的作为本书研究主体的中国哲学史史料学论著看，它们大都包括史料学通论和史料举要两部分内容，前者提供对史料进行搜集、鉴别、校勘、训诂、辑佚等工作的步骤和策略，后者通过介绍中国哲学史上的著作、人物、派别等承担指示读书门径的作用。因而在一定意义上说，正是这两个部分构成了中国哲学史史料学学科发展的主要线索。我们还能看到，在中国哲学史史料学的学科演进中，不仅史料学通论部分在史料学著作中所占的篇幅比例不断扩大，而且这两部分主体内容都在不同程度地发展着，更为具体地说，就是史料学方法之理论研究的深度日渐增加，史料介绍的范围广度以及方式方法亦呈日益扩展或改善之势。鉴于此，我们以史料学理论和史料举要在某个思想家的史料学研究中所表现的特征为主要分期标准，辅之以时代和学科意识之有无的次要分期标准，将中国哲学史史料学史分为萌芽、形成、发展和突破四个历史阶段。

　　萌芽阶段以胡适和梁启超为代表。对于胡适，介绍了他在留学时期对中国哲学史史料学相关问题的初步研究、其《中国哲学史大纲》对中国哲学之史料研究方法较为系统的阐发，以及他在后来的佛教史研究中所展现的中国哲学之史料研究方法的领域化。关于梁启超，分析了其有关中国哲学之史料举要的特点、体例，重点介绍了他晚年关涉史料分类、史料搜集、史料辨伪、史料辑佚和史料校勘等史料学方法的研究，并对其在佛教史料方法上尤其是在佛经目录学上的贡献进行了探讨。该阶段的相关研究具有三个优点：（1）紧密结合中国传统考据学与西方实证主义考证法；（2）将哲学史料从内在的生活方式转变为物化的反思对象；（3）初步涉及了中国哲学史之史料方法的方方面面，大体勾画出了"中国哲学史史料学"的轮廓。但他们的研究也存在缺乏自主的学科意识、从量上来说过于简略等缺点。

　　形成阶段以朱谦之和冯友兰为代表。首先，从"重点选题，设计中国哲学史史料学的篇章体例""三层递进,界定'中国哲学史史料学'""三重证据,诠释殷商哲学史料""三个阶段,展示易学哲学史料之演变历程""三个派别,分疏老、庄哲学史料""去粗取精,整理近代思想史料"六个方面讨论了朱谦之先生对中国哲学史史料学的贡献;其次,关于冯友兰先生的史料学研究,分 20 世纪 20~40 年代史料学研究的起步阶段、50~60 年代史料学研究的学科化阶段和 80~90 年代史料学研究的补充阶段进行论述。中国哲学史史料学的形成阶段有三个主要特征:学科意识明确、尝试以马克思主义作为指导原则、中国哲学史史料学之撰写体例呈现多样化的局面。需要改进之处有史料学方法的理论阐述仍然严重不足且不够集中、具体哲学典籍的介绍也嫌简略等。

发展阶段以张岱年、刘建国和石峻为代表。关于张先生,从其 20 世纪 30 年代为中心的《老子》年代考证体现的史料研究方法和 70~80 年代中国哲学史史料学的集中研究两个方面宣介。关于刘先生,则以其《中国哲学史史料学概要》和《先秦伪书辨正》为中心介绍其在史料学理论尤其是在具体哲学史料介绍方面的推进。关于石先生,首先挖掘其 30、40 年代中国哲学史史料学相关问题的研究,然后以其 80 年代的《中国哲学史史料学讲义》为重点介绍其在此领域的系统研究。整体看来,此阶段关于史料学方法的理论阐释业已形成一定规模,并具备一定的系统性;具体哲学史料的介绍得到完善和发展;对马克思主义基本原理的应用也已经较为成熟。但三人都没有将成规模、成系统的史料学方法纳入中国哲学史史料学的著述系统。

突破阶段以萧萐父、刘文英和《中国哲学史史料学论稿》作者为代表。关于萧先生,分 20 世纪 60、80 年代关于史料学问题的零散论说和 90 年代关于中国哲学史史料学的系统成就两部分探讨,并认为其最大的贡献就是将比较系统的史料学理论纳入了中国哲学史史料学著述体系。关于刘先生,指出其贡献主要在三个方面:(1)进行系统的学科定位;(2)突出史料学方法的理论研究;(3)拓展史料学研究领域。关于《中国哲学史史料学论稿》,也分析了其三项主要贡献:(1)更大规模、更为系统的史料学方法论之探讨;(2)完善中国哲学史史料学学科体系之构想;(3)提出并应用"常见易得"之史料介绍原则。该阶段的主要特征有三:(1)具有一定规模和一定系统的史料学方法通论进入中国哲学史史料学的专著体系。(2)开始反思中国哲学史史料学的学科体系。(3)具体哲学史料介绍上展现特色。然而，中国哲学史史料学的突破阶段无论在史料学理论还是在史料举要方面都仍然存在有待改进或有待商榷之处。

最后，本书在对中国哲学史史料学之学科发展路径的反思中总结其发展规律、预测其未来走势。认为，从学科定位的角度看，经历了一个从无学科意识到有学科意识以及学科意识产生之后在具体的学科定位上将之从视为基础学科到看作分支学科的过程；从史料学方法的角度看，呈现出从方法较为粗浅或将方法蕴涵于具体治学实践、渗透于具体哲学史料的介绍到史料学方法逐步集中、逐步完善和逐步系统的趋势；从史料举要的角度看，贯穿着一个从哲学史料介绍得相对简略到广度深度逐步增加的线索；从史料学通论和史料举要两个部分在史料学论著中所占比例的角度看，发生了从只有简单的史料方法介绍（胡适）到史料学通论部分规模逐步扩大乃至其与史料举要部分在篇幅上平分秋色的演化。在走向成熟的过程中，中国哲学史史料学可能出现八种研究趋势：（1）进一步深入对史料学方法的理论研究；（2）反思中国哲学史史料学的研究方法或研究模式；（3）展开断代史、专门史和宗派（学派）史的史料学研究；（4）继续吸收相关的考古新成果；（5）介绍具体哲学史料时，注重分析其史料属性；（6）进一步使中国哲学史史料学之学科体系规范化和科学化；（7）及时容纳信息化、电子化和网络化的相关成果；（8）重视中国哲学史史料学史的研究。

Abstract

On the History of Historical Data Science in Chinese Philosophy's History
traces back to the Chinese philosophy's historical data science's emergence and
development, and then reveals its law of development and predicts its future
trend.

The works concerning historical data science in Chinese philosophy's history
which are the main research objects of this book mostly include two parts. One is
the general theory of historical data science, providing steps and strategies for
the collection, identification, collation, explanation, and Jiyi (to compile and
edit scattering documents and manuscripts) of historical data. The other is the
brief introduction to historical data, undertaking the function of guidance to
reading through introducing the works, figures and schools in the history of
Chinese philosophy. In a sense, these two parts are just the main clue to the de-
velopment of this subject. We can see that not only are the percentage of general
theory part in the relevant works enlarged continuously, but also both of the two
parts are developing. To be specific, the depth of theoretical research about the
method of the historical data science is deepened increasingly, while the scope
and pattern of historical data's introduction is improved day by day. Therefore,
the main criterion for separating historical stages is found. That is, the
characteristic which is showed by the general theory part and the introduction
part in a certain thinker's historical data science research. With the help of the
secondary criterion which is era and subject awareness's having or not, we
divides the history of historical data science in Chinese philosophy's history into
four stages: budding, shaping, developing and surmounting.

The budding stage is represented by Hu Shi and Liang Qichao. As for Hu
Shi, this book introduces his preliminary research on historical data science's
relevant problems when he studied abroad, his systematical discussion on the
method of historical data research in *Outline of Chinese Philosophy's History*, and

his later research on Buddhism which leads the method of historical data's research into a certain field. As for Liang Qichao, the book analyzes the characteristic and style when he introduces the historical data relative to Chinese philosophy, and mainly introduces his classification, collection, identification, Jiyi, collation on historical data in his later years. His historical data method about Buddhism materials especially sutra bibliography is discussed too. Three merits lie in this stage's research: close combination of Chinese traditional textology and western positivism textual research method, transformation of phil-osophical materials from inner life-style to external reflective object, general sketch of *historical data science in Chinese philosophy's history*. However, their research are lack of independent subject awareness and are excessively simple in quantity.

The shaping stage is represented by Zhu Qianzhi and Feng Youlan. Firstly, the book introduces Zhu Qianzhi's contribution from six aspects. They are, selecting important topics to design chapter style, progressively transforming to define historical data science in Chinese philosophy's history by three-level, providing three-layer proofs to explain Yin and Shang dynasties ' philosophical materials, displaying Yi-ology materials' process through three stages, dividing Lao Zi and Zhuang Zi's philosophical materials into three schools, compiling philosophical materials in modern times based on the principle of discarding the dross and selecting the essential. Secondly, it discusses Feng Youlan's research on historical data science, which is separated into 1920s – 1940s (the initial stage), 1950s–1960s (the subject stage) and 1980s–1990s (the supplement stage). There are three characteristics of the shaping stage: clear subject awareness, Marxism as guidance, diversification of writing style. But there are still two aspects needed to be improved. The theoretical interpretation about historical data method is seriously insufficient and scattered. The introduction to specific philosophical classics is somewhat brief.

The developing stage is represented by Zhang Dai'nian, Liu Jian'guo and Shi Jun. With regard to Mr. Zhang, this book talks about his historical data method which is embodied by testifying *Lao Zi's* year in the 1930s, and his con-centrated research on historical data science in Chinese philosophy's history in the 1970s – 1980s. Concerning Mr. Liu, it introduces his advance in theory parts, especially in brief introduction part, based on his two works—*The Synopsis of Historical Data Science in Chinese Philosophy's History* and *The Justification for the Pseudograph of Pre-Qin Dynasty*. As for Mr. Shi, the book excavates his related research in the 1930s and 1940s, and then elaborates his systemic research in his *Lecture Notes of Historical Data Science in Chinese Philosophy's History* in the 1980s. To sum up, in this stage, the theoretical explanation of historical data method is already having a certain scale, and the introduction to special philosophical materials is perfected. Simultaneously, the application of Marxism is already comparatively mature. It's a pity that the scholars in this stage have not put method of historical data science with a certain scale and system into writing practice.

The surmounting stage is represented by Xiao Shafu, Liu Wenying and the writers of *Discussing Manuscript of Historical Data Science in Chinese Philosophy's History*. Concerning Mr. Xiao, this book uses two parts. They are, scattered remarks on the problem of historical data science in the 1960s and 1980s, and systematical research in the 1990s. In addition, Mr. Xiao implants systematical theory part into writing practice, and it is regarded as the most great contribution. Mr. Liu's contributions mainly lie in three aspects. The first one is systematical orientation of the subject. The second one is to extrude the theoretical research of the method of the historical data. The third one is the expanding of the research field. *Discussing Manuscript of Historical Data Science in Chinese Philosophy's History* has three contributions too. Firstly, much larger-scale and more systematic methodology of historical data science is discussed. Secondly, perfect subject system is conceived. Lastly, introducing law of historical data— common and accessible—is put forward. There are three characteristics of this stage. Firstly, general theory of historical data science's method with a certain scale and system enters into the writing system. Secondly, subject system is reflected. Thirdly, features are showed in the introduction to specific philosophical materials. Nevertheless, both the theory part and the introduction part need to be improved.

In the end, this book summarizes the developing law and the future trend of historical data science in Chinese philosophy's history while reflecting the process of this subject. It is reasonable to think that, there is a process from having nothing to having, from basic subject to branch subject when judging from the angle of subject orientation, a process from superficial to gradually perfect, gradually systematical while seeing from the angle of the method of historical data science, a process from comparatively brief to gradually much wider and deeper while analyzing from the angle of historical data's introduction, and a process from only having simple introduction of historical data to a larger scale and then to occupying half of a book when checking the percentage of the theory part and the introduction part in a book of historical data science. While moving towards maturation, it predicts eight research trends of this subject. Firstly, theoretical research of historical data science's method will be deepened. Secondly, research mode will be reflected. Thirdly, the research of the dynastic history, special history and school history of the historical data science will be carried on. Fourthly, new archaeological achievements will be continuously assimilated. Fifthly, the materials' attributes will be paid more attention to when introducing specific ones. Sixthly, the system of the subject will be more normative and scientific. Seventhly, the achievements of informatization, electronization and networking will be contained immediately. Eighthly, more importance will be attached to the study of the history of historical data science in Chinese philosophy's history.

目 录

绪　　论

　　毫无疑问，中国哲学史研究属于历史研究。而历史研究必然指向史料。具体到中国哲学史研究领域来说，则必然指向内含中国哲学思想的史料。从一般的史学角度而言，史料的出现是客观自然的随机过程，史料的整理则是主观人为的规范过程。① 因此，从属性上看，史料既是静态的存在，又是动态的存在。当其留存于历史时空的那一刹那，史料就瞬间变成了静态的资料。倘若无人整理，它将会一直静止下去。当史学家回顾过去的相关主题从而对之加以重新审视时，史料就由于主观之人的介入而呈现运动状态。当然，其运动并不是史学家的单方所为，而是史料与史学家之间的双向互动。但是，二者之间的互动不能是茫然的、杂乱的，它具有目的性、有序性的潜在要求。换句话说，即史料与史学家双向互动之始就面对如何更好地整理史料的问题。这个问题自然可以划入历史学论域，但未免失之宽泛，因为更精确地说，它应属于史料学范围。因之，史料学学科的构成便是必然。与一般历史学不同，中国哲学史的史料不仅会由于史学家的规范而动态呈现，而且其强烈的思想性质本身所具有的主观性就很具动态品格。因此，如何将中国哲学史的史料考订清楚、整理系统、解释明白就更成为中国哲学史研究必须首先提出的基础问题。在对这些问题的追问中，中国哲学史史料学学科的构成亦属必然。事实上，自1919年胡适②创建了近代意义的中国哲学史学科以来，"中国哲学史史料学"无论是在学科意识缺乏还是学科意识明确的情况下，都在中国哲学史领域发挥着一定的作用，且有日益加强之势。本书则试图对中国哲学史史料学的学科发

---

① 关于此点，雷戈曾论证道："我们很难说为什么会有这条史料，而没有那条史料。但我们却可以将这条史料加以整理和分析，并将它同其他史料加以排比和归类。即，我们无权任意增加或减少史料，但我们却可以根据我们的需要来不断改变我们处理史料的手段和方法。我们不能随便创造史料或制造史料，而只能有条件有选择地解释史料和运用史料。"（雷戈：《论史料》，《史学月刊》2003年第8期）

② 省文起见，除业师刘文英先生和商聚德先生用"师"或"先生"称呼外，正文中涉及人名皆直呼其名，不加"先生"二字，非不敬也。

展路径作一系统耙梳和分析，以期这个分支学科更好地服务于整个中国哲学史的学科体系。

一　研究对象

一项课题研究展开的必要前提就是要知道它所要研究的是什么，亦即，其研究对象为何？没有明确的研究对象，研究者将会无的放矢。"中国哲学史史料学史"，顾名思义，首先是一种"史"。与其他"史"之不同处在于，它要以"中国哲学史史料学"之发生、发展的过程为研究对象。需要说明的是，我们所谓的"中国哲学史史料学"取狭义，指近代意义的学科，而历史上出现的《汉书·艺文志》之"诸子略""六艺略"《淮南子·要略》《出三藏记集》以及《二曲集》之"体用全学""读书次第"① 等只能视为广义的"中国哲学史史料学"。

"中国哲学史史料学史"既然属于"史"，就一定需要史料。考察该学科的发展历程，最先进入研究者视野的史料应是中国哲学史史料学研究的个案，如冯友兰的中国哲学史史料学研究，张岱年的中国哲学史史料学研究，等等。但是，作为"史"，它又不能止于对这些个案史料的简单罗列，而要在此基础上进一步揭示前后史料之间的逻辑联系，理清整个中国哲学史史料学学科发展的脉络，进而总结其发展规律。② 在相当的意义上，上述工作是研究者对中国哲学史史料学学科之变迁的一种新的诠释。这是因为，研究者所架构的逻辑联系、所清理的发展脉络以及所总结的发展规律只是其对于"中国哲学史史料学史"的主观认识。然而，这种历史认识却是接近"中国哲学史史料学史"这个历史本体的唯一途径。在某种程度上说，历史研究者正在进行或将要进行的对历史本体的探索工作只能是研究者与史料之间的对话，或史料与史料之间的对话、研究者与研究者之间的对话，而不是历史本身，因为历史已经随着相应史料的遗留成为永远不能为人们所完全认知的"本体"。当然，这并不意味着研究者对之无所适

---

① 参见（清）李颙《二曲集》卷7、卷8，陈俊民点校，北京：中华书局，1996，第48~54页、第56~62页。

② 文中逻辑联系的揭示、发展脉络的清理以及发展规律的总结等相当于蒙文通所说之"虚"。蒙认为，"史料是实，思维是虚，有实无虚，便是死蛇"，历史研究要"以虚带实"［参见蒙默编《蒙文通学记》（增补本）之《治学杂语》，北京：三联书店，2006，第1~2页］。

从。事实上，历史研究工作之所以永无止境却恰恰在于历史本体具有此种品格，历史学的永恒魅力也正在于此：不同研究者可以根据史料对历史本体从不同主观视角加以认识。由此我们认为，中国哲学史史料学史的研究任务就是通过对中国哲学史史料学之发生、发展过程的历史认识大致接近或大致还原其历史本体。

总之，中国哲学史史料学史是追溯中国哲学史史料学学科之萌芽、产生，梳理其演变历程，进而揭示其发展规律并预测其未来走势的一门历史科学。

二　研究意义

知道了研究什么，为什么要对它们进行研究的问题就接踵而至。换句话说，研究者需要告诉读者该课题的研究意义。我们认为，研究"中国哲学史史料学史"至少有以下五个方面的意义。

第一，从研究现状看，有助于推进对该学科发展史的系统研究。

20 世纪初，胡适就已在其《中国哲学史大纲》上卷里探讨哲学史料的研究方法。梁启超也对古书的辨伪之方进行了影响深远的探讨。朱谦之更是分别于 1954 年、1959 年以"中国哲学史史料学"为名完成两部书稿，其中 1954 年稿有 1957 年北京大学油印本，2002 年收入福建教育出版社出版的《朱谦之全集》第四卷。1962 年 12 月，冯友兰的《中国哲学史史料学初稿》由上海人民出版社出版。自此，中国哲学史史料学引起学界广泛关注。冯氏之后，张岱年、刘建国、石峻、萧萐父、刘文英师、商聚德师等都有相关论著问世，在很大程度上推进了中国哲学史史料学的学科发展，并且呈现出明显的阶段性和规律性。

然而，对中国哲学史史料学学科之发展路径的梳理和反思并没有引起学界的充分重视。学界或只是对其中某个专著进行书评简介，如包遵信的《张岱年〈中国哲学史史料学〉读后》（《读书》1982 年第 3 期）、李宗桂的《评〈中国哲学史史料学概要〉》（《社会科学评论》1986 年第 6 期）、杨海文的《先秦两汉的著编体例——冯友兰〈中国哲学史史料学〉读后感》（《燕山大学学报》2000 年第 6 期），而事实上各位学者的史料学研究并不见得都集中在其史料学专著里；或只是在新的史料学著作的绪论里对前人成果做一个简单总结，如商聚德师在《中国哲学史史料学论稿》中说"冯著比较通畅，且有首创之功；张著比较简明；刘著比较详细；萧著比较凝练"①、刘文英师的《中国哲学史史料学》（高等教育出版社，2002）也只有两页（第3~4页）内容介绍前人成绩。有关"中国哲学史史料学史"的专门的研究性文章也不多见。此种情势对于一个学科发展历程的反思来说肯定是严重不足的。因而，我们选定的"中国哲学史史料学史"的论题将在一定程度上推进对该学科发展史的系统研究。

第二，从研究对象看，有利于进一步完善中国哲学史史料学学科的研究。

如上文所示，就研究对象而言，"中国哲学史史料学史"不仅要致力于中国哲学史史料学个案研究的优劣辨析，而且重视从整个发展史的视域下总结该学科的发展规律、预测其未来走势。也就是说，个案研究和整体研究在我们对中国哲学史史料学史的梳理中相互为用，相互配合。这样，我们就能更为准确地、更为科学地发现前贤相关研究的可取之处及其有待改进或修缮之处。经过这些扬弃工作，中国哲学史史料学的研究必然会逐步走向较为完善的境地。

第三，从整个学科系统看，有利于推动中国哲学史的研究。

在中国哲学史史料学的学科定位上，我们赞同刘文英师的说法，认为它是中国哲学史这个大学科系统的分支学科之一。综观百年来中国哲学史学科的发展，我们能够看到，其在研究模式上出现过"以西释中""以中释中""中西结合""以中判西"和"以马释中"等多种形式，且时至今日"以西释中"的研究模式在中国哲学史研究中仍然占据着无可争议的主导地位。但我们认为，无论上述几种研究模式的合理性有多大，它们都主要处在对于中国哲学史研究的外在描述方式的层面，而没有充分达到潜入中国哲学史之内在机制的深度。我们如此说，绝不是否认前贤所做出的巨大成绩，也不是要完全摈弃西方式话语，而是主张在研究方向上应当更多地转向对中国哲学之内在思想特质的挖掘，在话语方式上更多地注入中国哲学的内涵乃至以中国哲学的内涵为主，以期最大限度地避免西方哲学对中国哲学的裁制，从而突出中国哲学的主体意识。因为中国哲学的现代转型绝不只是库恩式的范式转换，而应在西方强势文化的冲击下辩证否定中

---

① 商聚德、韩进军：《中国哲学史史料学论稿》，石家庄：河北教育出版社，2004，第3页。

西之间的矛盾转而实现内在的超越。

我们认为，实现中国哲学之内在超越的主要途径就是分析其史料之特殊性征，包括其独特的概念范畴，更包括其中蕴含的独特的思想内容。只有在充分理解史料的这些属性的基础上，我们才能发现中西哲学之间的共性与个性，进而更为合理地实现中国哲学的现代转型。而对哲学史料属性的分析属于中国哲学史史料学的研究范围。因之，梳理中国哲学史史料学的研究个案及整体发展肯定会推动中国哲学史的研究。

第四，从某个思想家的角度看，有利于更为完整地认识其学术成就。

如所周知，大多数研究中国哲学史史料学的学者并不以之为专门的研究方向，而是在研究中国哲学史的过程中顺便或为了应付教学任务而对之加以探究。证诸历史，我们也可以发现，朱谦之、冯友兰、张岱年、石峻、萧萐父等学者在其他方面的学术成就远比其在史料学领域的贡献更为引人注目。由此就造成一种现象，哲学史研究者在把他们作为研究对象时，往往会由于对其哲学思想的偏爱而或多或少地忽视他们在中国哲学史史料学学科上的作为。而这对于完整地认识某个思想家的学术成就来说显然是不利的。"中国哲学史史料学史"的专门研究则在一定程度上弥补了这一缺憾。

第五，从文化交流的角度看，有利于更好地理解中西文化融合的方式。

中国哲学史学科的建立和发展，始终与中西文化的碰撞和交流相呼应。对此，前贤多有提示。如冯友兰晚年总结道："我从一九一五年到北京大学中国哲学门当学生以后，一直到现在，六十多年间，写了几部书和不少的文章。所讨论的问题，笼统一点说，就是以哲学史为中心的东西文化问题。"[1] 徐复观也说："我的想法，没有一部像样的中国哲学思想史，便不可能解答当前文化上的许多迫切问题，有如中西文化异同。"[2] 陈少明亦云："由中西思想比较而建立起来的'中国哲学史'，功能在于沟通两种文化。"[3] 我们认为，不仅中国哲学史，而且作为其分支学科的中国

---

[1]　冯友兰："自序"，第 2 页，载《三松堂学术文集》，北京：北京大学出版社，1984。

[2]　徐复观："序"，第 1～2 页，载《中国人性论史（先秦篇）》，上海三联书店，2001。

[3]　陈少明：《经典世界中的人、事、物》，上海：上海三联书店，2008，第 4 页。

哲学史史料学也是中西文化融合的产物。从胡适留学时所撰写的《论校勘之学》对约翰·浦斯洛教授文章的巧妙借用①以及其《中国哲学史大纲》"导言"的"参考书举要"中所列"论哲学史，看 Windelband's *A Histroy of Philosophy* 页八至十八。论哲学史料，参看同书，页十五至十七注语。论史料审定及整理之法，看 C. V. Langlois and Seignobos's *Introduction to the Study of History*。论校勘学，看王念孙《读淮南子杂志叙》（读书杂志九之二十二）及俞樾《古书疑义举例》，论西洋校勘学，看 *Encyclopaedia Britannica* 中论 Textual Criticism 一篇。论训诂学，看王引之《经义述闻》卷三十一及三十二"②诸中外文献，我们也能看到其中国哲学史料之研究方法的中西合璧。新中国成立后，大多数史料学研究者致力于在传统朴学的基础上建立马克思主义的文献考据学，无疑也是中西融合的良好典范。故而我们认为，中国哲学史史料学史的研究有利于更好地理解中西文化的融合之术。

三　研究方法

学术研究必须针对研究对象制定相应的研究方法。研究方法不同，即使研究对象相同，所得出的研究结论也会存在某些差异。在对"中国哲学史史料学"历史发展的梳理中，我们主要采用了以下两种研究方法。

（一）历时态研究法

与共时态研究法注重从总体上对研究对象做横向的、综合的分析不同，历时态研究法侧重对研究对象做纵向的、时间的、因果的考察。我们之所以选用这种方法，原因有二：

首先，从整体看，"中国哲学史史料学史"作为"史"必然要求揭示中国哲学史史料学学科在不同发展阶段的不同面貌特征、存在的问题，以及这些特征和问题出现的原因。这样的任务显然不是横向的、综合的论证所能完成的，只有经过历时态的纵向的逻辑推演才能厘清。

其次，从研究个案看，涉足中国哲学史史料学研究的各个思想家都经

---

① 在胡适晚年口述中，他提到这篇文章是约翰·浦斯洛教授为《大英百科全书》所写"版本学"一文的节译，只不过他将文中雪莱诗集上的例子换作了中国古典哲学的例子。详见后文。

② 胡适：《中国哲学史大纲》卷上，上海：商务印书馆，1919，第33～34页。

历了巨大的思想变化。中国哲学史史料学学科产生于 20 世纪，这是一个社会急剧动荡不安的时代，且不论有新中国成立前后之别，单就新中国成立前的思想家而言，其思想就异常复杂，变化万千。在这样的时代背景下，该论题所涉及的具体研究对象就不可能是静态的存在，而是有着非常鲜明的前后演变的动态特征。只看他们关于中国哲学史史料学的研究，也能得出同样的结论。这就要求我们对其不同时期的相关研究进行动态分析，不仅研究他们正式发表的论著，而且要对其过程稿、日记、笔记和遗稿等予以适度关注。例如，研究胡适《中国哲学史大纲》对中国哲学史史料学相关问题的贡献，就应对比《中国哲学史大纲》的北京大学讲义稿、油印稿和成书底稿，进而用发生学、历史学、动力学的理论方法探究其史料学研究的运动状态及其形成的内因和动力；研究冯友兰在中国哲学史史料学方面的成就，亦不能只看其《中国哲学史史料学初稿》，而要同时挖掘其在不同时期的相关论述。只有如此，才能看到其史料学研究从不系统到相对系统再到补充的整个过程。

（二）逻辑统一于历史

"逻辑与历史的统一"的方法在中国哲学史研究中的应用非常普遍，甚至可以说发挥了重要的作用。可是，学界运用此法在很多情况下表现出的却是用历史统一于逻辑，而不是用逻辑统一于历史，尽管我们反复强调后者才是正确的做法。我们往往是预先假定自然观、人生观、认识论等内容必定存在于中国哲学史中，然后反过来再去寻找资料佐证，而不是从对原始典籍的研究中延伸出某些哲学论域。事实上，这是一种受预设论历史观支配的本末倒置式的研究方法。

我们在此宣称对"逻辑统一于历史"之方法的应用，即是为了表明我们力图通过对中国哲学史史料学学科发展历程本身的回顾和反思去探寻其发展规律及趋向，而尽力避免预设论历史观的影响。当然，是否真正做到了这一点，尚有待读者的评判。

四　研究框架

本书的研究框架除"绪论"之外，共有五个部分的内容：第一章讲中国哲学史史料学的萌芽，第二章讲中国哲学史史料学的形成，第三章讲中国哲学史史料学的发展，第四章讲中国哲学史史料学的突破，结语则反思中国哲学史史料学学科之发展历程并展望其未来研究趋向。这个研究框架的设定乃是基于对中国哲学史史料学史之分期的思考。历史分期必然要依据一定的标准。那么，如何择取中国哲学史史料学史的分期标准呢？分析与之关系最为密切的中国哲学史，其分期有的是依据社会性质、有的是依据王朝更替、有的是依据时代、有的是依据学术思想形态。从某些角度而言，这些标准均有一定的合理性，但皆不太适于套在中国哲学史史料学史上。我们认为，中国哲学史史料学史的历史分期应该着眼于中国哲学史史料学学科本身的逻辑演进。从现有的作为本书研究主体的史料学论著看，探讨史料学方法理论的"史料学通论"和介绍具体哲学史料的"史料举要"是它们的两部分主体内容，前者提供对史料进行搜集、鉴别、校勘、训诂、辑佚等工作的步骤和策略，后者通过介绍中国哲学史上的著作、人物、派别等承担指示读书门径的作用。因而在一定意义上说，正是这两个部分构成了中国哲学史史料学学科发展的主要线索。我们可以看到，在中国哲学史史料学的学科演进中，不仅史料学通论部分在史料学著作中所占的篇幅比例不断扩大，而且这两部分主体内容都在不同程度地发展着，更为具体地说，就是史料学方法之理论研究的深度日渐增加，史料介绍的范围广度以及方式方法亦呈日益扩展或改善之势。鉴于此，我们以史料学理论和史料举要在某个思想家的史料学研究中所表现的特征为主要分期标准，辅之以时代和学科意识之有无的次要分期标准，将中国哲学史史料学史分为如上述四个阶段，即萌芽阶段、形成阶段、发展阶段和突破阶段①，并以之作为研究框架的主体。

---

① 关于中国哲学史史料学史的各个历史阶段的主要特征，我们将在系统梳理完其整个发展历程后在"结语"部分做总结。

第一章 "中国哲学史史料学"的萌芽

第一节 萌芽阶段概述

谈及中国哲学史史料学，我们首先会想起冯友兰的《中国哲学史史料学初稿》（上海人民出版社，1962），这与冯著是第一本以"中国哲学史史料学"为名且公开出版发行的专著有一定关联。而事实上，对中国哲学之史料方法的探讨在近代意义的中国哲学史学科创立之时即已开始。我们如此说，根据在于作为近代意义的中国哲学史学科创立标志的胡适的《中国哲学史大纲》里就已涉及哲学史料的种类、审定、整理等问题。自此直至 1957 年朱谦之的油印本《中国哲学史史料学》印行亦即中国哲学史史料学学科真正意义上形成，几十年间，尽管与史料学相关的问题从未被学人忽视，但中国哲学史史料学学科一直处于萌芽状态却是不争的事实。在一定意义上说，中国哲学史史料学是中国哲学史学科近代化过程中面对西方文化的冲击而作出的回应：近代化要求中国哲学史研究科学化，而对作为其研究基础的哲学史料及其研究方法的重视无疑会为此一目标的实现提供有力支持。

在中国哲学史史料学的萌芽阶段，最为重要的研究对象当然是与中国哲学史研究直接相关的胡适和梁启超。此外，顾颉刚、王国维、傅斯年、陈垣等学者虽未专门研究中国哲学史，但他们有关史料问题的论述不仅在方法上具有一定的普遍意义，而且也确实为后来的中国哲学史史料学研究者所广泛关注和探讨，所以亦被纳入我们的讨论范围。由于胡适和梁启超的中国哲学史史料学的相关研究有专门章节论述，故"概述"部分主要就顾颉刚等人的有关研究作简单介绍，以便我们对萌芽阶段有一较为全面的了解。

胡适对哲学史料真伪考辨的重视①，成为他的学生顾颉刚怀疑古史的

---

① 关于此点，详见本章第二节"胡适与中国哲学史史料学的相关研究"。

直接导火索。① 1923 年 5 月 6 日，顾颉刚在《努力周报》的增刊《读书杂志》第 9 期上发表了《与钱玄同先生论古史书》。"哪里想到，这半封题为《与钱玄同先生论古史书》的信一发表，竟成了轰炸中国古史的一个原子弹。"② 这是因为，其中提出了一种前所未有的古史观——"层累地造成的中国古史"。具体而言，这种古史观包含三个方面的内容：第一，"时代愈后，传说的古史期愈长"；第二，"时代愈后，传说中的中心人物愈放愈大"；第三，考察古史时，我们"不能知道某一件事的真确的状况，但可以知道某一件事在传说中的最早的状况"。③ 持此种古史观，"看史迹的整理还轻，而看传说的经历却重"④。该半封书信发表后，掀起了近代史学上著名的古史辨运动，赞成者有之，如钱玄同、胡适、童书业等，反对者亦有之，如刘掞藜、柳诒徵、张萌麟等，他们的争论使得"超儒教史观派——超经典派"⑤ 的"疑古"成为一股影响深远的史学思潮，经书的权威受到严重冲击。

　　古史辨派的"疑古"虽有摧毁崇古崇圣之风、破除经书权威的作用，但未免失于太过。王国维的"二重证据法"从某种程度上说即有矫正其偏失的目的⑥，这个主张是 1925 年王氏在受聘清华大学国学研究院后所编讲义中提出的。他说："吾辈生于今日，幸于纸上之材料外更得地下之新材料。由此种材料，我辈固得据以补正纸上之材料，亦得证明古书之某部分全为实录。即百家不雅驯之言，亦不无表示一面之事实。此二重证据法，

---

① 之所以称为"直接导火索"，是因为"《古史辨》的指导思想，从远的来说就是起源于郑（樵）、姚（际恒）、崔（述）三人的思想，从近的来说则是受了胡适、钱玄同二人的启发和帮助"（顾颉刚：《我是怎样编写〈古史辨〉的？》，载顾颉刚编著《古史辨》第一册，上海：上海古籍出版社，1981，第 12 页）。

② 顾颉刚：《我是怎样编写〈古史辨〉的？》，载顾颉刚编著《古史辨》第一册，第 17 页。

③ 顾颉刚：《与钱玄同先生论古史书》，载顾颉刚编著《古史辨》第一册，第 60 页。

④ 顾颉刚：《与钱玄同先生论古史书》，载顾颉刚编著《古史辨》第一册，第 59 页。

⑤ 周予同：《五十年来中国之新史学》，《学林》1941 年第 4 期，第 6 页。该文中，周予同还认为，"疑古"与"'考古'、'释古'成为中国现代史学三派之一了"（第 24 页）。

⑥ 叶国良对"二重证据法"背后的观念的分析可作参考："每一个时代的知识不必然都记录在纸上，这些纸上材料也不必然都能传到后世，因此仅依据早、晚期纸上材料的比较而作出论断，结论不必然能够成立；既然学者拥有非经伪作的出土同期（或时代最相近）的材料，则可以和纸上材料相印证，证明这些纸上材料的可信程度。"（叶国良：《二重证据法的省思》，载叶国良等编《出土文献研究方法论文集·初集》，台北：台大出版中心，2005，第 3 页）

惟在今日，始得为之。"① 用地下的材料补正纸上的材料，主要是一种共时性的互证，与古史辨派用早、晚期材料相比较的历时性分析在思路上就是不同的。此外，"两派的不同，不仅在于材料的种类，而在于比较的方法。疑古派偏于破坏伪的古史，而考古派（引者按：指王国维之说）则以建设真的古史为职志"②。

1928 年 10 月，傅斯年在《国立中央研究院历史语言研究所集刊》第一本第一分上发表《历史语言研究所工作之旨趣》。该文中，傅氏提出"近代的历史学只是史料学"③ 的著名论断，并认为历史研究要坚守三个原则：第一，"凡能直接研究材料，便进步，凡间接的研究前人所研究或前人所创造之系统，而不繁丰细密的参照所包含的事实，便退步"；第二，"凡一种学问能扩张他所研究的材料便进步，不能的便退步"；第三，"凡一种学问能扩充他作研究时应用的工具的，则进步，不能的，则退步"。④受西方人做学问的启发，他反对读书，也反对疏通，而极端强调寻找新材料的重要，主张："上穷碧落下黄泉，动手动脚找东西！"⑤ 他本人也因此被标举为"史料学派"的盟主。1929 年，历史语言研究所迁往北京，秋季开始，傅斯年"兼任北京大学教授"。⑥ 这期间，他讲授"史学方法导论"。从留下的讲义稿看，他不仅重申"史学便是史料学"的观点，亦且进而主张"史料学便是比较方法之应用"。⑦ 具体地说，包括"直接史料对间接史料""官家的记载对民间的记载""本国的记载对外国的记载""近人的记载对远人的记载""不经意的记载对经意的记载""本事对旁涉""直说对隐喻""口说的史料对著文的史料"等的比较。如此，就"形成了一个史料学比较方法系统，这比前此王国维提出的'二重证据法'，在广度和深度上自然又大大拓展了"。⑧

---

① 王国维：《古史新证——王国维最后的讲义》，北京：清华大学出版社，1994，第 2 页。

② 周予同：《五十年来中国之新史学》，《学林》1941 年第 4 期，第 28 页。

③ 傅斯年：《历史语言研究所工作之旨趣》，载欧阳哲生主编《傅斯年全集》第 3 卷，长沙：湖南教育出版社，2003，第 3 页。

④ 傅斯年：《历史语言研究所工作之旨趣》，载欧阳哲生主编《傅斯年全集》第 3 卷，第 5、6、7 页。

⑤ 傅斯年：《历史语言研究所工作之旨趣》，载欧阳哲生主编《傅斯年全集》第 3 卷，第 11 页。

⑥ 《附录：傅斯年先生年谱简编》，载欧阳哲生主编《傅斯年全集》第 7 卷，第 407 页。

⑦ 傅斯年：《史学方法导论》，载欧阳哲生主编《傅斯年全集》第 2 卷，第 309 页。

⑧ 欧阳哲生："序言"，第 34 页，载欧阳哲生主编《傅斯年全集》第 1 卷。

　　1930 年夏，陈垣在故宫博物院以《元典章》之故宫元刻本及其他四种抄本与沈家本刻本进行校勘，历时九个月，得沈刻本讹误一万二千余条。① 后，他又从中选出有代表性的误例一千余条，于 1931 年 7 月完成《元典章校补释例》（又名《校勘学释例》）一书。该书卷六中，陈垣提出"校法四例"：一、对校法。"即以同书之祖本或别本对读，遇不同之处，则注于其旁"，"其主旨在校异同，不校是非"，凡校一书，必须先用此法。二、本校法。即"以本书前后互证，而抉摘其异同，则知其中之谬误"，这种方法在没有找到祖本或别本之前最适用。三、他校法。即"以他书校本书"。四、理校法。即依理定其是非。"遇无古本可据，或数本互异，而无所适从之时，则须用此法"，"最高妙者此法，最危险者亦此法"。② 1932 年，陈氏在北平师范大学首开"史源学研究"一课，后改名"史源学实习"，隔年在北平师范大学、辅仁大学、北京大学等大学讲授。这门课重实践、重练习，而不重理论。史源，即史料来源。陈垣认为，"史源不清，浊流靡已"③。他在课程说明中说："择近代史学名著一二种，一一追寻其史源，考正其讹误，以练习读史之能力，警惕著论之轻心"，"考寻史源，有二句金言：毋信人之言，人实诳汝"。④ 具体做法是"取清儒史学考证之书如顾氏《日知录》等为课本，注重实习，因其所考证者而考证之，观其如何发生问题，如何搜集证据，如何判断结果，由此可得前人考证之方法，并可随时纠正其论据之偶误，增加本人读书之经验"⑤。客观而言，追寻史源是个复杂的问题，它必须得到目录学、校勘学、版本学、年代学等相关学科的支持，否则这个工作是难以展开的，因而研究者必须具备深厚的史料学素养。再者，"史源学实习"一课重视实践的特性也是值得今日的"中国哲学史史料学"课程借鉴的，因为使学习者真正将方法理论与科研实践结合起来才是"中国哲学史史料学"课程开设的最终目的。

---

①　《陈垣先生学术年表》，载刘梦溪主编《中国现代学术经典·陈垣卷》，石家庄：河北教育出版社，1996，第 895 页。
②　陈垣：《校勘学释例》，北京：中华书局，1959，第 144、145、146、148 页。
③　陈垣：《雍乾间奉天主教之宗室》，载陈智超主编《陈垣全集》第 2 册，合肥：安徽大学出版社，2009，第 559 页。
④　陈垣：《史源学实习·课程说明》，载陈智超主编《陈垣全集》第 22 册，第 431 ~ 432 页。
⑤　陈垣：《史源学实习·课程说明》，载陈智超主编《陈垣全集》第 22 册，第 432 页。

　　除上述偏重史料学方法的成果之外，中国哲学史史料学之萌芽阶段还需提及几本类似史料举要的专著。

　　其一，姚名达《中国目录学史》。姚书写于1935年冬至1937年夏，由商务印书馆出版。其中介绍的《别录》《七略》《汉书·艺文志》《隋书·经籍志》都与中国哲学史研究密切相关，尤其重要的是，"宗教目录篇"部分对中国历史上重要的佛教目录、道教目录进行分析，"于佛录历史之论述，用力最深，不仅是材料的搜辑，更在于方法的运用"①。

　　其二，陈垣《中国佛教史籍概论》。陈书完成于1942年9月，选取了35种佛教典籍，每列一书，都从书名、卷数、作者、解题、体制及内容、特色、得失、史学上的利用等方面进行介绍。该书既可视为佛教目录学著作，亦可视为佛教史料学著作。它不仅有益于中国佛教史的研究，而且有益于中国哲学史的研究。

　　其三，黄寿祺《易学群书平议》。黄书成于1947年重阳节，乃作者积十年之功所成之作。黄著"依据《四库全书总目提要》之例，每篇皆先述书名、卷数、版本、著者爵里（作者自注：如一人而著数书者，其爵里惟见于第一部，后但云某人有某书已著录），次述全书内容，最后论其是非得失，为重点所在"②，共涉及134部易学著作，取材以《四库全书》未收为限，《四库全书》已收而版本不同者，亦间为论列。此书可视为易学哲学史料举要方面的著作。

　　其四，陈国符《道藏源流考》。陈书1949年由中华书局出版，内容主要涉及：第一，三洞四辅经之渊源及传授，对道教不同派别及其经典的传授系统进行辨析考证；第二，历代道书目录，介绍《汉书·艺文志》《抱朴子遐览篇著录东晋道书》《梁陶弘景经目》《梁阮孝绪七录仙道录》《云笈七签》《通志略道家》《明藏目录》《道藏续编》《经藏及转轮藏》等重要道教目录；第三，唐宋金元明《道藏》之纂修与镂版、各处《道藏》之异同等。该书"被认为是研究道教文献的经典著作"③。

　①　严佐之：《〈中国目录学史〉导读》，载姚名达《中国目录学史》，上海：上海古籍出版社，2002，第13页。
　②　黄寿祺："凡例"，第1页，《易学群书平议》，张善文点校，北京：北京师范大学出版社，1988。
　③　陈生玺：《潜研道藏死方休——缅怀道藏学大师陈国符先生》，《群言》2001年第7期。

第二节　胡适与中国哲学史史料学的相关研究

我们有理由说胡适是近代意义的"中国哲学史"学科的开创者，但不能称其为近代意义的"中国哲学史史料学"学科的创始人。这是因为，他虽然在中国历史上第一个用西方现代学术方法系统整理中国传统文化并完成《中国哲学史大纲（卷上）》（商务印书馆，1919）从而使中国哲学史迈向近代化的路径，但是却没有在中国哲学史史料学领域形成自觉的学科意识，甚至连学科之名也尚未提及。然而，综观胡适一生的学术行为，却不难发现有关中国哲学的史料研究方法的论述及具体史料考辨始终与之相伴。从某种程度上说，这些内容可以视为中国哲学史史料学学科产生的萌芽。

一　"但开风气不为师"——胡适

胡适，1891 年生于上海大东门，祖籍安徽绩溪。原名嗣穈，又名洪骍，十五岁他二哥为其起学名适，他开始用作笔名，1910 年因考官费留学，正式用胡适之名。因二哥字绍之，三哥字振之，胡适字适之。① 别号期自胜生、自胜生、铁儿、胡天、藏晖室主人、冬心、蝶儿、适庵。笔名

---

① 关于胡适的名字，他自己回忆道："就是我自己的名字，对于中国以进化论为时尚，也是一个证据。我请我二哥替我起个学名的那天早晨，我还记得清楚。他只想了一刻，他就说，'适者生存'中的'适'字怎么样？我表同意；先用来做笔名，最后于 1910 年就用作我的名字。"（胡适：《我的信仰》，载欧阳哲生编《胡适文集》1，北京：北京大学出版社，1998，第 12 页）"有一天的早晨，我请我二哥代我想一个表字，二哥一面洗脸，一面说：就用'物竞天择，适者生存'的'适'字，好不好？我很高兴，就用'适之'二字（二哥字绍之，三哥字振之）。后来我发表文字，偶然用'胡适'作笔名，直到考试留美官费时（1910）我才正式用胡适的名字。"　[胡适：《四十自述/在上海（一）》，载《胡适文集》1，第 70~71 页]"我在学校里用胡洪骍的名字；这回北上应考（引者按：考留美官费），我怕考不取为朋友学生所笑，所以临时改用胡适的名字。从此以后，我就叫胡适了。"（胡适：《四十自述/我怎样到外国去》，载《胡适文集》1，第 102 页）最早为胡适作传的胡不归在其《胡适之传》中称："适之先生有三位哥哥，都是曹太夫人所生：长兄嗣稼，二哥嗣秬，三哥嗣秠，都用'嗣'字排行，所以适之先生就叫嗣穈。但是他的二哥和三哥是孪生的。嗣稼又名洪骏，嗣秬又名洪骓，嗣秠又名洪骈，故适之先生又名洪骍，洪骍的名字，一直用到二十岁才废去（十五岁时，他的二哥替他改名适），这一年，他因考官费留学，便用'胡适'的名字。他的二哥改名觉，字绍之，于是他的三哥字振之，他的字就叫适之。"（胡不归等：《胡适传记三种》，合肥：安徽教育出版社，2002，第 6 页）

骍、铁、适之、天风、藏晖、笑。其父胡传，宦游东三省、广东等地，治理学，并有地理方面的著述留世。胡适三岁时，其父去世，立遗嘱让他读书。所以，他自幼接受私塾教育。1904 年到上海，先后入梅溪学堂、澄衷学堂和中国公学接受"新学"。1910 年，北上参加庚款考试，得以赴美留学。他先进康奈尔大学农学院学习农科，1912 年春转入文理学院学习政治、经济，兼治文学、哲学。1915 年 9 月 20 日，胡适进哥伦比亚大学研究院专攻哲学，师从著名的实验主义（又译实用主义）哲学家杜威。1916 年 11 月，他修完博士课程。1917 年 5 月，参加博士学位的最后考试（口试）。同年 6 月，启程回国。9 月，受聘北京大学教授。1938 年，胡适出任国民政府驻美大使。1946 年 9 月，就任北京大学校长。1949 年 4 月起寓居美国，直至 1958 年到台湾"中央研究院"任院长。这期间，胡适曾担任普林斯顿（又译普林斯敦）大学葛思德东方图书馆馆长一职。1962 年 2 月 24 日，他主持"中央研究院"第五次院士会议，下午 6 时欢迎新院士的酒会上，心脏病突发而死。有挽联曰：

　　　先生去了　黄泉如遇曹雪芹　问他红楼梦底事
　　　后辈知道　今世幸有胡适之　教人白话做文章

　　胡适是中国近代史上的中心人物之一。在中国传统学术现代转型的过程中，其作用是有目共睹的。他涉足领域极广，"从提倡白话文到批判旧礼教，从'整理国故'到'全盘西化'，他不但是提倡者，也是总结成果的人。就学术研究而言，胡适的影响及于中国哲学、史学、文学各个层面。甚至于近代中国语法研究，胡适也是少数先驱之一"[①]。然而，胡适并不以精深见长。这在一定程度上是其性格使然。早在留学期间，他就曾总结自己道："读书多所涉猎而不专精，泛滥无方而无所专注"，"吾平生大过，在于求博而不务精"。[②] 时至晚年，胡适仍是禀性难移："有时我自称为历史家；有时又称为思想史家。但我从未自称我是哲学家，或其他各行的什么专家。今天我几乎是六十六岁半的人了，我仍然不知道我主修何

---

①　周质平："自序"，第 1 页，《胡适与中国现代思潮》，南京：南京大学出版社，2002。
②　胡适：《胡适留学日记》，上海：商务印书馆，1947，第 168、653 页。

科；但是我也从来没有认为这是一件憾事！"① 清代思想家龚自珍有句名诗——"但开风气不为师"，胡适甚为喜欢。我们认为，这句诗恰可作为其学术研究的写照。

在文学领域，胡适回国前就力倡文学革命。1917 年 1 月，他在《新青年》杂志发表《文学改良刍议》，主张以白话文取代文言文在文学领域的正统地位，为晚清以来的文学革新困境②点亮了指路明灯。胡适也因此声名鹊起，成为学界褒贬不一的焦点人物。之后，他身体力行自己的文学主张，出版了中国第一部白话诗集《尝试集》、第一部白话戏剧《终身大事》、第一部白话翻译作品《短篇小说》和半部《白话文学史》。此外，胡适亦致力于以考证法研究古典小说，先后完成《〈水浒传〉考证》（1920 年 7 月 27 日）、《〈水浒传〉后考》（1921 年 6 月 11 日）、《〈红楼梦〉考证》（1921 年 11 月 12 日）、《〈西游记〉考证》（1923 年 3 月 9 日）、《考证〈红楼梦〉的新材料》（1928 年 2 月 12～16 日）、《〈醒世姻缘传〉考证》（1931 年 12 月 13 日）等论著。晚年胡适对《水经注》用力甚勤，自 1943 年至 1962 年近二十年时间"赵戴水经注案"始终是其关注的主要问题之一。

在哲学领域，更为准确地说，在中国哲学史领域，胡适扮演着范式转换者的角色。其前，陈黻宸、陈汉章和马叙伦等先后在北大讲授"中国哲学史"。然而，陈黻宸留下的《中国哲学史》讲稿从伏羲讲到姜太公，基本上限于上古传说的描述，很难说其中具有哲学味道。有"两脚书橱"之称的陈汉章也是从三皇五帝讲起，一年时间才讲到《洪范》。马叙伦的套路与二陈如出一辙。在他因反对袁世凯恢复帝制而辞职后，一位名不见经传的先生接替其"宋学"一课，但因讲义出现错误，被学生轰下台。1916年，谢无量《中国哲学史》由中华书局正式出版，这是中国第一部以"中国哲学史"命名的专著。但是，其中除了对西方哲学予以一些无关实质的关注以外，其他方面仍没有大的突破。总体而言，上述所谓的中国哲

① 胡适：《胡适口述自传》，唐德刚译注，载《胡适文集》1，第 214 页。
② 晚清时期，出现"诗界革命""文界革命"和"小说界革命"等文学革新运动，但均未逃脱失败的命运。民国初期，如何进行文学变革仍然构成文学界的理论困境，恰如陈独秀所说："文学改革，为吾国目前切要之事。此非戏言，更非空言，如何如何？《青年》文艺栏意在改革文艺，而实无办法。"［《陈独秀致胡适》（1916 年 10 月 5 日），载《胡适来往书信选》上册，北京：中华书局，1979，第 5 页］

学史研究很难说是真正意义上的，因为其基本上是以中国固有的话语方式和经学思维模式对中国传统文化进行阐释，即"以中释中"，与中国传统学术史很难划清界限。胡适登上北大讲台之后，"中国哲学史"的面貌特征发生了翻天覆地的变化。他撇开邃古时代的神话与传说，把《诗经》作为中国哲学的结胎时代。顾颉刚回忆当时胡适上课的情形说：

> 他来了，他不管以前的课业，重编讲义，辟头一章是"中国哲学结胎的时代"，用《诗经》作时代的说明，丢开唐虞夏商，径从周宣王以后讲起。这一改把我们一班人充满着三皇五帝的脑筋骤然作一个重大的打击，骇得一堂中舌挢而不能下。[①]

冯友兰晚年也描述了胡适《中国哲学史大纲》在学界的革新意义：

> 我在北京大学当学生的时候，给我们讲中国哲学史的教授，基本上都还是没有超出中国封建哲学史家的范围。
> 秦汉以后封建哲学家们，在讲述自己思想的时候，无论有没有新的东西，总是用注解古代经典的方式表达出来。……在我们班上，讲中国古代哲学史，就从三皇五帝讲起，讲了半年才讲到周公。当时的学生真是如在五里雾中，看不清道路，摸不出头绪。当时真希望有一部用近代的史学方法写出的中国哲学史，从其中可以看出一些中国古代哲学家的哲学思想的一点系统，以及中国哲学发展的一些线索。当时也有翻译过来的日本汉学家所写的《中国哲学史》。但都过于简略，不解决问题。在这种情况下胡适的书出来了。……
> 用这个方法，他把三皇五帝都砍掉了。一部哲学史从老子、孔子讲起。……这对于当时中国哲学史的研究，有扫除障碍、开辟道路的作用。当时我们正陷入毫无边际的经典注疏的大海之中，爬了半年才能望见周公。见了这个手段，觉得面目一新，精神为之一爽。[②]

---

① 顾颉刚："自序"，第36页，载顾颉刚编著《古史辨》第1册。
② 冯友兰：《三松堂自序》，《三松堂全集》第一卷，郑州：河南人民出版社，2001，第183～184页。

蔡元培称胡适此种截断众流的做法为"扼要的手段"。然而，我们认为胡适《中国哲学史大纲》的更大意义在于其"以西释中"范式的确立：他以西方实用主义为参照系统，运用西方哲学的框架模式、问题论域和概念范畴等整理中国古典智慧资源，裁剪、诠释甚至褒贬所谓"中国哲学"。这种范式是对经学思维模式下"以中释中"的巨大反叛，在整个 20 世纪乃至当今的中国哲学史研究中都占据着绝对的主导地位。20 世纪 20 年代之后，胡适关于《淮南子》、禅宗史和戴震诸理学家等中古思想史方面的研究也都不可与之脱离干系。然而，胡适的中国哲学史研究偏重于哲学史料的考证和辨析，缺乏深入的哲理分析。这在哲学研究者看来是一个很大的缺陷，但对中国哲学史史料学学科来说则不能不说是一桩幸事。

二　重视哲学史料问题的原因

胡适的中国哲学史研究之所以以历史考证为重，并不是没有缘由的，而是有着复杂的文化背景。他生活在中西文化碰撞交流的转型时期，传统与现代在其一身纠结，"作为这个新旧交替时代的代表人物，其内在世界和外部表现都凸显出一个典型的'边际人'特征"①。处于新旧文化的边际，如何处理二者之间的关系是胡适极力思索的问题。最后，他选中作为文化之核心的哲学作为入手点。具体地说，就是中国哲学史研究进入了胡适的学术领域。但是，与传统史学家不同，胡适认识到近百年欧美史学进步的发轫之端在于"用科学方法审查史料"。因此，他与梁任公一样，以提高史学的科学质素为志向。最为重要的是，他并没有因为欧美史学的发达而忽略中国传统中的合理成分，其对科学整理哲学史料的重视秉承了中西两种文化基因。

（一）传统惯性

宋儒程颐就曾指出学术的三种不同路向：

> 古之学者一，今之学者三，异端不与焉。一曰文章之学，二曰训

---

① 欧阳哲生：《自由主义之累——胡适思想的现代阐释》，上海：上海人民出版社，1993，第 2 页。"边际人"指处于新旧文化冲突与选择互动过程之中的一种转型人格，是社会文化变迁过程中人的价值心理双重化的产物。1918 年，胡适也称自己一身兼有"中国的我"和"西洋二十世纪的我"[《胡适致陶孟和》（1918 年 5 月 8 日），耿云志主编《胡适遗稿及秘藏书信》第 20 册，合肥：黄山书社，1994，第 103 页]。

诂之学，三曰儒者之学。欲趋道，舍儒者之学不可。

今之学者有三弊：一溺于文章，二牵于训诂，三惑于异端。苟无此三者，则将何归？必趋于道矣。①

在他看来，文章之学和训诂之学都不是学问正途，和异端同属"三弊"，因为只有儒者之学才能趋于圣人之道，而儒者之学所倚重的是心性修养："凡学之道，正其心、养其性而已。"②程氏此说成为其后宋明儒者共同的信念。这种信念固然有利于思想的创新与发展，但也难免有流于空疏之嫌。鉴于宋明理学家以己意对儒家经典的过度诠释，"清代学者重提此一分类时，他们对考据（或训诂）与词章的态度已从否定而变为肯定。'训诂明而后义理明'是清代中期儒学主流派所共同接受的前提"③。戴震之说可为代表：

故训明则古经明，古经明则贤人圣人之理义明，而我心之所同然者，乃因之而明。④

为其作《年谱》的戴门弟子段玉裁在说明戴震作《孟子字义疏证》的动机时也揭示他的这一取向：

盖先生《原善》三篇、《论性》二篇既成，又以宋儒言性、言理、言道、言才、言诚、言明、言权、言仁义礼智、言智仁勇，皆非《六经》、孔、孟之言，而以异学之言糅之。故就《孟子》字义开示，使人知"人欲净尽，天理流行"之语病。所谓理者，必求诸人情之无憾，而后即安，不得谓性为理。⑤

① 《河南程氏遗书》卷18，载（宋）程颢、程颐《二程集》上册，北京：中华书局，2004，第187页。
② 《颜子所好何学论》，《河南程氏文集》卷8《伊川先生文四·杂著》，载（宋）程颢、程颐《二程集》上册，第577页。
③ 余英时：《清代学术思想史重要观念通释》，载《文史传统与文化重建》，北京：三联书店，2004，第255页。
④ （清）戴震：《题惠定宇先生授经图》，载《戴震集》，上海：上海古籍出版社，1980，第214页。
⑤ （清）段玉裁：《戴震年谱》，载《戴震集》，第467页。

总体而言，以戴震为代表的清代学术对文字音韵、校勘辑佚、名物训诂、金石乐律、历史地理、天文历算等实证性内容用力甚多。胡适的少年时代是中国的晚清时期，他对清代此种学风有真确的了解：

> 清初的汉学家，嫌宋儒用主观的见解，来解古代经典，有"望文生义"、"增字解经"种种流弊。故汉学的方法，只是用古训、古音、古本等等客观的根据、来求经典的原意。……自从有了那些汉学家考据、校勘、训诂的工夫，那些经书子书，方才勉强可以读得。①

这与他对中国古代传统的重视和不断学习是有紧密关系的。在私塾和上海读书时，胡适就记诵了许多基本的国学典籍。② 留美期间，他阅读了《左传》《诗经》《王临川集》《杜诗》《陶渊明诗》《谢康乐诗》《荀子》《马氏文通》《说文》《稼轩词》《颜习斋年谱》和清代朴学大师王念孙、王引之、段玉裁、章学诚等人的著作，为写作博士论文又仔细研读先秦诸子的典籍。③ 这些都表明，传统之蕴已深植于他的思想。其中，清代偏考据的学术品格尤为胡适所重④，并被他用于中国哲学史料的整理和分析。

（二）开放眼界

如果胡适只是承续传统惯性，那么中国哲学史研究的范式变革就绝对不会以他为标志。他之所以能够超迈前人，正是因为其能摆脱狭隘视野而

---

① 胡适：《中国哲学史大纲》卷上，第8~9页。
② 胡适自己回忆说，他在村塾里读书，读了九年（1895~1904）。在此期间，读习并记诵了下列几部书：1.《孝经》。2.《小学》。3.《四书》。4.《五经》中的四经：《诗经》《尚书》《易经》《礼记》。"在我停留在上海的时期内……我读了中国上古、中古几位非儒教和新儒教哲学家的著作，并喜欢墨翟的兼爱说与老子、庄子有自然色彩的哲学。"（胡适：《我的信仰》，载《胡适文集》1，第7~8页，第11页）
③ 参见曹伯言整理《胡适日记全编》1、2，合肥：安徽教育出版社，2001。
④ 蔡元培说："胡君家世汉学，其旧作古文，虽不多见，然即其所作《中国哲学史大纲》言之，其了解古书之眼光，不让于清代乾嘉学者。"（《致〈公言报〉函并答林琴南函》，载高平叔编《蔡元培全集》第3卷，北京：中华书局，1984，第271页）梁启超也说："绩溪诸胡之后有胡适者，亦用清儒方法治学，有正统派遗风。"（梁启超：《清代学术概论》，上海：上海古籍出版社，1998，第7页。）针对梁氏这句话，余英时参照左舜生《我眼中的梁启超》一文，断言："梁启超写这二十五个字，颇费斟酌。他的原文比此处多出十余字，后来特别专函中华书局编者改定，可见其慎重的态度。"（余英时：《中国近代思想史上的胡适——〈胡适之先生年谱长编初稿〉序》，载余英时《重寻胡适历程——胡适生平与思想再认识》，桂林：广西师范大学出版社，2004，第191页）

以开放的眼光接纳现代西方学术方法，并力图在中西之间寻找融合点。胡适对自己的独到眼光也颇为自豪，他说："很少人（甚至根本没有人）曾想到现代的科学法则和我国古代的考据学、考证学，在方法上有其相通之处。我是第一个说这句话的人。"① 需要特别注意的是，胡适的开放眼界并非都直接来自西方。他明确指出：

> 从当代力量最大的学者梁启超氏的通俗文字中，我渐得略知霍布士（Hobbes）、笛卡儿（Descrates）、卢梭（Rousseau）、边沁（Bentham）、康德（Kant）、达尔文（Darwin）等诸泰西思想家。梁氏是一个崇拜近代西方文明的人，连续发表了一系列文字，坦然承认中国人以一个民族而言，对于欧洲人所具的许多良好特性，感受缺乏；……就是这几篇文字猛力把我以我们古旧文明为自足，除战争的武器，商业转运的工具外，没有什么要向西方求学的这种安乐梦中，震醒出来。它们开了给我，也就好像开了给几千几百别的人一样，对于世界整个的新眼界。
>
> 我又读过严复所译穆勒（John Stuart Mill）的《自由论》（*On Liberty*）和赫胥黎（Huxley）的《天演论》（*Evolution and Ethic*）。②

可知，胡适从梁、严二氏的介绍和翻译作品中已经深刻感受到西方文化的优势所在。翻阅他转入康奈尔大学文理学院后以及哥伦比亚大学的留学日记，也可看到其对西方哲学、政治学以及历史学等现代学术投入的极大热情和关注，如 1914 年 1 月 25 日记"近来所关心之问题，如下所列：（一）泰西之考据学，（二）致用哲学，（三）天赋人权说之沿革"③。在康奈尔大学，胡适选修了历史教授布尔的"历史的辅助科学"（Auxiliary Sciences of History）一课，得以了解西方的语言学、校勘学、考古学、高级批判学等科目。此外，哥伦比亚大学的乌德瑞教授在讲授"历史哲学"时也十分注重史料文献的考辨工作，胡适交给他的期末作业就是关于清代校勘学、训诂学和考据学方面的论文。当然，对他影响最大的还是其导师

① 胡适：《胡适口述自传》，唐德刚译注，载《胡适文集》1，第 268 页。
② 胡适：《我的信仰》，载《胡适文集》1，第 11～12 页。
③ 曹伯言整理《胡适日记全编》1，第 223 页。

杜威的实验主义。[①] 在某种程度上说，胡适一生的学术研究都是致力于用实验主义来分析中国文化，尤其是将实验主义与中国传统考据学在方法论层面加以融会贯通，诚如余英时所说，"胡适的方法论现在看来似乎太简单了，但较之清代考据自然是更精密了，更严格了，也更系统化了"[②]。

（三）文化心态

面对新旧两种截然不同的文化类型，胡适进退两难——进则会被文化保守派谩骂，退则他所提倡的文学革命就会夭折，其文化现代转型之梦就会破灭。在这种复杂的文化心态下，胡适选择了第三条路：一方面全力推进新文化，另一方面又以历史考据的工作显示自己的国学根底。

1. 跻身上层文化[③]

自文学革命的提倡到《中国哲学史大纲》上卷的出版，胡适无不在国内学人的关注之中。其中自有对其大力褒奖者，如蔡元培以四大特长称许他的《中国哲学史大纲》，并追溯胡适为世传"汉学"的绩溪胡氏之后；刘文典也认为胡适此作"实在可以算得是中国近代一部 Epoch making 的书"[④]。可是，质疑之声也比比皆是。如林琴南就曾暗讽胡适等提倡白话文的人缺乏"博极群书"的根底：

> 若尽废古书，行用土语为文字，则都下引车卖浆之徒，所操之语，按之皆有文法，不类闽广人为无文法之啁啾。据此，则凡京津之稗贩，均可用为教授矣。若《水浒》、《红楼》，皆白话之圣……作者均博极群书之人。总之，非读破万卷，不能为古文，亦并不能为白话。[⑤]

黄季刚在其所编的《文心雕龙札记》中也大骂"白话诗文为驴鸣狗吠"，并且不再称呼胡适之名，而改用其诗句中的"黄蝴蝶"称呼他。胡

---

① 胡颂平记载："《胡适留学日记》自序：'我在一九一五年的暑假中，发愤尽读杜威先生的著作……从此以后，实验主义成了我的生活和思想的一个向导，成了我自己的哲学基础。……其实我写《先秦名学史》、《中国哲学史》，都是受那一派思想的指导。"（胡颂平编著《胡适之先生年谱长编初稿》，台北：联经出版事业公司，1984，第209页）
② 余英时：《中国近代思想史上的胡适》，载余英时《重寻胡适历程——胡适生平与思想再认识》，第201页。
③ 此处"跻身上层文化"乃借用余英时的说法。
④ 刘文典：《怎样叫做中西学术之沟通》，《新中国》第一卷第六号（1919年10月15日）。
⑤ 《林琴南致蔡元培函》，载《蔡元培全集》第3卷，第274页。

先骕也评价《尝试集》说:

> 胡君之《尝试集》,死文学也。以其必死必朽也。不以其用活文字之故,而遂得不死不朽也。物之将死,必精神失其常度,言动出于常轨。胡君辈之诗之卤莽灭裂趋于极端,正其必死之征耳。[①]

对其《中国哲学史大纲》,当时北京大学一位给三年级讲中国哲学史的教授极尽嘲讽:"我说胡适不通,果然就是不通,只看他的讲义的名称,就知道他不通。哲学史本来就是哲学的大纲,说中国哲学史大纲,岂不成了大纲的大纲了吗?"[②] 1926 年 8 月,得知胡适要重写中国哲学史时,傅斯年也写信率直指出他以前所写《中国哲学史大纲》的不足之处:

> 先生这一部书,在一时刺动的效力上论,自是大不能比的;而在这书本身的长久价值论,反而要让你先生的小说评居先。何以呢? 在中国古代哲学上,已经有不少汉学家的工作者在先,不为空前;先生所用的方法,不少可以损益之处,难得绝后。[③]

面对种种讽刺和批评,单凭蔡元培等的赞扬之声来维护其学术立场肯定是不够的,因为胡适所提倡的白话文写作形式一直位于通俗文化领域从而被绝大多数文人视为难登大雅之堂,这是不争的事实。初到北京大学,胡适感到压力重重。这是因为:第一,1913 年 6 月夏锡祺被任命为北京大学文科学长后,引进了章太炎及其弟子故友等一大批注重训诂考据、具有深厚国学素养的"太炎派"教师队伍[④],其"学风以后逐渐成为北大文史

---

① 转引自胡适《四版自序》,《尝试集》(增订四版),北京:人民文学出版社,1984,第 8 页。

② 冯友兰:《三松堂自序》,《三松堂全集》第一卷,第 171 页。

③ 傅斯年:《致胡适》,载欧阳哲生主编《傅斯年全集》第 7 卷,第 38 页。亦载耿云志主编《胡适遗稿及秘藏书信》第 37 册"傅斯年信,电五十六通",合肥:黄山书社,第 357 页。

④ 章太炎在自定年谱里显示了章门学风:"弟子成就者,蕲黄侃季刚、归安钱夏季中、海盐朱希祖逖先。季刚、季中皆长小学,季刚尤善音韵文辞,逖先博览,能知条理。其他修士甚众,不备书也。"(《太炎先生自定年谱》"宣统三年四十三岁"记,章氏国学讲习会校印,第 15 页,载《章太炎先生自定年谱》,上海:上海书店,1986)

科教学与科研中的主流"①；第二，学生之中如傅斯年、顾颉刚等的旧学基础也不在胡适之下。为了获取在上层文化圈内的发言权，胡适必须以考证工夫告诉世人他所做的工作是"深入浅出"，而非"浅入浅出"。"他在《中国哲学史大纲》中用那么多的篇幅讨论有关考证、训诂、校勘的种种问题，恐怕多少也和这一心理背景有关。"② 蔡元培为其《中国哲学史大纲》写的序言里称其为"绩溪胡氏"之后，胡适当时并没有提出疑义，而是到晚年才敢说出这是蔡氏的误会。③ 是他最初没有发现吗？当然不是。④ 这大概是胡适为增加自己的竞争力而暂时借用的砝码，因为有了这个"汉学的遗传性"，他的白话就可以多一重上层文化的底蕴，以免以白话藏拙之嫌。

　　2. 疑古立场

　　公允地说，胡适的疑古态度有中西两个来源。1930 年 12 月，在《介绍我自己的思想》一文里，胡适明确说他的思想受两个人影响最大：一个是赫胥黎，一个是杜威。其中，"赫胥黎教我怎样怀疑，教我不信任一切没有充分证据的东西"⑤。此外，程朱理学家、清代除乾嘉时期（按：乾嘉学风总体看来是好古而不是疑古）的学者大都有怀疑精神，如张载说："于不疑处有疑，方是进矣"（《张子全书》卷六"义理"），朱熹说："读书无疑者，须教有疑；有疑者，却要无疑，到这里方是长进"（《朱子语类》卷十一"读书法下"），陆九渊说："为学患无疑，疑则有进。孔门如子贡，即无所疑，所以不至于道"（《象山先生全集》，商务印书馆，1935，第177 页），戴震说："不以人蔽己，不以己自蔽"（《答郑丈用牧书》），等等，出自理学之门和对清代有过专门研究的胡适不可能不受他们的影响。

　　胡适的疑古立场是一贯的，几乎伴随其一生的方法论——"大胆的假设，小心的求证"中的"假设"即是"疑古"。据他自己回忆，他十几岁就有好怀疑的倾向，尤其是宗教方面。留学期间，他写作《诗三百篇言字

---

① 萧超然等编《北京大学校史 1898—1949》，北京：北京大学出版社，1988，第48 页。
② 余英时：《中国近代思想史上的胡适》，载余英时《重寻胡适历程——胡适生平与思想再认识》，第 191 页。
③ 胡适：《胡适口述自传》，唐德刚译注，载《胡适文集》1，第 180 页。
④ 1919 年 8 月 23 日夜胡适在日记里专门记下胡匡衷、胡秉虔和胡培翚三人的字号和著述等情况（参见曹伯言整理《胡适日记全编》3，第 9 页），说明他看到蔡元培的序后有意查证过绩溪经学宗派胡氏的资料，肯定知道他们不是自己的同宗。
⑤ 《介绍我自己的思想》，载《胡适文集》5，第 508 页。

解》，认为"在这篇文章里，至少也可看出我自己治学怀疑的精神"①。1919年他出版的《中国哲学史大纲》则可谓其"疑古"立场的成功实践之作。1921年，胡适正式标榜"宁疑古而失之，不可信古而失之"②的观点。同年，在东南大学演讲时明确把"疑古的态度"提升为研究国故的方法之一。③ 1930年4月的一封信中胡适更是把疑古抬到其信仰的高度："最后我要说一句我个人的信仰。我常说：'做学问要于不疑处有疑；待人要于有疑处不疑。'"④ 晚年时，他修正《清代学者的治学方法》一文，留有大量眉批。如对"汉学家的归纳手续不是完全被动的，是很能用'假设'的。这是他们和朱子大不相同之处"，他批注道："此亦对朱子太不公平。横渠、晦翁都特别提倡'疑'，凡疑都是假设。适之。一九五六、十一、七。"⑤ 可知，1956年他的疑古立场仍然坚定不移。

证诸胡适的中国哲学史研究，我们也不难发现其中的疑古倾向，而正是这种文化倾向使得他特别看重哲学史料的考证。

（四）哲学史观

哲学不是中国固有的学科，而是来自西方。然而，作为中国哲学史研究中"以西释中"范式的主要代表，胡适并没有简单地套用西方关于哲学的定义。在《中国哲学史大纲》中，他认为：

> 凡研究人生切要的问题，从根本上着想，要寻一个根本的解决，这种学问，叫做哲学。⑥

1923年11月，胡适在上海商科大学佛学研究会演讲说，他觉得"根本"二字意义欠明，所以对《中国哲学史大纲》中的定义略加修改：

> 哲学是研究人生切要的问题，从意义上着想，去找一个比较可普

---

① 胡适：《胡适口述自传》，唐德刚译注，载《胡适文集》1，第291页。
② 胡适：《自述古史观书》（1921年1月28日致顾颉刚的信），载《古史辨》第1册，第23页。
③ 胡适：《研究国故的方法》，载《胡适文集》12，第92页。
④ 《胡适致白薇》（1930年4月14日），载《胡适来往书信选》中册，第7页。
⑤ 胡颂平编著《胡适之先生年谱长编初稿》，第373页。
⑥ 胡适：《中国哲学史大纲》卷上，第1页。

遍适用的意义。①

其《中国哲学小史》的遗稿中还有一个类似的定义：

> 凡研究关系人生的重要问题，从每个问题的意义上着想，希望求得一个可以普遍适用的意义——这种思想便是哲学。②

由于西方哲学以求真逐实的知识论系统为重点，对人生问题的兴趣不大，因而可以说胡适对哲学的定义具备一定程度的中国化特色，尽管他在具体的中国哲学研究中并没有表现出对中国哲学本身特质的关注。在对哲学定义的基础上，胡适提出：

> 若有人把种种哲学问题的种种研究法和种种解决方法，都依着年代的先后和学派的系统，一一记叙下来，便成了哲学史。③

那么，怎样才能写出一部理想的《中国哲学史》呢？关于这个问题，胡适有一整套系统的说明。他认为，哲学史之目的有三：明变；求因；评判。其中，明变即梳理古今思想沿革变迁的线索，是哲学史的第一要务。求因是分析此种变迁的发生原因。胡适将之归结为三种：（1）个人才性不同；（2）所处的时势不同；（3）所受的思想学术不同。评判则要求把各家学说发生的效果"客观地"表示出来。胡适指出，所谓"客观"就是不能用做哲学史的人自己的眼光来批评古人的是非得失，而以效果的价值为评判的标准。效果亦有三类：（1）一家学说在同时和后来的思想上发生何种影响；（2）一家学说在风俗政治上发生何种影响；（3）一家学说可以造出何种人格。而达到上述目的有一个必要的前提，就是先须做一番"述学"的根本工夫：

> 用正确的手段，科学的方法，精密的心思，从所有的史料里面，

---

① 胡适：《哲学与人生》，载《胡适文集》12，第281页。
② 胡适：《中国哲学小史》遗稿，第3页，载耿云志主编《胡适遗稿及秘藏书信》第7册。
③ 胡适：《中国哲学史大纲》卷上，第2页。

求出各位哲学家的一生行事、思想渊源沿革和学说的真面目。①

这是因为，古人常犯以下错误：编书往往把不相干的人的学说并入某人的学说，或把假书视为真书，或将后人加入的篇章看作原有的篇章，或埋没不懂的学说，或错解古书，或以己意解古书，或不明著者年代。我们认为，胡适这种哲学史观是其重视哲学史史料问题的最主要的原因。

三　留美时期对中国哲学史史料学相关问题的初步研究

从上文可知，1910年到1917年，胡适留学美国。在这期间，他阅读了许多清代学者的朴学著作，并选修了两门偏重史料文献方法的历史学课程。有了这些基础，胡适的日记和论著里开始涉及史料整理方法和具体史料考证，如《论训诂之学》（1916年12月26日）、《论校勘之学》（1916年12月26日）、《汉学家自论其为学方法》（1917年4月）、《几部论汉学方法的书》（1917年4月）、《九流出于王官之谬》（1917年4月11日）、《作〈论九流出于王官说之谬〉》（1917年4月16日）、《论荀卿之时代》（1917年4月17日）诸条"日记"，与中国哲学史史料学关系最密切的还是其博士论文《中国古代哲学方法之进化史》的"前言"部分以及正文中对具体哲学家时代的考证，另外就是《诸子不出于王官论》（1917年4月）。

（一）论训诂、校勘之学

训诂学和校勘学是两门传统学问，中西皆有，目的在于从文字和版本方面解释和整理古代文献。在中国哲学研究中，二者为梳理哲学家思想做基础工作。留学期间，胡适从考证学着手逐渐接触这两种学问并对之进行了一定的总结。客观地讲，他的这些总结并不是专门从中国哲学史研究的视角而写，但历史学各分支学科之间的相通性使之确实能够成为整理中国哲学史料的一般方法，所以我们认为其可以作为胡适关于中国哲学史史料学相关问题的研究。

从其留学日记看，1911年2月17日胡适就开始写作训诂方面的文章，有《中国虚字解》六纸。② 4月13日，胡适读《召南·邶风》时，感觉"汉儒解经之谬，未有如《诗》笺之甚者矣。盖诗之为物，本乎天性，发

---

① 胡适：《中国哲学史大纲》卷上，第10页。
② 曹伯言整理《胡适日记全编》1，第69页。

乎情之不容已。诗者，天趣也。汉儒寻章摘句，天趣尽湮"，因此，他立志为《诗经》作《今笺新注》，"当令《三百篇》放大光明，永永不朽"。① 5 月 11 日，胡适作《诗三百篇言字解》，其中他看到毛《传》、郑《笺》都主张"言"就是"我"，而这种解释来源于《尔雅·释诂》，可是在他看来《尔雅》并非可据之书，所以"研经者宜从经入手，以经解经，参考互证，可得其大旨。此西儒归纳论理之法也"②。胡适对此种方法颇为自信，文末宣称自己由此得出的结论除第三说（言字有时亦作代名之"之"字）尚未能自信，其他二说（①言字与"而"字相似；②言字又作乃字解）实为不易之论。1916 年 2 月 24 日胡适日记中重提此文，并说"自视决非今日所能为也"③。我们认为，这与其说是如胡适所言自己学问退步了，不如说是他对自己率先使用"以经解经"归纳法分析中国文字的得意。之后，胡适又用此法完成"日后成为新训诂术典型的"④《尔汝篇》和《吾我篇》。经过这些实践锻炼，加之阅读了高邮王氏（王念孙、王引之）、金坛段氏（段玉裁）、孙诒让和章太炎等学者的著作，胡适慢慢体会到"'以经说经'之法，虽已得途径，而不得小学之助，犹为无用也"。因此，他在日记里写作《论训诂之学》（1916 年 12 月 26 日）总结训诂之术，将训诂方法进一步深化和具体化。概括而言，即是"力屏臆测之见，每立一说，必求其例证"。依胡适之见，寻求例证有三个路径：一、引据本书，如以《墨子》证《墨子》，以《诗》说《诗》；二、引据他书，如以《庄子》《荀子》证《墨子》。三、引据字书，如以《说文》《尔雅》证《墨子》。⑤

　　写《论训诂之学》同一天的日记里，还有一篇《论校勘之学》。在晚年口述自传中，胡适指出这篇文章是约翰·浦斯格教授为《大英百科全书》第十一版所写的有关"版本学"（textual criticism）一文的节译，只不过他把浦氏原文里所举雪莱诗集上的例子换成了中国古典哲学中的例子。⑥ 即，

---

① 曹伯言整理《胡适日记全编》1，第 84～85 页。
② 胡适：《诗三百篇言字解》，载《胡适文集》2，第 169 页。
③ 曹伯言整理《胡适日记全编》2，第 339 页。
④ 许冠三：《新史学九十年》，长沙：岳麓书社，2003，第 156 页。
⑤ 曹伯言整理《胡适日记全编》2，第 516 页。
⑥ 胡适：《胡适口述自传》，唐德刚译注，载《胡适文集》1，第 295～296 页。文中把《论校勘之学》误作《论训诂之学》，不知是胡适自己说错，还是唐德刚整理时写错。

用《老子》《孟子》《淮南子》《敦煌录》等典籍中的语句为例，套入浦氏的校勘之法。该文认为，校书第一步是寻求古本，包括查找印书发明之前的写本和印书发明之后的印本，如果古本太多且互有异同，则当首先确定其传授次第以定何本最古；第二步是从丛钞之类的书籍、引语和译本中求取旁证；第三步是分析致误的原因，大致应从外部伤损和内部错误两个角度考虑。

《论校勘之学》对后世影响很大，成为版本学界权威性的经典之作。在一定意义上说，它的成功就在于用西方校勘学的方法分析中国的例子从而使得中国校勘学更彻底、更科学化。

（二）博士论文与处理哲学史料原则的现代化转向

上文提及，在《中国哲学史大纲》里，胡适对哲学史料采取了截断众流的手段。然而，追根溯源，他这种处理哲学史料的原则还是始于其博士论文。

从胡适写给苇莲司的信件里可以发现，他在康奈尔大学时即开始写有关中国哲学方面的文章和反复思考博士论文的题目。1914年11月26日的信中说："你离开绮色佳已一星期了。……你离开后的那一天，我写《墨翟的哲学》。……我还无法修订、发表我写的那篇《老子哲学与道家哲学》。我希望今年冬天能做这件事。"① 1915年3月14日致苇莲司信载：

> 上星期我做了一个重大的决定。我曾告诉你，我打算写一段时期的中国哲学，作为我的博士论文。最近我意识到写这样的论文，对我是件蠢事。因为写这样的论文，正是用其所短，我既得不到师长的协助，也无从利用此间的图书设备。等我回国以后，我有较好的条件来写中国哲学。
>
> 所以，我已决定放弃那个构想。我［现在］所择定的论文题目是《国家伦理原则的研究》（*A Study of the Principles of International Ethics*）。②

---

① 周质平编译《不思量，自难忘——胡适给苇莲司的信》，合肥：安徽教育出版社，2001，第7~8页。

② 周质平编译《不思量，自难忘——胡适给苇莲司的信》，第48~49页。从同年3月28日的信可知，苇莲司赞同他写《国际伦理原则的研究》："我很高兴，你赞成我新换的论文题目。"（周质平编译《不思量，自难忘——胡适给苇莲司的信》，第55页）

　　但是，7月14日给苇莲司的信中又反映胡适回到了原来的选题范围，原因是他将要就读的哥伦比亚大学能够满足基本资料的需求：

　　　　我决定明年离开绮色佳。长时以来，一直在考虑哥伦比亚。我收到一份哥大图书馆有关中国哲学藏书的资料。我也给芝加哥大学写了信，但目前就我所知，哥大是较好的选择。等到收到正式的通知，我就决定去哥大了。学校决定了，我论文的题目也就定下来了——《古代中国非儒家的哲学家》。当然，这个题目还可能改变。①

　　我们认为，这里胡适选择以非儒学派为研究对象与梁启超有一定关系。留学之前，他曾仔细阅读梁氏《论中国学术思想变迁之大势》，而在这本书中梁曾说："儒学统一者，非中国学界之幸，而实中国学界之大不幸也"②，这种冲破传统旧说的伟论必定会使之震动。然而，促使胡适最后确定博士论文题目的是他在哥伦比亚大学选修了杜威的"论理学之宗派"一课。这门课启发他找到了研究的切入点——哲学方法，从而决定以《中国古代哲学方法之进化史》为选题。③ 这个题目和《古代中国非儒家的哲学家》是一脉相承的，只是后者更能体现研究视角而已。

　　几个月后，胡适的博士论文已有较为充分的准备，这在1916年5月1日给其母亲的信中能够体现出来："儿之博士论文，略有端绪。今年暑假中，当不他去，拟以全夏之力做完论文草稿，徐图修改之、润色之。"④ 6月9日，胡适暑假撰写博士论文仍在计划之中："儿拟今夏赶完博士论文初稿，故夏间仍居纽约，不他去也。"⑤ 然而，由于参与文学改良的讨论，他最终并没有完成这个暑期计划。直至8月初，胡适才着手撰写博士论

---

① 周质平编译《不思量，自难忘——胡适给苇莲司的信》，第68页。1915年7月11日胡适致母亲的家书中也提及此事，大概由于其母不懂学术，他没有说具体题目："儿所拟博士论文之题需用书籍甚多。此间地小，书籍不敷用。纽约为世界大城，书籍便利无比，此实一大原因（引者按：转入哥伦比亚大学之原因）也。"（耿云志主编《胡适遗稿及秘藏书信》第21册，第170页）
② 梁启超：《论中国学术思想变迁之大势》，载《饮冰室合集·文集之七》，北京：中华书局，1989，第39页。
③ 参见胡适《胡适口述自传》，唐德刚译注，载《胡适文集》1，第263页。
④ 耿云志、欧阳哲生编《胡适书信集》上册，北京：北京大学出版社，1996，第72页。
⑤ 耿云志、欧阳哲生编《胡适书信集》上册，第72页。

文，暑假只完成一小部分，这反映在 1916 年 9 月 27 日胡适家书之"第十四号上"："儿所作博士论文，夏间约成四分之一。"① 1917 年 4 月 27 日，《中国古代哲学方法之进化史》（*A Study of the Development of Logical Method in Ancient China*）最终完成，计 243 页，约 9 万言，费时 9 个月。

应该特别指出的是，与日后由于和文化保守派的对抗而过分强调并坚持"以西释中"不同，胡适在博士论文里还是以"中西互释"为目标的：

> 当我们既能用现代哲学术语去重新解释中国古代哲学，又能用中国本族哲学术语去解释现代哲学时，那时，也只有到那时，中国的哲学家和学哲学的学生才能真正在运用思考与研究的新方法与新工具时感到自在。②

基于此种中西文化观，胡适在哲学史料的研究方法上兼采中西，唯以客观的理性原则为持守边界。这样，属于神话或传说范围的三皇五帝等上古资料就在理性原则的考问下置于被怀疑的境地，选择何种原始资料也就顺理成章地成为胡适必须考虑的问题：

> 既然本论文要进行历史性的研究，那么它必须面对的首要问题就是原始资料的选择。在写本论文时，我发现抛弃巨大的传统负担是必要的，而这种必要性是西方读者难以想象的。我自始至终坚持一个基本原则：没有充足的根据，就不接受某一本书，也不引用已被认可的某一著作中的话。在所谓的儒家"五经"中，我只全面接受《诗经》，因此故意不引用《尚书》和《礼记》（除了其中我以之为真的第二篇之外）。《管子》、《晏子春秋》和其他许多类似的真实性可疑的著作，我都拒绝采用。至于经后人窜改的著作，我在引用时特别小心。例如，对《庄子》和《荀子》，我只分别利用了其中少数几章。③

---

① 耿云志主编《胡适遗稿及秘藏书信》第 21 册，第 53 页。

② Hu Shih（Suh Hu），*The Development of the Logical Method in Ancient China*，The Oriental Book Company，1922，p. 9.

③ Hu Shih（Suh Hu），"Preface"，p. 9，*The Development of the Logical Method in Ancient China*.

非常明显，胡适选取原始资料的原则已经发生现代化的转向，即从信仰到理性、从崇古到疑古。顺此，他也必然会要求合理定位儒学在历史上的地位，进而平等看待非儒学派：

> 我确信，中国哲学的未来取决于将儒学从道德和理性的枷锁中解放出来。这种解放不能仅由西方哲学的大量引进来实现，而只能通过让儒学恢复到它的本来地位，也就是说，将它重新放入其历史语境。儒学曾经只是古代中国盛行的众多敌对学派之一。
>
> 中国哲学的未来，在很大程度上取决于在古代中国与儒学同时盛行的那些伟大哲学学派的复兴。①

客观地说，胡适此处取消儒学独尊地位、以"平等的眼光"审视诸子百家之举也是哲学史料问题上现代化转向的标志之一。但是，发生现代化转向并不意味着割断历史的连续性。恰恰相反，胡适很注重吸收清代学者在校勘和训诂方面积累的研究成果，认为通过这些基础工作，才能摆脱传统训释者的主观成见，获得对古籍的真实意义的正确理解，而这是解释、建立或重建中国哲学体系的前提。不可否认，这些想法对中国哲学史史料学学科来说是有重大启发意义的。胡适在其后的《中国哲学史大纲》里将之进一步系统化。

（三）回到可靠哲学史料——论诸子不出于王官

在博士论文的收尾时期，胡适完成《诸子不出于王官论》。在某种程度上可以说，该文是其博士论文的理论升华或精神骨架，亦属于具体哲学史料问题的研究。

有关先秦诸子的学术思想，《庄子·天下》《荀子·非十二子》和《吕氏春秋·不二》都曾做过总结，但只限于归纳各家的思想核心和辨别其异同。《淮南子·要略》更进一步，开始从外缘角度分析诸子学术的起因，如说：

> 周公继文王之业，持天子之政，以股肱周室，辅翼成王……成王既壮，能从政事，周公受封于鲁，以此移风易俗。孔子修成、康之

---

① Hu Shih（Suh Hu）, *The Development of the Logical Method in Ancient China*, p. 8.

道，述周公之训，以教七十子，使服其衣冠，修其篇籍，故儒者之学生焉。墨子学儒者之业，受孔子之术，以为其礼烦扰而不说，厚葬靡财而贫民，服伤生而害事，故背周道而用夏政。

申子者，韩昭厘之佐；韩，晋别国也，地墽民险，而介于大国之间，晋国之故礼未灭，韩国之新法重出，先君之令未收，后君之令又下，新故相反，前后相缪，百官背乱，不知所用，故刑名之书生焉。①

司马谈《论六家要旨》分门别派，将先秦诸子归为阴阳、儒、墨、名、法、道德六家。② 刘向、刘歆父子在这个基础上撰《七略》，别诸子为十家。③《汉书·艺文志·诸子略》则正式提出在中国古代学术思想史上影响至深的"九流出于王官说"：

> 儒家者流，盖出于司徒之官。……
> 道家者流，盖出于史官。……
> 阴阳家者流，盖出于羲和之官。……
> 法家者流，盖出于理官。……
> 名家者流，盖出于礼官。……
> 墨家者流，盖出于清庙之守。……
> 纵横家者流，盖出于行人之官。……
> 杂家者流，盖出于议官。……
> 农家者流，盖出于农稷之官。……
> 小说家者流，盖出于稗官。④

---

① 何宁：《淮南子集释》卷21，《新编诸子集成》本，北京：中华书局，1998，第1459、1462 页。

② （汉）司马迁：《史记》卷130《太史公自序第七十》，北京：中华书局，1959，第3288页。然而，司马迁在诸子列传中并没有采用其父司马谈的六家之说，而是写《老子韩非列传》介绍老子、庄子、申不害、韩非的生平著述，《仲尼弟子列传》介绍孔门弟子，《孟子荀卿列传》介绍孟子、荀子和驺衍、慎到、田骈、接子、环渊、公孙龙和墨翟等人。不难发现，司马迁对先秦诸子的派别意识并不是很浓。

③ 班固说明《艺文志》著述原因时说："刘向司籍，九流以别。"颜师古引应劭注曰："儒、道、阴阳、法、名、墨、纵横、杂、农，凡九家。"〔（汉）班固撰、（唐）颜师古注《汉书》卷100下《叙传第七十下》，北京：中华书局，1962，第4244、4245 页〕

④ （汉）班固撰、（唐）颜师古注《汉书》卷30《艺文志第十》，第1728、1732、1734、1736、1737、1738、1740、1742、1743、1745 页。

《汉志》关于九流①起源的如上观念几乎成为 2000 年来的定论，其间虽偶有反对者，如清儒曹耀湘在其《墨子笺》中对之进行否定，但直至清代以降"九流出于王官说"仍居于正统地位，郑樵、章学诚、汪中、龚自珍、章炳麟、刘师培等学界名家皆推崇此说。胡适则冒天下之大不韪，明确揭橥反对的大旗。1917 年 4 月 11 日，他在日记里以"九流出于王官之谬"为题，表明自己的观点：

此说出自班固，固盖得之刘歆。其说全无凭据，且有大害，故拟作文论其谬妄。今先揭吾文之大旨如下：

（一）刘歆以前之论周末诸子者皆不作如此说。

（1）《庄子·天下篇》。（2）《荀子·非十二子篇》。（3）司马谈《论六家》。（4）《淮南子·要略》。

（二）学术无出于王官之理。

（1）学术者，应时势而生者也。（《淮南·要略》）（2）学术者，伟人哲士之产儿也。

（三）以九流为出于王官，则不能明周末学术思想变迁之迹。

（四）《艺文志》所分九流最无理，最不足取。

（1）不辨真伪书。（2）不明师承。（3）不明沿革。②

4 月 16 日胡适日记载：

作《论九流出于王官说之谬》成，凡四千字：

（一）刘歆以前无此说也。

（二）九流无出于王官之理也。

（三）《七略》所立九流之目皆无征，不足依据。

（四）章太炎之说亦不能成立。

（1）其所称证据皆不能成立。

（2）古者学在官府之说，不足证诸子之出于王官。

---

① 上列十家，胡适却说"九流"，是因为班固认为"诸子十家，其可观者，九家而已"[（汉）班固撰、（唐）颜师古注《汉书》卷 30《艺文志第十》，第 1746 页]。

② 曹伯言整理《胡适日记全编》2，第 576 ~ 577 页。

（五）结论。①

后来，该文经胡适略作修改刊于同年 10 月 15 日的《太平洋杂志》，但改名为《诸子不出于王官论》。② 这里，他将"九流"改成"诸子"并不是随意而为，而是经过了仔细的斟酌，因为改过之后的题目更能体现其对"六家""九流"之说的否定态度。

文章开篇，胡适说："今之治诸子学者，自章太炎先生以下，皆主九流出于王官之说。此说关于诸子学说之根据，不可以不辨也。"③ 也许正是针对这句话，余英时认为胡适"这篇文章是专为驳章炳麟而作"④。然而，比较上引两则日记我们可以清楚地看出，胡适写作此文的原始动机并不如余氏所言，而在于推翻班固本刘歆之传统旧说。其实，在《诸子不出于王官论》中，胡适也紧接着说明了这一事实："此说始见《汉书·艺文志》，盖本于刘歆《七略》。"⑤ 因此之故，他从四个方面极力驳斥被后世奉为师法而在他眼中只是汉儒附会揣测之辞的"九流出于王官说"。文中所列四点理由与日记所载出入不大，故这里不再赘述。需要提及的有如下几点：（1）胡适赞同《淮南子·要略》中所体现的"诸子之学皆起于救世之弊，应时而兴"的说法，认为"即此一说，已足推破九流出于王官之陋说矣"。1917 年 4 月 20 日的日记里又专门驳斥他视为"最谬者"的墨家出于清庙之守说：

> 《艺文志》言墨家盖出于清庙之守，吾已言其谬矣。今念清庙究是何官，此说汉儒无人能言之。《诗·清庙》郑笺云："清庙者，祭有清明之德者之宫也。谓祭文王也。天德清明，文王象焉，故祭之而

---

① 曹伯言整理《胡适日记全编》2，第 578 页。

② 从 1917 年 4 月 16 日的日记与《太平洋杂志》中所列四条理由的对比中，我们不难发现该文正式刊行前是经过修改的。另外，在《太平洋杂志》目录中该文题名为《诸子学不出于王官》，而正文中则是《诸子不出于王官论》，但收入 1919 年 2 月版《中国哲学史大纲（卷上）》附录时及该书导言提及此文时都题名为《诸子不出于王官论》，可以断定是《太平洋杂志》目录出错。

③ 胡适：《诸子不出于王官论》，《太平洋杂志》第 1 卷第 7 号，太平洋出版社，1917，第 1 页。

④ 余英时：《中国近代思想史上的胡适》，载余英时《重寻胡适历程——胡适生平与思想再认识》，第 187 页。

⑤ 胡适：《诸子不出于王官论》，《太平洋杂志》第 1 卷第 7 号，第 1 页。

歌此诗也。"《正义》引贾逵《左传》注云,"肃然清静,谓之清庙。"

　　　夫汉儒不能明知清庙为何物,乃谓清庙之官为墨家所自出,不亦诬乎?①

　　(2)胡适指出,《汉志》所分九流是"未得诸家派别之实"的勉强之分,"多支离无据",不能成立。在他看来,《汉志》最为荒谬的做法是确立了"名家"。因为名学(即逻辑)乃是各家为学之方术,将之单独列为一家则整个先秦学术的方法论就被淹没了。对此观点,章太炎极力反对:"名家大体,儒墨皆有之,墨之经,荀之正名,是也。儒墨皆自有宗旨,其立论自有所为,而非泛以辩论求胜;若名家则徒求胜而已。此其根本不同之处。弟能将此发挥光大,则九流分科之指自见矣。……适之以争彼为争彼,徒成辞费,此未知说诸子之法与说经有异。"② 此处,章氏的论断明显带有传统经学思维的痕迹。因而,胡适驳斥道:

　　　　我是浅学的人,实在不知说诸子之法与说经有何异点。我只晓得经与子同为古书,治之之法只有一途,即是用校勘学与训诂学的方法,以求本子的订正与古义的考定。③

和博士论文的立场一样,他超越旧经学思维的框架,以"平等的眼光"看待各家各派,而这是客观整理与分析哲学史料的前提。(3)胡适以欧洲类似的文化现象进行比拟,得出诸子之学非但决不能出于王官,而且必定不为王官所容,就像欧洲教会全力抑阻文艺复兴后隆起的不利于己的私家学术一样。(4)胡适认为,主张九流出于王官者实是基于其信古的思想史解释模式:"若谓九流皆出于王官,则成周小吏之圣知定远过于孔丘、墨翟。此与谓素王作《春秋》为汉朝立法者,其信古之陋,何以异耶?"④

　　客观言之,《诸子不出于王官论》不失为一篇杰作,它在一定意义上开创了诸子学研究的新局面——疑古的思想史解释模式之确立。然而,胡

　　① 曹伯言整理《胡适日记全编》2,第583页。
　　② 胡适:《章太炎先生给行严先生的第一书》,载《胡适文集》3,第137~138页。
　　③ 胡适:《我给行严先生的第一书》,载《胡适文集》3,第138页。
　　④ 胡适:《诸子不出于王官论》,《太平洋杂志》第1卷第7号,第7页。

适立说也确有可商榷之处。单就作为其重要论据的"九流无出于王官之理"而言，我们就可以在《汉志》本身找到相反的能够自圆其说的观点：

> 诸子十家，其可观者，九家而已。皆起于王道既微，诸侯力政，时君世主，好恶殊方，是以九家之术蜂出并作，各引一端，崇其所善，以此驰说，取合诸侯。其言虽殊，辟犹水火，相灭亦相生也。仁之与义，敬之与和，相反而皆相成也。①

我们认为，在"王道既微，诸侯力政，时君世主，好恶殊方"的情境下，百家争鸣的诸子学术出于王官并不足为怪。因此，胡适之说受到了学人褒贬不一的评价。褒固然能够增加其影响力，但贬也丝毫不能降低《诸子不出于王官论》的积极意义。② 从中国哲学史史料学的角度看，胡适此文的最大意义在于其对史料可靠性的重视，即如他自己几十年后所言"这样推翻'六家'、'九流'的旧说，而直接回到可靠的史料，依据史料重新寻出古代思想的源流流变：这是我四十年前的一个目标"③。在胡适的思想世界里，这种推翻旧说的疑古精神是史料之可靠性的有力保证。

四 中国哲学之史料研究方法的系统化——以《大纲》为中心

一般认为，胡适的《中国哲学史大纲》是在其博士论文的基础上修改增订而成的。因此，学人往往不注意二者之间的区别。而通过对二者的相互比照，我们"颇能看出其间完整地两个阶段性"④。就中国哲学的史料研究方法论而言，《中国哲学史大纲》就明显比博士论文更为规范、更为系统。本节拟以《大纲》为中心，联系胡适其他相关论述，综括其对中国

---

① （汉）班固撰、（唐）颜师古注《汉书》卷30《艺文志第十》，第1746页。
② 如柳诒徵说："盖合于胡氏之理想者，言之津津，不合于其理想者，不痛诋之，则讳言之，此其著书立说之方法也。"（柳诒徵：《论近人讲诸子之学者之失》，《柳诒徵史学论文续集》，上海：上海古籍出版社，1991，第519页）顾颉刚则说，读了《诸子不出于王官论》"仿佛把我的头脑洗刷了一下，使我认到了一条光明之路"（《顾颉刚先生序》，第17页，载顾颉刚编著《古史辨》第4册）。
③ 胡适：《〈中国古代哲学史〉台北版自记》，载《胡适文集》6，第160页。
④ 余英时：《学术思想史的创建及流变——从胡适与傅斯年说起》，载余英时《文史传统与文化重建》，第415页。

哲学之史料研究方法的系统研究。

（一）从《大纲》版本演变看胡适对哲学史料研究方法的重视

据《胡适遗稿及秘藏书信》第六册的"编者按"，《中国哲学史大纲》有三种存稿形式：最初的讲义稿；修改过的油印稿；成书的底稿。其中，成书的底稿即1919年2月商务印书馆出版的《中国哲学史大纲》上卷，修改过的油印稿与成书的底稿很接近。最初的讲义稿则与成书的底稿差距较大，具体表现在以下几个方面。

第一，作为讲义，它必然要符合讲课的需要，因而在目录开头胡适对授课计划作了说明：

> 此科定一年讲毕，共得九十点钟。故一切讲授但能提纲择要，不能详举细目，但能举各家主要的学说和各学派授受变迁的大概，不能遍把诸家的书籍来一章一句的讨论。此次编讲义，即依九十点钟为标准，把哲学全史分为九十章。①

修改以后的成书底稿基于出版要求将这个授课计划删除。

第二，讲义稿和成书底稿的"凡例"不同。讲义稿"凡例"如下：

> 一、现拟于一学年之中讲毕此科，时间有限，仅能提纲挈要，不能旁及琐细，故名中国哲学史大纲。
>
> 二、中国文言不便说理，故禅宗讲学多用俗语，宋儒因之遂成"语录体"。今编讲义尤苦文言之不便。盖教授者以文言编讲义，及入教室，必须以国语讲述之。学者以国语受之，又必以文言笔记之。一篇讲义经此四番周折，其于原意能存几何？鄙人尝倡白话文学之论，故今编讲义，即以国语为之。引用书句，则多用原文。其原文有不易了解者，则以国语译之。……
>
> 三、鄙人平日主张行文必用句读符号。三年以来，以此自律。无论万言之长，一棘之短，皆依文法句读标志之。今编讲义亦用符号若

---

① 耿云志主编《胡适遗稿及秘藏书信》第6册，第1页。从总目来看，"九十章"指上卷"古代周秦"约三十五章、中卷"中世自汉至五代"约二十章、"近世自宋至清"约三十五章。众所周知，胡适最后只完成上卷。

干种如下：……①

1919 年版《中国哲学史大纲》之"凡例"则在第一条介绍胡适打算写的中国哲学史上、中、下三卷的计划，第二条说明其选择材料的方法在正文第一篇中另有详细的讨论，第三、四条与讲义稿的第二、三条的意思相同。②

第三，讲义稿在第三篇里讲老子的虚无主义、自然主义、无为主义，这些内容成书底稿里已经没有。

第四，讲义稿第一篇"绪论"③里讲哲学史第二个目的"求因"的三个原因时，对后两个原因"所处的时势不同"和"所受的思想学术不同"曾各举例说明，但最后都被标上删除记号。④ 作为定稿的成书底稿是不能体现胡适这一写作过程的。

第五，讲义稿"绪论"里讲中国哲学史第一个时代"古代哲学"时对为什么不讲老子以前的哲学做了具体说明：

> 为什么我不讲老子以前的哲学呢？我的理由约有三条：
> 第一，因为平常人讲上古时代的哲学所根据的书，都不甚可靠。……
> 第二，因为老子以前其实没有什么"哲学"。……
> 第三，还有一部《管子》也不可靠。《管子》这书决不是管仲所作，决不是老子孔子以前的书。……⑤

成书底稿中不见这部分内容。

第六，讲义稿没有成书底稿中用大量篇幅介绍的关于哲学史的史料分类、审定和整理等内容。这有两种可能的原因：（1）听讲的学生如顾颉刚等旧学基础很扎实，所以胡适觉得讲这些的必要性不大；（2）胡适最初没有意识到这些内容的重要性，讲课受到质疑后为了显示自己的国

---

① 耿云志主编《胡适遗稿及秘藏书信》第 6 册，第 5 页。
② 胡适："凡例"，第 1~2 页，载《中国哲学史大纲》卷上。
③ "绪论"在成书底稿中改称"导言"。
④ 参见耿云志主编《胡适遗稿及秘藏书信》第 6 册，第 11 页。
⑤ 参见耿云志主编《胡适遗稿及秘藏书信》第 6 册，第 15~17 页。

学根底又特意加入。① 我们认为，第二种原因应该更符合实际情况。因而，成书底稿中这部分内容的加入具有关键性的意义，它不仅显示了胡适对哲学史料有自己一套成系统的研究方法，而且也说明了他对这些方法的重视。虽然这些内容是后来补充的，但它们是作为胡适国学实力的象征而不得不补充的，所以，其不仅不是不重要，而且是很重要。

（二）哲学史料研究方法的系统论说

在《大纲》导言及其后的一些论著中，胡适较为系统地总结了中国哲学之史料研究方法。由于《大纲》导言的论述较为集中，所以我们择定其为分析的中心。

1. "哲学史料是什么"问题域下的种类划分

胡适之前，几乎无人将哲学史料从历史史料中提取出来，因而，什么是哲学史料的问题更是无人提及。胡适则认识到哲学史的史料是从所有的史料里面找出的关于哲学家的一生行事、思想渊源沿革和学说的真面目等东西，所以他在"哲学史料是什么"的问题域下划分哲学史料。诚然，这显得有些杂乱，因为"是什么"倾向于抽象层面的定义，而种类划分则是具体层面的归界，二者不能混为一谈。然而，作为提取哲学史料的第一人，胡适的杂乱是情有可原的，在一定意义上说又是不可避免的。这是因为，从哲学种类划分向上追溯，必将归根于"哲学史料是什么"的疑问。其后学者则多就种类言种类，不再将之归于"哲学史料是什么"的问题本根。也就是说，两个问题的划界日渐清晰。这种进步符合学术发展的一般规律，但并不能抹杀胡适在此二问题上的开创之功。

在胡适看来，哲学史的史料大概可以分为原料和副料两种类型。其中，原料是指历史上各个哲学家所撰之著作，副料则是指古人所作的关于哲学家的传记、轶事、评论、学案、书目以及近世文集中的许多传状序跋等。他认为，在哲学原料中，古代哲学史料最不可靠，因为在表面看来仍然存在的孔、老、墨、庄、孟、荀、韩非等诸子之书没有一部是完全可靠的，它们真伪相杂、错误丛生，而且《庄子·天下》与《荀子》之《非十二子》《天论》《解蔽》等所载古代哲学史料十之八九已经遗失。中世

---

① 胡适加入关于哲学史料方法的内容还有一个可能的机缘：1918 年，北京大学《研究所主任会议纪事》中规定"文科研究所改定科目"哲学门中有"中国古代哲学史料问题"（原载 1918 年 5 月 29 日《北京大学日刊》，后收入《胡适文集》11，第 3 页），他有可能受此启发而看到史料方法的重要性。

哲学史料中，汉代贾谊《新书》、董仲舒《春秋繁露》都有后人增加的痕迹，王充《论衡》之《乱龙》与全书宗旨相悖，仲长统的《昌言》不见踪迹，魏晋时期的哲学著作也大半散失，《三国志》《晋书》《世说新语》所称书籍，留存甚少。近世哲学发生在印刷术发明之后，故而重要哲学家的著作都有刻版，只有少数论著散失埋没，即使如此，近世哲学史料也不是完全没有问题的。哲学副料则包括《礼记·檀弓》、《论语》之《微子》《子张》篇、《庄子·天下》、《荀子·正论》、《韩非子·显学》、《吕氏春秋》《史记》中哲学家列传、《宋元学案》、《明儒学案》等。胡适指出，研究哲学史之所以要有副料，大致有三个原因：其一，通过副料，往往可以考见各哲学家著作中所不记载的关于他们的年代、家世和事迹等背景资料；其二，通过副料，能够梳理各家哲学的学派系统以及传授源流；其三，通过副料，可以从其中论及的已经散佚的哲学学派窥得其学说梗概。

2. 哲学史料的收集

在《大纲》和其他著作里，胡适并没有专列"哲学史料的收集"的栏目，但我们可以从其论述中找到有关内容。

（1）查书目找哲学史料——从目录学的角度收集哲学史料

从上文可知，古人所作关于哲学家的书目被胡适列为哲学副料之一。书目即书籍的目录。以之为副料说明胡适看到了它对搜集哲学原料的重要性。从其后来的治学实践看，目录学也一直是他整理文史哲等国学典籍的有力工具和方法。如1923年，应清华学校胡敦元等人的请求，胡适为没有国学根底的青年开列了一个书目——《一个最低限度的国学书目》。然而，它虽名为"国学"书目，但只列举了经、子、集三部中关于思想史和文学史方面的书籍。对于这个书目，《清华周刊》的记者写信提出质疑："我们一方面嫌先生所拟的书目范围不广；一方面又以为先生所谈的方面——思想史与文学史——谈得太深了，不合于'最低限度'四字。"①梁启超也批评胡适"不顾客观的事实，专凭自己主观为立脚点。胡君正在做中国哲学史中国文学史，这个书目正是表示他自己思想的路径和所凭借的资料"②。我们认为，胡适这个书目虽然有些文不对题，但其注重思想史方面书籍的介绍恰能表明目录学在其哲学史研究中的地位。在序言中，

---

① 《胡适文集》3，第98页。
② 梁启超：《评胡适之的〈一个最低限度的国学书目〉》，载《胡适文集》3，第120页。

胡适称："这虽是一个书目，却也是一个法门。这个法门可以叫做'历史的国学研究法'。"① 这样，书目就被抬到了方法论的高度。不仅如此，在"工具之部"，胡适还列出周贞亮、李之鼎的《书目举要》、张之洞的《书目答问》、纪昀等编纂的《四库全书总目提要》、顾修的《汇刻书目》和罗振玉的《续汇刻书目》，这些书目或者书目之书目昭示着他对目录学基础作用的肯认。在1932年所写《〈日本东京所见中国小说书目提要〉序》中，胡适又从孙子书的中国小说史研究出发揭示了目录学基础对建立科学的中国小说史学的作用。② 此外，胡适整理佛教史料时，目录学也是一种重要的史料方法论。关于此点，后文详谈。

（2）通过"史料钩沉"收集哲学史料

胡适所谓"史料钩沉"其实就是今人所谓"辑佚"。《大纲》导言中，"史料钩沉"尚未单独开列为史料之研究方法，而是混杂在哲学史料之种类的介绍中。如介绍原料时，胡适说：

> 后人所编的汉魏六朝人的集子，大抵多系东抄西摘而成的，那原本的集子大半都散失了。
>
> 原著的书既散失了这许多，于今又无发见古书的希望，于是有一班学者，把古书所记各人的残章断句，一一搜集成书。如汪继培或孙星衍的《尸子》，如马国翰的《玉函山房辑佚书》。这种书可名为"史料钩沉"，在哲学史上也极为重要。③

介绍副料时则说：

> 上节所说的"史料钩沉"，也都全靠这些副料里所引的各家学说。④

综合上引资料可知，在胡适，"史料钩沉"之目的是收集哲学原料，

---

① 胡适：《一个最低限度的国学书目》，载《胡适文集》3，第87页。
② 胡适：《胡适古典文学研究论集》下册，上海：上海古籍出版社，1988，第1271页。
③ 胡适：《中国哲学史大纲》卷上，第12、13~14页。
④ 胡适：《中国哲学史大纲》卷上，第15页。

而完成这个目的要从哲学副料下手来整理相关内容。在某种程度上说，胡适并没有厘清哲学史料种类与"史料钩沉"等史料研究方法之间的界限，其实，史料研究方法只是梳理各种史料的工具或手段。

（3）杂货店的收书法

1928 年 7 月 31 日，胡适在上海东方图书馆主办的图书馆暑假补习班上以"中国书的收集法"为题进行演讲。这个演讲并非仅仅针对中国哲学史料而言，但其中所说图书收集法同样适用于作为中国书籍的中国哲学史料的收集。而且，在这个演讲里，胡适确也多次提到哲学史料和思想史料，如"至于八股文乃是最重要的文学史料，教育史料，思想史料，哲学史料。……还有看相的书，同道士先生画的符，念的咒，都是极好的社会史料，和宗教史料，思想史料"①。

胡适反对古董家收集法只重视版本和理学家收集法以道学家的眼光收书，而提倡"杂货店的收书法"，认为应该无书不收。这种方法坚持用历史家的眼光收书，将一切书都视为历史的材料。胡适指出，这样做有五种好处：一、把收书的范围扩大，无所不收；二、可避免用主观的眼光选择书；三、保存无数的史料；四、所费少而所收多；五、偶然发现极好的材料。总之，收书"要博，再从博而专门，古董家和道学家的方法，是绝对要不得的"②。我们认为，这种方法对于今天的史料收集不无启发意义——搜集史料要全，要宁滥毋缺；整理史料要精，要宁缺毋滥。

3. 哲学史料的审定

胡适注意到，中国古人写历史，最不讲究史料——不问史料可靠与否，神话官书尽在使用范围。而如果史料不可靠，所作的历史便无信史的价值。因此，胡适在《大纲》导言里从必要性和方法两个方面讲哲学史料的审定。

（1）审定的必要性

胡适认为，古人经常作伪书，其中缘由有二：一、有人撰书立说却担心自己的主张不为世人所重，故往往借用古人的名字，如《黄帝内经》假托黄帝、《周髀算经》假托周公。这一类是"托古改制"的书；二、有人为了钱财，有意伪作古书。这一类是"托古发财"的书。他进而指出，

---

① 胡适：《中国书的收集法》，载《胡适文集》12，第 465 页。
② 胡适：《中国书的收集法》，载《胡适文集》12，第 470 页。

"托古改制"的人之中往往有一流的思想家，而"托古发财"之人则全是下流人才，思想既不高尚，心思又不精密。

可是，哲学史却以学说的真相、先后的次序和沿革的线索三者为重。因此，如果把那些本不可靠的材料作为真书，"必致（一）失了各家学说的真相；（二）乱了学说先后的次序；（三）乱了学派相承的系统"①。这样，审定史料的工作就显得尤为必要。

（2）审定的方法

针对审定哲学史料的真伪，胡适特别提出内证和旁证两类证据。其中，内证包括四种：一、史事——看书中记载的史事是否与作书的人的年代相符；二、文字——一时代有一时代的文字；三、文体——一时代有一时代的文体，一个人也有一个人的文体。四、思想——看一部书里的思想学说是否有大相矛盾冲突之处。和内证从本书里寻证据不同，旁证是从别的书里找出来的，但同样重要。胡适主张，从内证和旁证审定史料是史学家的第一步根本工夫。

在其后《老子》史料问题的讨论中，胡适审定史料的方法略有改变。如所周知，《大纲》将老子放在孔子之前，是老子"早出论"者。这是其摆脱经学思维而以史料审定为作史前提的典型表现。此论一出，学界哗然，《老子》年代问题遂成为争论的焦点。顾颉刚主编的《古史辨》第四册把当时讨论老子年代问题及杨朱、韩非、管子、慎到、尸子等的文章集中起来合为"下编"，列为篇首的就是胡适的《老子略传》，该文取自《大纲》第三篇。然而，与胡适意见相左的老子"晚出论"者也大有人在，且多为学界名流。因此，胡适先后撰文与之进行辩论，他选择的对象是冯友兰、梁启超、钱穆和顾颉刚诸位学者。

1930 年，冯友兰将 183 页《中国哲学史讲义》寄给胡适。3 月 20 日，胡适回信反对他讲义中将《老子》归到战国时代作品的三条证据。翌年 3 月 17 日，又致书钱穆驳斥他的《关于〈老子〉成书年代之一种考察》（胡适此信载《清华周刊》1932 年第 9 ~ 10 期，第 102 ~ 104 页）。在这两封书信观点的基础上，胡适于 1933 年元旦完稿的《评论近人考据〈老子〉年代的方法》将认定老子晚出的证据分为两组，并集中加以批判。因是批判性文章，所以胡适在文中都是从反面讲审定史料的方法，而不是正面立

---

① 胡适：《中国哲学史大纲》卷上，第 16 页。

论。具体地说，他认为，时人证明《老子》晚出有两种方法：一是从"思想系统"或"思想线索"上分析，以梁启超、钱穆、顾颉刚为代表；二是用文字、术语、文体等来证明，以冯友兰、梁启超、顾颉刚为代表。然而，在他看来，这两种方法都是不可取的。首先，从思想线索上分析不能免除主观成见。这个方法可以随成见的偏东或偏西帮助分析者向东或向西。因而，在没有严格的自觉的批评的情况下，此方法的使用绝不会有证据的价值。其次，用文体、术语、文字等证明的方法自然有用，如孔子时代的采桑女不应该会作七言绝句，但这个方法也是很危险的。因为

> （1）我们不容易确定某种文体或术语起于何时；（2）一种文体往往经过很长期的历史，而我们也许只知道这历史的某一部分；（3）文体的评判往往不免夹有主观的成见，容易错误。
>
> 同一个时代的作者有巧拙的不同，有雅俗的不同，有拘谨与豪放的不同，还有地方环境（如方言之类）的不同，决不能由我们单凭个人所见材料，悬想某一个时代的文体是应该怎样的。①

而用一两个名词或术语来做考证年代的标准，漏洞更多，危险也更多。因为持这种方法的人，常用主观的"时代意识"来断定某个术语属于某个时代。鉴于这些方法的弊端，胡适说："怀疑的态度是值得提倡的。但在证据不充分时肯展缓判断（Suspension of Judgement）的气度是更值得提倡的。"② 这里，他审定史料的慎重严谨和理性客观跃然纸上。

4. 哲学史料的整理

经过审定之后的古今哲学史料，还需要一番整理的工作，古代哲学典籍尤其如此。《大纲》中对史料整理的重视成为胡适一以贯之的态度，如他在1922年9月1日的日记中说：

> 从前我们以为整理旧书的事，可以让第二、三流学者去做。至今我们晓得这话错了。二千年来，多少第一流的学者毕生做此事，还没有好成绩；二千年的"传说"（Tradition）的斤两，何止二千斤重！

---

① 胡适：《评论近人考据〈老子〉年代的方法》，载《胡适文集》5，第89、90页。
② 胡适：《评论近人考据〈老子〉年代的方法》，载《胡适文集》5，第102页。

不是大力汉，何如推得翻？何如打得倒？①

　　1923 年胡适又说："我们承认不曾整理的古书是不容易读的。我们没有这一番整理的工夫，就不能责备少年人不读古书。"② 由此可以推断，在他眼中，整理哲学史料是读懂它们的前提。综观胡适著作，可知他整理哲学史料有四种方法。

　　（1）校勘。前文已明，胡适留美时就已看到校勘的重要。《大纲》里，他更是直接将之作为哲学史料的整理方法之一。经胡适分析，校勘之所以必要，在于"古书经了多少次传写，遭了多少兵火虫鱼之劫，往往有脱误、损坏种种缺点。校勘之学，便是补救这些缺点的方法"③。他认为，在实际校勘的过程中，校书之依据有三，包括旧刊精校的古本、他书或类书对本书的援引、本书通用的义例。

　　在《大纲》以后的论著中，胡适也多处论及校勘之学，它们对中国哲学史料的校勘有一定的借鉴意义。1919 年 8 月和 1920 年春胡适分别完成《清代学者的治学方法》一文的第一至六章和第七章。④ 其中，1919 年 8 月完成部分有对校勘学的定义："校勘学是用科学的方法来校正古书文字的错误。"⑤ 1920 年春完成的部分通过分析清代校勘学讲校勘学的方法。胡适指出，校勘学的方法可以分为两个层次。第一层次是根据。该文中他在《大纲》的基础上将校书的根据扩展为五种：①根据最古的本子；②根据古书里引用本书的文句；③根据本书通行的体例；④根据古注和古校本；⑤根据古韵。不仅如此，胡适还从另一侧面分析了这五种根据的不足之处：①"古本"不知经过了多少次口授手写，难保没有错误。②古书转引本书的文句也有两大危险：其一，引书之人不一定字字依照原文引用，可能会随意增减字句。其二，初次引用没有错误，后来传抄翻印，难免没有错误。③至于古书通例，著书的人有偶然变例的可能。④古注本有被后

---

① 中国社会科学院近代史研究所中华民国史研究室编《胡适的日记》下册，北京：中华书局，1985，第 445 页。

② 郑大华整理《胡适全集》第 13 卷，合肥：安徽教育出版社，2003，第 35 页。

③ 胡适：《中国哲学史大纲》卷上，第 25 页。

④ 关于《清代学者的治学方法》一文，胡适 1921 年 11 月 3 日写了一个"附记"："此篇第一至第六章是民国八年八月作的；第七章是九年春间作的；第八章是十年十一月作的。"（《胡适文集》2，第 304 页）

⑤ 胡适：《清代学者的治学方法》，载《胡适文集》2，第 288 页。

人妄改了的，古校本也往往有许多种，所以依据哪一种就成为问题。⑤古韵的根据，有时也容易致误。鉴于这些根据的不足，胡适提出了校勘学第二层次的工夫——评判。这样，校勘学就不能仅仅以有根据为满足，而应该以细心的判断为重，即如段玉裁所云："校书之难，非照本改字，不讹不漏之难也，定其是非之难。"①

1934年，胡适为陈垣的《元典章校补释例》作序。该文认为，用善本对校是校勘学的灵魂，是校勘学的唯一途径。这主要是针对王念孙、段玉裁等清代学者的推理式校勘，即以"误例"为校勘的依据。而其所谓"误例"，不过是指出一些容易致误的路子。如此，它们就只能帮助解释某字何以讹成某字，但绝对不够证明某字必须改作某字。因而，这不是科学的校勘之法。正是鉴于推理式校勘的弊端，胡适提出了一套系统的校勘方法论。他主张，校勘分为三个步骤：第一步，发现错误。错误有主观和客观之分：主观错误是主观认定的文字错误，客观错误则是经过几种本子的异同比较而找到的错误。依胡适之见，校勘中错误的发现必须依靠后者，即不同本子的比较。第二步，改正错误。在有多种版本的情况下，最好的办法是排比各种版本，考定其传写的先后，然后从中择取最古且最近理的读法，将各种异读也标明，并分析致误之因。在没有异本互勘或者有别本却又无法确定传授次第的情况下，就要假定一个最近理的读法，标明原作某，一作某，今定作某是根据何种理由。第三步，证明所改不误。这一步其实就是胡适在《大纲》导言和《清代学者的治学方法》中所谈的校勘之依据。胡适认为，依可靠性，这些依据依次是最初底本、最古传本、最古引用本文的书和本书义例。此外，凡版本不能完全解决的疑难，只有求助于校勘者的渊博史识，即其对校勘书籍所处时代的制度、习俗、语言、文字等的了解。

总体而言，胡适的校勘之法在《校勘学方法论》中是最完备的，《大纲》和《清代学者的治学方法》所谈不过是其中第三步，即关于校勘根据的内容。1946年胡适在上海《大公报·文史周刊》发表《考据学的责任与方法》，1948年又在《申报·文史周刊》发表《〈水经注〉的校定史可以说明校勘学方法》，但二文所讲校勘方法实不出《校勘学方法论》一文所讨论的内容。

---

① 段玉裁：《与诸同志书论校书之难》，《经韵楼集》卷12，《续修四库全书》本。

（2）训诂。依胡适《大纲》，读古书单靠精细的校勘确定其原有文字是不够的，因为同一文字，古今之义不同。因而，还要做解释字义的训诂工作。他指出，训诂学的根本方法有三种：①根据古义注书。亦即根据古义或古代字典（如《尔雅》《说文》《广雅》之类）、古代笺注（如《诗》的毛、郑，如《淮南子》的许高）、古书中相同的字句来注释。②借助音韵学训诂。① 中国文字的意义与音韵关系很大，而古今声韵会发生变迁，所以可以根据文字假借、声类通转的道理领会古字之义。③根据文法研究解释。即，比较同类例句，寻出各字的文法上的作用。胡适认为，用这几种训诂方法，可以避免宋儒式的妄用己意解书，较好地完成古代哲学史料的字义整理。

1924 年 1 月，胡适在东南大学国学研究班演讲，题为《再谈谈整理国故》。其中所说"读本式整理"的五种方法里就包括校雠和训诂。关于校雠，他没有提出什么新的创见。关于训诂，则确立了两个前提条件：一是在注解必不可少时再注解；二是注解要根据古字典，或古注，或由上下文比较才能得到确凿的意义，而不能随个人主观的见解妄下结论。可以看出，这次演讲与《大纲》是一脉相承的。

（3）贯通。校勘和训诂分别在版本和字义上对书籍进行整理，能够保证我们读到善本、精校精注本。但是，只做这两项工作无法从根本上超越前贤，因为"清代的汉学家最精校勘训诂"。然而，他们"多不肯做贯通的工夫，故流于支离碎琐。校勘训诂的工夫，到了孙诒让的《墨子间诂》，可谓最完备了（此书尚多缺点，此所云最完备，乃比较之辞耳）。但终不

---

① 胡适并不擅长音韵学，只在少年时代学过一些入门知识，因此，"于此道完全是门外汉"（《寄夏剑丞先生书》，载《胡适文集》4，第 188 页）。关于音韵的学术论文，也只有《论长脚韵》（1928 年与单不庵关于长脚韵的书信往来，载《胡适文集》4）、《入声考》（载 1929 年 1 月 10 日《新月》第 1 卷第 11 号）等少数作品。唐德刚就曾说："他老人家在'音韵学'（phonology，引者按：原作 phonololy，误）和'语言学'（Linguistics）上的贡献，那就更谈不上了。"（唐德刚译《胡适杂忆》，北京：华文出版社，1990，第 165 页）所以我们认为，《大纲》中这条训诂方法，更多的是其总结前人成果。如顾炎武说："读九经自考文始，考文自知音始。以至于诸子百家之书亦莫不然。"（《亭林文集》卷 4《答李子德书》）胡朴安说："以声韵得训诂，以训诂析章句，以章句辨名物，以名物明义理。"（胡朴安：《论读书法》，载雪克编校《胡朴安学术论著》，杭州：浙江人民出版社，1998，第 298 页）章太炎讲国学要先通小学，而治小学的三法为：通音韵，明训诂，辨形体（章太炎讲演、曹聚仁记录《国学概论》，成都：巴蜀书社，1987，第 17～21 页）。

能贯通全书，述墨学的大旨"①。

　　清代学者由于过分注重字、词、音义等细节，从而造就了"只见树木，不见森林"的狭隘学术视野，缺乏对古代哲学史料的条理系统之把握，更遑论高屋建瓴的论断。这一点，时人章学诚已经有所觉察："近日学者风气，征实太多，发挥太少，有如桑蚕食叶而不能抽丝。"② 因此，胡适提倡作哲学史还必须在校勘训诂之外进行"贯通"的整理，即"把每一部书的内容要旨融会贯串，寻出一个脉络条理，演成一家有头绪有条理的学说"③。他受章太炎用佛家的因明学、心理学和纯粹哲学来研究诸子学的启发，认为"贯通"不能没有比较参证的哲学材料。最后，胡适找到了西方哲学作为解释演述的工具。我们现在读到的《中国哲学史大纲》有大概三分之一的篇幅在讲考据，但没有清代考据文章的干瘪和枯燥之感，主要原因就在于胡适做了此种"贯通"，使得其考据文字渗透了思想理念。

　　（4）索引。索引是目录学的分支。为书籍编制索引是整理史料的科学治学方法之一。1923 年 1 月，作为《国学季刊》创刊号主编的胡适发表《〈国学季刊〉发刊宣言》。其中在总结前辈学者成败的基础上，提出国学研究的三个方针：①用历史的眼光扩大研究的范围；②注意系统的整理；③博采参考比较的资料。索引式的整理就包括在第二个方针即"注意系统的整理"之中。

　　胡适晚年回忆写作这个宣言的情况时说：

　　　　我们要采用现代的治学方法，做有系统的整理。例如，替古籍编"索引"或"引得"（index），便是其中之一。我国古书向无索引。近乎现代索引法的，如清嘉庆朝（1796～1820）〔汪辉祖所编纂的〕《史姓韵编》〔共六十四卷〕，便是重要的史籍索引之一。但除此编及少数类似的其他著作之外，中国古籍是没有索引可查的。所以我们主张多多编纂索引，庶几学者们不必专靠他们优越的记忆力去研究学问了。④

---

① 胡适：《中国哲学史大纲》卷上，第 30 页。
② 章学诚：《文史通义外篇三·与汪龙庄书》，载《章学诚遗书》卷 9，北京：文物出版社，1985，第 82 页。
③ 胡适：《中国哲学史大纲》卷上，第 30 页。
④ 胡适：《胡适口述自传》，唐德刚译注，载《胡适文集》1，第 374～375 页。

他认为，索引式整理是系统整理的最低而最不可少的一步，为一切大部的书或不易检查的书编制索引以便人人能用古书是国学发达的重要途径。基于这种思想，他于1923年2月发表的《一个最低限度的国学书目》之"工具书之部"开列了汪辉祖的《史姓韵编》、李兆洛的《历代地理韵编》和《清代舆地韵编》等中国为数不多的索引类书籍。1924年，胡适在《再谈谈整理国故》的演讲中重提索引式整理：

> 索引怎样解呢？如以绳索钱，使能提纲挈领也。西洋书籍，差不多每本都有索引（Index），检查非常便利，而我国的书没有一本有的，如问一个稍不著名的人为何时人，则非检查许多书不能览得，有时竟查不出，这是何等痛苦啊！……现在非有人出来作这工作不可，这种工作并不难，中等人材都可以干的。①

此处，他从索引的含义、中西索引学的差异和编制索引的迫切性三个方面深化讨论这个问题。不仅如此，在其以后的学术研究过程中，胡适确也对索引学有所应用，如1950年1月2日日记载："昨夜试作'《朱子语类》记录的门人姓名索引'，用拼音的姓氏为次第，今天做完。"② 可知，胡适的治学之道并非空谈。

5. 哲学史料的保存

胡适注重史料保存方法的思考，其方法对当今的哲学史料之保存仍很有现实意义。大体说来，其保存史料的方法体现在以下两个方面。

第一，保存什么，即保存的主要内容。《大纲》中曾说，哲学史的原料是各哲学家的著作。可知，它们是研究哲学家思想的最直接的资料。因而，胡适强调保存原料的重要性：

> 原料越是保藏得多，搜集得多，比起将原料整理删除编整的工作，都远为重要。因为无论以什么方式编志，新方法也好，旧方法也好，都不免经过整理，许多材料不免受编志总纂主观的取舍。甚至毁去一部分材料，或隐藏一部分材料；经过这一阶段，往往将有价值的

---

① 胡适：《再谈谈整理国故》，载《胡适文集》12，第96页。
② 曹伯言整理《胡适日记全编》8，第4页。

原料去掉,所以整理出来的东西就成为制造品。①

整理过的材料难免会有不客观的取舍,而舍掉的部分未必就没有价值,因此原料的保存和搜集比对之进行整理还重要。在这种观念下,胡适指出,二十四史中《宋史》价值最高,因为它保存原料最多,删减最少。

第二,怎么保存,即保存的途径。胡适提出三条保存史料的途径:(1)创办图书馆。这种办法借自西方:"为什么历史不及我们的国家,会有那么长远历史的大学,而我国反而没有呢?因为人家的大学有独立的财团,独立的学风,有坚强的组织,有优良的图书保管。"② 这里,他所说的"历史不及我们的国家"显然是其留学的美国。(2)异地保存。历史上战乱和自然灾害时有发生,难免会毁坏文物和历史资料。因此,胡适主张在异地保存史料。他自己就将甲戌本《红楼梦》寄存到其母校康奈尔大学,以防万一。③(3)通过名人自传保存史料。胡适认为,通过名人自己写传记,可以留下许多别人不知道的史料。所以,他不仅自己写自传,如《我的信仰》《四十自述》《胡适口述自传》等,而且劝梁启超、蔡元培、梁士诒、张元济、高梦旦、陈独秀、熊希龄、叶景葵等学者写他们的自传材料。④ 可见他对以自传保存史料的看重。

五 中国哲学之史料研究方法的领域化——佛教史料研究方法

从《大纲》初版"凡例"可知,胡适本打算把它写成上、中、下三卷。这个初衷在1922年还不曾改变:"哥伦比亚大学校长 Nicholas Monroe Butler〔尼古拉斯·马瑞·巴特勒〕正式写信来聘我去大学教授两科……我已决计明年不教书,以全年著书。若去美国,《哲学史》中下卷必不能成,至多能作一部英文的《古代哲学史》罢了。拟辞不去。"⑤ 然而,在

---

① 姚鹏、范桥编《胡适讲演》,北京:中国广播电视出版社,1992,第178页。
② 姚鹏、范桥编《胡适讲演》,第394页。
③ 甲戌本《红楼梦》是胡适于1927年在上海购得,因第一回楔子中有一句通行本未见的话——"至脂砚斋甲戌抄阅再评,仍用《石头记》",遂称为甲戌本。1948年底,胡适离开大陆时将它带到台湾,后把它存放在康奈尔大学图书馆。2005年,上海博物馆已从美国购回此书。
④ 胡适:《四十自述/自序》,载《胡适文集》1,第27~28页。
⑤ 曹伯言整理《胡适日记全编》3,第563~564页。

后来的日记中，他却多次只提想完成《中国思想史》下卷。这表明，胡适已经把写中国哲学史的计划由三卷本改为两卷本，而且开始用"思想史"取代"哲学史"的说法。遗憾的是，他最终只完成了上卷。此中缘由固然复杂，但最主要的原因在于其一时搞不清佛教史的发展脉络。关于此点，他1926年9月5日在巴黎写给韦莲司的信中讲得明白："我之所以不写第二册的中国哲学史，是因为我相信，要是我们不能对七世纪的中国佛教，其中包括四世纪的禅宗做一个详细明白的叙述，那么中古和近代的中国哲学是不可了解的。"① 1930年4月10日，胡适在《〈神会和尚遗集〉序》中更为具体地说："民国十三年，我试作《中国禅学史》稿，写到了慧能，我已很怀疑了；写到了神会，我不能不搁笔了。"② 1953年，冯友兰两卷本《中国哲学史》英文版由普林斯顿大学出版社出版。胡适应约稿于1955年1月24日用英文写就一个书评，发表在同年7月号《美国历史评论》杂志，其中说："冯教授的著作是第一部，也是唯一的一部，由一个知名的中国学者所写的完整的中国哲学史。在这个领域里的其他先驱者，包括已故的梁启超和我自己，都未能完成他们计划中整个的中国思想史或哲学史。这项计划需要许多不同领域学者的协助和合作，诸如道教史、中国佛教史、禅宗史，以及每个时代之中科技的研究——这些领域直到最近才受到近代学术的探索。"③ 当然，他这里并不是告诉我们冯著较为充分地关照了道教史、佛教史等内容，因为事实上该书在佛教尤其是道教的研究上是极其薄弱的，故而，胡适此处恰恰是揭示其这一缺憾。他深信，古代以后的中国哲学史研究

---

① 周质平编译《不思量，自难忘——胡适给韦莲司的信》，第154～155页。唐德刚进一步揭露了胡适当时的心态："胡先生为什么只写了半部《中国哲学史大纲》呢？此事说来也不难理解。胡适治学的态度是最谨严的。成了大名之后，众目所视，那就使他益发小心。等到他搞中古哲学史时——尤其是佛教史——他不把佛教问题彻底弄清楚，他就不敢动笔。"（唐德刚：《胡适杂忆》，第69页）

② 胡适：《〈神会和尚遗集〉序》，载《胡适文集》5，第235页。胡适晚年重提此事："在1923和1924年间，我开始撰写我自己的禅宗史初稿。愈写我的疑惑愈大。等到我研究六祖慧能的时候，我下笔就非常犹豫。在此同时我却对一个名叫神会的和尚发生了极大的兴趣。根据唐代所遗留下来的几篇有关文献，神会显然是把他那不识字的师傅抬举到名满天下的第一功臣。"（胡适：《胡适口述自传》，唐德刚译注，载《胡适文集》1，第379～380页）

③ Hu Shih（Suh Hu），"Hu Shih's Review on Fung Yu-Lan's *History of Chinese Philosophy*"，*The American Historical Review*，vol. LX，No. 1（July，1955）. pp. 898-900.

决不能脱离对道教尤其是从印度传来并已发生某种程度中国化①转变的佛教等领域哲学的疏通。可是，胡适关于道教史料考辨的著述并不多见，只有《海外读书杂记》（1927 年 1 月 10 日）中对敦煌写本 "道教经典" 的简介（载《胡适文集》4，第 297 页）、《陶弘景的〈真诰〉考》（1933 年 5 月）、《〈参同契〉的年代》（1928 年 10 月记，1935 年 10 月改定）和《道教史料》遗稿一页（介绍上清茅山派及其他一些道教人物与著作，收入《胡适遗稿及秘藏书信》9，第 208 页），而且方法性不强。所以，这里只试图探究胡适整理佛教史料的方法论。由于他的这项工作是在中国哲学史研究的视域范围内进行的，所以我们认为其是中国哲学之史料研究方法的领域化，或者说是史料研究方法在中国佛教哲学领域的具体化。

（一）佛教史料整理工作概述

胡适出身理学家庭，其父辈强烈反对释道。但是，家中女眷深信神佛。在其父亲去世、四叔上任做学官之后，因家中无人再排斥佛教，他二哥的岳母带来了《玉历抄传》《妙庄王经》等一类善书。这些书籍，胡适都进行了阅读。② 从现有资料看，这是他接触佛教的开始。不过，胡适真正进入佛教的学术研究还要从他到北大任教算起。北大期间，在读书、演讲和上课等活动中，佛教成为其一个重要课题。③ 然而，胡适关于佛教（按：禅宗是胡适佛教研究的重点）的系统研究则在 1924 年之后，这反映

---

① 胡适读书过程中既已发现佛教的中国化现象，如他在唐代澄观法师的《答顺宗心要法门》书尾题跋中写道："这一篇已是印度系与中国系融化时代的文章了。到宗密的时候，这个趋势更为明显。适。"（楼宇烈编录《胡适读禅籍题记、眉批选》，载耿云志主编《胡适研究丛刊》第一辑，北京：北京大学出版社，1995，第 296 页）

② 胡适：《四十自述/从拜神到无神》，载《胡适文集》1，第 58 页。

③ 曹伯言整理《胡适日记全编》3：1920 年——"1 月 29、31 日，2 月 1、2、6、13 日，读印度哲学"（第 75、77、78、79、83、90 页）；"2 月 7 日，看梁漱溟的《唯识述义》"（第 84 页）；"2 月 25 日，翻看《佛教大辞典》"（第 102 页）；"2 月 28 日，佛学"（第 105 页）；"6 月 8 日，玄奘"（第 194 页）；"6 月 9 日，佛学研究会。我演说了《研究佛学的方法》，他们很不以为然。他们说佛法是无方分时分的！哈哈！"（第 195 页）。1921 年——"9 月 28 日，中哲史讲佛教第一时期"（第 487～488 页）；"9 月 29 日，上课，中哲史讲佛教第一时期至第二时期"（第 488 页）；"10 月 5 日，中哲史讲佛教第二时期"（第 493 页）。1922 年——"6 月 2 日，讲佛教史略"（第 682 页）；"6 月 9 日，中古史讲小乘各宗"（第 693 页）；"6 月 15 日，读 Farguhar's 'Outline of Rel. Lit. in India'〔范克哈的《印度宗教文学纲要》〕，仍未完。此书甚好，其中论《法华经》一节甚有理"（第 699 页）；"6 月 17 日，上课，讲大乘的堕落方面"（第 702 页）；"6 月 23 日，中古哲学讲禅宗，作一结束"（第 705 页）。

在 1924 年 3 月 12 日的一条遗文中：

> 禅宗的史料甚繁重，不容易理出一个头绪来。今年乘一时高兴，发愿整理禅宗的史料，作为禅宗史。每日整理一部分，用读书杂记的体裁写下来，作为长编的稿本。将来写定哲学史时，当另行写定。①

查诸其后来的著述，胡适的确没有空言，他扎扎实实地做了很多佛教史料特别是禅宗史料的整理工作。

胡适的佛教论著②中，除了《论〈牟子理惑论〉（寄周叔迦先生书两封）》（1931 年 3 月、5 月）、《〈四十二章经〉考》（1933 年 4 月）、《从〈牟子理惑论〉推论佛教初入中国史迹（与周一良的信）》（1948 年遗稿）、《〈碛砂藏经〉序》（1955 年 12 月 31 日日记）、《记普林斯敦大学的葛斯德东方书库的〈碛砂藏〉原本》（1959 年 11 月）、《记日本最近八十年中校印的四部〈大藏经〉》（1960 年遗稿，未完）、《〈楞严经〉的来历有七种传说》（1960）、《元僧熙仲的〈历代释氏资鉴〉十二卷》（1961 年 2 月 20 日）、《伦敦大英博物院藏的十一本〈阎罗王授记经〉》（1961 年遗稿）、《〈大正藏〉所收译本佛教经典的统计》（遗稿，未标题，不明年代）、《影印〈续藏经〉缘起》（遗稿，未完，未标题，不明年代）等为数不多的文章以外，都是关于禅宗史研究的。

楼宇烈把胡适的禅宗史研究分为两个时期：大约自 20 世纪 20 年代初至 1935 年是第一时期，1952 年至 1962 年逝世是第二时期。③ 1925 年 1 月，胡适完成有关禅宗史研究的第一篇论文——《从译本里研究佛教的禅法》。④ 此外，第一时期撰写的影响较大的作品有《菩提达摩考（中国中

---

① 耿云志主编《胡适遗稿及秘藏书信》第 9 册，第 218 页。
② 下文所列胡适论著篇目及写作年代参照了徐高阮编《适之先生著作目录》（中文部分），载胡颂平编著《胡适之先生年谱长编初稿》，第 3933 ~ 4003 页。
③ 参见楼宇烈《胡适禅宗史研究平议》，载耿云志编《胡适评传》，上海：上海古籍出版社，1999。
④ 楼宇烈《胡适禅宗史研究平议》中说该文 1925 年 1 月"发表"（《胡适评传》，第 503 页），这种说法不确切。准确地说，应该是"1925 年 1 月作，收入 1930 年 9 月亚东图书馆初版《胡适文存》三集卷 4，又收入 1986 年 3 月 25 日台北远流出版事业股份有限公司出版的《胡适作品集》第 12 册"（季维龙编《胡适著译系年目录》，合肥：安徽教育出版社，1995，第 73 页）。

古哲学史的一章)》（1927年8月）、《白居易时代的禅宗世系》（1928年3月）、《禅学古史考》（1928年7月）、《菏泽神会大师传》（1929年12月）、《〈坛经〉考之一（跋〈曹溪大师别传〉）》（1930年1月）、《〈神会和尚遗集〉序》（1930年4月10日）、《〈楞伽师资记〉序》（1931年11月15日）、《〈坛经〉考之二（记北宋本的〈六祖坛经〉）》（1934年4月5日）、《楞伽宗考》（1935年4月）等等。第二时期的主要论著有《〈六祖坛经〉原作〈檀经〉考》（1952年9月20日）、《新校定的敦煌写本神会和尚遗著两种》（1958年8月）、《北宋惟白和尚关于西天祖师偈颂来历及〈宝林传〉〈圣胄传〉》（1959年11月19日）、《跋〈宝林传〉残本七卷》（未完稿）、《能禅师与韶州广果寺》（1960年1月6日）、《〈全唐文〉里的禅宗假史料》（1960年2月11日）、《神会和尚语录的第三个敦煌写本：〈南阳和尚问答杂征义〉》（1960年3~4月）、《〈续传灯录〉的作者居顶和尚》（1960年12月4日）、《〈金石录〉里的禅宗传法史料》（1961年1月6日）、《〈七修类稿〉里的六祖》（1961年10月30日）、《所谓"六祖呈心偈"的演变》（1961），等等。另据《适之先生著作目录》，胡适还有关于《五灯会元》版本、刻工的多篇论文（均为1960年遗稿）。然而，第二时期的佛教论文多未发表。原因何在？是他没有来得及发表就离世了吗？不完全是。关于这个问题，我们可以从胡适1961年1月15日给日本学者柳田圣山的一封信中找到最可能的答案：

> 我近年来也研究《宝林传》，已写了几篇备自己参考的笔记，——如《惟白和尚关于宝林传圣胄集》的记载、《宝林传里的唐碑》、《神会与宝林传》等等，——但都未敢发表。①

可知，他之所以没有发表这些论文，主要是因为它们只是一些"备自己参考的笔记"，达不到发表的水平而"未敢"为之。

从总体特征来看，胡适的佛教研究是以史料考证为中心的，内容关涉版本分析、佛经辨伪、文本校勘和年代考辨等多个方面。他认为，研究作为中国哲学史重要组成部分的佛教史的正确路径在于准确定位佛教

---

① 胡适：《复柳田圣山》（1961年1月15日），载《胡适书信集》下册，第1580页。

史料的特定时空，重新将其置于其所产生的历史情境。① 简单地说，就是用历史的方法②研究佛教。

（二）佛教史料研究方法管窥

需要特别指出的是，胡适在佛教研究领域也起到了开风气之先的作用，他"是中国近代史上第一个以非信仰者的立场，用思想史的眼光、历史学的态度和方法研究禅宗史的人"③。也就是说，他并不是以佛教徒的身份，而是以史家或者说中国思想史的"学徒"（胡适语）的角色率先进入佛教的学术研究的。与信仰式研究追求不拘时空的超越性不同，胡适所运用的历史方法倚重佛教史料之时空定位的确定性从发展的观点对之进行考察。也正因为此，他才能突破古代注疏式的佛典解释方式，在佛教史料研究方法上呈现出某种程度的近代特征，具备了一定的层次性、逻辑性和系统性。然而，胡适从未专门论述过佛教史料的研究方法。所以，我们只能从其著述中挖掘相关内容。大体说来，胡适的佛教史料研究方法包括两个方面：佛教史料的搜求和佛教史料的整理。

1. 佛教史料的搜求

佛教属于胡适中古哲学史研究的主要内容。故而，他认为，与哲学史料的整理方法相通，佛教研究的首要工作就是佛教史料的收集。可是，胡适并没有继续采用"收集"这个词，而是换成了"搜求"的字眼。显然，这两个词语之间并不是简单的同义转换的关系，因为后者表征了佛教史料收集上的更大难度。

（1）搜求的范围

既然要搜求佛教史料，就一定会出现"从何处搜求"的问题。换句话说，研究者首先要划定佛教史料的搜求范围。我们认为，胡适搜求佛教史料的范围有三个基本特征。

其一，从文化角度看，兼顾僧俗。

---

① 胡适曾明确表示这种立场："我们只有把禅放在它的历史背景中去加以研究，才能得到适当的理解；这与中国哲学其他任何宗派一样，都必须放到它的历史背景中予以研究、理解才行。"（胡适：《禅宗在中国：它的历史与方法》，载黄夏年主编《胡适集》，北京：中国社会科学出版社，1995，第209页）

② 此种方法来自其师威实验主义的历史态度："研究事务如何发生，怎样来的，怎样变到现在的样子"，"如研究哲学上的问题，就该问，为什么哲学史上发生这个问题呢？"（胡适：《实验主义》，载《胡适文集》2，第212页）

③ 楼宇烈：《胡适禅宗史研究平议》，载《胡适评传》，第507页。

　　根据常识，佛教史料肯定要从佛教典籍中去寻找。胡适之前和其时，也的确有许多部汉文大藏经刊刻流行，如《开宝藏》（北宋太祖、太宗朝）、《契丹藏》（辽兴宗、道宗朝）、《资福藏》（南宋孝宗朝）、《赵城藏》（金太宗、世宗朝）、《碛砂藏》（南宋理宗至元英宗年间）、《普宁藏》（元世祖至元年间）、《永乐南藏》（明成祖永乐年间）、《永乐北藏》（明成祖、英宗朝）、《嘉兴藏》（明神宗至清康熙年间）、《龙藏》（清雍正、乾隆年间）、《卍字藏》［日本明治年间（1902～1905）］、《卍字续藏》［日本明治、大正年间（1905～1912）］和《卍大正藏》［日本大正、昭和年间（1924～1934）］等等，这些大藏经大部分留存于世，佛教经典可谓相当集中和丰富。从胡适的日记和一些相关论文中，也可知他使用过《永乐南藏》《碛砂藏》《卍大正藏》等汉文大藏经的资料。然而，他搜求佛教史料的范围并没有以这些内典为限，而是兼顾了世俗的外书，如《白氏长庆集》《全唐文》《金石录》等，并在此基础上完成了《白居易时代的禅宗世系》《〈全唐文〉里的禅宗假史料》《〈金石录〉里的禅宗传法史料》等论文。

　　其二，从时间角度看，贯穿古今。

　　胡适不仅搜求古代的佛教经典，而且关注时人对于佛教的研究。他积极地与当时的一些著名学者就某些佛教问题展开探讨，如与汤用彤讨论菩提达摩乃至禅宗史纲领的问题，与周叔迦、梁启超商榷《牟子理惑论》的作者和年代，与梁启超、陈垣探究《四十二章经》的真伪，与周一良推论佛教初入中国的史迹等。胡适亦曾致信佛教界的太虚法师，建议他到日本，不要到欧美，不要去国外宣传佛教等东方文化，而要去那里多读一点基础科学及梵文、巴利文。[①] 此外，他还和佛学专家黄忏华有书信往来。这些都说明，胡适在搜求佛教史料时并没有忽略今人的研究成果。

　　其三，从空间角度看，遍及海内外。

　　基于文化交流的需要或特殊的历史机缘，中国的部分文献资料必然会流传到国外。从胡适的留学日记可知，他读书时的康奈尔大学和哥伦比亚大学有很多中国书籍。上文也表明，其博士论文选题的最后确定就是因为哥伦比亚大学有足够的相关中文图书。这种经历开阔了他的学术视野，使

---

① 胡适：《胡适致太虚（稿）》（1927年10月8日），载中国社会科学院近代史研究所中华民国史组编《胡适来往书信选》上册，第443页。

其把目光投向国际，有意识地从海外收集资料。在佛教史料的搜求上，自然也不能例外。在胡适的遗稿中，有一篇名为《海外的中国佛教史料》（载《胡适遗稿及秘藏书信》第9册）的论文，介绍日本和欧美所藏的中国佛教史料。毫无疑问，这篇遗稿是他对从海外搜集到的佛教史料的总结。

写作《中国禅学史稿》时，胡适之所以写到神会搁笔，是因为，他了解了一个基本史实：敦煌鸣沙山千佛洞的藏书室重见天日后，英国的斯坦因和法国的伯希和买去了几千卷敦煌写本佛经，而这些写本里很可能有关于神会的第一手资料。我们这样推断，根据在于胡适1927年1月10日完成的《海外读书杂记》一文。其中提到，北京大学《国学季刊》第一卷里有罗福苌编的伦敦藏敦煌写本略目以及他从法文翻译过来的巴黎所藏2000多敦煌卷子的目录。[①]《国学季刊》第一卷的发行时间是1923年，比胡适立志整理禅宗文献早一年。我们认为，作为《〈国学季刊〉发刊宣言》作者的胡适肯定能及时看到这两个目录，也就是说，至迟到1923年他就知晓英法敦煌卷子的大致内容。这些资料没有找到，国内又缺乏具有重要地位的神会本人的著作[②]，搁笔就是不得已的了。1926年，胡适被任命为"中英庚款顾问委员会"中方代表之一赴英参加会议。这次出国，他在伦敦看了一百卷敦煌藏卷，在巴黎看了五十卷，从中发现许多中国禅宗史的资料，尤其是有关8世纪中国北派禅宗和其同时的其他禅宗各支的资料，包括在巴黎发现的三卷未注明人名和年代的有关神会的史料以及在伦敦找到的类似残卷。这样，胡适搜集的有关神会和尚的资料就从1926年之前的659个字增加到了两万字左右。正是有了这些史料准备，他才得以

---

① 胡适：《海外读书杂记》，载《胡适文集》4，第296页。

② 胡适晚年回忆当时写作情境时说："〔由于史料有限，〕我只是读了点有关神会的文献，便对这位和尚另眼相看。在我把中国所保存的资料和日本出版的东京版《大藏经》和《续藏经》（尤其是后者）搜查之后，我终于找出了有关神会的大批史料。那些都是中国和尚和佛教信徒们执笔的；许多竟然是唐代的作品。其中部分唐代史料，使我对神会的研究又有了新的兴趣。例如九世纪有一位叫做宗密的和尚，他在谈到他当时的禅宗时，对神会便给以崇高的地位。据宗密的记载，那时禅宗已有了七支之多。神会和尚的〔'菏泽宗'〕便是当时的七宗之一。""这位不顾生死，为南方禅宗而奋斗，多少年遭迫害、受流放，终于经过安史之乱而获政府加惠的重要和尚，除了宗密所留下的一点点纪录之外，他自己本身竟然没有丝毫著作传之后世。"（胡适：《胡适口述自传》，唐德刚译注，载《胡适文集》1，第380页）

完成能够作为"重治中国禅宗史的一个里程碑"① 的著作《神会和尚遗集》。

除了努力搜求英法的敦煌卷子之外，胡适还特别关注日本保存的佛教史料。1927 年 4 月，胡适转道回国时经过日本，与高楠顺次郎、常盘大定、矢吹庆辉等佛教学者见面交流，后矢吹庆辉寄赠敦煌本《坛经》缩影本，Dr. Giles 又为他影印伦敦原本。② 1927 年 8 月，他在《泰晤斯报》（今译《泰晤士报》）发表书评指出铃木大拙的《禅论文集》未利用敦煌资料的不足。此外，胡适经常与入矢义高通信，表达在日本古寺庙搜求古禅宗史料的愿望：

> 我深信一千多年前入唐求法的几位大师请来的许多中国佛教史料很可能还保存在贵国，很可能将来出现的史料远超过我们现在的梦想。③

不仅如此，他还时时关注海内外研究的新成果，积极地对之进行吸收、补充或者批判。我们认为，胡适这种从海内外搜求佛教史料的国际视野，是他能成为中国禅宗史研究的领路人的必备条件之一。

（2）搜求的内容

搜求的内容即"搜求什么"。我们知道，胡适将哲学史的史料分为原料和副料两种类型。但他主张，在佛教这一中国哲学的特殊领域，应该以搜求原料为主。这种主张是其整理中古思想史恪守的一个史料原则："《长编》的意思就是放开手去整理原料，放开手去试写专题研究"④，而此史料原则来源于其学术研究的实践。从 1919 年《大纲》出版到 1924 年系统研究佛教这一时段，胡适究心于四大古典文学名著的考证。他发现，这四本名著的形成过程都贯穿着一个相同的文学观念——"历史进化的文学观念"。如关于《水浒传》，胡适说：

---

① 胡适：《胡适口述自传》，唐德刚译注，载《胡适文集》1，第 384 页。
② 参见胡适《〈神会和尚遗集〉序》，载《胡适文集》5，第 235~236 页。
③ 胡适：《致入矢义高书十封》，载姜义华主编《胡适学术文集·中国佛学史》，北京：中华书局，1997，第 416 页。
④ 胡适：《中古思想史长编》附录《台北商务印书馆影印本〈淮南王书〉序》，载《胡适文集》6，第 617 页。

　　这种种不同的时代发生种种不同的文学见解，也发生种种不同的
文学作物——这便是我要贡献给大家的一个根本的文学观念。《水浒
传》上下七八百年的历史便是这个观念的具体的例证。不懂得南宋的
时代，便不懂得宋江等三十六人的故事何以发生。不懂得宋元之际的
时代，便不懂得水浒故事何以发达变化。不懂得元朝一代发生的那么
多的水浒故事，便不懂得明初何以产生《水浒传》。①

关于《三国演义》，他说：

　　《三国演义》不是一个人做的，乃是自宋至清初五百多年的演义
家的共同作品。②

　　1923 年完成的《〈西游记〉考证》也指出，《西游记》小说——同
《水浒》《三国》一样——有五六百年的演化历史。③ 有了这些经验，胡适
在研究佛教时考虑到版本演变的问题就事属自然。而其史家身份内在地制
约他要还原研究对象的历史真实，因此佛经的最初版本亦即佛经原料的搜
集在胡适那里尤为重要。
　　研究禅宗史的过程中，胡适感到，中国和日本所保存的禅宗史料都不
可深信，因为它们至少有百分之八九十是北宗和尚道原、赞宁、契嵩以后
的材料，经过了种种妄改和伪造。这对佛教信徒而言似乎不成什么问题④，
而对以求真为目的的史学家胡适来说则是不可接受的，写一部禅宗信史是
他的学术追求。他坚信，禅宗信史完成的必要前提是"必须先搜求唐朝的
原料，必不可轻信五代以后改造过的材料"⑤。那么，从哪里可以找到这
些有关禅宗的原始资料呢？胡适认为，这些文献要在敦煌写本里去搜求。
原因在于：

---

① 胡适：《〈水浒传〉考证》（1920），载《胡适文集》2，第 409 页。
② 胡适：《〈三国志演义〉序》（1922），载《胡适文集》3，第 591 页。
③ 胡适：《〈西游记〉考证》（1923），载《胡适文集》3，第 510 页。
④ 如太虚就反对胡适，维护传统说法："时应用进化论之历史考证法，以研究佛书者日多，
　　大师取极端反对态度，为传统佛教担心。"（印顺：《太虚法师年谱》，北京：宗教文化出
　　版社，1995，第 62 页）
⑤ 胡适：《〈神会和尚遗集〉序》，载《胡适文集》5，第 235 页。

　　敦煌的写本，上起南北朝，下迄宋初，包括西历五百年至一千年的材料，正是我要寻求的时代。况且敦煌在唐朝并非僻远的地方，两京和各地禅宗大师的著作也许会流传到那边去。①

　　1926 年胡适到达英法后，他的这种猜测得到了证实。他在巴黎的敦煌卷子中找到了过去 1200 年无人知晓的神会语录，包括《神会和尚语录》（按：本无经名，胡适依据内容定为《神会和尚语录》）和《菩提达摩南宗定是非论》，又在伦敦的敦煌卷子里发现了神会的《顿悟无生般若颂》（即《显宗记》②），除此以外，胡适还搜得一些极重要的禅宗原料，如净觉的《楞伽师资记》等。

　　（3）搜求的方法

　　关于胡适搜求佛教史料的方法，以其在英法两国查找唐代原料时表现得最为典型，所以我们将之作为讨论的中心。

　　翻阅其日记可见，胡适 1926 年 8 月 26 日才在伯希和的介绍下进法国国家图书馆"写本书室"看敦煌卷子，9 月 23 日就离开巴黎到伦敦，其间阅读敦煌写本的时间不过十几天。③　在大英博物馆，他用在敦煌卷子上的时间也只有 19 天。④　而两地的藏卷加起来有 8500 卷之多。在如此庞大的资料面前，胡适如何在短时间内获取那么多有价值的资料呢？这与他搜求方法的巧妙有关。

　　其一，找专家了解并接触史料。

　　敦煌写本属于善本古书，具有很高的收藏价值。所以，一个外国人想要接触尤其是要影印这些资料必须经过该国有关专家的引荐才能顺利进行，而且，在专家那里，搜集资料者很可能有其他的意外收获。长期从事

---

①　胡适：《〈神会和尚遗集〉序》，载《胡适文集》5，第 235 页。

②　胡适 1926 年 10 月 19 日在大英博物馆看敦煌卷子，该天日记载："《顿悟无生般若讼（颂?）》一卷。此是一大发现。此即今所谓神会《显宗记》者是也。我读此文，疑其不像神会之作，然无可证之。今乃得一铁证。"（曹伯言整理《胡适日记全编》4，第 401 页）

③　1926 年 9 月 23 日日记载："在巴黎住了卅四天，游览的地方甚少，瑞士竟去不成；然在图书馆做了十几天的工作，看了五十多卷写本，寻得不少绝可宝贵的史料。"（曹伯言整理《胡适日记全编》4，第 357 页）

④　1926 年 9 月 27 日、30 日；10 月 1~2 日、6~8 日、11 日、18~20 日；12 月 6~7 日、13~18 日（参见曹伯言整理《胡适日记全编》4，第 361~465 页）。

学术研究并有留学经历的胡适对此是很了解的。

　　到达巴黎后，他首先拜访了从中国买走敦煌写本的当事人伯希和。经其指引，胡适才知道看敦煌卷子要进国家图书馆的"写本书室"。9月4日，胡适又面见伯希和就其所看的敦煌卷子进行交流，伯氏送其旧作"Notes Sur quelques artistes des six Dynasties et des T'ang"（《有关六朝和唐朝几位艺术家的笔记》），其中有论述达摩的资料。9月19日，胡适第三次去见伯希和，在两个小时的交谈中，他得以了解敦煌文献流失海外的情况：

　　　　一九〇七年，Sir Aure Stein〔斯坦因先生〕先到敦煌，发现石室藏书，但Stein不懂中文，带了一个"师爷"，姓王，大概也不很高明。他买了几大捆的藏书而去，未加检择。到次年春间（1908），Pelliot才到敦煌。他把所有写本检择一遍。凡于中国经、史、文学有关的，他都提出。凡普遍常见的译经，除有抄写年月记在"跋尾"（Colophon）可供考订的，他都不要。又凡道教经典，他因为古代道教经典不易得，也都收了。所以巴黎写本是选择过的，故有用的卷子较多。①

　　不找有关专家，这种口述的关于敦煌文献的背景资料是不可能获取的。9月22日，胡适向伯希和辞行，由于他不在家，所以留信托他招呼M. Lenace（M. 利那斯）影印敦煌写本。② 11月19日，到伦敦演讲的伯希和给胡适带来《历代法宝记》《楞伽师资记》和《神会语录》长卷的影片。③

　　到伦敦之后，胡适也是先找到了英国著名汉学家Lionel Giles（莱昂内尔·贾尔斯）。有他的允许，胡适才能参看大英博物馆的敦煌卷子。关于这一点，我们能够在1926年12月9日胡适的日记里找到证据：

　　　　今日Dr. Giles〔贾尔斯博士〕来看我，留下一条子，说他明天出

---

　　①　曹伯言整理《胡适日记全编》4，第342页。
　　②　曹伯言整理《胡适日记全编》4，第356页。
　　③　曹伯言整理《胡适日记全编》4，第430页。

门，三天后才回来，请我不要去读书。糟糕！我正预备从明天起好好
地去读书呢！①

可知，没有贾尔斯博士，胡适根本没办法接触敦煌写本。在伦敦期
间，与在巴黎的研究经历类似，胡适多次拜访贾尔斯讨论有关问题，并在
读完提取出来的资料之后，于12月25日请他帮忙影印敦煌文献。

综合胡适两次在国外搜求佛教史料的情况，我们能够看到，找有关专
家了解和接触史料是其搜求早期禅宗史料的捷径之一。

其二，从目录查找史料信息。

胡适向来重视目录的作用，在佛教史料的搜求上尤其如此。他进法国
国家图书馆"写本书室"的第一件事，就是查阅伯希和所编敦煌藏卷的目
录。他发现一个奇特的事情："十五百件之中，禅宗的材料特别缺乏。目
录所记，不出十件。"② 1926年9月19日上午，胡适告诉伯希和他所编的
目录错误很多，并建议其从"中国佛教史料""中国道教史料""佛经译
本""中国古书写本""俗文学材料""字书、辞书"和"其他史料"七
个方面对敦煌写本分类编目。③ 到达伦敦之后，他又把在巴黎读书的注释
译成英文，寄给伯希和，以便其能修正写本目录上的错误。

由于伦敦的敦煌卷子太多，胡适更是充分利用其卡片目录查找有用信
息。1926年日记记载，自9月27日上午开始，胡适就到大英博物馆检阅
敦煌写本目录，其后，9月30日，10月1日、2日、6日、7日、8日都
在翻看敦煌书目，10月11日才把5000目片全部翻完。我们认为，这项翻
阅目录的工作直接推动了胡适的禅宗原料搜求，使他能有的放矢地进行下
一步的史料阅读。

其三，从旧译书及其序跋里搜求史料。

这种搜求佛教史料的方法是胡适研究"禅学在古代的传授"这一课题
时采用的，研究结论以《禅学古史考》为题发表在1928年8月10日《新
月》第1卷第6号上。此方法使用的前提是"史料很残缺；我们没有法

---

① 曹伯言整理《胡适日记全编》4，第459页。
② 曹伯言整理《胡适日记全编》4，第260页。
③ 曹伯言整理《胡适日记全编》4，第342~343页。1927年，胡适对敦煌写本的分类略有
改变，将之分为佛经写本、道教经典、宗教史料、俗文学（平民文学）、古书写本、佚
书和其他史料（参见胡适《海外读书杂记》，载《胡适文集》4，第296~297页）。

子，只能在中国旧译的禅法书及其序跋里面钩出一点比较可信的材料，使人知道古代佛教徒的传说里的禅法传授史是个什么样子"①。那么，为什么要用"旧"译的佛典及其序跋呢？这是因为，胡适从慧远的《禅经》序和僧睿为罗什所译《禅经》写的序中推知禅法的推行在5世纪以后，而5世纪初期，北有罗什，南有慧远，距释迦牟尼（约前560～前480年）不过八九百年，"这八九百年中的传说之中，含有一些史料，其可信之程度总稍胜于后世的种种传法说"②。也就是说，史料的搜求应以较古为标准。这是胡适的历史方法在发挥潜在作用。

2. 佛教史料的整理

找到相关的佛教史料之后，必须对之进行整理才能弄清其中一些复杂的问题进而疏通佛教史的脉络。我们认为，胡适佛教史料的整理方法至少包括以下几个方面。

（1）整理目录

在胡适看来，目录不仅是搜求途径，而且是整理对象。其佛经目录的整理方法有三种。

其一，建立目录之目录。

一般而言，目录中的内容并不都是研究者所需要的。所以，胡适在查阅敦煌写本目录的同时从中摘取相关的目录资料，建立目录之目录。如1926年9月28日日记载：

　　今天在 B. M. 翻了八百目，摘出了几十个号目，预备我去翻看原件。两天已翻了一千多号，其中几乎全是习见的经典，《法华》，《般若》，《涅槃》，《金刚》，《金光明》为最多。于我有用的史料很少。③

此中，"摘出"的几十个号目就是为目录建立的目录，而摘取的目录原则上要求是"于我有用的史料"。12月3日日记中又说：

　　早上连接四五个电话。好容易跑到 British Museum〔大英博物馆〕

---

① 胡适：《禅学古史考》，载《胡适文集》4，第221页。
② 胡适：《禅学古史考》，载《胡适文集》4，第224页。
③ 曹伯言整理《胡适日记全编》4，第365页。

去寻着 Giles〔贾尔斯〕，请他把我要看的敦煌卷子先取出来，我讲演完了，有空就每天来看。①

这里，胡适请贾尔斯把他要看的敦煌卷子先取出来。那么，贾尔斯怎么知道取哪些卷子呢？毫无疑问，是胡适给了他一个自己建立的索取目录。在其 1926 年 10 月 18 日寄给韦莲司的信件中，他也曾明说：

> 我回到英国以后，在大英博物馆中研究，该馆藏有斯坦因爵士（Sir Aurel Stein）1907 年带来的 6000 卷这类材料。目前我只完成了目录的研究，并作了一个为我自己便于使用的目录。光是这项工作就花了我几乎 8 天的时间。②

此外，在胡适的遗稿中，还有一篇《佛道两教碑传目》。③ 从其封面标记可知，文中目次摘自《全唐文》《全唐拾遗》和《隋文》。上述可见，建立目录之目录是胡适整理大部头佛教史料的一项入手工作。

其二，比较目录。

在找到可用史料的时候，胡适还经常用比较目录的方法来解决版本或考证的问题。1950～1952 年，胡适接受了普林斯顿大学的聘约，担任"葛思德东方书库"的库长。在这个书库，他发现了宋元刻残本《藏经》。为了查证其版本，胡适"向哈佛大学影印了《碛砂藏》影印本的新目录来和这部残本对勘，又用《昭和法宝总目录》里各种宋、元、明刻本《大藏经》目录来比勘"④，从而确定其为《碛砂藏》的原刻本。

然而，这并不是胡适第一次使用比较目录法。据罗尔纲回忆，1931年，胡适为了证明《醒世姻缘传》的著者西周生就是《聊斋志异》的著者蒲松龄，借了《聊斋全集》的两部钞本，让他把两种钞本中的文、诗、词的目录和上海中华图书馆出版的石印本《聊斋全集》对照，列一个对照

---

① 曹伯言整理《胡适日记全编》4，第 444 页。
② 周质平编译《不思量，自难忘——胡适给韦莲司的信》，第 159 页。
③ 载耿云志主编《胡适遗稿及秘藏书信》第 8 册，第 285～316 页。
④ 胡适：《记美国普林斯敦大学的葛思德东方书库藏的〈碛砂藏经〉》，载《胡适文集》10，第 525 页。

表，根据对照表，胡适写成一篇《蒲松龄的生年考》。① 这个过程中，胡适是将对勘目录作为研究基础。

从以上两例可知，比较目录法在胡适的古籍整理工作中的应用具有一定的普遍性。

其三，从目录看年代。

在《〈坛经〉考之一（跋〈曹溪大师别传〉）》（1930）一文中，胡适指出，《曹溪大师别传》有日本僧人祖芳的序，说此传末有"贞元十九，二月十九日毕，天台最澄封"之字，而据《传教大师全集》别卷所收的《睿山大师传》，最澄在贞元二十年（804）入唐②，同年九月上旬始往天台，所以祖芳之说有误。祖芳还利用最澄所编目录《请来进官录》中有《曹溪大师传》来证成其说。因而，胡适也运用目录学知识驳斥之。他检阅《传教大师将来目录》，发现卷四有《台州录》和《越州录》两录，《曹溪大师传》一卷在《越州录》中，而《越州录》经卷都是贞元二十一年（805）在越州抄写，不会出现"天台最澄"的题记。但胡适认为，祖芳不是有心作伪，而是记忆有误，并最后断定《曹溪大师别传》是最澄于贞元二十一年在越州抄写带回日本的。③

时至晚年，胡适仍然在使用目录这一法宝考证年代。1959 年，他为《宝林传》残本七卷写了一个跋。该文从日本和尚圆仁的承和五年（838）、七年（840）和十四年（847）的目录中都有"韶州双峰山曹溪《宝林传》十卷，会稽沙门灵澈字明泳序"一句话推断《宝林传》的编造约当八世纪的最后一二十年，且在九世纪前期已经很风行了。④ 1961 年给日本学者柳田圣山的信中，胡适对这一方法进行了总结："日本入唐求法的几位大师的目录实在可以用作考证这些伪史造成及流行的年代的最好资料。"⑤

---

① 罗尔纲：《师门五年记——胡适琐记（增补本）》，北京：三联书店，1998，第 13～14 页。

② 1927 年，胡适阅读《曹溪大师别传》，在叙页四八三正上眉批云："最澄入唐在德宗贞元二十年（804），明年（805）归国"（楼宇烈编录《胡适读禅籍题记、眉批选》，载《胡适研究丛刊》第一辑，第 288 页），说明他在 1927 年就已查明最澄入唐时间。

③ 参见胡适《〈坛经〉考之一（跋〈曹溪大师别传〉）》，载《胡适文集》5，第 237～238 页。

④ 胡适：《跋〈宝林传〉残本七卷》，载《胡适文集》8，第 571 页。

⑤ 胡适：《复柳田圣山》（1961 年 1 月 15 日），载《胡适书信集》下册，第 1589 页。

（2）比勘版本

注重作为校勘和考据之基础的版本是胡适的治学特色之一。鲁迅在谈到郑振铎时兼及胡适这个特色："郑君治学，盖用胡适之法，往往持孤本秘笈，为惊人之具，此实足以炫耀人目，其为学子所珍赏，宜也。"① 上文也提及，胡适早年在四大古典文学名著的考证中就已非常重视版本。他自己还曾说，其所得《四松堂集》是天地间的孤本，《脂砚斋重评〈石头记〉》亦是海内最古的钞本。1948 年，胡适在北京大学举办《水经注》版本展览，展出版本竟多达 41 种。上述种种，都能表明版本在胡适心目中的重要地位。既然如此，当其将佛教作为研究对象时，佛经版本自然也会格外得到重视。总体观之，围绕佛经版本，胡适主要完成了三个方面的工作。

其一，校勘文字，整理最佳校本。

在这方面，胡适的最大贡献是《神会和尚遗集》的校定出版。校定依据的版本是其在巴黎敦煌卷子里发现的《神会和尚语录》和《菩提达摩南宗定是非论》以及在伦敦敦煌藏卷中获得的《显宗记》。此外，胡适另作《神会传》一篇，连同《景德传灯录》卷二十八所收《神会语录》三则一起作为该书的附录。1930 年 12 月，上海亚东图书馆将此书刊行。之后，胡适得知日本发现了石井光雄影印的敦煌本《神会语录》。1951 年 1 月 25 日和 1952 年 5 月 22 日，铃木大拙又分别赠送胡适敦煌出土的《菏泽神会禅师语录》② 和公田连太郎收藏敦煌本《神会语录》的缩微胶卷。③ 有了这些新资料加之其他发现，胡适于 1958 年校勘完成《新校定的敦煌写本神会和尚遗著两种》，1960 年又整理出《神会和尚语录的第三个敦煌写本〈南阳和尚问答杂征议（刘澄集）〉》。

当然，胡适所校勘的佛经远不止神会和尚的作品。毫不过分地说，他的校勘工作伴随其整个佛教史料的整理过程。看一则日记，以为例证：

> S. 516 是《历代法宝纪》全卷。此卷清楚极了，可以校正巴黎本。……

---

① 鲁迅：《致邰静农》，载《鲁迅全集》卷 12，北京：人民文学出版社，1981，第 102 页。
② 曹伯言、李维龙编著《胡适年谱》，合肥：安徽教育出版社，1986，第 726 页。
③ 曹伯言整理《胡适日记全编》8，第 233 页。

　　校书最难。第一要得最古本，愈古则脱误越少，古本不可得，则多求本子，排比对看，可得一最近"母"本的本子。昨日校《修心要论》，往往于劣本中得好解。劣本往往出于不通文字的人；因为他不通文义，故其错误处易见，而其不错误处最可宝贵。①

　　此则日记，不仅体现了胡适较强的校勘意识，而且展示了他的校勘心得——"往往于劣本中得好解"，这是其校勘实践的经验总结。

　　其二，甄别版本之异，梳理其演变过程。

　　基于对慧能和神会的兴趣，胡适梳理了《坛经》的版本演变史。从其有关禅宗的藏书的眉批或题记中，我们可以粗略看到其写作准备过程：①校勘文本。续藏本《曹溪大师别传》第486页正下眉批云："此一段悬记与明藏本《坛经》相同，敦煌本无"②，尾跋说："1927年八月一日校读此传毕。天大热，以校书解暑热。胡适。"③《六祖大师法宝坛经（曹溪原本）》的封面题记云："十六年八月买的。适之"，附页题记说："此本五十四叶，百〇七面。唐本比此本约少45面，计少百分之四十二。十八·九·廿六·胡适。"④　②搜求史料。长沙佛教正信会佛经流通处1925年刊本《六祖大师法宝坛经》的书尾题跋载：

　　　　一九二六年，我在巴黎中国使馆见着此本，曾借读一遍。从此以后，我到处访求此本，历八年之久，到今年才被朱经农兄在长沙周稼生（大备）先生家里寻得此本，寄来送我。八年访求之愿，至此始偿。一九三四，六，三，胡适。⑤

　　上述可见，胡适在动笔之前有过艰辛的校勘和搜求资料的工作。

　　有了这些基础，胡适撰写了两篇关于《坛经》的考证文章。1930年，他完成了《〈坛经〉考之一（跋〈曹溪大师别传〉）》。文中宣称，明藏本

①　曹伯言整理《胡适日记全编》4，第465～466页。
②　楼宇烈编录《胡适读禅籍题记、眉批选》，载《胡适研究丛刊》第一辑，第290页。
③　楼宇烈编录《胡适读禅籍题记、眉批选》，载《胡适研究丛刊》第一辑，第291页。
④　楼宇烈编录《胡适读禅籍题记、眉批选》，载《胡适研究丛刊》第一辑，第292页。
⑤　楼宇烈编录《胡适读禅籍题记、眉批选》，载《胡适研究丛刊》第一辑，第293～294页。

比敦煌本多出的百分之四十中有一部分是宋以后陆续加进去的，而且有一部分是契嵩采自《曹溪大师别传》的，可是，《曹溪大师别传》是一部毫无历史价值的伪书。1933年，胡适收到铃木大拙寄赠的北宋本《六祖坛经》，并于1934年4月5日写完《〈坛经〉考之二（记北宋本的〈六祖坛经〉）》。此中，北宋惠昕本被视为敦煌本之后第二古的《坛经》版本，他还认为"惠昕本虽然有了不少的增改，但不失为'去古未远'之本，我们因此可以考见今本《坛经》的那些部分是北宋初年增改的，那些部分是契嵩和契嵩以后的人增改的"①。

其三，从笔迹鉴别佛经版本。

1960年，胡适校写了伦敦的敦煌藏卷S.65557，在此基础上写成《神会和尚语录的第三个敦煌写本〈南阳和尚问答杂征义（刘澄集）〉》。该文后附录了《菏泽和尚五更转》的九种敦煌本子，他将其中的S.6103《菏泽和尚五更转》与S.2679《南宗定邪正五更转》拼合照相，"断定这两纸是同一个人写的一纸，笔迹完全相同，内容正相衔接"②。在4月17日写给入矢义高的信中，胡适还具体指出了几处笔迹相同之处让他查看：

> 请先生看看S.6103与S.2679的笔迹相同到什么程度！（看一行"涅槃"与二三行"涅槃"。看一行"一更初"与一四行"一更初"。二行与一五行的"空虚"。三行与一六行的"二更催"，一行，一四行，一五行的"真如"。八行与二一行的"四更兰"……）③

饶有趣味的是，胡适这种从笔迹鉴定佛经版本的方法却最可能来自于道教徒的影响。1933年，为提交纪念蔡元培六十五岁生日的论文，胡适开始研究《真诰》的编纂者陶弘景。他注意到，在《华阳陶隐居集》里有陶弘景与梁武帝的往复书信，内容都是关于考辨晋人手书真迹的讨论，他还由此发现陶弘景"自负有鉴别法书的特别眼力，一见就能辨别

① 胡适：《〈坛经〉考之二（记北宋本的〈六祖坛经〉）》，载《胡适文集》5，第258页。
② 胡适：《致入矢义高》（1960年4月17日），载《胡适书信集》下册，第1508页。
③ 胡适：《致入矢义高》（1960年4月17日），载《胡适书信集》下册，第1508页。

手稿的真伪"①。我们认为，这种经历对胡适鉴别版本的方法有启发意义。

（3）辨别真伪

1924年，胡适读《达摩禅经》，封面题记说："此是伪经。适，十三，三，十八。"② 第二年重读此经时，他改变了以前的判断："此不是伪经，前记太武断了。此即《修行方便论》，今改称《达摩禅经》，是容易误会的。适，十四，三，三。"③ 撇开胡适的结论之正误不说，单从这两则题记我们就可以感到他对辨别佛教史料之真伪是很重视的。而这与其研究佛教的一贯立场直接相关。晚年时，他总结说：

> 我个人虽然对了解禅宗，也曾做过若干贡献，但对我一直所坚持的立场却不稍动摇：那就是禅宗佛教里百分之九十，甚或百分之九十五，都是一团胡说、伪造、诈骗、矫饰和装腔作势。我这些话是说得很重了，但是这却是我的老实话。④

我们认为，胡适这种态度虽然有些极端，但其不轻信佛教史料的做法也有可取之处，甚至可以说有一定科学性。事实上，他的这种态度也确乎是其一贯的科学主义立场以及由之产生的怀疑精神在发挥作用。

其一，从版本差异辨别伪说。

出国访求资料之前，胡适曾经阅读《景德传灯录》卷三十所载的《显宗记》，但因其中有"自世尊灭度后，西天二十八祖共传无住之心，同说如来知见。至于达摩，届此为初，递代相承，于今不绝"几句话，而他不相信"二十八祖"之说会出现的这么早，遂疑心其不是神会的著作。到了伦敦，他无意中发现一卷破烂的写本，尾题"顿悟无生般若讼一卷"。经过与《显宗记》全文细校，始知此为《显宗记》古本。而且，这个古本里没有"自世尊灭度后，西天二十八祖共传无住之心，同说如来知见"二十四个字。这就说明，此二十四字是后人所加，"二十八祖"之说确如

---

① 胡适：《陶弘景的〈真诰〉考》，载《胡适文集》5，第130页。

② 楼宇烈编录《胡适读禅籍题记、眉批选》，载《胡适研究丛刊》第一辑，第280页。

③ 楼宇烈编录《胡适读禅籍题记、眉批选》，载《胡适研究丛刊》第一辑，第280～281页。

④ 胡适：《胡适口述自传》，唐德刚译注，载《胡适文集》1，第416页。

胡适所料是晚出的伪说。

其二，以内证辨别作者及著作真伪。

学界普遍认为，《坛经》是六祖慧能的作品。胡适却用"内证"否定此种看法。1929 年除夕，他的《菏泽大师神会传》脱稿。在这篇文章里，胡适认为，《坛经》的主要部分是神会所作，证据在于"《坛经》中有许多部分和新发现的《神会语录》完全相同"①。所以，他主张《坛经》中《行由》品、《忏悔》品是神会用气力撰著的，而《般若》《疑问》《定慧》《坐禅》诸品大致是神会杂采他的语录凑成的，其余大概是后人增加的。

《跋〈宝林传〉残本七卷》也用内证的方式证明《宝林传》是一部杂凑的禅门伪史。胡适指出，《宝林传》不仅第二卷是用《圣胄集》补的，而且其他卷次也是杂抄而成，如第一卷是释迦文佛的传记，其中全收《四十二章经》，仅缺第一、二章和第三章的一部分，第五卷也曾抄凑《五明大集》等书，等等。因而，《宝林传》"可能是同一个人或同一派无知的和尚制造出来的"伪书。②

总结本节所述，胡适虽然没有集中探讨如何研究佛教史料，但其治学实践却为我们展现了一套较为系统的研究方法。这些内容值得我们去挖掘和借鉴。

六 胡适关于中国哲学之史料研究方法的特点

作为中国文化现代转型的关键人物之一，胡适把新的学术气息吹进了中国的传统文明，以新眼光、新方法重新审视旧典籍，赋予学术研究范式以新的特征。因此，当我们总结其学术研究的特点时，必然要在新旧对比的历史语境下进行。通过上文的梳理和分析，我们认为，胡适关于中国哲学之史料方法的研究至少具有以下三个方面的优点。

第一，紧密结合中国传统考据学与西方实证主义考证法。诠释中国传统哲学思想时，胡适坚持"以西释中"。然而，就中国哲学的史料整理方法而言，他却将西方的实证主义考证法和中国的传统考据学有机地结合了起来。这主要体现在其治学的怀疑态度和贯通工夫上。清儒治学强调无证不信，胡适对此很是赞赏，认为"'考信'态度是道地的科学精神，也正

---

① 胡适：《菏泽大师神会传》，载《胡适文集》5，第 229 页。
② 胡适：《跋〈宝林传〉残本七卷》，载《胡适文集》8，第 571 页。

是道地的科学方法"①。从其留学时期曾选修实证史学课程这一事实来看，他对考信态度的推崇亦与西方实证主义有关，因为实证主义对传统也持怀疑的态度。在这一点上，中西完全有可能在摒弃差异的情况下在方法论上予以结合，胡适就是一个成功的实践者。而正是有了这种方法论的结合，他才有进一步加以贯通的学术诉求。这样，胡适就不再止步于清代汉学家的"支离破碎"，而是在考据的基础上进行理论阐释和分析，突出西方实证科学方法的无穷魅力。

第二，将哲学史料从内在的生活方式转变为物化的反思对象。众所周知，古代哲学尤其是儒学不仅仅是一门学问，而且是古人的一种内在的生活方式。由此，古代的哲学经典就被视为往圣先贤的至理名言而处于被推崇甚至是被膜拜的地位。这种"崇古"观念表现在学术研究上被称为经学思维模式。在此种模式下，研究者很难客观地评判研究对象，往往提高自己所崇奉的经典，而相应地贬低其他经典。中国文化发生现代转向之后，日益要求在中国哲学史料的处理上能够平等看待各种典籍，胡适就是这一趋向的主要完成者之一。在他那里，一切哲学史料都只是研究资料，而不再是具有神圣的光环。换句话说，所有在传统中作为生活方式的经典在胡适看来都不过是物化的反思对象，是处于自己对立面的客观存在，而不是深植本心的内在信仰。

第三，改变传统注疏模式，在一定程度上将哲学史料的整理系统化。"崇古"观念导致古代哲人不断反观原始经典，以注疏的形式对之进行整理或解释：经典的原文用大字顶格写，后人的注疏用小字分两行排在原文之后。这种模式极大地束缚了注疏者的创造性，不敢妄发己意，即便有所发挥，也是"代圣人立言"。而且，注疏模式不能从形式上赋予哲学史料整理以整体性和系统性，使其显得有些杂乱无章。胡适正是看到了该模式的这些不足之处，才在写作形式上大幅改观：他将自己的话作为正文用大字顶格写，而把引用古人的话用小字低一格写。如此，文章的主体就从古人变成了胡适，哲学史料的研究方法也就能在一定程度上得到集中系统的论述。

然而，作为近代意义的中国哲学史学科的开创人，胡适的中国哲学之史料研究方法也具有不可避免的缺点。

第一，缺乏自主的学科意识。我们知道，胡氏并没有将"中国哲学史

---

① 胡适：《科学的古史家崔述/〈崔东壁遗书〉序》，载《胡适文集》7，第134页。

史料学"提取出来单独作为一门学科，甚至连这个学科名称也没有提及。他在中国哲学史研究领域讲到校勘、训诂、辨伪、贯通等如何具体操作，甚至在《大纲》中还有一整套较为完整的哲学史料研究的规范。但是，在缺乏学科意识的情况下，其研究是很难成规模的，更遑论科学化、规范化。

第二，史料方法更多地融于其具体治学实践中。尽管胡适"治中国思想与中国历史的各种著作，都是围绕着'方法'这一观念打转的"，"方法"实在主宰了其四十多年来所有的著述[1]，但是其在中国哲学史料尤其是佛教史料的整理工作中方法论意识不够强烈，而是更多地将研究方法融合于其具体的治学实践中。我们认为，这对中国哲学史料的研究来说是不足的，因为具体史料工作需要专门的史料方法理论作为指导方向。然而，任何一个学科的发展都有一个逐步完善的过程，中国哲学史史料学也是如此。胡氏以后，该学科日渐重视史料方法的理论研究。

第三节　梁启超与中国哲学史史料学的相关研究

论年龄，梁启超长于胡适。论学问，梁启超也是先行者，其《论中国学术思想变迁之大势》是胡适写作《中国哲学史大纲》的重要诱因。但是，梁氏与中国哲学史史料学研究相关的主要著述如《中国历史研究法》（1922）、《清代学者整理旧学之总成绩》（1924）、《中国历史研究法（补编）》（1926～1927）、《古书真伪及其年代》（1927）等，皆晚于胡适的《大纲》，故而我们将其置于胡适之后。

一　"朝受命而夕饮冰"的中国之新民——梁启超

梁启超，1873年生于广东省新会县能子乡的茶坑村。字卓如，因醉心墨学自号任公。从《庄子·人间世》之"朝受命而夕饮冰"取"饮冰"二字，署饮冰室主人。在《新民丛报》上倡言"欲其国之安富尊荣，则新民之道不可不讲"[2]，故又署名"中国之新民"[3]。和大多数时人一样，

---

① 胡适：《胡适口述自传》，唐德刚译注，载《胡适文集》1，第265页。
② 梁启超：《新民说》，载《饮冰室合集6·专集之四》，北京：中华书局，1989，第1页。
③ 据李国俊统计，梁启超署名有40多种（李国俊编《梁启超著述系年》，上海：复旦大学出版社，1986，第22～23页）。

梁启超开始接受的是传统教育：

> 四五岁就王父及母膝下授四子书、《诗经》，夜则就睡王父榻，日
> 与言古豪杰哲人嘉言懿行，而尤喜举亡宋、亡明国难之事，津津道
> 之。六岁后，就父读，受中国略史、《五经》卒业。八岁学为文。九
> 岁能缀千言。十二岁应试学院，补博士弟子员。日治帖括，虽心不慊
> 之，然不知天地间于帖括外，更有所谓学也，辄埋头钻研。顾颇喜词
> 章，王父父母时授以唐人诗，嗜之过于八股。家贫无书可读，惟有
> 《史记》一、《纲鉴易知录》一……父执有爱其慧者，赠以《汉书》
> 一、姚氏《古文辞类纂》一……十三岁始知有段、王训诂之学，大好
> 之，渐有弃帖括之志。①

　　十五岁肄业于学海堂。十六岁为学海堂正班生。十七岁中举。1890
年（十八岁）春，入京会试，落第而归，但途中于上海购得的《瀛环志
略》却使他眼界大开，知道中国外还有五大洲。同年 8 月，与陈千秋谒见
康有为。"先生乃以大海潮音，作师子吼，取其所挟持之数百年无用旧学
更端驳诘，悉举而摧陷廓清之。自辰入见，及戌始退。冷水浇背，当头一
棒。一旦尽失其故垒，惘惘然不知所从事。且惊且喜，且怨其艾，且疑且
惧。"② 于是退出学海堂，师事康南海于万木草堂凡三年。从教育大纲看，
梁启超在这里所学虽然主要是中国数千年来的学术源流、历史政治沿革得
失，但亦有"泰西哲学""万国史学""地理学""万国政治沿革得失"
等西学知识。③ 具体地说，康有为所教"不是当时通行的四书五经、陈腐
八股，而是以孔学、佛学、宋明理学（尤其是陆王心学）为体，以史学西
学为用，重点讲研今文经学，批判古文经学"④。1895 年，梁启超参与公
车上书。1896 年，任《时务报》撰述，发表《变法通议》和《西学书目
表》，开始明确主张中西并重："舍西学而言中学者，其中学必为无用；舍
中学而言西学者，其西学必为无本。无用无本，皆不足以治天下。"⑤

---

① 梁启超：《三十自述》，载《饮冰室合集 2 · 文集之十一》，第 15～16 页。
② 梁启超：《三十自述》，载《饮冰室合集 2 · 文集之十一》，第 16 页。
③ 吴其昌：《梁启超传》，天津：百花文艺出版社，2004，第 42 页。
④ 孟祥才：《梁启超传》，北京：北京出版社，1980，第 18 页。
⑤ 梁启超：《西学书目表后序》，载《饮冰室合集 1 · 文集之一》，第 129 页。

1898 年参与戊戌变法，变法失败后流亡日本。在日本先后创办《清议报》《新民丛报》和《新小说报》。1911 年结束流亡生活返国，进入袁世凯内阁。然而，袁重新称帝，毁弃共和，梁启超遂毅然策划护国战争讨袁。1917 年又参与讨伐张勋复辟帝制，再造共和。之后，出任段祺瑞内阁财政总长，段内阁倒台后退出政坛。1918 年底梁启超赴欧洲进行为期一年的考察。归国后，主讲清华大学、南开大学、东南大学诸校，专事著述，罕言政治。在东南大学时，有空闲则访欧阳竟无研究唯识。1925 年，受聘清华国学研究院导师。1929 年病逝于北京协和医院，享年 56 岁。其著述后人编为《饮冰室合集》。

在学术研究方面，梁启超以善变著称，凡文学、史学、哲学、教育学、政治学、经济学、社会学、宗教学、金融学、新闻学、图书文献学等皆有涉猎，而万变不离其宗，"皆涵史性"①，"以史为经"②。大致而言，他一生有两个著述高峰期。第一个高峰期在流亡日本期间，主要学术贡献有四：其一，介绍西方学说。根据日文重述或翻译霍布斯、笛卡尔、斯宾诺莎、达尔文、边沁、康德、卢梭、培根等人的思想。其二，用从日本学来的全新方法整理中国传统思想，论著有《论中国学术思想变迁之大势》《中国法理学发达史论》《子墨子学说》等。其三，进行文艺研究。他创办《新小说》，刊发时人作品，翻译《十五小豪杰》《世界末日记》，自作《新中国未来记》，并有《诗话》一册。其四，提倡新史学。著有《新史学》《中国史叙论》等名著。第二个高峰期自他晚年退出政坛直至其去世。此一时期的研究基本属于中国传统文化研究，主要包括以下五个方面：其一，佛教研究。有《佛典之翻译》《佛教与西域》《千五百年前之中国留学生》《印度与中国文化之亲属的关系》《佛教之初输入》《大乘起信论考证》等文。其二，先秦诸子研究。著有《老子哲学》《墨经校释》《先秦政治思想史》等。其三，儒学研究。著有《儒家哲学》。其四，清代学术思想研究。有《清代学术概论》《戴东原哲学》《明清之交中国思想界及其代表人物》等著述。其五，历史方法论研究。撰有《历史统计学》《中国历史研究法》《中国历史研究法（补编）》《古书真伪及其年代》等。在这些颇有影响的著述中，梁启超有关中国哲学史史料学的研究

---

① 林志均：《饮冰室合集序》，第 3 页，载《饮冰室合集 1》。

② 李喜所、元青：《梁启超传（修订本）》，北京：人民出版社，2010，第 423 页。

非常丰富，而且对后来的中国哲学史史料学学科有一定影响，因而必须在中国哲学史史料学史上占有一席之地。

二　梁启超中国哲学史史料学的相关研究

翻检其论著可知，自为学伊始直至晚年专事学问，梁启超虽然学术兴趣多变，但从未间断与中国哲学史史料学相关的研究。早在 1897 年所作的《读〈日本书目志〉书后》一文中，他就意识到目录的重要性："购求日本书至多，为撰提要，欲吾人共通之。因《汉志》之例，撮其精要，翦其无用，先著简明之目，以待忧国者求焉。"① 遗憾的是，他和胡适一样，既没有中国哲学史史料学的学科意识，亦从未提及该学科之名。而梁之所以始终关注哲学史料的方法研究，又与他对研治国学的理解有相当的联系。1923 年 1 月 9 日，梁启超在东南大学演讲，讲述治国学的方法。他在演讲中指出，国学可以从"文献的学问"和"德性的学问"两个路径进行研究，前者"应该用客观的科学方法"，后者则"应该用内省的和躬行的方法"。② "文献的学问"即大致相当于史料学。这里，梁启超虽并不用"文献的学问"专门指向哲学史文献，但哲学史文献无疑是包含其中的。他进而强调，做这类文献学问要达到三个标准：第一，求真，"用很谨严的态度，子细别择，把许多伪书和伪事剔去，把前人的误解修正"；第二，求博，"不能靠单文孤证便下武断"，"要将同类或有关系的事情网罗起来贯串比较，愈多愈妙"；第三，求通，"专门一种学问，却切不要忘却别门学问和这门学问的关系，在本门中，也常要注意各方面相互之关系"。③ 不容否认，具体到中国哲学史史料学，这三个标准也是完全适用的。

从学术品格看，梁启超并不喜欢纯粹的中国哲学史研究，而是偏向于中国学术史、思想史研究。因为在他看来，中国哲学与西方哲学存在很大的不同：其一，西方哲学"彻头彻尾都是为'求知'起见"，因而"由宇宙论或本体论趋重到论理学，更趋重到认识论"，而中国哲学"与其说是知识的学问，毋宁说是行为的学问"。④ 其二，作为中国哲学主流的儒学

---

① 梁启超：《读〈日本书目志〉书后》，载《饮冰室合集 1·文集之二》，第 54 页。
② 梁启超：《治国学的两条大路》，载《饮冰室合集 5·文集之三十九》，第 110 页。
③ 梁启超：《治国学的两条大路》，载《饮冰室合集 5·文集之三十九》，第 113～114 页。
④ 梁启超：《儒家哲学》，载《饮冰室合集 12·专集之一百三》，第 2 页。

之范围包括智仁勇三达德，而"西方所谓爱智，不过儒家三德之一，即智的部分，所以儒家哲学的范围，比西方哲学的范围，阔大得多"。其三，中国哲学很少提及西方哲学所讨论的唯物唯心多元一元的问题，对西方学者所谓有神无神的问题也看得很轻。① 梁认为，中西哲学之间的这些差异不仅使得"单用西方治哲学的方法研究儒家，研究不到儒家的博大精深处"②，而且使得"中国哲学史"之名的成立有必要进行商榷，因为更符合中国思想特质的名称应该是"中国道术史"③，"道字本来可以包括术，但再分细一点，也不防事，道是讲道之本身，术是讲如何做去，才能圆满"④。鉴于此，他虽然亦写有中国哲学史方面的专著，如《子墨子学说》（1904）、《老子哲学》（1920）、《孔子》（1920）和《儒家哲学》（1927）等，但把更多的精力投在学术史和思想史方面。在这种学术取向下，梁启超关于中国哲学史之史料方法的探讨就不限于中国哲学史（道术史）方法论的范围，而是更多地在中国学术史方法论、中国思想史方法论乃至中国历史研究法的视域中展开。诚然，中国学术史、思想史和中国历史研究法与中国哲学史的研究视角不尽相同，但其中论及的史料研究方法具有一定的普遍性，绝大多数亦适用于中国哲学史研究。

在如何做中国哲学史的问题上，梁启超是超迈前人的。他早年完成的《论中国学术思想变迁之大势》（1902）就一改其前流行的学案体的学术史著述模式，从纵的角度探究中国古今学术思想演变的轨迹。这是学术史方法论上的重大变革。在某种程度上，胡适《中国哲学史大纲》的问世或者说近代意义的中国哲学史学科的确立就是直接导源于此种学术史方法。⑤

---

① 梁启超：《儒家哲学》，载《饮冰室合集 12·专集之一百三》，第 3 页。
② 梁启超：《儒家哲学》，载《饮冰室合集 12·专集之一百三》，第 5 页。
③ 梁启超在《中国历史研究法（补编）》中就直接用"道术史"代替了"哲学史"的名称［梁启超：《中国历史研究法（补编）》，《饮冰室合集 12·专集之九十九》，第 143 页］。
④ 梁启超：《儒家哲学》，载《饮冰室合集 12·专集之一百三》，第 5 页。
⑤ 胡适在《四十自述》中很清楚地交代了这一渊源关系："《中国学术思想变迁之大势》也给我开辟了一个新世界，使我知道《四书》《五经》之外中国还有学术思想。……这是第一次用历史眼光整理中国旧学术思想，第一次给我们一个'学术史'的见解。……这一学术思想史中间缺了三个最要紧的部分（'全盛时代'论诸家学说之根据及其长短得失的'本论'、'佛学时代'和'宋元明'时代）……自己忽发野心，心想：'我将来若能替梁任公先生补作这几章缺了的中国学术思想史，岂不是很光荣的事业？'……这一点野心就是我后来做《中国哲学史》的种子。"（胡适：《四十自述》，载《胡适文集》1，第 73 页）

晚年时期，梁在《中国历史研究法（补编）》（1926～1927）中则专设章节讲述道术史的做法。① 于此可知，从早年到晚年，中国哲学史方法论一直萦绕梁启超的脑际，而如何驾驭中国哲学史的史料则是他必然要始终附带思考的基础问题。在这个意义上也可以认为，梁启超研究中国学术史、思想史和中国历史研究法的过程中所探讨的史料问题同样包括了对中国哲学史之相关方面的思索。

大体而言，梁启超中国哲学史史料学的相关研究可以分为史料举要和史料方法两个方面。

（一）史料举要

梁启超擅长开列书目、介绍名篇，也喜欢讲书籍的读法，他与中国哲学史史料学直接相关的单篇论文就有《读春秋界说》（1898）、《读孟子界说》（1898）、《荀子〈劝学篇〉讲授稿》（1918）②、《说华严经（手稿）》（1920）③、《大乘起信论考证》（1922）、《见于高僧传中之支那著述》（1922）、《戴东原著述纂校书目考》（1923）、《读书示例——〈荀子〉》（1925）、《淮南子要略书后》（1926）、《汉书艺文志诸子略考释》（1926）、《史记中所述诸子及诸子书最录考释》（1926）等等。以下，以著述年代为序分析梁启超有关中国哲学史史料学的重要著述中之史料举要的特点。

1894 年④，梁启超在其师康有为《桂学答问》的基础上作《读书分月课程》。他不仅从方法上具体指示读书门径："言经学，必以《春秋》为

---

① "若把各种道术分为主系、闰系、旁系三类，好好的去做，也不是很难。主系是中国民族自己发明组织出来，有价值有权威的学派……闰系是一个曾做主系的学派出来以后，继承他的……旁系是外国思想输入以后，消纳他，或者经过民族脑筋里一趟，变成自己的所有物"，"主系须看内容，闰系只看大概"［梁启超：《中国历史研究法（补编）》，《饮冰室合集12·专集之九十九》，第 144、147 页］。
② 据李国俊编《梁启超著述系年》，第 188 页。
③ 据李国俊编《梁启超著述系年》，第 196 页。
④ 《饮冰室合集》目录将《读书分月课程》的年代标为"清光绪十八年"（《饮冰室合集》6《专集目录》第 61 页），实误。据李国俊考证，"此文系 1894 年冬据康有为《桂学答问》作。《文集》之一第 55 页载：'岁甲午，余授学于粤，曾为《读书分月课程》。'《康南海自编年谱》甲午年载：'十一月游广西，住风洞……桂中诸士''来学'。又康有为作《读书分月课程叙》云：'顷游桂林，既略言经理，为《桂学答问》一卷，以告桂人，尚虑学者疑其繁情，属门人梁启超抽绎其条，以为新学知道之助。'"（李国俊编《梁启超著述系年》，第 27 页）。

本……言《春秋》，尤以公羊为归……读公羊可分义礼例三者求之"，"读史当先《后汉书》……孔子之后，诸子并起。欲悉其源流，知其家数，宜读《史记·太史公自序》中'论六家要指'一段、《汉书·艺文志》中'九流'一门、《庄子·天下篇》、《荀子·非十二子篇》，然后以次读诸子"，"读西书，先读万国史记以知其沿革，次读《瀛环志略》以审其形势，读列国岁计政要以知其富强之原，读西国近事汇编以知其近日之局"①，而且分"经学书""史学书""子学书""理学书""西学书"五类列举当读书目，其中"经学书""子学书"和"理学书"皆与中国哲学史研究直接相关，"史学书"所列依次当读之书为《史记·儒林传》《汉书·儒林传》《汉书·艺文志》《史记》孔子世家、仲尼弟子列传、孟子荀卿列传、《后汉书·儒林传》《后汉书·党锢传》《史记》老子韩非列传、游侠列传、刺客列传、日者列传、龟筴列传、《史记·太史公自序》《后汉书》及群史，亦不能与中国哲学史研究脱离干系，故而它们在一定程度上都可以视为中国哲学史史料学之史料举要。通过这种体例安排，梁启超"既于群学言其简要易入之道"，又提供了"所读之书篇第先后"②，真正起到了指示读书门径的作用。

1923 年，应《清华周刊》记者之邀，梁启超作《国学入门书要目及其读法》。他将国学书籍分为"修养应用及思想史关系书类""政治史及其他文献学书类""韵文书类""小学书及文法书类"和"随时涉览书类"等五类。其中，"修养应用及思想史关系书类"不啻为一个简明的中国哲学史史料学之史料举要。梁启超一方面列举《论语》《孟子》《易经》《礼记》《孝经》《老子》《墨子》《庄子》《荀子》《尹文子》《慎子》《公孙龙子》《韩非子》《管子》《吕氏春秋》《淮南子》《春秋繁露》直至其时胡适的《中国哲学史大纲（卷上）》和他自己的《先秦政治思想史》《清代学术概论》等书籍，另一方面随书介绍它们各自的情况及读法，如关于《论语》《孟子》，他说：

> 《论语》为二千年来国人思想之总源泉，《孟子》自宋以后势力亦与相埒，此二书可谓国人内的外的生活之支配者。故吾希望学者熟

---

① 梁启超：《读书分月课程》，载《饮冰室合集 9·专集之六十九》，第 1、3、4 页。
② 梁启超：《读书分月课程》，载《饮冰室合集 9·专集之六十九》，第 4 页。

读成诵，即不能，亦须翻阅多次，务略举其辞，或摘记其身心践履之言以资修养。

《论语》、《孟子》之文，并不艰深，宜专读正文，有不解处，方看注释。注释之书，**朱熹《四书集注》**，为其生平极矜慎之作，可读，但其中有堕入宋儒理障处，宜分别观之。清儒注本，《论语》则有**戴望《论语注》**，《孟子》则有**焦循《孟子正义》**最善。戴氏服膺颜习斋之学，最重实践，所注似近孔门真际，其训诂亦多较朱注为优，其书简洁易读。焦氏服膺戴东原之学，其《孟子正义》在清儒诸经新疏中为最佳本，但文颇繁，宜备置案头，遇不解时，或有所感时则取供参考。

戴震《孟子字义疏证》，乃戴氏一家哲学，并非专为注释《孟子》而作。但其书极精辟，学者终须一读，最好是于读《孟子》时并读之，既知戴学纲领，亦可以助读《孟子》之兴味。

焦循《论语通释》，乃摹仿《孟子字义疏证》而作。将全部《论语》拆散，标准重要诸义，如言仁，言忠恕……等，列为若干目，通观而总诠之。可称治《论语》之一良法，且可应用其法以治他书。

右两书篇页皆甚少。易读。

陈澧《东塾读书记》中读《孟子》之卷，取孟子学说分项爬梳，最为精切。其书不过二三十页，宜一读以观前辈治学方法，且于修养亦有益。①

如上所示，梁宣介史料时分三个步骤：第一步，分析书的性质。指出二书支配着国人内的和外的生活。第二步，提出书的读法。认为二书并不艰深，所以宜专读正文，有不解之处才可看注释。第三步，具体介绍注释之书。指出何本为善，何书可借鉴其治学之方等。梁启超介绍其他书籍时的内容虽详略不一，但体例不越乎此。

1924 年春②，梁启超在清华学校讲授"要籍解题及其读法"，涉及

---

① 梁启超：《国学入门书要目及其读法》，载《饮冰室合集9·专集之七十一》，第 1~2 页。
② 据丁文江、赵丰田编《梁任公先生年谱长编（初稿）》，北京：中华书局，2010，第 571 页。

《论语》《孟子》《大学》《中庸》《孝经》《史记》《荀子》《韩非子》《左传》《国语》《诗经》《楚辞》《礼记》《大戴礼记》《尔雅》十五本典籍，这些典籍都在后人的中国哲学史史料学专著里有所介绍，所以称之为"先秦两汉中国哲学史史料学"亦无不可。比《国学入门书要目及其读法》内容丰富得多，梁在《要籍解题及其读法》中辨别真伪、介绍典籍内容及其价值、讲述读法、介绍书籍编纂及篇数、开列注释书及关系书、描述或考证作者略历及其年代。难能可贵的是，梁启超还总结了一些古代文化现象：（1）"汉儒对于古书之分类，以《诗》、《书》、《礼》、《乐》、《易》、《春秋》为'六艺'，亦谓之'六经'，实为古书中之最见宝贵者；次则名为'记'或'传'，乃解释或补助诸经者，《论语》即属此类；又次则为诸子，乃于六经之外别成一家言者，《孟子》即属此类。故《论》、《孟》两书，在汉时不过二三等书籍"。（2）"明清两代，以八股取士，试题悉出'四书'，于是'四书'之诵习，其盛乃驾'六经'而上之"①。（3）"（《论语》）大抵各篇之末，时有一二章非原本者。盖古用简书，传钞收藏皆不易，故篇末空白处，往往以书外之文缀记填入，在本人不过为省事备忘起见"。（4）"对面呼'夫子'，乃战国时人语，春秋时无之"②。（5）"'经'之名，孔子时并未曾有"③。（6）"现存古书，十有九非本来面目"④。（7）"春秋时代，各地方皆在较狭的区域内分化发展，政治上乃至文化上并无超越的中心点，故其史体与后来之专以京师政局作主脑者有异"，"彼时代之社会组织，纯为阶级的。一切文化，皆贵族阶级之产物。贵族阶级，虽非多数的，然究竟已为复数的，故其史体与后来之专为皇帝一人作起居注者有异"⑤。知道这些古代文化现象，有助于加深对古代典籍的理解。

需要指出的是，梁启超史料举要的体例尤其是对典籍读法的重视对当今的中国哲学史史料学之史料举要仍有很大的启示意义。

（二）史料方法

晚年梁启超很重视史料方法，内容关涉史料分类、史料搜集、史料辨

① 梁启超：《要籍解题及其读法》，载《饮冰室合集9·专集之七十二》，第1页。
② 梁启超：《要籍解题及其读法》，载《饮冰室合集9·专集之七十二》，第2页。
③ 梁启超：《要籍解题及其读法》，载《饮冰室合集9·专集之七十二》，第11页。
④ 梁启超：《要籍解题及其读法》，载《饮冰室合集9·专集之七十二》，第21页。
⑤ 梁启超：《要籍解题及其读法》，载《饮冰室合集9·专集之七十二》，第58页。

伪、史料辑佚及史料校勘等诸多方面。这些方法散见于其《中国历史研究法》(1922)、《先秦政治思想史》(1922)、《清代学者整理旧学之总成绩》(1924)、《中国历史研究法(补编)》(1926~1927)、《古书真伪及其年代》(1927)等论著之中,且其中很多见解被后来的中国哲学史史料学学科吸收。

1. 史料的分类

1896 年,梁启超就对图书分类有自己的看法,然而是关于西方书籍的。他认为,西学诸书"都为三类:一曰学,二曰政,三曰教",而且西学书籍"凡一切政皆出于学,则政与学不能分,非通群学不能成一学,非合庶政不能举一政",此外尚有"杂类之书","其目曰游记,曰报章,曰格致,总曰西人议论之书,曰无可归类之书"。① 梁启超学、政、杂三类说的提出,突破了传统中国的四部分类法,已经初步具备现代自然科学、社会科学和综合性图书的分类体系。

1921 年秋,梁启超在南开大学主讲"中国文化史"。次年,他将该讲稿整理后由商务印书馆出版,改名为《中国历史研究法》。② 在该书"自序"中,梁启超指出其时史学进步的两个特征,排在第一的就是"客观的资料之整理"③。他主张有了这个资料整理工作,"畴昔不认为史迹者,今则认之;畴昔认为史迹者,今或不认。举从前弃置散佚之迹,钩稽而比观之;其夙所因袭者,则重加鉴别以估定其价值"④,这样史学就能建立在"真"的基础之上。在此书中,梁用很大篇幅讲述史料。

关于史料,梁启超定义道:

---

① 梁启超:《西学书目表序例》,载《饮冰室合集 1·文集之一》,第 123 页。
② 丁文江、赵丰田所编梁启超年谱似乎没有看到《中国文化史》和《中国历史研究法》之间的关联,只说:"是年(引者按:1921)秋先生应天津南开大学之聘,在该校主讲中国文化史。……是年先生著《墨子学案》、《中国历史研究法》两书成。"〔丁文江、赵丰田编《梁任公先生年谱长编(初稿)》,第 488 页〕李喜所、元青则清楚地说明了二者之间的关系:"1922 年,梁启超将上一年在南开大学主讲的《中国文化史稿》整理出版,这就是在中国近代史学史上产生过深远影响的皇皇巨著《中国历史研究法》。"〔李喜所、元青:《梁启超传(修订本)》,北京:人民出版社,2010,第 420 页〕
③ 第二个特征,梁启超认为是"主观的观念之革新——以史为人类活态之再现,而非其僵迹之展览;为全社会之业影,而非一人一家之谱录"(梁启超:《〈中国历史研究法〉自序》,第 1 页,载《饮冰室合集 10·专集之七十三》)。
④ 梁启超:《〈中国历史研究法〉自序》,第 1 页,载《饮冰室合集 10·专集之七十三》。

　　史料者何？过去人类思想行事所留之痕迹，有证据传留至今日者也。①

　　立足这个理解，他从不同角度对史料进行分类。

　　首先，从"得史料之途径"看，可分为在文字记录以外的史料和文字记录的史料两种。在文字记录以外的史料有五类：（1）现存之实迹及口碑。（2）实迹之部分的存留者。（3）已湮之史迹，其全部意外发现者。（4）原物之保存或再现者。（5）实物之模型及图影。文字记录的史料有七类：（1）旧史。"以旧史作史读，则现存数万卷之史部书皆可谓为非史；以旧史作史料读，则岂惟此数万卷者皆史料，举凡以文字形诸记录者，盖无一而不可于此中得史料也。"②（2）关系史迹之文件。（3）史部以外之群籍。其中"子部之书，其属于哲学部分——如儒道墨诸家书，为哲学史或思想史之主要史料"③。（4）类书及古逸书辑本。"自唐之《艺文类聚》、宋之《太平御览》、明之《永乐大典》以迄清之《图书集成》等，皆卷帙浩瀚，收容丰富。大抵其书愈古，则其在学问上之价值愈高，其价值非以体例之良窳而定，实以所收录古书存佚之多寡而定也。"④（5）古逸书及古文件之再现。（6）金石及其他镂文。（7）外国人著述。

　　其次，从某时代有无某种现象将史料分为积极的史料和消极的史料。某时代有某种现象，谓之积极的史料；反之，某时代无某种现象，谓之消极的史料。在梁启超看来，消极性质的史料也很重要。如读历代《高僧传》，见所记隋唐以前诸僧译某经某论若干卷，或说讲某经某论若干遍，或说为某经某论作注疏若干卷，而宋以后诸僧传中，"此类记事绝不复见，但记其如何洞彻心源，如何机锋警悟而已。因此可以下一断案曰：'宋以后僧侣不讲学问。'"⑤

　　再次，史料可分为抽象的史料和具体的史料，又可分为直接的史料和间接的史料。对这两种分类，梁启超并没有说明依据。其中直接史料和间接史料的分法，被张岱年的《中国哲学史史料学》和刘建国的《中国哲

---

①　梁启超：《中国历史研究法》，载《饮冰室合集10·专集之七十三》，第36页。
②　梁启超：《中国历史研究法》，载《饮冰室合集10·专集之七十三》，第49页。
③　梁启超：《中国历史研究法》，载《饮冰室合集10·专集之七十三》，第50页。
④　梁启超：《中国历史研究法》，载《饮冰室合集10·专集之七十三》，第51～52页。
⑤　梁启超：《中国历史研究法》，载《饮冰室合集10·专集之七十三》，第67页。

学史史料学概要》继承，比之更进一步的是，张、刘将此分法与哲学史紧密结合起来。

1925 年，中华图书馆协会成立，梁启超被推选为董事部部长。他在协会成立仪式上致演说辞，再提图书分类问题，此次则是关于中国图书的。梁认为，图书馆学里主要的条理就是分类和编目，然而传统的经史子集的四部分类大家公认已经不适用，而如果勉强比附杜威的分类，"其穷屈只怕比四部更甚"①。分类既定，编目也极费功夫，因而他主张用章实斋提出的"互见"和"裁篇别出"的原则来编一部科学的便利的图书目录。1926 年的《图书馆学季刊发刊辞》中，梁启超又指出，因中国文字自有特色，又因学术发展的方向有特殊情形，所以书籍的种类及"编庋方法"不能与他国完全相同。② 能够考虑到中国书籍的特殊性，又能够照顾到国际公例，这是梁启超兼采中西之长的学术特色在图书分类上的体现。

客观地讲，图书分类远比中国哲学之史料种类的范围大，但在不同分类的图书中查找中国哲学史料应是我们必备的能力之一。因而，我们不嫌宽泛地在史料种类部分介绍了梁启超关于图书分类的思想。

2. 史料的搜集

梁启超说："史学所以至今未能完成一科学者，盖其得资料之道，视他学为独难。"③ "得资料之道"即史料的搜集方法。在《中国历史研究法》（1922）、《先秦政治思想史》（1922）、《要籍解题及其读法》（1923）和《中国历史研究法（补编）》（1926～1927）等著作中，梁启超均对这个问题有所讨论。

梁启超看到，清代的著作《经传释词》《古书疑义举例》中已有明确的治经方法，而史学界借鉴其良方者却很少。故而他在《中国历史研究法》中试图总结其方法，以期将之推广应用。此种搜集史料的方法是"汇集同类之若干事比而观之"④。梁启超举例说明道：研究中印文化交流，考论中国的印度留学生，常人所知不过法显、玄奘等而已，而"吾细检诸

---

① 梁启超：《中华图书馆协会成立会演说辞》，载《饮冰室合集 5·文集之四十二》，第 45 页。
② 梁启超：《图书馆学季刊发刊辞》，载《饮冰室合集 5·文集之四十三》，第 9 页。
③ 梁启超：《中国历史研究法》，载《饮冰室合集 10·专集之七十三》，第 36 页。
④ 梁启超：《中国历史研究法》，载《饮冰室合集 10·专集之七十三》，第 64 页。

传记，陆续搜集，乃竟得百零五人"①。他强调，运用此种方法还需两个主观条件：其一，将脑筋操练纯熟，使常有锐敏的感觉；其二，须耐烦，非求真相不止。

梁启超这种搜集史料的方法，在其《要籍解题及其读法》里描述得更具可操作性："随时特拈出所欲研究之问题，通全书以搜索资料；资料略集，乃比次而论断之。"② 尤其值得注意的是，梁启超在此书中还提到了一种独特的史料搜集法：

> 吾侪研究史料，往往有须于无文字中求之者，例如：（一）春秋时代是否已行用金属货币；（二）春秋时代是否有井田；（三）春秋时代是否用铁器；（四）春秋时代曾否有不行贵族政治之国家。……诸如此类，留心研索，亦可以拈出若干题。若其可作反证之资料甚缺乏乃至绝无，则否定之断案，或遂可成立，此亦治古史之一妙用也。③

对中国哲学史研究而言，此种史料法无疑也是有启迪作用的。

《先秦政治思想史》是梁启超1922年为北京法政专门学校和东南大学上课而编的讲义的基础上修改而成的。在"序论"第二章，他专门讲述了如何搜集中国政治思想史的资料。梁认为，与中国政治思想史相关的资料有四类，包括学者之著述及言论、政治家活动之遗迹、法典及其他制度、历史及其他著述之可以证察时代背景及时代意识者，前两类是研究个人思想的，后两类则是研究时代思想的。就研究范围而论，政治思想史要比政治哲学史广，但两种历史的史料搜集方法基本可以通用。

相对于《中国历史研究法》，《中国历史研究法（补编）》对于史料搜集和鉴别的态度有所转变，此中梁启超将重点转向大规模的做史，这是因为：

> 作小的考证和钩沉、辑佚、考古，就是避难趋易。……真想治中国史，应该大刀阔斧，跟着从前大史家的作法，用心做出大部的整个的历史来，才可使中国史学有光明、发展的希望。我从前著《中国历

① 梁启超：《中国历史研究法》，载《饮冰室合集10·专集之七十三》，第64页。
② 梁启超：《要籍解题及其读法》，载《饮冰室合集9·专集之七十二》，第59页。
③ 梁启超：《要籍解题及其读法》，载《饮冰室合集9·专集之七十二》，第59页。

史研究法》，不免看重了史料的搜辑和别择，以致有许多人跟着往捷径去。①

然而，梁启超并不主张完全忽视史料整理工作。不仅如此，他在史料搜集方法方面还有较大的推进。梁认为，历史的目的首先在于求得真事实。而他关于如何"求得真事实"的方法其实就主要讲的是如何搜集史料。此中，梁启超提出了五种方法：第一，钩沉法，即将已经沉没的事实重新寻出；第二，正误法，即把记错的事情改正过来；第三，新注意，即应当特别注意史家向来不大注意的材料；第四，搜集排比法，这种方法适用于同时的材料，即将一些散落零乱的史料搜集排比，以体现其意义；第五，联络法，此法适用于先后的材料，即把先后出现的史料纵的通盘联络起来。他还强调，"若研究过去事实，此五种方法都有用，或全用，或用一二种，不等"②。对于中国哲学史料来说，这五种方法亦是可以应用的。

3. 史料的鉴别

"史料以求真为尚"，这是梁启超受欧美史学用科学的方法审查史料之影响在1922年出版的《中国历史研究法》中提出的卓越见解。紧接着这句话，他说："真之反面有二：一曰误，二曰伪。正误辨伪，是谓鉴别。"③ 基于此种观念，梁启超将史料的鉴别法分为正误和辨伪两种。

关于正误的鉴别法，他抛出三个标准：（1）鉴别史料之误，最直接的方法，就是举出一极有力的反证；（2）对没有明确反证的史料，首先要采取怀疑的态度，其次遇到旁生的触发则换一方向从事研究，同时立假说以待后来的再审定；（3）同一史迹而史料矛盾，则当以时代最先、地方最近为最可信，但也不能绝对化。

关于辨伪的鉴别法，他又区分为辨别伪书和辨别伪事两类。我们只介绍其与中国哲学史史料学关系紧密的辨别伪书之法。梁认为，"伪书者，其书全部分或一部分纯属后人伪作而以托诸古人也"，"书愈古者，伪品愈多"④，而治史学苟无鉴别伪书的识力，不唯不能忠实于史迹，亦且会令治史者思想混乱。因而他拈出十二条鉴别伪书的公例。前九条是据具体的

①　梁启超：《中国历史研究法（补编）》，载《饮冰室合集12·专集之九十九》，第168页。
②　梁启超：《中国历史研究法（补编）》，载《饮冰室合集12·专集之九十九》，第8页。
③　梁启超：《中国历史研究法》，载《饮冰室合集10·专集之七十三》，第71页。
④　梁启超：《中国历史研究法》，载《饮冰室合集10·专集之七十三》，第83页。

反证而加以鉴别：（1）"其书前代从未著录或绝无人征引而忽然出现者，十有九皆伪"；（2）"其书虽前代有著录，然久经散佚，乃忽有一异本突出，篇数及内容等与旧本完全不同者，十有九皆伪"；（3）"其书不问有无旧本，但今本来历不明者，即不可轻信"；（4）"其书流传之绪，从他方面可以考见，而因以证明今本题某人旧撰为不确者"；（5）"其书原本，经前人称引，确有左证，而今本与之歧异者，则今本必伪"；（6）"某书题某人撰，而书中所载事迹在本人后者，则其书或全伪或一部分伪"；（7）"其书虽真，然一部分经后人窜乱之迹既确凿有据，则对于其书之全体须慎加鉴别"；（8）"书中所言确与事实相反者，则其书必伪"；（9）"两书同载一事绝对矛盾者，则必有一伪或两俱伪"。① 后三条则是据抽象的反证而加以鉴别：（1）"各时代之文体，盖有天然界画，多读书者自能知之，故后人伪作之书，有不必从字句求枝叶之反证，但一望文体即能断其伪者"；（2）"各时代之社会状态，吾侪据各方面之资料，总可以推见崖略，若某书中所言其时代之状态，与情理相去悬绝者，即可断为伪"；（3）"各时代之思想，其进化阶段，自有一定，若某书中所表现之思想与其时代不相衔接者，即可断为伪"。②

1924 年春，梁启超作《清代学者整理旧学之总成绩》，后收入其《中国近三百年学术史》。该书对史料辨伪的贡献有三个方面：第一，把"好古"看作中国伪书发达的总原因。第二，按性质将伪书分为十种：（1）古书中偶见此书名，其书曾否存在渺无可考，而后人依名伪造者；（2）本有其书，但已经久佚，而后人窃名伪造者；（3）古并无其书而后人嫁名伪造者；（4）伪中出伪者；（5）真书中杂入伪文者；（6）书不伪而书名伪者；（7）书不伪而撰人姓名伪者；（8）原书本无作者姓名年代，而后人妄推定为某时某人作品，因以成伪或陷于时代错误者；（9）书虽不全伪然确非原本者；（10）伪书中含有真书者。第三，总结了清儒的辨伪方法。梁指出："清儒多尊重古书，其辨伪程序常用客观的细密检查。"③他认为，清儒使用的方法有四种：从著录传授上检查、从本书所载事迹制度或所引书上检查、从文体及文句上检查和从思想渊源上检查。从这里我

---

① 梁启超：《中国历史研究法》，载《饮冰室合集 10·专集之七十三》，第 85、86 页。
② 梁启超：《中国历史研究法》，载《饮冰室合集 10·专集之七十三》，第 87 页。
③ 梁启超：《中国近三百年学术史》，载《饮冰室合集 10·专集之七十五》，第 249 页。

们也可以获知，梁启超后来提出的辨伪方法在很大程度上来源于对中国传统朴学的研究。在此基础上，他将方法提炼出来，并进行了现代化的系统阐述。

梁启超如上的这些史料鉴别方法在其 1927 年于燕京大学讲授的"古书真伪及其年代"中得到了继承和发展。《古书真伪及其年代》一书分"总论"和"分论"二篇，"总论共有五章：第一章讲辨伪及考证年代的必要，第二章讲伪书的种类及作伪的来历，附带讲年代错乱的原因，第三章讲辨伪学的发达，第四章讲辨伪及考证年代的方法，第五章讲伪书的分别评价"，"分论是分别辩论古书的真伪和年代问题"①，所辨典籍"以经部子部做范围""以两汉以前做断限"②，具体包括《易》《尚书》《诗》、"三礼"、《本草》《素问灵枢甲乙经》《春秋》及其三传、《论语》《孝经》《尔雅》和《孟子》。其中，除《本草》外，皆可作为中国哲学史之史料。这种体例安排与后来学界把中国哲学史史料学专著分为史料学理论和史料举要两部分的撰写范式可谓基本相同："总论"相当于史料学理论，"分论"相当于史料举要。只是，梁启超专谈辨伪，而且最终并未开创中国哲学史史料学学科。此书与中国哲学史史料学有关者大致有如下几个方面。

第一，从史迹、思想和文学三个方面探讨辨伪及考证年代的必要。梁启超认为，如果不进行辨伪及年代考证，在史迹方面会发生"进化系统紊乱""社会背景混淆""事实是非倒置"和"由事实影响于道德及政治"四种不良现象，在思想和文学方面"一则可以使时代思想紊乱，再则可以把学术源流混淆，三则令个人主张矛盾，四则害学者枉费精神"。③

第二，分析伪书种类及作伪原因。关于伪书的种类，梁启超有两种分类法：（1）按性质，伪书有全部伪、一部伪、本无其书而伪、曾有其书因佚而伪、内容不尽伪而书名伪、内容不尽伪而书名人名皆伪、内容及书名皆不伪而人名伪、盗袭割裂旧书而伪、伪后出伪和伪中益伪十种；（2）按作伪的动机，伪书可分有意作伪和非有意作伪两大类。有意作伪的有托古、邀赏、争胜、炫名、诬善和掠美六种，非有意作伪的则有"全书误题

① 梁启超：《古书真伪及其年代》，载《饮冰室合集 12·专集之一百四》，第 1 页。
② 梁启超：《古书真伪及其年代》，载《饮冰室合集 12·专集之一百四》，第 71 页。
③ 梁启超：《古书真伪及其年代》，载《饮冰室合集 12·专集之一百四》，第 7 页。

或妄题者"和"部分误编或附入者"两种。①

有这么多伪书，它们是从哪儿来的？古人为什么作伪呢？梁启超认为有四种原因：（1）好古。著书者托古人以自重其书。（2）书籍含有秘密性。古代书籍传钞困难，故每得佳本不肯轻以示人，其本来面目不易得见，所以有造假的余地。（3）散乱及购求。"大乱之后，书籍亡佚得很多，政府急于补充，因之不能严格，从重赏赐，从宽取录，以广招徕，遂与人以作伪的机会"。②（4）因秘本偶然发现而附会。

第三，辨别伪书及考证年代的方法。在《四部正讹》之辨伪八法的基础上，梁启超把辨别伪书的方法归纳为两个系统：（1）从传授统绪上辨别。此系统注重书的来源，方法有八：①从旧志不著录而定其伪或可疑；②从前志著录后志已佚而定其伪或可疑；③从今本和旧志说的卷数篇数不同而定其伪或可疑；④从旧志无著者姓名而定后人随便附上去的姓名为伪；⑤从旧志或注家已明言是伪书而信其说；⑥后人说某书出现于某时，而那时人并未看见那书，从这上可断定那书是伪；⑦书初出现，已发生许多问题，或有人证明是伪造，我们当然不能相信；⑧从书出现或传授的来历暧昧不明而定其伪。（2）从文义内容上辨别。此系统注重书的本身，方法有五：①从字句罅漏处辨别。作伪者常常于字句间漏出其作伪的痕迹，从此处下手常有大的发现。首先，从人的称谓上看，书中引述某人的话则必非某人作，书中称谥的人在作者之后则书非作者自著，避某朝之讳则一定是某朝作品。其次，用后代的人名地名朝代名则书可疑或为后代人所作。再次，用后代的事实或法制，则书可疑或为后代人所作。②从抄袭旧文处辨别。有些书是古书聚敛而成，有些书是专心作伪之人剽窃前人的，有些书是已见晚出的书而抄袭的。③从佚文上辨别。有两种情况：从前已说是佚文的，现在反有全部的书，可知书为伪；在甲书未佚以前，乙书有所引用，而甲书的今本却没有或不同于乙书所引的话，可知甲书今本为伪。④从文章上辨别。名词、文体、文法和音韵都可以证伪。⑤从思想上辨别。可以从思想系统和传授家法辨别、从思想和时代的关系辨别、从专门术语和思想的关系辨别、从袭用后代学说辨别。

尽管梁氏提出的这些辨伪方法亦有可商榷之处，如廖名春就曾撰文对

---

① 梁启超：《古书真伪及其年代》，载《饮冰室合集 12·专集之一百四》，第 13～29 页。

② 梁启超：《古书真伪及其年代》，载《饮冰室合集 12·专集之一百四》，第 17 页。

之提出异议①，但如此系统的现代化的辨伪法之阐发的历史价值乃至当代价值无论如何也是不可忽视的。

第四，伪书的功用或价值。梁启超说："有些伪书可以烧的，如唐宋以后的人所伪造的古书，但自唐以前或自汉以前的伪书却很可宝贵。"②这是因为，伪书断不能凭空而造，在伪造的过程中也必须参考很多书籍，不可避免地会保留这些参考书籍的内容，因而我们可以把这些书当作类书来看。这是伪书的第一种功用。此外，在梁看来，伪书还有保存古代的神话、保存古代的制度和保存古代的思想三种功用。

上述梁启超关于史料的鉴别方法的论述并不专就中国哲学史而作，但其后的中国哲学史史料学研究者却对梁启超这些方法非常重视，如张岱年的《中国哲学史史料学》在书后节录了《古书真伪及其年代》中论辨伪方法的内容、刘建国的《中国哲学史史料学概要》、刘文英师主编的《中国哲学史史料学》以及商聚德师、韩进军合著的《中国哲学史史料学论稿》讲辨伪时亦以该书为主要参照。

4. 史料的校勘和辑佚

在《清代学者整理旧学之总成绩》中，梁启超不仅总结了清儒的辨伪方法，还概括了他们的校勘方法，同时提出了自己关于鉴定辑佚书的标准。

梁启超云："校勘之意义及范围有多种，方法当然随之而异。"③ 他将清儒的校勘法概括为四种④：第一，拿两本对照，或根据前人所征引，记其异同，择善而从。这种方法持守的基本原则是用善本校正俗本。梁发现，古书多有俗本传刻，且因不注意或妄改而发生讹误。因而他主张"得着宋元刻本或精钞本，或旧本虽不可得见而类书或其记古籍所引有异文，便可两两勘比，是正今谬"⑤。第二，根据本书或他书的旁证、反证来校正文句之原始的讹误。这种方法并不靠同书的版本，而是在本书或他书中

---

① 廖名春：《梁启超古书辨伪方法的再认识》，《汉学研究》1998 年第 1 期。

② 梁启超：《古书真伪及其年代》，载《饮冰室合集 12·专集之一百四》，第 58 页。

③ 梁启超：《中国近三百年学术史》，载《饮冰室合集 10·专集之七十五》，第 225 页。

④ 其实，梁启超概括了五种，但他强调第五种与普通所谓校勘不同，所以我们只取四种。他说："以上四种，大概可以包括清儒校勘学了。别有章实斋《校雠通义》里头所讨论，专在书籍的分类簿录法，或者也可以名为第五种，但既与普通所谓校勘不同，故暂不论。"（梁启超：《中国近三百年学术史》，载《饮冰室合集 10·专集之七十五》，第 227 页）

⑤ 梁启超：《中国近三百年学术史》，载《饮冰室合集 10·专集之七十五》，第 225 页。

找证据。从本书找证据，就是要注意本书各篇的语法句法，或者仔细分析前后文义以发现讹误。然而，此法却容易造成武断臆改。从他书找证据，前提是本书文句和他书互见，如《荀子·劝学》篇前半和《大戴礼记·劝学》篇全同，即可拿来比勘。第三，根据研究而得的著书人之原定体例刊正全部通有的讹误。这种方法适用于整部钞刻颠倒紊乱的书籍。具体而言，即是先精密研究现行本中不紊乱的部分从而求得其书的著作义例，再根据这些义例来裁判全书。第四，根据别的资料校正原著的错误或遗漏。与前三种方法意在校正后来传刻本的文句错误或章节段落的位置不同，这种校勘法意在校原书内容之阙失，校勘的依据既可以是本书的其他相关部分，也可以是他书的相关部分。梁启超指出，这种工作如果专在替一部名著拾遗补缺则是校勘，若扩大便可成独立的著述，不能专目为校勘。其后，陈垣提出的"校法四例"与梁氏总结的校勘方法颇多相通之处。

在"辑佚书"部分，梁启超提出四个鉴定其优劣的标准：第一，"佚文出自何书必须注明，数书同引，则举其最先者。能确遵此例者优，否者劣"。第二，"既辑一书，则必求备，所辑佚文多者优，少者劣"。第三，"既须求备，又须求真。若贪多而误认他书为本书佚文则劣"。第四，"原书篇第有可整理者极力整理，求还其书本来面目，杂乱排列者劣"。① 这四个标准既涉及体例，又涉及内容，对古籍整理工作具有很强的指导意义。然而梁同时认为，这是一种"末流以此相矜尚"② 的工作，不能仅仅专注于此而忽略现存的经典著述研究。

5. 佛教史料方法的初步研究

和胡适一样，梁启超重视佛教研究。然而，与胡适为了搞清中古和近代哲学史而以纯粹学术的态度研究佛教不同，梁启超的研究主要是因为信仰佛教而致力于中国佛教的复兴。③ 即便如此，其佛教研究也同样表现出

---

① 梁启超：《中国近三百年学术史》，载《饮冰室合集10·专集之七十五》，第 269 ~ 270 页。

② 梁启超：《中国近三百年学术史》，载《饮冰室合集10·专集之七十五》，第 270 页。

③ 1902 年，在《论佛教与群治之关系》一文中梁启超表明其信仰佛教的原因：佛教之信仰乃智信而非迷信，乃兼善而非独善，乃入世而非厌世，乃无量而非有限，乃平等而非差别，乃自力而非他力。"以上六者，实鄙人信仰佛教之条件也。"（《饮冰室合集2·文集之十》，第 51 页）1925 年 7 月 10 日他给梁思顺的信中也说："我笃信佛教……我的宗教观、人生观根本在此。"［丁文江、赵丰田编《梁任公先生年谱长编（初稿）》，第 558 页］

了扎实的史料考证功夫和一些史料方法意识，这当与其"走杨文会开启的以科学认识论为基础"① 的佛教研究路径有关。梁启超有关佛教史料方法的研究主要涉及两个方面：佛经辨伪和考证、佛经目录学。

在佛经辨伪和考证方面，梁启超并没有提出系统的理论，而主要是实践，如《四十二章经辨伪》《牟子理惑论辨伪》《大乘起信论考证》等论文都是此方面的作品。

佛经目录发端甚早，"东晋中叶，支敏度撰《经论都录》、《经论别录》于前，释道安撰《综理众经目录》于后"②，后则有梁僧祐《出三藏记集》、唐道宣《大唐内典录》、智昇《开元释教录》、元王古《大藏圣教法宝标目》等等。据著名目录学家姚名达所作"中国历代佛教目录所知表"③，古代的佛经目录竟达七十多部，不可谓不繁盛。然而由于长期的夷夏之防，梁启超之前竟无人对佛经目录进行系统的整理。1925 年 12 月 2 日至 14 日④，他为《图书馆学季刊》作《佛家经录在中国目录学之位置》一文，开风气之先。首先，梁启超指出佛教经录优胜于普通目录书的五个方面：第一，历史观念很发达。详细介绍每部佛经的传译渊源、译人小传和译时译地等。第二，辨别真伪极严。凡是可疑的书，都详审考证，别存其目。第三，比较甚审。"凡一书而同时或先后异译者，辄详为序列，勘其异同得失。在一丛书中抽译一二种或在一书中抽译一二篇而别题书名者，皆一一求其出处，分别注明，使学者毋惑"。⑤ 第四，搜采遗逸甚勤。对于已经佚失的书，存其目。第五，分类极复杂而周备。佛经的分类或依据著译时代，或依据书的性质。按书的性质分，又有据书的含义内容分和据书的形式分两种。按书的含义内容分，如既分经律论，又分大小乘；按书的形式分，则如一译多译、一卷多卷等。梁指出，这些分类有时同时并用在同一佛经目录之中。其次，梁启超对元代之前的重要佛教经录一一进行品评。内容关涉佛经的存佚、成书年代、结构、性质、收录佛经卷数等，对经录的分类方法尤为重视。再次，梁启超介绍佛教经录的过程中不时提出有关史料学的思想。如

---

① 蒋广学、何卫东：《梁启超评传》，南京：南京大学出版社，2005，第 323 页。
② 姚名达：《中国目录学史》，上海：上海古籍出版社，2002，第 188 页。
③ 姚名达：《中国目录学史》，第 189～196 页。
④ 据李国俊编《梁启超著述系年》，第 245 页。
⑤ 梁启超：《佛家经录在中国目录学之位置》，载《饮冰室合集 9·专集之六十七》，第 1页。

"著书足以备学者顾问，实目录学家最重要之职务也"①，"以深通藏语之人，持本对雠，证其异同。此种事业，在佛学界至为重大，在今日仍有继续进行之可能及必要，非藉政府之力不易为功"② 等，都是很有价值的论断。

在考证佛经年代时，梁启超充分利用佛经目录。如关于《四十二章经》的考证，他明确指示方法："然则此经果何时代何人所作乎？此问题向佛典目录学中求之，或可解答一二也。"③ 经过对《出三藏记集》《大唐内典录》等目录的考察辨正，梁启超得出结论："此书必为中国人作而非译自印度，作者必为南人而非北人，其年代最早不过吴，最晚不过东晋，而其与汉明无关系，则可断言也。"④ 这种利用目录来推断典籍年代的方法至今仍是行之有效的。

三　梁启超中国哲学史史料学相关研究的特点

从上文可见，梁启超的中国哲学史史料学相关研究既有具体史料的介绍，又有史料方法的探讨，并且二者分别组成其《古书真伪及其年代》一书的两部分主要内容，从而与其后的中国哲学史史料学专著之写作范式基本一致。然而，与胡适《中国哲学史大纲》较为系统地讨论哲学史料问题相比，梁启超的相关研究在与中国哲学史史料学的结合程度上是不如胡适紧密的，虽然其研究晚于胡适。但是，这在中国哲学史史料学学科的萌芽时期是正常的现象。因为在某个学科真正确立之前，学界对其性质和任务、范围和对象等问题上均没有达成基本的共识，故而研究者的视角出现统一方向的可能性是极小的。

整体而言，梁启超中国哲学史史料学的相关研究至少有如下几个优点：第一，兼采中西之长。在哲学思想的研究模式上，胡适主张以西释中，梁启超则主张中西结合。但在哲学史料的整理方法上，两人的想法却是相同的，他们都认为应该兼采中西之长。胡梁皆曾关注清儒治学，胡适

① 梁启超：《佛家经录在中国目录学之位置》，载《饮冰室合集9·专集之六十七》，第24页。
② 梁启超：《佛家经录在中国目录学之位置》，载《饮冰室合集9·专集之六十七》，第27页。
③ 梁启超：《佛教之初输入——附录二：四十二章经辨伪》，载《饮冰室合集9·专集之五十二》，第6页。
④ 梁启超：《佛教之初输入——附录二：四十二章经辨伪》，载《饮冰室合集9·专集之五十二》，第7页。

撰有《清代学者的治学方法》谈及清儒的校勘和训诂，梁启超则有《清代学者整理旧学之总成绩》对清儒的辨伪法、校勘法进行总结，并提出辑佚书价值的鉴定标准。事实上，正如上文所指出的，梁日后在辨伪学上的成绩正是得益于对清儒治学方法的研究。胜于清儒之处在于，他具备世界眼光，主张用西方式的科学方法对治文献的学问。在此基础上，梁启超与胡适等近代学人一样，改变了传统的注疏式的学术模式，而以科学化、系统化的现代方式表述其观念。第二，具体史料的介绍有一定特色。与他人显著不同的是，梁启超在史料举要时每每谈及书籍的具体读法，从而使读者不仅了解关于该书的多种信息，而且可以找到切实的可参照的研读方法。遗憾的是，他的这一良法并没有得到很好的继承，其后的中国哲学史史料学专著之史料举要部分很少论及典籍之读法。第三，史料方法上保持了较为宽阔的研究视野。佛教是中国哲学史的重要组成部分，魏晋以后的中国哲学史离开对佛教的研究将是难以通透的。对此，梁启超有着颇为清醒的认识，他在《论中国学术思想变迁之大势》中专设"佛学时代"即是证明。上文提到，胡适在梳理中古和近代哲学史的时候也认为必须研究佛教，且在此过程中使用了一定的佛教史料研究方法，然而他却从未专门对之进行讨论，更遑论系统地阐发。梁启超则对佛经目录学进行了较为系统的分析并应用于佛教史料年代的考证。因而可以说，他不仅将研究视野放宽到佛教史料，而且在此方面有一定程度的方法意识。

　　纵观中国哲学史史料学的学科发展史，梁启超的相关研究也存在明显的缺点：第一，对中国哲学史史料学来说，其研究视域并不纯粹，而是失于宽泛。由于认为哲学之名不适于中国传统学术，所以梁偏爱学术史、思想史，而很少进行纯粹的中国哲学史研究，顺此，其中国哲学史史料学的相关研究也就很少在纯粹的中国哲学史研究视域中展开，而是更多地体现于学术史、思想史乃至中国历史研究法探讨中。第二，缺乏自主的学科意识。与胡适相同，梁启超的思想世界里并没有中国哲学史史料学这一学科的存在，亦从没有提及这一名称。第三，讨论的有关史料方法尚待深入和创新。不容否认，梁启超对史料辨伪的研究颇深，他从辨伪和考证年代的必要、伪书的种类、作伪的动机、辨别伪书的方法及伪书的价值等诸多方面进行了较为系统深入的讨论。然而，有关史料的校勘方法，他却只总结了清儒的经验，对辑佚则更少理论创获。至于各种史料方法的配合使用，亦极少进入梁启超的思考范围。而这些方面对中国哲学史史料学而言是相当重要的。

第二章 "中国哲学史史料学"的形成

第一节 形成阶段概述

胡适和梁启超关于中国哲学史史料学相关问题的研究并没有促成该学科的迅速产生，而是直到几十年后的 20 世纪五六十年代，中国哲学史史料学学科才初步形成。这个时期，学术界不仅正式将该学科命名为"中国哲学史史料学"，而且在很多方面都取得了积极的成果，有些成果甚至成为后世的典范，其中，朱谦之和冯友兰的中国哲学史史料学研究已经具备形成阶段的显著特征。因此之故，我们选取朱、冯二人做专节讨论，其他人则在"概述"部分简略介绍。

首先需要提到的是余嘉锡。1958 年 10 月，科学出版社正式出版其集毕生精力之作《四库提要辨证》①，包括经部二卷、史部七卷、子部十卷、集部五卷。而众所周知的是，《四库全书》的子部、经部、集部乃至史部都是我们获取中国哲学研究之史料的重要来源，故而该书与中国哲学史研究相关的部分在某种程度上即可视为中国哲学史料的考辨。

其次必须介绍的是张舜徽。1962 年 7 月，上海中华书局出版其《中国古代史籍校读法》。该书有四个部分的主要内容：第一，校读古代史籍的基本条件；第二，校书的原因、依据、方法和值得注意的问题；第三，读古书需要注意的问题，如要了解古人写作的一般现象、认识古人著述体要、掌握阅读方法等；第四，辨识伪书和搜辑佚书的问题。此书所述虽多属于古籍的一般属性，但对校读中国哲学之史料也具有重要参考价值。1963 年 11 月，张氏《清人文集别录》由北京中华书局印行，其中所录文集与中国哲学史相关者亦不在少数，如孙奇逢《夏峰集》、朱之瑜《舜水文集》、傅山《霜红龛集》、黄宗羲《南雷文定前集》、陆

---

① 1937 年 7 月，余嘉锡曾自印《四库提要辨证》，但仅有史、子两部提要。所以一般认为，1958 年该书才正式出版。

世仪《桴亭先生文集》、顾炎武《亭林文集》、王弘撰《砥斋集》、王夫之《薑斋文集》、毛奇龄《西河文集》、李颙《二曲文集》、吕留良《吕晚村先生文集》、李因笃《受祺堂文集》、颜元《习斋记余》、李塨《恕谷后集》、戴震《戴东原集》、焦循《雕菰楼集》、阮元《揅经室集》、刘逢禄《刘礼部集》、宋翔凤《学斋文录》、魏源《古微堂内集》、朱次琦《朱九江先生集》、曾国藩《曾文正公文集》、廖平《四益馆文集》、严复《严几道文钞》、梁启超《饮冰室文集》、王国维《观堂集林》、章炳麟《太炎文录初编》、刘师培《左盦集》，等等。研究清代哲学史，张著不能忽视。

最后一位之所以要纳入讨论范围，是因为他曾计划佛教文献的重新结集，并编有相关目录，此人是吕澂。其《新编汉文大藏经目录》是这一阶段关于中国佛教史料的目录学著作。1962 年，吕氏整理佛典时发现旧版《大藏经》或存在区分部类不很恰当，或弄错了经本之失译与有译，或译撰不分，于是决定编辑出版一部《中华汉文大藏经》。1963 年开始，他历时三年编写了《新编汉文大藏经目录》。此书把佛经区分为经藏、律藏、论藏、密藏和撰述五类。前四类是译本，"均依佛学之体系而编次"，"经藏先列大乘通论之经为宝积部，次列大乘别详道果之经为般若、华严、涅槃三部，后列小乘共依之经为阿含部"，"律藏合大小乘为一部，先列大乘律，后列小乘律，又各先戒经而后经释""论藏分释经、宗经两部"，"密藏综合经轨，别为金刚顶、胎藏、苏悉地、杂咒四部"①；撰述类以中国撰述为主，亦酌量收入高丽、新罗学人之作，"依撰述体裁区分为章疏、论著、语录（拈古、颂古、评唱等附）、纂集、史传（地志等附）、音义（悉昙、法数等附）、目录（提要等附）、杂撰（护教、忏仪等附）等八部。章疏部又分为经疏、律疏、论疏、密教经轨疏、义章五目；论章部又分为三论宗、天台宗、慈恩宗、贤首宗、律宗、禅宗、净土教、三阶教八目"②。虽然后来因为"文化大革命"开始，吕澂编印《大藏经》的计划被迫中止，但此目录无论是对目录学还是对佛教史料学来说都是一个很大的贡献。

---

① 吕澂：《新编汉文大藏经目录》，载《吕澂佛学论著选集》卷三，济南：齐鲁书社，1991，第 1638～1639 页。

② 吕澂：《新编汉文大藏经目录》，载《吕澂佛学论著选集》卷三，第 1642 页。

第二节 朱谦之的中国哲学史史料学研究

朱谦之一生兴趣广泛，勤勤勉勉，在文学、史学、哲学、文化学、宗教学、政治学和经济学等各个领域都有所建树，其中某些方面的工作还具有开拓性意义。他留下专著 40 余部，译著 2 部，论文百余篇，有"百科全书式学者"（王亚南语①）之称。在中国哲学史史料学领域，朱谦之也为我们作出了不容忽视的贡献。

一 "百科全书式"的学者——朱谦之

朱谦之，字情牵，1899 年生于福建省福州市的中医世家。父亲是一个喉医。他四岁丧母，十一岁丧父，后由继母何玉姑抚育成人。1907 年至 1912 年先后在自治小学和明伦小学学习，其时深受父亲所讲英雄故事的影响，喜读《三国演义》之类的小说。1913 年 1 月至 1916 年 12 月就读于福州省立一中，偏爱《左传》《史记》《资治通鉴》等历史书籍，并自编《中国上古史》②，完成《英雄崇拜论》的小册子。此间，他还时常用"闽狂""古愚""左海恨人"等笔名在《民生报》《去毒钟日报》发表文章，闻名乡里。1917 年中学毕业后，在教会学校格致书院专修英文半年，著《宗教废绝论》。同年暑假，以福建省第一名考入北京高等师范学校（北京师范大学的前身）。到北京后，又考取北京大学法预科。在法预科二年，完成《政微书》《周秦诸子学统述》和《太极新图说》三文，后以此为由转入哲学系。哲学系期间，发表《反抗考试宣言》（载《北京大学学生周刊》第 13 号，1920 年 3 月 28 日），并立誓不要毕业文凭。1920 年，

---

① 王亚南说："朱先生是什么家呢？他是哲学家、历史学家，也是文学家、美术学家。谈国学，他也来，谈经济学，他也来，他还有社会学著述。最近更正还在聚精会神的研究他'本店自造'的'军火资本主义论'，因此我们很可以称他是一位百科全书家。"（王亚南：《社会科学新论》，转引自朱谦之《一个哲学者的自我检讨——五十自述》，载《朱谦之文集》第一卷，福州：福建教育出版社，2002，第 108 页）

② 《中国上古史》虽是历史书籍，但亦表现了朱谦之的哲学天分，其中他"认为有人类而后有历史，有世界而后有人类，但人类是从那儿来的？世界又是那儿来的？这都是我那时的问题，只因学力不足，所以只采用康德的火云星说来解决。"（朱谦之：《世界观的转变——七十自述》，载《朱谦之文集》第一卷，第 113 页）

因散布革命传单被捕入狱。① 三个多月后，经多方营救得以释放。1921 年
5 月间，离京到杭州兜率寺太虚大师处出家。后由黄树因介绍到南京支那
内学院从学于欧阳竟无。由于对佛门腐化的不满和唯识义理与己意的不
合，朱谦之离开佛门而"往来于沪杭沪宁之中"，"又前后回北京数次，
或浮海，或游山，计两年之内总是放浪形骸之外"。② 1924 年，应厦门大
学讲师之约，讲授"中国哲学史""中国文学史"和"历史哲学"三门课
程。1925 年，辞职隐居杭州西湖葛岭，专心著述。1927 年，到广州黄埔
军校任政治教官，同时从事工农革命运动。1929 年 4 月至 1931 年初，获
中央研究院资助赴日留学。回国后，任上海暨南大学教授，担任"历史哲
学""西洋史学史""史学概论""社会学史"四门课目的教学工作。1932
年，到中山大学任教，进入学术高峰期，曾任历史系主任、哲学系主任和
文学院院长等职。1952 年，全国大学院系调整，回母校北京大学哲学系，
从事中国古代哲学的教学和研究工作。1958 年始，研究东方哲学。1964
年，调入中国科学院社会科学部世界宗教研究所，研究禅宗和中国景教。
1970 年 11 月，朱谦之忽发脑溢血，于 1972 年 7 月 22 日不幸病逝，享年
73 岁。

综观朱谦之的学术研究，我们认为，其至少有以下几个方面值得学界
重视。

第一，无政府主义和虚无主义思想。20 世纪初期，被视为社会主义
学说的无政府主义进入中国。这种思潮直接影响了其时到北京大学读书的
朱谦之。③ 如果说他在法预科两年所写《政微书》《太极新图说》和《周
秦诸子学统述》等还只是为无政府主义寻找传统中国文化的根基的话，那
么其 1920 年写成的《现代思潮批评》一书则是在此基础上走向了更为彻
底的虚无主义：

　　　　予意所不满于无政府主义者，为其所蔽塞，而不能一径向虚无而

① 散布革命传单的当夜（1920 年 10 月 9 日夜），朱谦之并没有被捕，被捕的是与之同去的
　毕瑞生，12 日他去警察所申明《中国无政府革命计划书》是他所作，将毕瑞生换出（朱
　谦之：《世界观的转变——七十自述》，载《朱谦之文集》第一卷，第 118 页）。

② 朱谦之：《世界观的转变——七十自述》，载《朱谦之文集》第一卷，第 124 页。

③ 朱谦之在北大图书馆阅读了《晦鸣录》《民声》《实社自由录》以及克鲁泡特金《法律
　与强权》《互助论》的节译本等宣扬无政府主义的著述（参见朱谦之《朱谦之的回忆》，
　载高军等主编《无政府主义在中国》，长沙：湖南人民出版社，1984）。

去，然余固认无政府革命为虚无革命之过程也，犹广义派革命（案：布尔什维主义革命）之为无政府主义革命之过程。①

可见，此时无政府主义只是他虚无主义的一个发展阶段。1921年初出狱后，朱谦之又写作《革命哲学》，倡导宇宙革命：

> 虚无主义是要革掉宇宙的牢笼（"笼"《朱谦之文集》本作"宠"，据泰东书局1927年版改），几时革到"虚空平沉，大地破碎"，那时才算虚无主义的目的达到了。但我们穿（"穿"应作"究"）竟用什么方法，去实行这种理想呢？依我意思，这实在很难有一定答案，因为虚无学者虽预言未来的宇宙革命，却不必要惩前毖后，用深思和经验去预备一种新方法……由此可见宇宙革命只要认定目标向前去做就是了，却不必问实行革命时候的状态如何。②

虽然《革命哲学》中朱氏仍主张虚无主义，但他同时视宇宙革命为实现"情"之本体的途径③则为其转向唯情哲学提供了契机。

第二，唯情哲学。1921年底至1922年初，朱谦之从虚无主义转向唯情哲学。④《无元哲学》的问世表明其虚无主义已走到尽头。刊载于1922年《民铎》杂志3卷3号的《唯情哲学发端》和《信仰与怀疑》（此二文后收入《周易哲学》）则在某种程度上可以看作朱氏发生唯情哲学转向的标志。1923年，朱谦之唯情哲学代表作《周易哲学》出版，该著的"最大特色在于以《周易》为源，立'情'为本体，并与柏格森的生命哲学

---

① 朱谦之：《现代思潮批评》，北京：新中国杂志社，1920，第73页。
② 朱谦之：《革命哲学》，载《朱谦之文集》第一卷，第401页。
③ 朱谦之说："宇宙革命成功后，那时有穷消失于无穷，——而我们所理想的真情本体，就完全实现了。但虽则实现，我还须奋最大的努力，自由突进，使这绵延创化的本体，不散漫了，不坠落了，我也从此达于绝对真、美、善之境，这就是永远的解脱了。"（朱谦之：《革命哲学》，载《朱谦之文集》第一卷，第404页）
④ 张国义指出："思想变化快是年轻时期朱谦之的思想特点，在1921年上半年他还是一个极端的虚无主义者，但西湖之行以后他由虚无一端又走到唯情一端，由怀疑一切、破坏一切转而信仰一切、维护一切，在政治理想上也由无政府革命、宇宙革命折向大同主义。此时当在1921年底至1922年初。"（张国义：《一个虚无主义者的再生——五四奇人朱谦之评传》，北京：中国文联出版社，2008，第36页）

互相发明，从而建立起了独具一格的唯情哲学"①。《周易哲学》反对实证主义者对形而上学的拒斥，致力于重构儒家形上学系统，其中认为"原来充塞宇宙间，不外这顶活泼顶流通的'真情之流'……'真情'是真实的，不坠分别境界的，所以由此流出来的宇宙万物，也都真实的，不坠分别境界的"，"本体不是别的，就是人人不学而能不虑而知的一点'真情'，就是《周易》书中屡屡提起而从未经人注意的'情'字"②。我们认为，朱氏的唯情哲学③是20世纪初期的重要思想之一。

第三，南方文化运动和现代史学运动。1932年，朱谦之到中山大学任教。抵达广州后不久的8月28日，即发表《南方文化运动》，宣扬文化救国的战略。在他看来，只有南方的科学文化才能给中华民族复兴一道生机，因为北方文化以"服从而非抵抗"为特质，中部文化以"顺应亦非抵抗"为特质，唯有南方文化之特质表现为"反抗强权"。因此，朱氏宣称"中华民族复兴的唯一希望，据我观察，只有南方，只在南方。南方文化虽未成熟，然实为未来中国兴亡存续之一大关键"，"我愿贡献一生来从事南方文化之建设运动"！④

在一定意义上，现代史学运动就是朱谦之南方文化运动实践的一部分。1933年1月，在《现代史学》创刊号之《本刊宣言》中，他标出现

---

① 方用：《试论朱谦之〈周易哲学〉中的"情"》，《周易研究》2007年第3期。
② 朱谦之：《周易哲学·发端》，载《朱谦之文集》第三卷，第101、102页。
③ 朱谦之将唯情哲学的基本原理概括为以下十点："（一）宇宙本体就是浑融圆转活泼流通永没休歇的'真情之流'。（二）'真情之流'是无思无为的自然变化，完全是自然的、泛神的、唯心的变化而一，一而变化。（三）'真情之流'就是绝对的意象——表示，但这个惟一表示，实只浑然一流，由此而生的一个个意象———表示，也都是活泼泼地，都是圆转流通的，但不能执为物质，而认作有形有体。（四）在流行变化中，自然进出天则，这天则本自现成，本自调和，隐秘而含藏于'真情之流'；发出来都是自然而然的，神妙不测，其孰安排是？其孰运行是？（五）'真情之流'中，无独必有对，所以一动一静、一阖一辟、一感一应，都是天则的自然，如没有这相对双的天则流行，便绝对也不可见；绝对即在相对中。（六）'真情之流'是极活泼极流通而稳静平衡的，在活泼流行中，而稳静平衡是其体，于稳静平衡中而常流不息是其用，体用非二。（七）我们自己的'人性'，是在那里流着，'穿过真情之流'，所以要我们入于真情之流的内部，实不假外求，只须内省的默识便得。如果亲切分明看到自家'人性'，即是见本体了！（八）科学所分析的'物'，本和'真情之流'浑融为一，由默识方法看起来，没有物质这个东西。（九）人自有生以来，'真情之流'是没有一回间断的，所以'人性'皆善。（十）天地万物本我一体，我和天地同流。"（朱谦之：《周易哲学》，载《朱谦之文集》第三卷，第106页）
④ 朱谦之：《文化哲学》附录之《南方文化运动》，载《朱谦之文集》第六卷，第391、392页。

代史学的三大使命：第一，从历史哲学上认识历史的现代性；第二，从史学方法论上认识现代史学方法的重要性；第三，注重现代史与社会史、经济史、科学史的研究。在1934年5月发表的《中国史学之史的发展》一文中，他最后表明现代史学派的方法综合了"考证考古派"的历史科学方法和"历史哲学派"的文化史方法。

第四，东方哲学和宗教研究。1958年，朱谦之转入东方哲学研究，先后出版《日本的朱子学》（三联书店，1958）、《日本的古学及阳明学》（上海人民出版社，1962）和《日本哲学史》（三联书店，1964），编订《朱舜水集》（中华书局，1981）。另，撰有《近代日本思想史》（译稿五册，1959）、《日本哲学史提纲》（德川时代，讲义，1959年12月）、《日本近代思想家》（从安藤昌益至幸德秋水，七册，1961年2~4月稿本）。①调入中国科学院宗教研究所后，翻译了日本学者忽滑骨快天的《中国禅学思想史》（1965年稿本，1995年上海古籍出版社）和《韩国禅教史》（1965年稿本，1996年中国社会科学出版社），完成了基督教研究著作《中国景教》（1968年稿本，1992年东方出版社，1997年人民出版社）。其中，《中国景教》被称为20世纪"中国大陆研究景教，著述最新、资料最丰、研究最深、篇幅最多的一部重要的中国基督教史的学术著作"②。

综上可知，朱谦之的研究领域广泛而独特，不愧为一个"百科全书式的学者"。

二 朱谦之对中国哲学史史料学的贡献

在"中国哲学史史料学"学科领域，冯友兰的《中国哲学史史料学初稿》一向被视为该学科的开创性著作。而事实上，在冯著之前的1957年，朱谦之的《中国哲学史史料学》就曾以油印本刊行。2002年9月，该书收入福建教育出版社发行的《朱谦之文集》第四卷。其中，朱明确指出该书"一九五四年六月初稿，一九五七年三月增补"③。之后，他又于1959年8月完成《中国哲学史史料学》（通论三部，九册）的手稿。而冯

---

① 参见黄夏年《朱谦之著述目录》，《世界宗教研究》1999年第2期。
② 黄心川：《〈中国景教〉前言》，载《朱谦之文集》第七卷，第521页。
③ 朱谦之：《中国哲学史史料学》，北京大学图书馆藏油印本，1957，"附录（古典哲学著作要目）"，第40页。以下凡引该书，只标讲次和页数；又见《朱谦之文集》第四卷，第381页。

友兰的中国哲学史史料学研究是在 1962 年 4 月全国政协三届三次会议上作为任务之一纳入其工作计划的，1962 年 12 月《中国哲学史史料学初稿》才由上海人民出版社出版。① 因此我们说，朱谦之的《中国哲学史史料学》才是该学科真正的开创性著作。②

1952 年，全国大学院系调整，时任中山大学哲学系主任的朱谦之调入北京大学工作。最初，他研究戊戌维新思想，但和同组之间在康有为、梁启超的评价问题上以及商业资本的理论问题上争论不休。为了避免纠纷，朱改而专心研究史料学，前后写成《老子校释》《王充著作考》《新辑本桓谭新论》等个案史料研究著作。此外，他还为进修教师和北京大学及中国科学院研究生设立"中国哲学史史料学"一课，并写出讲稿。③ 此讲稿就是 1957 年付诸油印的《中国哲学史史料学》。以此为中心，我们从六个方面探讨朱谦之的中国哲学史史料学研究。

（一）重点选题，设计中国哲学史史料学的篇章体例

作为学科开创者，朱写作《中国哲学史史料学》时并没有可资参照的对象。因此，如何将其编成有组织的系统，亦即篇章体例的设计就成为他不得不思考的问题。从书名来看，其写作内容应该是包括整个中国哲学通史的史料学。而史料学是史学的主要分支学科之一。那么，作为中国哲学史学科体系重要分支的"中国哲学史史料学"能否仿照"中国哲学史"设计篇章体例呢？应该说，这不失为一个可行的路径。1957 年之前，"中国哲学史"的代表作有两本：一是胡适的《中国哲学史大纲（卷上）》，二是冯友兰的《中国哲学史》。胡著只有古代哲学部分，但其中明确说"若有人把种种哲学问题的种种研究法和种种解决方法，都依着年代的先后和学派的系统，一一记叙下来，便成了哲学史"④，冯著是通史，它把中国哲学史分为子学时代和经学时代，并以人物、派别为中心写作，这表明二人认可的篇章体例都是以时代为序，分别介绍各流派、各思想家的哲

---

① 蔡仲德：《冯友兰先生年谱初编》，郑州：河南人民出版社，2001，第 491、496 页。

② 《谦之文存》上海泰东书局 1926 年版中有"中国哲学史用书要目"（《朱谦之集》第二卷之《谦之文存》没收此目），是一个简略的"中国哲学史料介绍"，可视为朱谦之中国哲学史料研究的发端。其中国哲学史史料学的系统研究则体现在 1957 年油印的《中国哲学史史料学》中。

③ 朱谦之：《世界观的转变——七十自述》，载《朱谦之文集》第一卷，第 178、179 页。

④ 胡适：《中国哲学史大纲》卷上，第 2 页。

学思想。对这种中国哲学史的篇章体例设计，朱谦之是赞同的，他在1953年完成的《中国哲学史提纲》的体例就是这样安排的。然而，他并不主张"中国哲学史史料学"的体例也要如此设计，这应该是基于其反对"史学只是史料学"的坚决立场。他在设计"中国哲学史史料学"的篇章结构时，特意与"中国哲学史"的体例区别开来，以表明无论从内容上还是从形式上二者都是不同的。

朱的油印本《中国哲学史史料学》除了书末的"中国哲学史史料学正误表"和"关于孙中山思想史料的改写"之外，共有十一个部分，分别为：第一讲"史料学"、第二讲"殷周哲学史料"、第三讲"中国人的智慧——易经"、第四讲"老子的史料学"、第五讲"庄子书之考证"、第六讲"桓谭与王充著作考"、第七讲"列子书与魏晋清谈家之关系"、第八讲"弘明集之研究"、第九讲"四朝学案批判"、第十讲"近代思想史料选题"和附录"古典哲学著作要目"。此书的篇章安排与后来的史料学著作如冯友兰《中国哲学史史料学初稿》、张岱年《中国哲学史史料学》（三联书店，1982）、刘建国《中国哲学史史料学概要》（吉林人民出版社，1983）、萧萐父《中国哲学史史料源流举要》（武汉大学出版社，1998）、刘文英师《中国哲学史史料学》（高等教育出版社，2002）和商聚德、韩进军《中国哲学史史料学论稿》（河北教育出版社，2004）等都是不同的，这些论著一般包括史料学通论和史料举要两个部分：通论部分讲史料学的定义、分类或方法等；史料举要部分仿照中国哲学史的体例以时代为经、人物或著作为纬介绍哲学史料。而朱谦之却试图通过将重点著作作为选题的方式来设计中国哲学史史料学的著述结构。如上所示，其对先秦哲学史料，有专门讲述《易经》《老子》《庄子》的章节，但对与哲学密切相关的经学著作如《诗经》《尚书》《春秋》《礼记》等并没有涉及，另外，对在中国哲学史上具有举足轻重地位的思想家孔子、孟子、荀子、韩非子、孙子、惠施、公孙龙等也是或稍带提及或根本不提；对两汉哲学史料，以桓谭和王充的著作考证为中心，却没有讲名儒董仲舒以及汉代非常盛行的谶纬神学著作；对魏晋哲学史料，以《列子·杨朱》篇的真伪考订为中心，而属于哲学史史料范围的何晏、王弼、嵇康、阮籍、向秀、郭象等重要玄学家的著述情况却没有探讨；对魏晋以后只讲三教斗争的史料，以《弘明集》为中心；对宋元明清的哲学史料，以对"四朝学案"的批判为中心；等等。之所以这样安排，是因为他认为中国哲学史有一个内在的逻辑线索："《易经》的思想以殷商卜辞为前提，老子的思想以《易经》的思想资料为前提，庄子的思想以老子的思想材料为前提"①；王充的思想以老庄为前提；之后的魏晋玄学从清谈开始，而"魏晋清谈的思想来源，不但出自'推分命'的王充《论衡》，更重要的是出于'贵放逸'的《列子》书中的杨朱思想"②；玄学演变而有三教斗争，"《弘明集》的研究，也可以说主要地就是关于三教斗争史料的研究"③；"四朝学案"几乎涉及所有宋、元、明、清时期的重要哲学思想，因此，以之为中心讲史料批判的范式便能知道这个时期哲学史料的大致情况。

尽管朱谦之说明了这种篇章体例设计的原因，亦即揭示了它的合理性，但客观地说，它是难以保证其论著中哲学史料的全面性和完整性的。虽然该书附录部分按古代哲学（包括群经哲学、诸子哲学、子部伪书类）、中古哲学（包括两汉哲学、魏晋哲学、六朝隋唐哲学）、近古哲学（包括宋元哲学、明代哲学、明清之际哲学、近代思想）三个阶段列举了中国哲学史上的主要著作，但是作为"中国哲学史史料学"专著，仅仅这个目录是远远不够的。然而，朱这种重点式选题的设计方法对于今天中国哲学史史料学体系的规范化、科学化以及研究范式的多样化是有启发意义的。

（二）三层递进，界定"中国哲学史史料学"

任何一个学科的创立，首要的理论前提都是要知道其所要创立的是什么？亦即，如何界定该学科。例如，创立哲学学科，要知道哲学是什么，创立历史学学科，要知道历史学是什么，创立文学学科，要知道文学是什么。中国哲学史史料学学科的创立当然也不例外，它也需要知道中国哲学史史料学是什么。朱谦之是通过三层递进的方式完成这个概念的界定的。

1. 什么是史料学

关于这个问题，朱区分"叙述的方法"和"研究的方法"，认为前者是历史学，后者是史料学。他说：

　　搜集材料和分析材料的工作，就所谓研究的方法，而历史研究的方法，则就是所谓"史料学"。换言之，即搜集和分析从事历史研究

---

① 第五讲，第 2 页；《朱谦之文集》第四卷，第 233 页。
② 第七讲，第 4 页；《朱谦之文集》第四卷，第 272 页。
③ 第八讲，第 3 页；《朱谦之文集》第四卷，第 289 页。

时之所依据的各种各式材料。①

简单地说，史料学的任务是搜集和分析材料，而这个工作是从事历史研究的前提。因此，"史料学还只是史料学，不就等于是历史学"②。这种观念是在批判傅斯年"史学只是史料学"的主张中形成的。前文已述，1928年，历史语言研究所成立，傅氏在《历史语言研究所工作之旨趣》中发表了"近代的历史学只是史料学"的著名论断，表明其意欲摆脱传统史学束缚从而建立实证客观的"科学史学"的学术取向。而提倡现代史学运动的朱谦之早在1935年代理中山大学文科研究所主任时就反对"史学即为史料学"的说法。③ 1940年，他又著《考今》一文作进一步的解释：

> 因认史学只是考古，所以读史只要蛮记事迹，而不能"执古之道，以御今之有"，历史学当然只好是史料学了。
> 最后，我们以为历史乃是时间的学问，时间的意义就是现在……现代史学与从前史学的不同，即在从前史学以"考古"为目的，现代史学则以"考古"为方法，而以"考今"为目的。④

这样，史学的生命中心就是"现代"，而不仅仅是史料的罗列。写作《中国哲学史史料学》时，朱已深受马克思主义唯物史观的影响⑤，因此

---

①　第一讲，第1页；《朱谦之文集》第四卷，第175页。
②　第一讲，第2页；《朱谦之文集》第四卷，第175页。
③　朱谦之：《奋斗廿年》，载《朱谦之文集》第一卷，第80页。
④　朱谦之：《谦之文存二集·考今》，载《朱谦之文集》第二卷，第158页。
⑤　朱谦之自述解放后学习马克思主义的经历说："1949年10月14日广州解放后，我们欢欣鼓舞在学习氛围气中生活着，尤其是马克思列宁主义和毛泽东思想成为我们全校员生的日课，我们自学自修，所学所修是马克思列宁主义和毛泽东思想……11月26日真正名符其实的集体学习开始了"，"但解放以后，我的世界观之逐渐转变是开始于关于《武训传》的批评以后"，"但最得力的是关于《实践论》、《矛盾论》的学习，最对我起根本变化的是高等学校教师中的思想改造运动"，"1949年10月广州解放至1952年8月，思想改造运动告一段落，这其间我担任了哲学系'辩证唯物主义与历史唯物主义'，'社会发展学说史'之两个科目，并制定了教学大纲。前者是根据斯大林的经典著作《辩证唯物主义与历史唯物主义》内容……目的在较深刻地学习斯大林的经典著作，并想能应用辩证唯物主义与历史唯物主义来解决一定的具体实际问题，我孜孜不倦地努力工作，写成五十万言"（朱谦之：《世界观的转变——七十自述》，载《朱谦之文集》第一卷，第176~177页）。

他认为把史料学等同于史学是资产阶级史家对历史学的有意歪曲，其意图是"可以唯心主义的精神解释史料，乃至直接捏造史料"①。如此，就会脱离社会经济关系与阶级斗争来整理史料，而完全忽略了"历史资料是一定社会环境的产物"这一个社会发展规律。

2. 什么是哲学史史料学

朱认为，就研究方法来说，哲学史史料学和一般史料学没有什么不同，在哲学史叙述社会背景时，一般史料学的研究方法完全可以适用，而从史料来源的维度看，二者就有分歧了。因为普通历史的史料来源有遗物（考古学的史料）、传说（民俗学的史料）和文字记载（文献学的史料）三大类，而哲学史的史料来源是哲学著作本身②，即只限于文献学的史料，不出文字记载的范围。虽然哲学史可以追溯到神话传说时代，但也必须通过古文字史料。因而，朱说："有效地利用这些哲学文献史料，全面地批判分析，确定其来源、阶级性质和用途，以及可靠程度与实际价值，这就是所谓哲学史史料学。"③

3. 什么是中国哲学史史料学

马克思主义认为，一切都依条件、地方和时间为转移。根据这个原理，朱谦之主张，研究中国哲学史史料学，一方面要注意哲学史史料学的普遍法则，另一方面也要注意中国哲学史史料学有其不同的表现形式。这是因为，各国所用的文字情况不同，因之所用来处理文字史料的学问，也将具有其特殊的不同的面貌。

中国保存着极其丰富的哲学史料，就四部而论，不但经部、子部是哲学史的主要史料，而且史部、集部也都部分包含哲学史的主要史料。所以朱认为，中国哲学史史料学的研究来源很久，历史上存在很多中国哲学史史料学的"关系著作"。他在介绍了与中国哲学史史料学密切相关的辨伪学、校勘学、目录学、训诂学和辑佚学等方面的"关系著作"之后明确指出，其中包含着中国哲学史史料学的研究和成绩，为今后这一门新学问创立了有利的历史条件。他还指出，编纂马克思主义中国哲学史教科书要有

---

① 第一讲，第 3 页；《朱谦之文集》第四卷，第 176 页。
② 关于此点，朱谦之的说法不一，他有时表达"哲学史的史料来源重点是哲学著作本身"的意思，这样就不能说哲学史的史料来源只限于文献学的史料了。但他倾向于文中所述观点。
③ 第一讲，第 6 页；《朱谦之文集》第四卷，第 178 页。

正确的史料作根据，因此中国哲学史史料学这一门学问不仅是十分必要的，而且具有重大的科学意义和实践意义。基于此种认识，朱谦之第一次①对"中国哲学史史料学"作出界定：

> 中国哲学史史料学则是以在马克思列宁主义历史研究方法论一般原则的基础上，与中国关于哲学著作之考订、校勘、分类、训诂、辑佚等特殊工作统一起来的学问。②

这是一个极富洞察力的见解。从中我们可以看出，他很重视整理中国哲学史料的方法。而中国哲学史史料学100年来的发展历史表明，史料学方法论在该学科中的重要作用越来越得到有关专家学者的肯定。

（三）三重证据，诠释殷商哲学史料

在《中国哲学史史料学》中，朱谦之专设"殷商哲学史料"一讲。在某种意义上说，这是从史料学角度对当时中国哲学史研究的一种纠偏。因为近代意义的中国哲学史学科创立以来，殷商时期的哲学思想一直备受冷落。客观地讲，时至今日此种情况也没有明显改观。这是有其历史根源的。

前文已述，1914年，北京大学开办"文科哲学门"，陈黻宸、陈汉章先后讲授中国哲学史。陈黻宸的《中国哲学史讲义》始于伏羲，终于姜太公。陈汉章的授课也是从伏羲开始，一年才讲到《尚书·洪范》。这是中国哲学史研究的"信古"阶段，还没有达到近代化的高度。此时，殷商"哲学"尚在研讨范围，虽然他们所谓的"哲学"还不是真正意义上的哲学。然而，1917年胡适担任北京大学中国哲学史课程后，开始"截断众流"（蔡元培语），从老子、孔子讲起，并用西方学术方法整理中国传统哲学。这些开创性的做法集中反映在其1919年出版的《中国哲学史大纲（卷上）》。该书是中国哲学史研究进入"疑古"阶段的标志，也是近代意义的中国哲学史学科建立的标志。这时，殷商哲学史料就被列入不被认可

---

① 朱谦之之前，胡适提出"述学"概念，并下定义说："述学是用正确的手段，科学的方法，精密的心思，从所有的史料里面，求出各位哲学家的一生行事、思想渊源沿革和学说的真面目。"（胡适：《中国哲学史大纲》卷上，第10页）"述学"相当于后来的"史料学"。然而，胡氏并没有使用"中国哲学史史料学"这个概念，更没有形成中国哲学史史料学的学科意识。因此我们认为，朱谦之是界定"中国哲学史史料学"的第一人。

② 第一讲，第13页；《朱谦之文集》第四卷，第183页。

的领域。之后，史学界的疑古思潮更是加剧了中国哲学史领域对殷商哲学的搁置。1923 年 5 月，为了从崔述《考信录》的"儒者式辨古"转变到客观公正的"史家式辨古"，亦即为了推翻旧的古史体系而推进中国史学的近代化，顾颉刚提出"层累地造成的中国古史"说①，从而掀起了疑古思潮，使得三皇五帝成为神话，殷周以前的古史整个被看作神话传说史。可见，历史学界并没有把殷商放进神话时代。然而，哲学界却因疑古过头的影响连殷商也弃而不论。冯友兰虽然自称其两卷本《中国哲学史》已从"疑古"到"释古"②，但该书也没有介绍殷商哲学。而作为中国文化之源的殷商乃至上古时代是有许多有价值的哲学思想的，所以这种断然舍弃的做法是值得反思的。朱谦之就是较早反思这一现象的学者之一。

　　朱认为，舍弃上古尤其是殷商哲学的做法是把哲学史料看得太狭窄的表现。他主张，只要其中具有哲学思想，就是哲学史的史料。孔子时"文献不足"③ 的商代哲学史料，却在河南安阳殷墟发掘的甲骨文中重见天日，因此"孔子所不能证（引者按：原作征，据文义改）实的，现在我们却能从殷墟甲骨文字里，考究中国古代奴隶制社会，乃至于其意识诸形态，这虽然不算有系统的哲学著作，却不能不说是古代有系统的哲学著作的起源"④。这些甲骨文字史料，不同于"大同思想""禅让制"等传说史料，它们是比较真实可靠的，可以作为已经发现的中国最古的哲学史料。

　　然而，仅以甲骨卜辞为殷商哲学史史料是不行的，它只能算是研究殷商哲学的原始史料。除此之外，与殷商有关的文献史料，如《尚书·商书》《诗经·商颂》中有不少关于意识诸形态的材料，《史记》之《殷本纪》《三代世表》和《竹书纪年》《世本》《楚辞》等中有关于殷人事迹的史料，虽与哲学的史料无关，却可用以证史。这些都是研究殷商哲学的辅助史料。甲骨卜辞是地下史料、原始史料，《尚书》《史记》等是地上史料、辅助史料。因此，朱谦之推崇王国维的"二重证据法"，他说：

　　　　晓得殷商的原始史料，最重要的是甲骨文字，就知道殷商的哲学

---

① 顾颉刚：《与钱玄同先生论古史书》，载《古史辨》第一册中编，第 59 ~ 60 页。
② 冯友兰：《三松堂自序》，载《三松堂全集》第一卷，第 189 页。
③ 《论语·八佾》。
④ 第二讲，第 3 页；《朱谦之文集》第四卷，第 191 页。

史的原始材料，也只有在甲骨文字中去探讨了。固然甲骨文字作为史料看，只是一鳞半爪，不成为有系统的哲学著作，但只要我们能博搜旁证，用了一番爬罗搜剔的工夫，也可以在很贫乏的史料之中，整理出一个头绪，组成一个系统。①

在此基础上，朱指出，甲骨文字中的哲学史料包括多神崇拜、五行说之起源和殷礼三个方面。因而，殷代思想也应从诸神的神话中去探求，在《山海经》《竹书纪年》《楚辞》中取得二重证据之后，还要再求助于民俗学、神话学。这就是其所谓"三重证据的史料研究法"。显然，这是朱谦之对王国维之说的合理推进。

（四）三个阶段，展示易学哲学史料之演变历程

朱谦之素重易学研究。1920年10月由于参与无政府团体散发传单而被捕入狱时，《周易》就成为他狱中研读的书籍之一。1923年，其唯情哲学的代表作《周易哲学》由上海学术研究会出版。1957年，朱谦之在《中国哲学史史料学》中设"中国人的智慧——易经"一讲，开始以辩证唯物主义的立场研究《周易》，从"易经在中国哲学史上的位置""易经的作者及年代问题"和"易学的流派"三个方面讲述易学哲学史料。

不可否认，"易学哲学史史料学"至今为止还没有成为正式学科。而易学哲学史的专门研究需要这一基础学科的出现。众所周知，中国哲学的发展主要是通过注疏经典的形式完成的，《周易》就是中国古代哲学经典之一。历代哲学家往往通过注解《周易》来阐发自己的哲学思想，而《周易》本身又有其特有的概念术语和符号体系，因而易学哲学构成了中国古代哲学一条特殊的线索或路径。这就要求我们重视易学哲学史的研究。正如著名易学史专家朱伯崑所说：

研究我国易学哲学发展的历史，对了解中国哲学的民族特点、中国文化思想的传统以及中国古代哲学的发展都有重要的意义。
如魏晋玄学和道教哲学同易学的发展有密切的联系。不研究易学哲学，对玄学的形成和演变，对道教的炼丹理论都难以作出正确的评价。……易学哲学所提出的范畴，如太极、乾坤、阴阳、道器、理

---

① 第二讲，第12页；《朱谦之文集》第四卷，第197页。

事、理气、形而上和形而下、象数、言意和神化等，都对古代哲学的发展起了深刻的影响。弄清这些范畴的起源、演变及其哲学的性质，同样要研究易学哲学发展的历史。①

事实上，以他的《易学哲学史》为发端，学界对易学哲学史的研究已经取得一定进展。我们认为，与之相应，易学哲学史史料学的研究也必须加强。

在中国历史上，也存在一些广义上的易学哲学史史料学论著，如唐孔颖达《周易正义》卷第一中"论《易》之三名""论重卦之人""论三代《易》名""论卦辞爻辞谁作""论分上下二篇""论夫子《十翼》""论传《易》之人""论谁加'经'字"等文章，宋欧阳修《易童子问》，冯友兰《孔子在中国历史中之地位》② 里"辨《彖》《象》《文言》《系辞》等非孔子作"部分（《燕京学报》第二期，1927 年 12 月），《古史辨》第三册（1931）中 16 篇讨论易学的文章，等等。然而，首次把《周易》放入史料学专著里介绍的却是朱谦之。

朱不同意古史辨派的考证结果，却继承其考证精神。在断言"《周易》作者和时代虽有问题，如云卦辞为文王作、爻辞为周公作、《十翼》为孔子作，证据虽均薄弱，即使弄不清楚这些问题，仍不能否认《周易》是一部古代极有价值的代表中国人的智慧的书"③ 之后，他对《易经》的作者和年代问题作出自己的判断：

> 卦爻辞虽著作人无考，却可决定其为西周初卜官所作的书。④
> 《说卦》，《序卦》，《杂卦》，均属后出，《文言》，《系辞》均有"子曰"当属孔子弟子述孔子之言。孔子所作，依我所见，只有《象传》上下、《彖传》上下二种。⑤

---

① 朱伯崑：《易学哲学史》（第一卷），"前言"，第 3 页，北京：华夏出版社，1995。
② 该文不是专论孔子与易的关系的，然而却被古史辨派辨易时屡次征引，所以本文列于此。
③ 第三讲，第 2 页；《朱谦之文集》第四卷，第 203 页。
④ 第三讲，第 6 页；《朱谦之文集》第四卷，第 206 页。
⑤ 第三讲，第 18 页；"孔子所作，依我所见……"《朱谦之文集》（第四卷，第 209 页）作："孔子所作，现存的《十翼》中，一部分是孔子所作，一部分为孔子的后学所作，要之均与孔子之治《易》有关"。查油印本，《文集》本脱"依我所见，梁启超《古书真伪及其年代》亦以为'……'。张心澂《伪书通考》对史记孔子世家一段……由此可见"一段，从文意看，当以油印本为正。

朱认为，人们可以对《易经》这部卜筮书进行附会解释，无论唯物主义还是唯心主义的世界观都可以托始于《易经》，因而就使易学中产生许多流派、许多不同观点的不同著作，对这些易学哲学史料的介绍，"不但可以使我们得以明了《易经》这一门学问的历史，也（油印本'也'字前有'而'字，据《文集》本删除）可以越发明白中国人智慧的来源"①。他依时代把易学划分为三个阶段并概括其特征：易汉学以象为主，偏于感性的知识；易宋学以理为主，偏于理性的知识；近代易学不但要推翻那种包含周邵图书成分的易宋学，而且综合易汉学宋学的长处，义理考据并重，把《易经》从信仰的对象变成了科学研究的对象，带有浓厚的新哲学倾向。当然，作为史料学专著，朱谦之还对各个时代易学著作的流传、版本和辑佚等情况做了具体介绍。在一定意义上，这一讲可以视为缩略型的"易学哲学史史料学"。

1964 年 6 月 22 日，朱谦之在辽宁大学东北文史研究所又谈到研究《易经》首先要作的几方面工作："（一）《易经》今本尚非定本，所以首先要像我作《老子校释》那样，搜集各种版本，进行文字校勘，整理出一个定本来。（二）要恢复其原来的样式，所谓做到'思想归位'，《易经》并不是不可动的（特别是文言、系辞等传）。（三）要进行正确的解释。首先从文字、音韵（《易经》是一部哲学诗）上下手。闻一多、高亨等作了一些工作，他们作的也不一定全对，但开始这样做是很好的。总之，研究《易经》就要采用'蜜蜂的方法'。"② 这些史料研究的具体步骤，不仅适用于《易经》，而且适用于大多数哲学史料，所以具有一般方法论的意义。

（五）三个派别，分疏老、庄哲学史料

对于《老子》《庄子》这两本道家哲学史料，朱谦之用"三派"分析法进行分疏。他自己明言，这种研究方法是"往昔研究黑格尔哲学学派时受到启发而应用于对先秦诸子的研究的"③。在他看来，德国黑格尔哲学

---

① 第三讲，第 23 页；《朱谦之文集》第四卷，第 212 页。
② 朱谦之：《谈谈有关研究中国哲学史的几个问题》，载《朱谦之文集》第四卷，第 457 页。
③ 朱谦之：《谈谈有关研究中国哲学史的几个问题》，载《朱谦之文集》第四卷，第 458 页。

学派有左党（die Linke）、右党（die Rechts）及中央党（das Zentrum）三派。① 借此，他指出《老子》《庄子》著作本身就包括中派、左派和右派三个派别的思想。

1.《老子》史料学研究

朱对《老子》用力甚勤，先后有《老子新探》《老子哲学》和《老子校释》等论著问世。其"三派"分析法也并不是始于《中国哲学史史料学》之"老子之史料学"，而是早在 1948 年 12 月著的《老子新探》中就已使用。不同的是，《中国哲学史史料学》对《老子》的版本、校勘、训诂（包括音释）和辑佚等史料学相关问题都进行了系统的介绍。可以说，"老子之史料学"一讲是以《老子》为例对史料学方法的具体讲解。

朱认为，《老子》一书实非一人所能作，因为如果那样，就会矛盾百出。因此，他将老子其人和其书分别开来，并主张老子其人在孔子前，而其书有在孔子前的也有在孔子后的。他看到，《老子》书中重复语很多，而且最早解释《老子》的书如《庄子》和《韩非子》的《解老》《喻老》等讲述老聃的话便已不同，因此断定"今本《老子》不必出于一人之手，可能在成书之时，已包含三种学派的见解在内"②。具体而言，老聃最早，是中派即正经派，也是右派和左派的渊源，该派注重世界观；老莱子是老聃弟子，是右派即近儒派，该派注重伦理思想；太史儋时代最后，是左派即近法派，该派注重社会政治思想。③ 然而，在朱谦之看来，这三个派别也能构成一个完整的思想体系，因为从思想方法上看它们都是用辩证的方法。

此外，朱对《老子》史料学的另一比较突出的贡献在于把《老子》版本整理为两个系统：一是河上公本，"属民间系统，文句简古，其流派为景龙碑本、遂州碑本与敦煌写本，多古字亦杂俚俗"；二是王弼本，"属

---

① 朱谦之：《黑格儿主义与孔德主义》，载《朱谦之文集》第五卷，第 290 页。

② 第四讲，第 7 页；《朱谦之文集》第四卷，第 223 页。

③ 朱谦之对《老子》三派作者的判定是依据《史记》。《史记·老子韩非列传》云："老子者，楚苦县厉乡曲仁里人也，姓李氏，名耳，字聃，周守藏室之史也"，"老子修道德，其学以自隐无名为务。居周久之，见周之衰，乃遂去。至关，关令尹喜曰：'子将隐矣，强为我著书。'于是老子乃著书上下篇，言道德之意五千余言而去，莫知其所终。或曰：老莱子亦楚人也，著书十五篇，言道家之用，与孔子同时云"，"或曰儋即老子，或曰非也，世莫知其然否"〔（汉）司马迁：《史记》卷 63，北京：中华书局，1959，第 2139、2141、2142 页〕。

文人系统，文笔流畅，其流派为苏辙、陆希声、吴澄诸本，多善做文章，而参错自己见解，和古《老子》不同"①。他指出，景龙碑本最善，其次是敦煌本和遂州本，其余如石本、刻本等在考订文字等方面也可供参订。

如所周知，1973年长沙马王堆汉墓出土了帛书《老子》，1993年湖北荆门的郭店楚简中又发现了"简本老子"，它们极大地推动了《老子》研究。然而，这些出土文献都是1972年逝世的朱谦之所未能见到的。但是，朱的《老子》史料学研究却在他的时代闪烁着真知灼见，代表了其时代的水平。从1961年12月开始，朱谦之相继在中央民族学院、中国科学院浙江分院哲学社会科学研究所、广东暨南大学和辽宁大学等地讲学，《老子史料学》就是学术报告之一，在当时造成一定影响。

2. 《庄子》史料学研究

"三派"分析法之应用于《庄子》始于朱谦之1949年完成的《庄子哲学》。② 在《中国哲学史史料学》第五讲"庄子书之考证"中，这种方法得到进一步深化和系统化。

朱反对关于今传《庄子》三十三篇的两种极端的说法，即"完全是庄子原作说"和"完全是伪书说"。他认为，《庄子》是庄子学汇编，包括庄子、庄子弟子乃至庄子后学的撰述。进而指出，现存版本中，"以《续古逸丛书》宋刊本为最善，其次则唐写本、古钞卷子本可供参考，宋刊本尚有《古逸丛书》注疏本、赵谏议本及宋末元初之元和纂图互注本。明刻本有世德堂本、闽刻本、邹之峄刻本、吉藩（引者按：'吉'油印本作'古'，'藩'《文集》本作'荡'，误）崇德书院本，清刻本惟王闿运所据善（引者按：'所据善'三字《文集》本无）本于文字校勘上有用处"③。

《汉书·艺文志》记载的《庄子》有五十二篇，没有内外篇之分。晋代郭象《庄子注》则综合司马彪注本与崔譔向秀注本，删定《庄子》为

---

① 第四讲，第13页；《朱谦之文集》第四卷，第226页。

② 《庄子哲学》中，朱谦之通过"证之龟甲"说明杂篇之一《外物篇》"时代很古"，通过"参之金石"证明"《庄子》一书之史料价值"，通过"考之文体"证明"《庄子》书虽非庄子一手造成，也不会落后到秦汉之间的散文时代"，进而分析《庄子》的版本与篇目（朱谦之：《庄子哲学》，载《朱谦之文集》第三卷，第219页）。这些内容亦属于史料学范围，但因内容不多，故不单独介绍。

③ 第五讲，第7页；《朱谦之文集》第四卷，第236页。

三十三篇，并分内外杂篇。自此，内外篇之间的关系便成为古今学者研究《庄子》时的重要问题。朱谦之总结了前人在此问题上的六种观点，即"内外篇互相发明说""内理外事说""内篇明无外篇明有说""内圣外王说""内外篇为师徒之间所著不同说"和"内篇皆有题目，外杂篇只取篇首之字为标题说"。之后，他以"三派"分析法疏解《庄子》各篇。朱认为，属于庄子自著的有内七篇及外篇《寓言》、杂篇《天下》，其中《逍遥游》与《养生主》为人生哲学、《齐物论》为哲学方法、《人间世》为处世哲学中之积极面、《德充符》为处世哲学中之消极面、《大宗师》为世界观、《应帝王》为政治思想，而其他"外杂篇实为庄子门人及后学传述庄学……不是出于一人之手，而实同出于一个源泉"①。他主张，中派是庄子学之正统派，代表庄子及其直传门人的思想，偏于世界观方面，包括《至乐》《达生》等篇；右派是儒家化的庄子学，与内篇的关系不如中派密切，偏于"静"的人生哲学，包括《徐无鬼》《天运》等篇；左派是极端的无治派，受老子学左派影响，与内篇关系较浅，偏于无为的政治思想，包括《马蹄》《盗跖》等篇。然而，庄子学的最大特点是"分之有中、右、左三派，合之则又是完整之庄子一家之言"②，因为它们有一个共同点，即都要"返于自然"。在"庄子书之考证"中，朱不仅把《庄子》各篇分为三派，而且认为后来的《庄》注也有以中派和右派旨趣进行注解的，但左派《庄》注尚未发现，而以道教和佛教解庄的著述则与庄子学无关。这些看法无疑是很有见地的。

（六）去粗取精，整理近代思想史料

与古代哲学史料相比，近代思想史料有两个特点：其一，数量太多；其二，有一部分文献在国外论著的记载中。再者，近代思想史的第一任务是怎样理解其时世界历史和中国历史思想的大转变，亦即，使近代思想史的研究工作和现代思想发生密切联系。鉴于此，朱谦之说：

> 近代思想史的史料学，应该方向转变，即从单纯的辨别真伪一变而尤注重史实的解释与历史的现代性。当然在史料的搜集时，我们也不应该忘记那些校勘考订和一般改正文字错误的方法。但即在改正文

①　第五讲，第17页；《朱谦之文集》第四卷，第242页。
②　第五讲，第26页；《朱谦之文集》第四卷，第247页。

字错误的时候，也须联系时代背景。①

　　因而，与古代哲学史料的整理方法主要在"去伪存真"有些不同，中国近代思想史的史料整理方法主要在"去粗取精"。其中，"精"是指民主性的精华，"粗"则是指封建性的糟粕。朱认为，这个关于思想史料的选题标准，适用于中国哲学全史，但尤其适用于近代思想史，因为"近代思想史是民主主义与封建主义的斗争，并且标志着民主主义逐步胜利的历史，民主主义是从唯物主义哲学出发，封建主义则从唯心主义哲学出发，因此这种漫长的过程，同时也就标志着唯物主义与唯心主义两个对立面的斗争过程"②。

　　以"去粗取精"为选题标准，朱谦之用"鸦片战争时期的思想史料""太平天国思想史料""戊戌维新思想史料"和"辛亥革命思想史料"四个方面组成"近代思想史料选题"一讲。在这一讲，他对太平天国思想史料的研究尤为深入。从主观原因分析，这是因为他曾在抗战期间专门研究这一阶段，并完成《太平天国革命文化史》一书。从客观原因分析，这不仅因为此一时期的革命思想材料更多，而且因为这些材料的整理已经成为一种新兴的专门学问。他指出，自从孙中山为《太平天国战史》作序开始，以后国内研究太平天国的便分史料考订和史料整理两大派分途并进。前一派注重史料之考订而缺乏史料之解释，后一派注重史料之解释而缺乏史料之考订，而"到了现在，太平天国史料的研究法，基本上有了改变，从前注重史料考订的一派，如罗尔纲等都已转变方向，综合了两派的所长，而去其所短，以马克思主义历史方法为依据，将史料考订和史料解释联系在一起，这是太平天国史料学的新倾向"③。朱将太平天国的文献史料分为官书、诏谕、供状、战纪、类纂、奏疏、文集、笔记、方志、传记、外人著作、今人著作、史料丛刊和新闻杂志等十四类，并强调海外所藏史料在纠正清政府官书对太平天国的歪曲记载上的意义。

　　其余三方面中，鸦片战争时期，主要介绍抵抗外国资本主义侵略和要求社会改革的龚自珍、林则徐、魏源等地主阶级知识分子的著作材料。戊戌维新时期，首先介绍戊戌维新思想先导人物冯桂芬、王韬、陈炽、陈

---

　①　第十讲，第1页；《朱谦之文集》第四卷，第331页。
　②　第十讲，第3~4页；《朱谦之文集》第四卷，第332页。
　③　第十讲，第8页；《朱谦之文集》第四卷，第335页。

虬、容闳、薛福成、马建忠、郭嵩焘、郑观应、何启、胡礼垣等的思想史料，之后重点介绍康有为、梁启超、严复、谭嗣同、唐才常等把资产阶级改良主义推向高潮的思想家的著述情况。辛亥革命时期，则以孙中山为首，宣介章炳麟、邹容、秋瑾、陈天华、吴樾诸人的思想史料。

鸦片战争给中国文化历史造成重大影响，中国哲学也因之经历了从古代传统向近代传统的历史性转变，比如赋予古代哲学范畴以新的内涵、将西方传入的哲学思想和古代哲学融合起来等等。因此，朱谦之以"去粗取精"的方式对近代思想史料的特殊处理是值得称赞的。然而，其在人物的选择上并没有做到"去粗取精"，因为陈炽、陈虬、容闳、马建忠、秋瑾等人与哲学思想的关系并不密切，将他们选入《中国哲学史史料学》未免失之宽泛。

三　朱谦之中国哲学史史料学研究的特点

概括言之，朱谦之的中国哲学史史料学研究具有以下几个特点：（1）学科观念鲜明。我们知道，在中国，近代意义的学科诸如物理学、化学、政治学、文学、历史学和哲学等都是 20 世纪二三十年代受西方影响才成为专门学科的，中国哲学史学科也是时人运用西方学术方法从传统的经史子集中剥离出来的。作为学科建立标志的胡适《中国哲学史大纲》中有关于哲学史料的审定和整理方法等内容，然而，其中并没有"中国哲学史史料学"之名，更无所谓学科观念。受胡适影响，梁启超晚年虽然开始重视中国哲学史研究，但更为偏向学术史、思想史研究，因而其相关中国哲学史史料学的研究也被置于这个宽泛的视域而显得不那么纯粹。朱谦之则首次把中国哲学史史料学作为一门新学问加以研究，从而将其确定为一门学科。（2）学术立场坚定。在《中国哲学史史料学》中，朱谦之坚持马克思主义的指导地位，自觉运用现有的唯物史观知识研究和分析中国哲学史料。从其自传可知，他"五四"前期信仰无政府主义和虚无哲学，20年代倡导唯情哲学，1938 年研究太平天国时已初步接受唯物史观，注重从社会背景分析太平天国革命的原因，新中国成立后则深入学习马克思主义并尝试以之为学术研究方法。因此，在定义"中国哲学史史料学"以及具体分析哲学史料时他都以马克思主义为基础。（3）方法论意识强烈。这表现在他对史料学方法研究的重视。具体而言，就是他看重校勘、训诂、辑佚、辨伪等传统朴学方法并在考证《易经》《老子》《庄子》《列子》

等著作时对这些方法进行具体应用。当然，作为学科开创者，他的研究也有一些明显的不足之处：（1）篇章体例设计欠规范化、科学化。（2）史料学方法更多地穿插于具体史料的分析中，因而对其进行的理论阐述显得不够集中、不够充分、不够系统。然而，这些不足并不能掩盖朱谦之在中国哲学史史料学领域的突出成绩。

第三节 冯友兰的中国哲学史史料学研究

较之胡适、梁启超、朱谦之诸人，冯友兰的学术兴趣更为集中，主要在哲学特别是中国哲学领域。关涉中国哲学史史料学的学科发展史，我们认为，代表他史料学研究水平的《中国哲学史史料学初稿》虽然不是第一个完成，却是第一部发生实际影响的史料学专著，学界一直将之视为该学科的开创性著作①就是最好的证明。然而，冯对史料学的贡献并不仅仅在这部《中国哲学史史料学初稿》中，其整个学术活动都与之有关。

一 "三史释今古，六书纪贞元"——集哲学史家和哲学家于一身的冯友兰

冯友兰，字芝生，汉族，祖籍山西高平，1895年12月4日生于河南省唐河县祁仪镇的一个书香之家。6岁入家塾，从表叔刘自立先后读《三字经》《论语》《孟子》《大学》《中庸》和《诗经》等传统典籍，同时接触了具备"新学"味道的地理普及读物《地球韵言》。读完《诗经》后，随母去父亲当差的武昌。在那里，由母亲监督读《书经》《易经》和《左传》，后由教读师爷讲授古文、算术、写字和作文四门功课。父亲去世后返回老家，有一位年轻的先生曾教他《明夷待访录》。1910年，考取开封中州公学的中学班。1912年，转学武昌中华学校。同年冬，考入上海中国公学预科。不久，即由对逻辑的兴趣萌生学哲学的志

---

① 如张岱年在其《中国哲学史史料学》的《前记》中说："冯友兰先生著有《中国哲学史史料学初稿》，是关于中国哲学史史料学的开创性著作。"（《张岱年全集》第四卷，石家庄：河北人民出版社，1996，第269页）刘文英先生也说该书"标志着中国哲学史史料学这门分支学科已经形成和正式确立"（刘文英主编《中国哲学史史料学》，北京：高等教育出版社，2002，第4页）。

向。1915 年，中国公学毕业，考入北京大学法科。9 月间入学后改进文
科"中国哲学门"。在北京大学，冯友兰开始知道在八股文、试帖诗和
策论之外还有真正的学问，在中国文化之外还有西方文化。1918 年北京
大学毕业，到河南第一工业学校任语文、修身教员。之后，通过留美考
试。带着对东西文化矛盾问题的疑惑，冯氏于 1919 年冬到达美国，
1920 年 1 月 22 日入哥伦比亚大学研究院哲学系，师从杜威。1923 年，
通过博士论文答辩，取道加拿大回国，任中州大学文科主任。1925 年
秋，到广州任广东大学（现中山大学）教授。年底北上，就职于燕京大
学。1928 年，罗家伦聘其为清华大学哲学系教授兼秘书长。1952 年，
因院系调整转任北京大学哲学系教授、中国哲学史教研室主任。1990 年
11 月 26 日离开人世，享年 95 岁。冯友兰著述宏丰，绝大部分收入河南
人民出版社的《三松堂全集》。

关于冯友兰的学思历程，目前主要有三种分期法：（1）冯自己把其哲
学活动分为四个时期：第一时期是 1919～1926 年，代表作《人生哲学》；
第二时期是 1926～1935 年，代表作《中国哲学史》；第三时期是 1936～
1948 年，代表作《贞元六书》；第四时期是 1949 年以后，代表作《中国
哲学史新编》。① （2）蔡仲德将之分为 1895～1948 年"实现自我"、
1949～1978 年"失落自我"和 1977～1990 年"回归自我"三个时期。②
（3）方克立将 1949 年前后作为其学术思想的两个时期："解放前他力图将
新实在论和中国儒家正统哲学相结合，解放后他也力图将马克思主义哲学
和中国传统哲学相结合，为马克思主义哲学的中国化尽自己的一份力
量。"③ 我们认为，冯友兰自己的分期更能体现其集哲学史家与哲学家于
一身的双重身份，所以采用这种分法介绍他的学术生涯。

1919 年冯到达美国后，有机会直接接触西方文化，并力图打破东西
界限。在这种观念下，他于 1923 年暑假完成博士论文 *The Way of Decrease
and Increase with Interpretations and Illustrations from the Philosophies of the East
and the West*（《天人损益论》）。该论文 1924 年由上海商务印书馆出版时

---

① 冯友兰：《三松堂自序》，载《三松堂全集》第一卷，第 172 页。
② 蔡仲德：《冯友兰先生年谱初编》，第 822 页。
③ 方克立：《冯友兰与中国哲学现代化》，载《现代新儒家与中国现代化》，天津：天津人
民出版社，1997，第 323 页。

改名为 *A Comparative Study of Life Ideals*（《人生理想之比较研究》）。1926年，商务印书馆又出版了此书的中文版作为高级中学的教科书，书名为《人生哲学》，其中最后两章是将根据 1923 年冬在曹州山东省立第六中学演讲的讲稿写成的《一种人生观》加入，构成该书的理论部分，原《人生理想之比较研究》则构成该书的历史部分。《人生哲学》以"天、人、损、益"为线索，分中西哲学史上各种人生观为"三道十派"：（1）"损道"重"天"即自然，包括浪漫派、理想派和虚无派；（2）"益道"重"人"即人为，包括快乐派、功利派和进步派；（3）"中道"则重在天人调和，包括儒家所说天及性、亚里士多德所说在感觉世界之中的概念、宋明诸儒所说在日用酬酢之中的静定和黑格尔的"我"与"非我"合一。此中，"天派及损道理想化天然，求好于过去，向后看；人派及益道理想化人为，求好于将来，向前看；中道则认为，过去已成过去，将来亦无把握，只该求好于现在的活动之中"①。之所以会有这些不同的派别出现，是因为每个哲学家都各有所蔽亦各有所见，都具备特别精神和特殊面目。冯友兰偏向"中道"："本书中所谓中道诸哲学，其'蔽'似较少。今依所谓中道诸哲学之观点，旁采实用主义及新实在论之见解，杂以己意，糅为一篇，即以之为吾人所认为较对之人生论焉。"②《人生哲学》并不是一部哲学史，但是由此激发了冯对哲学史的兴趣，也为其以后的哲学史研究奠定了基础。

1927 年，冯友兰在燕京大学讲授中国哲学史，1928 年秋到清华大学后仍继续担任中国哲学史课程，几年积累的结果就是他的两卷本《中国哲学史》的问世。该书上卷完成于 1929 年底，1931 年 2 月作为清华大学丛书之一由上海神州国光社出版，下卷完成于 1933 年 6 月，1934 年 9 月《中国哲学史》上、下册作为大学丛书之一由上海商务印书馆出版。这部哲学史不仅是冯友兰此时期的代表作，而且是中国历史上第一部完整的中国哲学通史。与胡适《中国哲学史大纲》偏重历史考证不同，冯著对"哲学"方面较为注重。从胡适到冯友兰，中国哲学史学科完成了从"疑古"到"释古"、从"汉学"到"宋学"、从"评判"到"同情"的转变，而且"后来的学术史发展表明，冯著《中国哲学史》成了本学科公

---

① 冯友兰：《三松堂自序》，载《三松堂全集》第一卷，第 177 页。
② 冯友兰：《人生哲学》，载《三松堂全集》第二卷，第 205 页。

认的典范，胡著《中国哲学史大纲》却没有取得这样的地位"①。与《大纲》相比，《中国哲学史》至少有以下三个方面的进展：第一，深化了哲学观和哲学史观。冯依然采用"以西释中"的研究模式，他明确表示："今欲讲中国哲学史，其主要工作之一，即就中国历史上各种学问中，将其可以西洋所谓哲学名之者，选出而叙述之。"②冯氏不谈"哲学"的具体定义，而是直说它所包含的内容。他克服了胡适谈哲学内容时标准不一的缺点③，采用了宇宙论（又分本体论和宇宙论）、人生论（又分心理学和伦理学、狭义的政治社会哲学）和知识论（又分狭义的知识论和狭义的论理学）的三分法，并认为中国传统义理之学中的天道部分、性命部分约略相当于宇宙论和人生论，而西洋哲学的知识论部分在中国思想史的子学时代还有人讨论，但宋明以后就没有人研究了。在哲学史观方面，冯友兰的主张有三点值得注意：（1）哲学史有客观的哲学史和主观的哲学史之分；（2）中国哲学没有形式上的系统而有实质上的系统，故而讲中国哲学史要从形式上无系统的哲学中找出其实质的系统；（3）中国哲学史分为子学时代和经学时代。这种分期虽然是根据中国哲学发展的自身特点，但也是有弊病的。因为经学时代的提法太过笼统，不能反映魏晋以后中国哲学内部儒、道、释之间的消长和互动关系。因而，"只有在治学方法和思维方式的意义之下，运用子学和经学两个名词，来称谓中国哲学史的两个时代，才是合理的、无可批评的"④。第二，确立了中国哲学史的主要哲学派别和主要代表人物。如先秦有孔子和儒家、墨子和墨家、孟子和孟学、老子和老学等，汉代有《淮南子》、董仲舒和今文经学、谶纬和象数之学等，清代有清代道学、康有为、廖平等。这些哲学派别和代表人物成了其后中国哲学史写作的基本研究对象。第三，对西方哲学的应用由生硬裁制到较为贴切圆融。胡适利用实用主义生硬地裁剪中国哲学，对不合实用主义者进行批判否定。他还改变了美国实用主义不突出政治作用与意义的特点，以政治说明哲学的产生和实质，从而扭曲了中国哲学的特点。冯友兰

---

① 陈来：《现代中国哲学的追寻——新理学与新心学》，北京：人民出版社，2001，第300页。

② 冯友兰：《中国哲学史》（上），载《三松堂全集》第二卷，第245页。

③ 胡适认为，哲学包括宇宙论、名学及知识论、伦理学、教育哲学、政治哲学和宗教哲学等门类。可见，其选取标准并不一致。

④ 郁有学：《哲学与哲学史之间——冯友兰的哲学道路》，上海：华东师范大学出版社，2004，第76页。

则把新实在论哲学较为贴切地融入了中国哲学史研究。如"超乎写的历史之上另有历史之自身巍然永久存在","在先秦真正进入了哲学领域并自觉作出了贡献的是公孙龙"等观点,都是他把新实在论作为解读中国哲学的新视角而不是作为简单的裁剪工具所得出的结论。

抗战期间,冯友兰先后完成六部著作:《新理学》(1939年出版。笔者按:由于"贞元六书"都是先将单篇论文发表,然后凑成一书,故各书标书籍出版年代,不标写作年代)、《新事论》(1940)、《新世训》(1940)、《新原人》(1943)、《新原道》(1945)和《新知言》(1946),统称"贞元六书"。此中,他创立了"新理学"的哲学体系,为全民族抗战提供了理论支持。其时,"新理学"引起国内思想界的广泛讨论和辩难,将冯推向"中国影响最广声名最大的哲学家"[①]。"新理学"之"新"在于它是"接着"而不是"照着"程朱理学讲。所谓"接着",是指运用西方逻辑分析方法,以新实在论为基本哲学立场,对传统理学的概念或问题进行创造性的诠释。此种自觉的方法意识和体系严密、思路清晰的逻辑结构赋予了冯氏哲学体系鲜明的现代特征。分而言之,《新理学》讲纯粹哲学,侧重自然观,而自然观的主要内容是共相和殊相的问题。《新理学》所讲"理"与程朱之"理"没什么不同,"气"则不再如程朱有清、浊之分,而完全是一个形上的逻辑观念,类似于柏拉图和亚里士多德的"质料";"性"有三种:"每一事物,从其所属于之任何一类之观点看,其所以属于此类之性,是其正性,其正性所蕴涵之性,是其辅性,与其正性或辅性无干之性,是其无干性。"[②]《新事论》谈文化社会问题,是《新理学》"别共殊"的哲学方法在文化论上的应用。"共"和"殊"的具体应用分别是"从类的观点看文化"和"从特殊的观点看文化"。该书前半部分强调分析文化类型,认为东西文化的不同实际上是古今的不同。从类型上看,中国文化是古的,是"生产家庭化底文化",西方文化是今的,是"生产社会化底文化"。冯友兰认为,中国文化的根本出路在于通过产业革命"以以社会为本位底生产方法,替代以家为本位底生产方法,以以社会

① 贺麟:《当代中国哲学》,南京:胜利出版公司,1945,第35页。冯友兰自己也回忆说,西南联大迁到昆明后,重庆教育部设了一个学术评议会,评选抗战以来最佳学术著作,《新理学》获一等奖(参见冯友兰《三松堂自序》,载《三松堂全集》第一卷,第96页)。

② 冯友兰:《新理学》,载《三松堂全集》第四卷,第84页。

为本位底生产制度，替代以家为本位底生产制度"①。然而，这条路径只能指向中国文化的未来，却不能为民族文化遗产在近代化的处境中找到安身之所。因而，《新事论》后半部分强调"从特殊的观点看文化"，肯定文化的民族性：从特殊的观点看文化，一个民族文化的许多"表面底""在外底"东西能够成为"一民族的精神生活的里面"。《新世训》论生活方法，是冯友兰应《中学生》杂志约稿所写的一组关于青年修养的文章，没有什么哲学意义。1988 年 12 月 18 日，冯在回答周质平的提问中说，他生平最后悔的著作就是《新世训》，因为它的境界低。② 《新原人》讲境界。其中一个重要的概念就是"觉解"，指人对于事物有所了解而又能自觉其有所了解。冯氏认为，人对于宇宙人生的觉解程度不同决定了宇宙人生对于人的意义也不同，故而依据觉解程度和意义可将人的境界分为四种：（1）自然境界。这种境界是最低的，就社会发展说，相当于原始社会中人的境界，就个人发展说，相当于儿童的境界。处于自然境界的人对自己的行为没有自觉，只是顺才或顺习而行，亦即率生物学意义之性而为。（2）功利境界。在此种境界中的人，其行为是"为利"的，这个利指向私而非公。（3）道德境界。达到这种境界，人的行为是"行义"的、为公的。因为他已觉察到人是社会的存在，"社会是一个全，个人是全的一部分。部分离开了全，即不成其为部分。社会的制度及其间底道德底政治底规律，并不是压迫个人底。这些都是人之所以为人之理中，应有之义"③。（4）天地境界。这种境界是最高的，它是就人与宇宙的关系而言。处此境界，人的行为是"同天"的，他自觉与万物一体。但这不是原始的混沌，而是超越了主客分别之后的更高级别的混沌。《新原道》试图通过对中国哲学主流之进展的述评，彰显新理学在中国哲学中的地位。与两卷本《中国哲学史》"贯彻'论从史出'的原则"正好相反，《新原道》"首先依据新理学认定中国哲学的基本精神就是'极高明而道中庸'，然后运用中国哲学史中的材料证明这一观点，贯彻的是'以论概史'的原则"④。因此，

---

① 冯友兰：《新事论》，载《三松堂全集》第四卷，第 233～234 页。

② 蔡仲德：《冯友兰先生年谱初编》，第 752 页。

③ 冯友兰：《新原人》，载《三松堂全集》第四卷，第 500 页。

④ 宋志明、梅良勇：《冯友兰学术思想评传》，北京：北京图书馆出版社，1999，第 187 页。

它"非惟为《新理学》之羽翼，亦旧作《中国哲学史》之补编也"①。《新知言》讲"最哲学底形上学的方法"，亦即新理学的方法。冯友兰认为，真正的形上学方法有两种：一、正的方法，以逻辑分析法讲形上学；二、负的方法，它不说事物是什么，而说事物不是什么。这里，负的方法更多地渗透着中国哲学的精神。1947 年，他在美国宾夕法尼亚大学讲授中国哲学史时做了这样的总结：

> 一个完全的形上学系统，应当始于正的方法，而终于负的方法。如果它不终于负的方法，它就不能达到哲学的最后顶点。但是如果它不始于正的方法，它就缺少作为哲学的实质的清晰思想。
>
> 只有两者相结合才能产生未来的哲学。②

我们认为，这是《新知言》思想的进一步发展。

新中国成立后，冯友兰首先对自己的新理学体系进行批判和反思，并在这个过程中尝试以马克思主义的立场、观点和方法重写中国哲学史。然而，20 世纪 50、60 年代完成的《中国哲学史新编试稿》中，他对马克思主义的应用却陷入了教条。80～90 年代，在其生命的最后十年，冯友兰完成了第四时期的代表作七卷本《中国哲学史新编》。在《自序》中，他阐明了该书的写作原则：

> 旧邦新命，是现代中国的特点。我要把这个特点发扬起来。我所希望的，就是用马克思主义的立场、观点和方法重写一部《中国哲学史》。
>
> 我决定在继续写《新编》的时候，只写我自己在现有的马克思主义水平上所能见到的东西，直接写我自己在现有的马克思主义水平上对于中国哲学和文化的理解和体会，不依傍别人。③

这是《新编》的第一个特点。此外，与两卷本《中国哲学史》相比，《新编》至少还有三个特点：（1）指出了一般和特殊的关系问题是整个中

---

① 冯友兰：《新原道》，载《三松堂全集》第五卷，第 3 页。
② 冯友兰：《中国哲学简史》，载《三松堂全集》第六卷，第 288 页。
③ 冯友兰：《〈中国哲学史新编〉自序》，载《三松堂全集》第八卷，第 3、4 页。

国哲学发展的基本线索："一般和特殊的关系是中国哲学史中的一个传统问题。先秦诸子哲学中的名、实问题，魏晋玄学中的有、无问题，宋明道学中的理、气问题，都是围绕这个问题而发展的。这个问题好像一条线贯穿于中国哲学史的发展过程中，直到王夫之才得到正确的解决"。（2）创建新的哲学史写法，即抓时代思潮，抓思潮的主题，说明这个主题是一个什么样的哲学问题。由此，《新编》整理出中国哲学史的七个时代思潮：先秦诸子（分前后期）、两汉经学、魏晋玄学、隋唐佛学、宋明道学（分前后期）、近代变法和现代革命。（3）自觉考察中国哲学的精神境界，其中对玄学和道学精神境界的阐发最为突出。从上述四个特点中，我们很容易看到新理学思想在其中的痕迹。

　　总的来说，冯友兰的哲学活动几乎贯穿整个 20 世纪，又由于他具有与时俱进的学术品格，使得其思想发展历程在一定程度上能够充当 20 世纪中国哲学发展的一面镜子。作为哲学家，他重视"新统"创作。作为哲学史家，史料学则是其关注的一个重要方面。

二　冯友兰对中国哲学史史料学的贡献

　　与其整个学思历程的分期不尽一致，冯友兰的中国哲学史史料学研究的进展呈现出自身的特征。从这些特征来看，其对中国哲学史史料学的贡献大致可分为三个阶段。

（一）20 世纪 20～40 年代——史料学研究的起步阶段

　　20 世纪 20～40 年代，冯友兰论及史料学问题时从未脱离中国哲学史的大学科范围，也就是说他是在中国哲学史的学科视域内讨论这些问题的。对此时期的冯友兰来说，中国哲学史史料学尚未从其中国哲学史的学科体系中分化出来。所以，我们称 20～40 年代是冯氏"史料学研究的起步阶段"。

　　早在 1925 年 6 月于中州大学任教时，冯友兰就在《太平洋》杂志第 4 卷第 10 期发表《对于哲学及哲学史之一见》一文。他认为，历史有"事情之自身"和"事情之纪述"二义，前者可名为历史，后者可名为"写的历史"。写的历史力求与所写之实际相合，即以"信"为目的，而达到此目的之关键在于史料的选择。冯指出，史料有两种：（1）原始史料，是指"亲见或身与其事之述说，及与事情有关之文卷及遗迹，即所谓'文献'是也"，"此等材料固与所叙之历史，直接有关"；（2）辅助的史料，指"其有对于一事物之正式的或非正式的记录，本为写的历史，但因其对于事物之发生或存在之时甚近，后来史家，即亦引为根据"① 的史料。但在严格的意义上，只有原始史料才能称为史料。具体到哲学史研究，冯主张，研究者应该直接读各哲学家的著作亦即哲学史之原始材料，但对初学者而言，因原始史料浩繁，则应按照历史顺序进行选读，不按时间秩序的随意选读是不可取的。

几年之后，《对于哲学及哲学史之一见》的主体思想被吸收到了两卷本《中国哲学史》的《绪论》中，《绪论》的"哲学之内容""哲学之方法""历史与哲学史""历史与写的历史"分别和《对于哲学及哲学史之一见》的"哲学之分部""科学与哲学""历史与哲学史""历史与写的历史"大体相同。在《中国哲学史》中，历史、"写的历史"又各自被称为"客观的历史""主观的历史"，由此二者的内涵更为明显，其中关于史料分类的论述则与《对于哲学及哲学史之一见》相同。

除史料分类之外，《中国哲学史》对中国哲学史史料学的贡献至少还有以下四个方面。

1. 根据史料的特点分析"写的哲学史"难为信史的原因。冯认为，写的哲学史所凭借的史料是纯粹的书籍文字，因而信史完成有三个困难：（1）即使史料极完备，史家也不见得能完全无误地了解其内容；（2）虽然史家可以用科学的方法审查史料，取其可信者而去其不可信者，但这种史料分析工作之后必须有运用想象力将片段史料连为一串的综合工作，所以主观成分会不可避免地加入；（3）史家不能像自然科学家那样通过实验的方式验定假设的真伪。

2. 从辨伪的目的肯认伪书的价值。基于各种原因，中国历史上的书籍真伪相杂。然而，从前研究中国学问的人，却不是由于盲目崇古而不知分别真书伪书，就是由于过度疑古而视伪书为完全没有价值之作。鉴于这种状况，冯友兰指出辨伪的目的是考查各时代思想的真面目。在他看来，只有把各时代的材料归于各时代，把某人的言论归于某人，才能展示各哲学家哲学思想的真面目，进而发现中国哲学进步的轨迹。有了此种历史眼光，冯对伪书的价值予以充分的肯认，他说：

---

① 冯友兰：《对于哲学及哲学史之一见》，载《三松堂全集》第十一卷，第72页。

　　某书虽伪，并不以其为伪而失其价值，如其本有价值。某书虽真，并不以其为真而有价值，如其本无价值。①

　　也就是说，某书的价值并不在于它的真伪，而在于其本身的内容有无价值。这是因为，哲学史上的伪书虽然不能代表其假冒之时代的思想，却能代表它所产生之时代的思想，因而也就是其产生之时代的哲学史史料。这样，将伪书放在它真正出现的时代也是作信史的一个有效方法。在冯友兰眼里，真伪问题不过是个时间的先后问题，判定一个资料的真伪并不等于对其价值的宣判，而只是对它进行了历史性的时间定位。陈寅恪在《中国哲学史》的《审查报告》里对冯的伪书观极为赞赏：

　　冯君之书，其取用材料，亦具通识，请略言之。以中国今日之考据学，已足辨别古书之真伪。然真伪者，不过相对问题，而最要在能审定伪材料之时代及作者，而利用之。②

　　这里，陈氏已把承认伪书的价值提到了"通识"的高度。追根溯源，我们认为，冯友兰对伪书价值的肯定，一方面是对胡适从《先秦名学史》到《中国哲学史大纲》一概否定伪书的态度的反对，另一方面则是对梁启超在《古书真伪及其年代》中确认伪书之功用③的继承与发展。

　　3. 划定中国哲学史的史料选取标准。中国哲学史之所以是哲学史，而不是文学史、兵学史或思想史等，与它使用的史料属于哲学范围有很大关系。而冯友兰却发现，一般人对于哲学的范围和内容并没有明确的概念，以致把四部里的"经"和"子"的材料都视为哲学史料。显然，这种史料标准过于宽泛。因此，他为哲学史料的选取确定了五个标准：（1）凡属于哲学"三大部"的史料就是哲学史的史料，否则就不在选取

---

① 冯友兰：《中国哲学史》（上），载《三松堂全集》第二卷，第258页。
② 陈寅恪：《冯友兰中国哲学史上册审查报告》，载《金明馆丛稿二编》，上海：上海古籍出版社，1980，第248页。
③ 《古书真伪及其年代》完成于1927年，冯友兰肯定伪书价值的部分在《中国哲学史》上卷的《绪论》里，而上卷完成于1929年底，所以我们认为其受梁启超的影响。如前所述，梁氏认为，伪书具有保存古书、保存古代神话、保存古代制度和保存古代思想四大功用（梁启超：《古书真伪及其年代》，载《饮冰室合集·专集之一百四》，第58～59页）。

范围。所谓"三大部",即宇宙论、人生论和知识论。宇宙论包括研究"存在"之本体及"真实"之要素的"本体论"和研究世界的产生及其历史和最后归宿的狭义"宇宙论"。人生论包括研究人究竟是什么的心理学和研究人究竟应该怎样的伦理学、政治社会哲学等。知识论包括研究知识性质的狭义知识论和研究知识规范的狭义论理学。(2)有新见解、新观念的著述才能算作哲学史史料,人云亦云、没有丝毫创见的著述则被排除在外。原因在于,哲学家必须有自己的创见,才能树立自己的哲学系统。此种选取标准得自清儒黄宗羲的启发。在其《明儒学案》里,他说:

> 学问之道,以各人自用得着者为真。凡倚门傍户,依样葫芦者,非流俗之士,则经生之业也。此编所列,有一偏之见,有相反之论,学者于其不同处,正宜着眼理会,所谓一本而万殊也。以水济水,岂是学问![1]

依黄宗羲之见,一个思想家的"一偏之见"或"相反之论"正是"其人之得力处,亦是学者之入门处"[2]。对此,冯友兰完全赞同。(3)没有中心观念的著述,如《吕氏春秋》《淮南子》等杂家之书,不能作为哲学史的原始史料,但可以作为哲学史的辅助史料,因为其中有其他人的言论记载。(4)只言片语不成系统的文字,如《诗经》的"民之秉彝,好是懿德"等,不能作哲学史的原始史料,因为"哲学家之哲学,须以理智的辩论出之"[3]。也就是说,哲学的论证非常重要。冯友兰认为,普通人对于宇宙人生如神之存在或灵魂有无等问题都有自己的见解,而且可能与哲学家的见解没有什么区别,但是其见解却是来自传说或直觉,哲学家则不然,他们对于自己所持见解的理由都有理论上的说明。然而,对于这些只言片语的资料我们也不能舍弃,原因是"一时代之哲学与其时代之情势及各方面之思想状况,有互为因果之关系,故此等言论,可搜集以见一时流行之思想,以见哲学系统之背景"[4]。(5)凡是能展示某一哲学家之人格

---

① (清)黄宗羲:《明儒学案发凡》,载《明儒学案》(修订本),北京:中华书局,2008,第15页。

② (清)黄宗羲:《明儒学案发凡》,载《明儒学案》(修订本),第14页。

③ 冯友兰:《中国哲学史》(上),载《三松堂全集》第二卷,第259页。

④ 冯友兰:《中国哲学史》(上),载《三松堂全集》第二卷,第259~260页。

的资料都可以作为哲学史史料。冯友兰指出，哲学问题与科学问题不同，我们不能对之进行完全客观的研究，而是更多地依赖于哲学家的主观思考。这样，哲学家的哲学思想就与其个性和人格（即其性情气质经验等）密切相关。故而，表现哲学家人格者属于哲学史史料的选取范围。从冯友兰选取哲学史料的后两个标准，我们约略可以看到唯物史观的影子。晚年时分，他也意识到这点：

> 在这个时候（引者按：1927），讲中国哲学史，又多了一层难处。随着马克思主义在中国的传播，在历史工作中，唯物史观也流传开了。……唯物史观的一般原则，对于我也发生了一点影响。就是这一点影响，使我在当时讲的中国哲学史，同胡适的《中国哲学史大纲》有显著的不同。①

于此也可见，冯氏后来转变为马克思主义史学家并非偶然，也非迫于外在压力，而是逐步真心地接受了马克思主义。1985 年 12 月 4 日，贺麟和张岱年在冯友兰 90 寿辰庆祝会上也说他是真诚接受马克思主义，"是马克思主义正统派"②。

4. 总结古代哲学史料的著述体裁。上文已明，冯友兰认为只有将各时代的材料归于各时代才能梳理出中国哲学的进步轨迹。然而，对于上古哲学史的史料而言，做到这点并非易事。这不仅在于上古史料真伪相杂，而且在于即使是真书，如《墨子》《庄子》等，其中哪些思想属于墨子、庄子本人所有也颇难断定。所以，冯友兰主张总结古代著述的体裁。在清代学者章学诚、孙星衍、严可均等人的结论的基础上，他指出，由于古人的历史观念和"著作者"观念不明，故而战国以前被称为某某子的书，并不是某某子亲手写成，它们都是某某子这一派别的文章总集，而不是一个人的专集。之所以如此，是因为上古时代的典籍大都经过汉代史家刘向、刘歆等人的整理编次——"汉人于整理先秦典籍之时乃取同一学派之各篇，聚而编为一书，题曰某子，意谓此某学派之著作耳"③，而在先秦时

---

① 冯友兰：《三松堂自序》，载《三松堂全集》第一卷，第 186 页。
② 蔡仲德：《冯友兰先生年谱初编》，第 692 页。
③ 冯友兰：《中国哲学史》（上），载《三松堂全集》第二卷，第 272 页。

期，它们本来都是一些不相连属的单篇文章。这个发现被陈寅恪视为《中国哲学史》第一册的第二个应该表彰的地方。① 冯自己对此也颇为看重，在1982年12月完成的《中国哲学史新编》第二册修订本里讲《荀子》时，他再次提到先秦子书的这一特点，并进而说明这是其中有前后不一致甚至自相矛盾的观点的原因所在。②

《中国哲学史》中，冯友兰还具体分析了先秦时期著述体裁的发展。他曾多次提到，孔子以前无私人著述。因而，其所认为的最早的私人著作就是《论语》。在他看来，《论语》是简约的记言体。之后，有战国诸子文体的三个发展阶段：第一阶段是由"简约的记言"发展到"铺排的记言"和"设寓的记言"，如《孟子》和《庄子》；第二阶段是"舍去记言之体而据题抒论"，如《荀子》；第三阶段是战国后期的"经"体，其时"游学之风极盛，诵习简编，求简练易记，所以各家作'经'"③，《墨子》的《墨经》、《荀子》中引用的《道经》和《韩非子》中引用的《内外储说》之经都是这种体裁。根据这个发展规律，冯氏断定《墨子》书中《经》及《经说》等篇是战国后期墨者的作品，《大取》《小取》等据题抒论的篇章也不是墨子时代所有。另外，他亦从文体角度考证《老子》时代。因在20世纪40年代其对《老子》的考证方法有所转变，故而这个问题留到后文一并讨论。但需要说明的是，以文体考证《老子》属于两卷本《中国哲学史》时期。1936年12月，冯友兰又发表《〈庄子〉内外篇分别之标准》，其中总结汉魏以来的著述体裁。他认为，汉魏人有两个著述习惯：（1）将书籍分为内外两篇。如《淮南子》有内书二十一篇、中篇八卷、外书甚众，佛经被称为内典、佛经之外的典籍被称为外书，道教著作《抱朴子》也分内外篇，等等。分内外的原因，依冯氏之见，"盖以为以至道'秘密'，有不可为一般人所了解者，或不可为一般人言者。其论此之文，称为内书，或内篇。其有可为一般人所了解，或可为一般

---

① 陈寅恪说："昔人笼统认为一人一时之作，其误固不俟论。今人能知其非一人一时之所作，而不知以纵贯之眼光，视为一种学术之丛书，或一宗传灯之语录……而冯君之书，独能于此别具特识，利用材料，此亦应为表彰者也。"（陈寅恪：《冯友兰中国哲学史上册审查报告》，载《金明馆丛稿二编》，第248页）
② 冯友兰：《中国哲学史新编》第二册，载《三松堂全集》第八卷，第577页。
③ 冯友兰：《中国哲学史》（上），载《三松堂全集》第二卷，第324页。

人言之道理，论之之文，则称为外书或外篇"①。（2）在书籍的最后部分作一篇自序式的文字。如《史记·太史公自序》《汉书·叙传》《论衡·自纪》等等。

　　或许是感到《中国哲学史》于史料考证方面的不足，在其上、下册由商务印书馆合订出版（1934 年 9 月）之后的 20 世纪 30 年代后期和 40 年代，冯友兰频频讨论史料学有关问题，主要内容涉及以下几个维度。

　　1. 诸子起源说。冯之所以开始讨论诸子起源问题，大概有两个激发因素：一是胡适的《诸子不出于王官论》在当时影响很大，而且该文基本是其《中国哲学史大纲》的骨架；二是在他 1929 年写完《中国哲学史》上卷时，傅斯年自广州来北平，以其在中山大学所印《战国子家叙论》相赠②，而该文讨论诸子起源。有人可能要问，既然受胡适的影响，而胡文又在他写作《中国哲学史》之前，那么冯友兰为什么没有及时在先秦部分讨论这个问题？我们认为，这主要是由于冯氏为了显示其书与胡著相比更具"哲学"味道，从而有意减少史料考证方面的内容的缘故。然而，傅文的到来又使他认识到一部哲学史不谈这个问题是一个很大的缺陷。因而，在写作下卷时他就已经在思考诸子起源问题，并且有一点结果，从《中国哲学史》上卷的版本差异我们能够看到这个进展——1931 年神州国光社版和 1934 年商务印书馆版《中国哲学史》上卷有两处不同：（1）商务版第七章第一部分是"杨朱及道家之初起"，其中用很大篇幅讨论道家与消极的"隐者"之关系，这部分内容神州版没有；（2）神州版第一篇篇名为"上古哲学"，商务版则改为"子学时代"。

　　下卷任务完成后，冯友兰更是集中精力对该书的缺陷进行补救，先后发表《原儒墨》（1935 年 4 月）、《原儒墨补》（1935 年 10 月）、《原名法阴阳道德》（1936 年 4 月）、《先秦诸子之起源》（1936 年 4 月）和《原杂家》（1939 年 4 月）等一系列论文。后来，他把这些文章汇集在一起以《中国哲学史补》③为名出版，并明示此书是为了弥补《中国哲学史》的不足。此中，冯友兰贯彻其"释古"的立场，指出后来历史家不应完全推

---

①　冯友兰：《〈庄子〉内外篇分别之标准》，载《三松堂全集》第十一卷，第 370 页。

②　蔡仲德：《冯友兰先生年谱初编》，第 93 页。

③　《中国哲学史补》1936 年 11 月由商务印书馆出版，其时《原杂家》尚未完成，故未收此文。但 20 世纪 40 年代《中国哲学史》合订为一册作为"部定大学用书"出版时，附录了《中国哲学史补》中讨论先秦子学起源的文章，并增加《原杂家》等篇。

翻或抹杀以前历史学家的工作,而只能对之进行重新修正或解释。由此,他认为刘歆诸子出于王官之说并非全无历史根据,而是特定时代的产物。之后,冯氏从四点介绍其与刘歆的不同之处:(1)受时代精神制约,刘歆理想化古代,凡与周制不合者都在其否定范围之内,因而"他们以为由在官专家世官世禄之制度变为在野专家,以自由职业谋生之制度,为一种错乱"①。冯的看法正好与之相反。(2)冯氏认为,虽然诸子之学大都出于"官",但不必出于"王"官。(3)基于汉人好系统喜整齐的风尚,刘歆为诸子各家都指定了其所出自的一"官"。冯则主张诸子出于职业,职业出于"官"。然而他又指出,对于它们的源头,我们有的可以明了,有的不可以明了,对于不可以明了的子学也指定其必出于某一"官"则有穿凿附会之嫌。(4)刘歆认为古代圣人有完全的知识,圣人殁而微言绝,于是诸子皆得圣人之一体。对此理想化古代的观点,冯表示完全与之不同。总之,在子学起源问题上,冯友兰继承并发展了傅斯年的诸子出于职业说。1936 年 4 月,冯在女师学院演讲,题为"先秦诸子之起源",此次发言后经整理发表。无论是从完成时间的先后还是从题目来看,这都是一篇关于诸子学起源的总结性文章。其中观点是,儒家出于儒士,墨家出于武士,阴阳家出于方士,名家出于讼师,法家出于法术之士,道家出于隐士,此外,"小说家无从考据……杂家便是把一切的学说杂在一起,纵横家只有人才而无学说,农家则无书籍"②。1939 年 4 月,冯氏《原杂家》问世。该文反对《汉书·艺文志》杂家出于议官之说,认为古代有没有议官都是尚待考证的问题,而杂家的出现应该是得益于当时的思想统一运动和由此催生的"道术统一"学说。1947 年,冯友兰在美国宾夕法尼亚大学讲授中国哲学史,留有一部英文讲稿 A Short History of Chinese Philosophy。该讲稿 1948 年由美国麦克米伦公司出版(1984 年涂又光将之译成中文,翌年由北京大学出版社发行),其中专设"the Origin of the Schools"③("各家的起源")一章,观点与 20 世纪 30 年代时大致相同,故此处不再赘述。

2. 新史料分类法。从上述可知,直到《中国哲学史》出版,在史料

---

① 冯友兰:《原名法阴阳道德》,载《三松堂全集》第十一卷,第 359 页。

② 冯友兰:《先秦诸子之起源》,载《三松堂全集》第十一卷,第 347 页。

③ Fung Yu-lan, *A Short History of Chinese Philosophy*, *Selected Philosophical Writings of Fung Yu-lan*, Foreign Languages Press, Beijing, 1991, pp. 224–231.

分类上，冯友兰还一直秉承胡适的两类之说。1937 年 5 月，他对这个问题做了进一步的思考。当然，冯并没有写专题论文，而是将之框限在中国哲学史方法论的论域内。此时，他提出了一套系统的研究客观的不成文的中国哲学史的方法，包括钻研西洋哲学、搜集哲学史料、详密规划迹团、探索时代背景、审查哲人身世和评述哲人哲学六种。在"搜集哲学史料"部分，冯友兰重点分析了哲学史料的种类。在他看来，哲学史料就是哲学史的细胞，没有这些细胞就没有哲学史的存在。所以，他提倡在钻研西洋哲学获得了整理中国哲学之形式系统的模范后，"就应首先搜集有关于中国哲学史之各种史料"①。冯氏主张，中国哲学史的史料包括原料、副料、旁料三种。其中，原料指中国历代哲人自己的著作，如朱子的《语录》、周子的《通书》等；副料指别人所作的有关中国历代哲人及其哲学思想的著作，即广义上的中国哲学史，如黄宗羲的《明儒学案》《汉书·艺文志》《庄子·天下》《韩非子·显学》等；旁料则是中国历代的正史、野史如《廿五史》《世说新语》等，以及近人所作的中国通史、中国文化史、中国社会史、中国政治经济史等等。关于原料，冯介绍了搜集它的四个步骤：（1）将中国历代带有哲学气味的著作不分好歹地全部浏览；（2）以"具有哲学内容，中心观念，与特殊见解，而并出之以理智的辩论"为标准严格遴选原料；（3）辨别选出原料的真伪，以免"紊乱进化系统，颠倒事实是非"；（4）通过校勘注释文字和提炼中心思想对原料进行整理会通。关于副料，他指出其可为"辑佚"工作提供文献依据，即我们可以从副料中搜集原著已经散佚但其中某些内容被副料引用的原料。关于旁料，冯将之看作探知哲人时代背景和品性身世的有力工具。前文已示，探索时代背景、审查哲人身世亦是其研究中国哲学史的两种重要方法。

单从种类的数量上看，冯友兰的三分法似乎比其以前的二分法更为细腻，此种分类也确实存在着一定的合理性。然而，我们认为，旁料的加入不免会使哲学史料的搜集范围过于宽泛，实际操作的难度也大为增加，尤为重要的是，它在一定程度上还会降低研究内容的哲学韵味。大概正是这些缺点的存在，使冯于《中国哲学史史料学初稿》中不再坚持三分法。

---

① 冯友兰：《怎样研究中国哲学史?》，载《三松堂全集》第十一卷，第 404 页。

3. 考证史料年代的方法——从综合考证法到逻辑考证法。这个时期，冯友兰有关史料年代的考证方法，主要体现在对《老子》年代的辨析上。上文已简单述及，在《中国哲学史》上卷中冯氏就从文体角度对《老子》进行考辨。他为了证明《老子》一书是战国时代的作品，提出了三条证据：（1）孔子以前无私人著述之事，所以《老子》不能在《论语》之前；（2）《老子》的文体不再是问答式的，故应在《论语》《孟子》之后；（3）《老子》的文体是简明的"经"体，因此是战国时的著作。他宣称，这三条证据与崔述《洙泗考信录》、汪中《老子考异》、梁启超《评胡适之中国哲学史大纲》中所举的证据，"若只任举其一，则不免有为逻辑上所谓'丐词'（begging the question）之嫌。但合而观之，则《老子》之文体、学说及各方面之旁证，皆指明其为战国时之作品，此则必非偶然矣"①。冯友兰此说受到了胡适的比喻式批判：

> 这就是等于一个法官对阶下的被告说："现在所有原告方面举出的诸证据，若逐件分开来看，都'不免有逻辑上的丐辞之嫌'。但是'合而观之'，这许多证据都说你是有罪的，'此则必非偶然也'。所以本法庭现在判决你是有罪的。"②

针对胡氏的反驳，冯友兰在 1934 年 11 月发表的《读〈评论近人考据老子年代的方法〉》一文中指出，以文学的比喻替代逻辑的辩论是很危险的。之后，他又举例说明"一件一件不充分的证据，合起来也未尝不能成为一个很充分的证据"③。我们把他的这种考证方法称为"综合考证法"。

然而，在 1945 年 4 月出版的《新原道》和 1947 年写成的 *A Short History of Chinese Philosophy* 中，冯友兰却转换了思路，开始从逻辑的角度考证《老子》年代。此种考证的前提是冯氏此时期的哲学观："'经虚涉旷'底哲学，必讲到'超乎形象'者。……哲学必是'经虚涉旷'，然后才合乎'极高明'的标准。"④ 经其研究，中国哲学史中最先真正讲到超

---

① 冯友兰：《中国哲学史》（上），载《三松堂全集》第二卷，第 400 页。
② 胡适：《评论近人考据〈老子〉年代的方法》，载《胡适文集》5，第 84 页。
③ 冯友兰：《读〈评论近人考据老子年代的方法〉——答适之先生》，载《三松堂全集》第十一卷，第 273 页。
④ 冯友兰：《新原道》，载《三松堂全集》第五卷，第 34 页。

乎形象的哲学是惠施公孙龙的名家哲学。而在他看来，道家是反对名家的，且其反对是超过，并不是与名家处于同一层次而反对之。个中原因，冯友兰在 *A Short History of Chinese Philosophy* 里说得明白：

> 《老子》中包含许多关于"无名"的讨论，而要进行这些讨论，我们首先要意识到"名"本身的存在，所以我相信《老子》出现于惠施、公孙龙这些名家之后。[①]

这里，判断年代先后的标准是冯氏认定的思想之间的逻辑关系。所以，我们称这种方法为"逻辑考证法"。在某些情况下，此种方法的确能够帮助我们梳理某些思路，但逻辑认定本身的主观性与历史事实本身的客观性之间的张力往往会导致"逻辑考证法"的失误。其实，就冯友兰所论的"无名"和"名"而言，我们很难判别二者孰先孰后。按照冯氏的意思，"无"肯定要出现在"有"之后，然而，我们用不着从别处找反证，他当下研究的《老子》书里就有与之针锋相对的说法："天下万物生于有，有生于无。"因而，对于"逻辑考证法"，我们应该谨慎用之。

（二）20 世纪 50～60 年代——史料学研究的学科化阶段

20 世纪 50～60 年代，冯友兰的中国哲学史史料学研究相对集中，对后世发生重大影响的《中国哲学史史料学初稿》（收入《三松堂全集》时改名为《中国哲学史史料学》）一书就是在这个时期出版的。此时，他不仅将"中国哲学史史料学"视为一个学科，也就是说具备了学科独立意识，而且在实际研究中也取得了实质性的进步。相对于"起步阶段"其学科观念的缺乏，我们称 50～60 年代为冯氏"史料学研究的学科化阶段"。

写作《中国哲学史》时，冯友兰就已经不满足于只作哲学史家的陈述性工作。该书完成之后，他立即为哲学创作做准备。[②] 正在这个关头，战争爆发。基于抗战的爱国热情，他更是不遗余力地投身于自己的哲学体系的建构，因为这是其参与抗战的一种形式。努力的结果就是 20 世纪 30～

① Fung Yu-lan, *A Short History of Chinese Philosophy*, *Selected Philosophical Writings of Fung Yu-lan*, pp. 294–295.
② Fung Yu-lan, *A Short History of Chinese Philosophy*, *Selected Philosophical Writings of Fung Yu-lan*, p. 557.

40年代"新理学"哲学体系的出现。然而客观地讲,"新理学"体系并没有达到很完善的地步①,冯很有必要继续对之进行补充或修正。也就是说,在哲学创作领域他还有一定的发展余地。可是,新中国成立后冯友兰却转向了重写中国哲学史,尤其用力于"中国哲学史史料学"学科。究其原因,主要在于两点:(1)诚如冯自己所言,"这是为初学中国哲学史的人介绍史料的一部稿子。……经常有人给我写信,询问学习中国哲学史要看些什么资料"②。即,为人解答疑难是其研究史料学的原因之一。(2)新中国成立后,冯友兰的"新理学"被视为资产阶级的哲学而加以批判。他自己也曾为之表示"忏悔":"在解放以后,我也写了一些东西,其内容主要的是忏悔,首先是对我在40年代所写的那几本书的忏悔。"③ 在这样的特殊历史时期,继续从事哲学创作对冯来说是非常困难的。1961年4月,《中国哲学史》上、下册由中华书局据商务旧版重印,其中《新序》云:

> 这部书是完全从资产阶级的阶级立场,以资产阶级哲学观点,用资产阶级历史学方法所写的中国哲学史。……这部书的重印,大概可以起从反面提问题的作用。这就是说,在中国哲学史的领域内,这部书可以作一种反面教材。④

可以看到,即使陈述性的哲学史研究由于和思想有较多关联也有成为"反面教材"的可能。凡此种种,都促使冯友兰转向思想性相对贫乏而侧重历史文献研究的史料学。代表他在这个阶段的史料学研究水准的主要研究成果是《中国哲学史史料学初稿》和《中国哲学史新编试稿》。

1.《中国哲学史史料学初稿》与中国哲学史史料学学科地位的确立

1956年5月7日,冯友兰在《人民日报》发表题为《重视整理祖国

---

① 如陈德荣说:"冯友兰致力于用逻辑分析法建构其新形上学,虽然最终并没有超越中国隐喻式的形上学,但他对逻辑分析法的应用使传统中国哲学方法产生了巨大变革。"(Chen Derong, *Category and Meaning*: *A Critical Study of Feng Youlan's Metaphysics*, University of Toronto, Thesis of Ph. D, 2005, p. 326)可知,在某些角度而言,冯氏形上学系统有可商榷和可推进之处。

② 冯友兰:《中国哲学史史料学·前言》,载《三松堂全集》第六卷,第293页。

③ 冯友兰:《三松堂自序》,载《三松堂全集》第一卷,第237页。

④ 转引自蔡仲德《冯友兰先生年谱初编》,第483页。

的哲学遗产》的论文。他号召，把中国哲学工作者组织成一个强大的队伍，分路进军，其中一路的工作是注释和今译古典哲学著作，并把与哲学问题有关的资料搜集起来，按问题性质分类编纂。在一定意义上可以认为，这是其 20 世纪 50～60 年代中国哲学史史料学研究的开始。上文已略谈，1962 年 4 月 1 日至 18 日，全国政协三届三次会议召开，冯友兰在发言稿《在战斗中成长》中提出拟以三五年时间完成《中国哲学史新编》《中国哲学史史料学》《中国哲学史史学史》。其中，《中国哲学史新编》并没按预期完成，《中国哲学史史学史》更是不见音信，《中国哲学史史料学初稿》则于同年 12 月面世。

尽管在《初稿》前，中国哲学史史料学领域有胡适、梁启超的萌芽和朱谦之的开创，但是是《初稿》而不是别的著作对后世的史料学研究产生了实实在在的影响。学界提及中国哲学史史料学时，首先想到的是冯友兰，而不是胡适、梁启超，也不是完成第一部史料学专著的朱谦之。不仅如此，《初稿》的影响还波及国际。据蔡仲德的《冯友兰先生年谱初编》可知，1977 年 3 月 1 日，该书韩文译本以《中国哲学史料集》为名在韩国出版，并于 1984 年、1985 年两次再版。鉴于此种情况，我们认为，《初稿》是中国哲学史史料学的学科地位确立的标志，在中国哲学史史料学史上它是一部具有里程碑意义的著作。具体地说，《初稿》对中国哲学史史料学学科的贡献，主要有以下几点。

（1）基本确立了"中国哲学史史料学"的写作范式

从内容看，冯著可以分为两个部分：第一部分包括第一章"史料学的范围和内容"和第二章"论目录"，讲史料学理论；第二部分包括第三章至第十四章，是哲学史料举要。查看其后的史料学著作，我们可以发现，它们基本都遵循了此种二分的写作范式。这是我们认为冯著基本确定了"中国哲学史史料学的写作范式的第一个原因。后来的著作在内容上不断地丰富和完善，史料学理论部分的规模也呈日益增大之势。这种趋势的出现和冯友兰是有一定关系的。在《初稿》第一章，他给史料学下了一个定义：

　　　史料学是历史科学中的一个部门，为历史学的研究作准备工作，是关于史料的方法论。①

① 冯友兰：《中国哲学史史料学》，载《三松堂全集》第六卷，第 295 页。

虽然冯在其著作里并没有很好地贯彻这一定义,即他没有着重讲述"关于史料的方法论",而是偏向于具体哲学史料的宣介,但是他的这一卓越见解却为中国哲学史史料学指示了研究方向。如上所述,史料学理论部分的规模呈日益增大之势,这表明学界对之重视程度的日益增加。

在史料举要部分,冯友兰所选出的哲学典籍,也基本划定了其后史料学论著的介绍范围。他把中国的哲学史料分为商至西周、春秋战国、汉至晋、唐至清和近代时期五个历史阶段,其中商至西周属于奴隶社会时期、春秋战国属于奴隶社会向封建社会过渡时期、汉至晋属于封建社会的确立和前期封建制发展时期、唐至清属于后期封建制发展时期,对于近代时期的哲学史料,冯则没有确定社会性质。在商至西周阶段,他介绍了"甲骨""金文"和"《书经》""《易经》""《诗经》""《周礼》"等书籍。在春秋战国阶段,他介绍了"《论语》""《墨子》""《孟子》""《管子》""《老子》""《庄子》""名家的著作""《慎子》和《商君书》""《荀子》""《韩非子》""《吕氏春秋》"。在汉至晋阶段,他介绍了"《新语》和《新书》""《礼记》""《春秋公羊传》""《春秋繁露》""《淮南子》""谶纬""《太玄经》和《法言》""辑佚书""桓谭《新论》""《白虎通义》""《论衡》""《灵宪》""《潜夫论》""《昌言》""《太平经》""何晏、王弼的著作""阮籍、嵇康的哲学著作""《抱朴子》""《崇有论》""《庄子注》""《列子》""僧肇和慧远的著作""范缜《神灭论》""《弘明集》""《世说新语》"。在唐至清阶段,他介绍了"《大乘起信论》""《大乘止观法门》""《成唯识论》""《华严金师子章》""《原人论》和《禅源诸诠集都序》""《六祖大师法宝坛经》""《广弘明集》""柳宗元的著作""刘禹锡的著作""韩愈、李翱的著作""唐代其他进步思想家的著作""唐代类书""《全唐文》";"李觏的著作""王安石的著作""《梦溪笔谈》""周敦颐的著作""邵雍的著作""张载的著作""二程的著作""朱熹的著作""陆九渊的著作""陈亮的著作""叶适的著作""《古尊宿语录》""《伯牙琴》""宋朝的类书";"王守仁的著作""王廷相的著作""何心隐的著作""李贽的著作""方以智、唐甄、熊伯龙的著作""黄宗羲的著作""王夫之的著作""颜元、李塨的著作""戴震的著作"。在近代时期,他介绍了"龚自珍的著作""魏源的著作""太平天国文件""戊戌变法以前关于变法的著作""康有为的著作""严复的著作""谭嗣同的著作""戊戌变法时期反动派的著作""《民报》""孙中山的著作""章炳麟的著作"。关于"五四前后的哲学史史料",他只列举标题,略去具体内容。与《初稿》相比,尽管其后的史料学专著介绍史料的详略程度和叙述方式有所不同,也随着时代的发展不断充实和修正哲学史料的内容,但是,它们基本没有越出《初稿》制定的选材框架。这也是《初稿》基本确立了"中国哲学史史料学"之写作范式的第二个原因。

那么,为什么冯友兰对"五四前后的哲学史史料"略而不谈呢?是史料价值不大没有必要谈吗?当然不是。是他对这部分哲学史料不熟悉吗?更不是。事实正好相反,他身处这个时代,对此时期哲学发展情况了如指掌。我们认为,问题在于"五四"后的冯友兰自己就是当之无愧的哲学家之一,然而,如上文所示,他的哲学思想在新中国成立后却处于被激烈批判的境况中。此时介绍自己的哲学著作难免会招来不必要的麻烦,只将自己的著述略去又不合乎历史事实,也有故意掩盖之嫌,所以他选择将整个"五四前后的哲学史史料"忽略不计。在这个问题上,冯的心态是复杂的,可以说是进退两难。因为那时,即使不介绍"五四"后的史料都有招致麻烦的可能。1958 年中旬,北大哲学系开展"双反"运动。吴锦东、朱传棨、萧萐父等贴出《中国哲学史教研室走向哪里去》的大字报,对冯友兰及教研室工作提出四点批评,其中之一就是"对学生介绍解放前著作,当作学哲学史入门书,对侯外庐等人的著作从未介绍"①。对此,冯做出回应,表示接受同学批评,并拟在史料课上以一学期的三分之一讲"五四"以后思想斗争史料,以便与批判资产阶级思想的当前斗争相结合。然而,在实际工作中,他最终还是采取了对之避而不谈的策略。

此外,《初稿》还设置了《附录》,对应正文的"史料学的范围和内容""论目录"以及中国哲学史料的五个历史阶段摘录了必要的参考资料,与正文相得益彰。此举被商聚德师视为完善中国哲学史史料学体系的内容之一。②

(2)初步介绍并具体应用史料学理论

上文已明,50~60 年代,冯友兰已经尝试着用马克思主义的立场、观

---

① 蔡仲德:《冯友兰先生年谱初编》,第 447 页。

② 商聚德先生说:"谨提出关于中国哲学史史料学体系的构想。这就是:中国哲学史史料学设上下两编,上编讲史料学通论,下编讲史料举要。另外,酌情设附录。"(商聚德、韩进军:《中国哲学史史料学论稿》,石家庄:河北教育出版社,2004,第 10~11 页)

点和方法研究哲学问题。而马克思主义要求研究任何问题都要从客观事实出发详细占有材料。因而，冯氏强调，研究者只有对材料进行了科学的分析和综合的研究，才能在此基础上表现他自己的看法、构成他自己的体系。在他看来，史料学就是为"占有材料"做准备工作。进而，冯认为，历史学家研究一个历史问题，必须在史料方面合乎科学要求地完成四步工作：

第一步的工作是收集史料，这一步工作的要求是"全"。
第二步的工作是审查史料，这一步工作的要求是"真"。
第三步的工作是了解史料，这一步工作的要求是"透"。
第四步的工作是选择史料，这一步工作的要求是"精"。①

然而，史料学的任务却不是要把这四步都完成，而是要解决与前三个步骤有关的问题。冯友兰指出，第四步选择史料的工作已经不属于史料学的范围。至于其中原因，他并没有解释。在书后的《附录》中，冯摘取了《苏联大百科全书》关于"史料学"的一些资料，其中也有对史料学任务的规定：

史料学的任务，是把史料学分类，予以批判的分析，确定其来源、阶级性质和用途以及可靠程度与实际价值，最后就史料的多样性、它们的相互关系和相互依存性综合研究整个的史料。②

在某种意义上讲，《初稿》所提出的史料学的任务是对苏联说法的细致化和层次化，二者之间是一脉相承的关系。

冯友兰并没有止步于笼统地提出史料学任务，而是对其中每一步都介绍了具体的操作方法。

①收集史料

中国历史源远流长，史料浩繁。因而，如何从繁杂多样的史料中找出有关中国哲学史的史料就成为中国哲学史研究者首先要解决的问题。按照冯氏的说法，这些问题就是"研究一个哲学家的思想，有些什么史料？到

---

① 冯友兰：《中国哲学史史料学》，载《三松堂全集》第六卷，第 295 ~ 296 页。
② 冯友兰：《中国哲学史史料学》，载《三松堂全集》第六卷，第 463 页。

哪里去找？怎样可以找全？"①　对此，他从两个角度进行回答。

第一，收集的内容——收集什么才能"全"

"全"是冯友兰搜集史料的要求。那么，搜集了哪些史料才能达到"全"的标准呢？他从哲学史料的种类划分入手谈这个问题。我们知道，此前冯曾经三次讲述哲学史料的分类，最早受胡适影响主张二分法，在《怎样研究中国哲学史？》一文中又主张三分法。时值 20 世纪 60 年代，冯友兰在此问题上又重新回到了二分法——《初稿》认为中国哲学史料有原始史料和辅助史料之分。在他看来，原始史料是最可靠的，但在有些情况下，一个哲学家本人没有什么著作，或者其著作已经遗失，那就只能依据辅助史料进行研究工作。从种类划分的角度看，只有将原始史料和辅助史料两种材料都收集上来，才是"全"。

翻检《初稿》的史料举要部分可见，在每一个特定的历史阶段后冯都会介绍一些总括性的书籍或类书，如在春秋战国时期的结尾介绍杂家的《吕氏春秋》，在汉至晋（一）的结尾介绍《全上古三代秦汉三国六朝文》《玉函山房辑佚书》《黄氏逸书考》等辑佚书，在唐至清（一）、（二）的结尾分别介绍唐代类书、《全唐文》和宋朝的类书等。他看到，这些书籍中的史料，可供辑佚校勘之用，也可用于了解一时代的风气。我们认为，冯氏的这种做法为全面收集史料提供了重要的途径。

第二，收集的原则——怎样收集保证"全"

依冯友兰之意，我们不仅要尽可能把与所研究的问题有关的史料都收集起来，而且要在实际使用史料的过程中坚持两个基本原则，只有这样才能保证"全"的效果。第一个原则是，避免"陋"，即有较早的史料而不知，却引用了较晚的史料。如何避免"陋"呢？他举例说，如战国时期的某一事情，《史记》和《资治通鉴》都有记载，但是在使用时我们要选择《史记》，因为《资治通鉴》本身就是根据《史记》而来。第二个原则是，如果有与研究者的结论相反的史料，他便需要加以解释，不能视而不见，或假装不知。

总之，冯氏认为收集史料时要找到"早"的史料和反面的史料。我们认为，在这两个原则的指导下收集史料比单纯从种类角度收集史料会更让史料收集者感到有的放矢。这是此说的可取之处。然而，冯友兰显然没有厘清收集史料和运用史料的界限，他所讲的收集的原则其实是使用的原

---

① 冯友兰：《中国哲学史史料学》，载《三松堂全集》第六卷，第 298 页。

则。这是此说的不足之处。但是，这种不足在中国哲学史史料学学科确立初期出现也属正常。

②审查史料

冯友兰反对以主观的标准对史料进行鉴别，但也反对崔述式的以"圣贤"的标准审查史料。他明确表示，审查史料就是对于史料做"去伪存真"的工作。论其方法，不外四端。

第一，从史料的历史审查史料。

和一般历史资料不同，中国哲学史的史料主要是书籍或文献。而这些书籍或文献并不是一开始就是我们看到的这个样子，它们都有一个发展变化的过程。也就是说，它们都有自己的历史、自己的源流。因而，在冯友兰看来，中国哲学史史料学的工作之一就是梳理古代主要哲学文献的源流，看它们是怎样发展到现在的面貌的。经过这种考察，才能了解哲学史料的性质及其可靠程度。例如，关于《论语》，冯认为，它是孔子的再传弟子或更后一代追述他们的老师们所记忆的孔子言行的书。这些追述本来是一条一条地记载下来，后来逐步编在一起。《上论语》最后一篇《乡党》，专记孔子一生的生活习惯，好像是全书的结尾。因而，很可能原来只有《上论语》，随着记载内容的增加才又编成《下论语》。从文字看，《上论语》简短，《下论语》详细甚至出现长篇大论。冯友兰指出，这些长篇大论恐怕有引申的成分，可靠性相对较差。

第二，从语言、体裁和文本内容审查史料。

一时代有一时代的主流问题，语言和文风也会染上时代色彩。因而，冯氏主张从语言、体裁来分析史料的时代。《初稿》中，他多处总结古代著述体裁，但这些总结与两卷本《中国哲学史》差异不大，故这里不再赘述。关于古代的语言特点，他说：

> 按春秋时期的习惯，奴隶主贵族的家臣称他们的主人为"子"。孔子的学生尊敬他们的老师也称为"子"，"子"是孔子的学生对于他的称呼。[1]
>
> "子墨子"是墨子的弟子对于墨子的称呼。到战国时期，称某子的人多了，作为一个学派的领袖人物，大家都称他为某子；他自己的

---

① 冯友兰：《中国哲学史史料学》，载《三松堂全集》第六卷，第324页。

　　弟子就于某子之上又加了一个"子"，以示区别。①

　　"别宥"也是战国时期哲学思想中的一个专门术语。②

　　先秦用语，"斗"和"战"是有分别的。人与人打架叫"斗"，军队与军队交锋叫"战"。③

　　章句是从汉朝以来的一种注解的名称。先秦的书是一连串写下来的，既不分章，又无断句。分章断句，都须要老师的口授。在分章断句之中，也表现了老师对于书的理解，因此，章句也成为一种注解的名称。④

　　不仅如此，冯友兰还倡导从文本内容包括其所讨论的问题和涉及的时事来审查史料。如关于《墨辩》之《经》上、《经》下、《经说》上、《经说》下、《大取》《小取》六篇的内容，他概括了三个特点：其一，讨论的问题或是关于自然科学，或是关于认识论和逻辑；其二，六篇中有对于先秦各学派的批评；其三，从形式看，"经"标明简练的命题，"说"对之加以说明。然而他又认为，自然科学、认识论和逻辑问题皆非墨子时代所有，对先秦各派的批评只有在各学派有相当发展以后才能有，"经""说"之体裁与《韩非子·内储说》相同，因此是战国末期作品。根据这三条证据，冯宣称《墨辩》六篇是后期墨家的著作。再如，从内容判定《邓析子》《尹文子》是伪书。冯氏发现，《庄子·天下》篇所引名家惠施的话"无厚不可积也，其大千里"与《邓析子·无厚》篇之"天于人无厚也，君于民无厚也"意义相差甚远，《尹文子》也把抄袭《庄子·天下》篇的词句理解错了。所以，他得出如下结论：

　　　　伪作《邓析子》和《尹文子》的人在他们所伪作的书中，企图讨论一些战国时期思想界中所存在的问题。但是他们仅只接触了战国时期所存在的问题中的片言只语，而没有涉及到问题的实质。他们本来是想利用这些名词和词句来掩饰他们作伪的痕迹；但由于套用不

---

　　① 冯友兰：《中国哲学史史料学》，载《三松堂全集》第六卷，第327页。
　　② 冯友兰：《中国哲学史史料学》，载《三松堂全集》第六卷，第348页。
　　③ 冯友兰：《中国哲学史史料学》，载《三松堂全集》第六卷，第349页。
　　④ 冯友兰：《中国哲学史史料学》，载《三松堂全集》第六卷，第423页。

当，他们作伪的痕迹更形明显，真是所谓"欲盖弥彰"了。①

由此，从书的内容辨别史料真伪被冯友兰视为最可靠的辨伪方法之一。

第三，从目录、学术思想史、他书引用审查史料。

冯友兰指出，对史料的初步调查要靠书目。具体地说，就是审查其相应的时代目录。他认为：

> 一般地说来，我们在审查一部书的时代的时候，有个原则：如果这部书的书名不见于当时的目录中，而我们又没有确凿的根据，能够证明它是出现于那个目录以前，那么我们就可以断定，它一定是出现于那个目录以后。②

以《老子河上丈人注》为例，冯氏发现其在《汉书·艺文志》里并没有著录，而是直至魏晋时著作才提及此书，《隋书·经籍志》始将之列入。因而，他主张该书出现于《汉书·艺文志》以后、魏晋以前，因为没有确凿证据能够证明其在《汉书·艺文志》之前。又如对《老子指归》，冯友兰通过翻阅史籍目录，看到《汉书·艺文志》未著录，《经典释文》《隋书·经籍志》才著录，宗炳《明佛论》还引用此书，故以其时代近于河上公注。

上文已明，《初稿》第二章，冯友兰专论目录。他不仅讲目录的分类、目录的作用，还对历史上的重要目录如《别录》《七略》、汉志之《六艺略》与《诸子略》《中经簿》《今书七志》《七录》《隋书·经籍志》《经典释文》《群书四部录》《崇文总目》《中兴馆阁书目》《郡斋读书志》《直斋书录解题》《元史·艺文志》《明史·艺文志》《清史稿·艺文志》《四库全书总目》等作了简要介绍。此外，冯氏还关注《出三藏记集》《大唐内典录》和《开元释教录》等佛教目录。于此也可见，冯对从目录审查史料是非常重视的。

在冯友兰看来，学术思想史也可作为审查史料的依据：如果一部特定

---

① 冯友兰：《中国哲学史史料学》，载《三松堂全集》第六卷，第 349～350 页。
② 冯友兰：《中国哲学史史料学》，载《三松堂全集》第六卷，第 305～306 页。

时代的哲学著作，在那个时代的学术思想史中没有任何痕迹，其来源就很可疑。这是因为，哲学著作都是阶级斗争的工具，在这个过程中都必然会留下痕迹。

从他书的引用中寻找证据也是冯氏审查史料的方法之一。如介绍《韩非子》时，他说：

> 《史记·老庄申韩列传》说，秦始皇看见《孤愤》、《五蠹》非常佩服。李斯告诉他说："此韩非之所著书也。"后来秦二世下命令责备李斯，引韩非的话；李斯上书给秦二世，也引韩非的话（参见《史记·李斯列传》）。他们所引的话均见于《五蠹》和《显学》。可见《孤愤》、《五蠹》和《显学》确是韩非本人所作。①

考察《庄子》向秀郭象注时，冯友兰则借重了张湛《列子》注对它们的引用。他发现，在《列子》引《庄子》的时候，有时引向秀注，有时引郭象注。由此提出疑问，如果向秀郭象注完全相同，即如《晋书·郭象传》所说郭象剽窃向秀注，那么为什么张湛要引用两个人的注解呢？在冯看来，这正好反映了《晋书·向秀传》所载郭象注是在向秀注的基础上"述而广之"的正确。

以上，史料的历史、语言、体裁和内容等证据都在史料本身之内，故而被称为"内证"，而目录、学术思想史和他书等都不在史料本身之内，故而被称为"外证"。也就是说，冯友兰是从内证、外证两个角度讲述审查史料的方法。综合运用内证和外证审查史料，离冯氏所讲"真"之审查标准不远矣。应该指出的是，与20世纪20~40年代的观点一致，冯友兰此时仍主张弄清史料真伪的实质是确定其著作时代。

③了解史料

做完去伪存真的工作之后，还要对史料进行"由表及里"的了解工作。冯友兰认为，了解史料达到"透"需要从四个方面对之解析。

第一，注意史料的阶级性。

在20世纪60年代的冯友兰的思想世界里，中国古代社会是阶级社会，而阶级社会的史料都具有鲜明的阶级性。所以，他指出我们必须注意

---

① 冯友兰：《中国哲学史史料学》，载《三松堂全集》第六卷，第355页。

一种文字著作是哪一阶级的人所写。在这种观念下，冯以社会的阶级属性为准对中国哲学史料进行分期，如前文所示，他将之分为奴隶社会时期、奴隶社会向封建社会过渡时期、封建社会的确立和前期封建制发展时期、后期封建制发展时期和近代时期。他还认为，在过去的封建社会中，绝大多数的史料是统治阶级和其知识分子的作品。如果说在《初稿》的史料分析中冯的阶级分析法贯彻的还不太明显，那么其同期著作《中国哲学史新编试稿》则处处体现这种氛围，如他把孔子视为代表从奴隶主贵族转化过来的地主阶级的利益、把墨子看作反映了小私有生产者特别是手工业者的要求和愿望，等等。

第二，确定史料的不同程度的可靠性。

冯友兰强调，即使同一时代的史料都出于同一时代的人之手，也并不能保证它们必定具有同样的可靠性，而要得到可靠性程度比较高的史料，还必须对史料作者的历史身份、地位、政治面貌和学术派别等进行审查。这是因为：

> 史料的性质，跟着作人的阶级地位、社会关系和政治观点都有必然的联系。不确定它的著作人，就不能认识这些关系。
>
> 不能确定一个史料的著作人，对于确定史料时代的先后和正确地说明某一思想发展的情况，都有困难。①

关于此点，他举了侯外庐的例子。在《中国思想通史》第三卷中，侯断言《庄子注》为向秀所作，然而他又认为《庄》注中"无不能生有"的命题是发挥裴𬱟之说。对此，冯友兰指出，向秀是曹魏时代的人，而裴𬱟是晋惠帝时代的人，向秀死时，裴𬱟尚未出生，所以不可能出现向秀发挥裴𬱟命题的情况。可知，著者判定的失误确实会导致思想发展线索的混乱。而如果承认《庄子注》有时代在裴𬱟之后的郭象对向秀注的发展，则此史料的可靠性就大大提高了，因为从思想发展上看，《庄子注》确实受了裴𬱟《崇有论》的影响，《庄子》郭象注的存在使得这种影响成为合情合理的事情。当然，此处所说可靠性的提高并不是指史料内容的改变，而是指与之相关的信息如作者等得到了进一步的明晰。

---

① 冯友兰：《中国哲学史史料学》，载《三松堂全集》第六卷，第393～394页。

第三，合理选择关于史料的注解书籍。

由于古书与今人所处的时空不同以及古代语言和现在语言的巨大差异，今人阅读和理解古书尤其是先秦书籍存在着一定的困难，往往要依靠前人的注解。可是一部古书并不止一种注解，尤其是《易经》等"经"书，注释之书可能有几百种甚或几千种。如此，如何合理选择注解书籍必然会进入研究者的思考范围，正如冯友兰说：

> 究竟哪些注解是重要的，非看不可的；哪些是次要的，仅供参考的；哪些是除非有特殊需要外是不必理会的。这些也都是问题。①

在史料举要部分介绍史料注解书时，冯也的确颇费心思。如关于《论语》的注解，他列举了何晏《论语集解》、皇侃《论语集解义疏》、邢昺《论语疏》、朱熹《论语集注》、赵顺孙《论语纂疏》和刘宝楠《论语正义》，应该说这些《论语》的注解书具有相当的代表性，其中三部亦被钱穆视为读《论语》的必读书目就是证明：

> 读《论语》必兼读注。历代诸儒注释不绝，最著有三书。一、何晏《集解》，网罗汉儒旧义。又有皇侃《义疏》，广辑自魏迄梁诸家。两书相配，可谓《论语》古注之渊薮。二、朱熹《集注》，宋儒理学家言，大体具是。三、刘宝楠《论语正义》，为清代考据家言一结集。②

两位学者都选择这几部注解书籍并非巧合，而是它们实在不容忽视。又如关于《荀子》的注解，冯氏开列杨倞《荀子注》、谢墉与卢文弨《荀子篇释》、王先谦《荀子集解》、梁启雄《荀子简释》、杜国庠《先秦诸子的若干研究》中关于《荀子》的论文数篇。关于《庄子》，他则选取郭象《庄子注》、陆德明《庄子音义》、焦竑《庄子翼》、郭庆藩《庄子集释》、马叙伦《庄子义证》、王叔岷《庄子校释》和关锋《庄子内篇译解和批判》。可见，其选材通贯古今、堪称经典。

---

① 冯友兰：《中国哲学史史料学》，载《三松堂全集》第六卷，第301页。
② 钱穆：《序》（1963年10月），第1页，载《论语新解》，北京：三联书店，2005。

第四，分析史料的版本差异，择取善本。

版本是研究中国哲学史的人必须注意的问题，因为一部哲学书籍经常会存在多种版本。从载体角度看，记录古代典籍的形态曾经有甲骨、兽皮、金石、竹简、丝帛和纸张等，单就纸书而言，也存在写本、钞本、稿本和刻本等多种类型。多年的古籍研究经验使冯友兰认识到，同一书籍的不同版本，其内容不一定完全相同，文字上的差异更是常见的现象，所以中国哲学史研究者首先应该知道其所研究的对象的哪些版本内容比较完整、文字比较正确，即何者为善本。介绍史料的过程中，他也非常重视版本问题。如对《论语·述而》之"子曰：'加我数年，五十以学《易》，可以无大过矣。'"，冯指出，有人说《鲁论语》"易"字作"亦"，这样，上段话就变为"加我数年，五十以学，亦可以无大过矣。"但是，他本人倾向于前一种版本。[①] 关于戴震的著作，他更是主张从版本差异看其思想发展：

> 《绪言》的内容和《孟子字义疏证》基本相同，有些地方有文字上的差异。它似乎是《孟子字义疏证》的初稿，可以和《孟子字义疏证》参看，以见戴震思想的发展的过程。[②]

如果说介绍戴震史料时"从版本不同看思想发展"还只是冯氏的一个主张，那么在对洪秀全《太平诏书》的初刻本和修改本的版本比较中，他则实际分析了太平天国统治思想的发展和演变——"这表示太平天国的革命越来越深刻"[③]。以上都说明，冯友兰对哲学史料的版本是十分看重的。不仅如此，他还从版本出发讲校勘的方法。冯氏认为，校勘家喜欢用别本来改通行本，其实别本也可能是有错误的。以《庄子·养生主》"目无全牛"为例，别本有作"目无生牛"的，刘文典据之将"全"改为"生"，而在冯友兰看来，从意义上看"全"字远胜于"生"字，并进而强调

---

① 经冯友兰查证，说："《鲁论语》现在已经遗失了。说《鲁论语》'易'作'亦'，是根据陆德明的《经典释文》。陆德明在《论语》'学易'两个字下面加了一个注说：'如字，《鲁论》读"易"为"亦"，今从古。'……陆德明的《音义》只说明当时'易'字有两种读音，并不是说在《鲁论语》本子上，'易'字是'亦'字。如果是那种情况，陆德明就应该说，《鲁论》'易'作'亦'，不应加一'读'字。"（冯友兰：《中国哲学史史料学》，载《三松堂全集》第六卷，第 323 ~ 324 页）
② 冯友兰：《中国哲学史史料学》，载《三松堂全集》第六卷，第 439 ~ 440 页。
③ 冯友兰：《中国哲学史史料学》，载《三松堂全集》第六卷，第 446 页。

"关于古书的校勘工作，必须把字句的异同和上下文的意义结合起来推究，才能做好"①。

总结第 1 小节所述，《中国哲学史史料学初稿》基本确立了"中国哲学史史料学"的写作范式，提出了中国哲学史史料学的研究任务，并具体介绍了哲学史料的研究方法，标志着中国哲学史史料学学科地位的确立。

2. 《中国哲学史新编试稿》及 20 世纪 50～60 年代论文中有关史料学的内容

无可争辩，冯友兰的《中国哲学史新编试稿》及其在 20 世纪 50～60 年代发表的论文中有关中国哲学史史料学的论述并不是在中国哲学史史料学的学科论域内进行的。我们将之归于冯氏史料学研究的学科化阶段是以该时段的主流倾向为依据的。

抗战期间，冯友兰既已计划在胜利后多收集一些资料，重写一部《中国哲学史》。② 在 1939 年 11 月 6 日复容希白的信中，冯针对容氏来信及一并寄来的李世繁《评冯著中国哲学史》一文曾明确表示这一打算：

> 弟之《中国哲学史》为十年前旧作。由今观之，其中不合之处甚多。正拟重写一部，但因时局不定，书籍缺乏，不克著手。要俟战事结束，方能理此旧业耳。③

从上文可知，新中国成立后，该计划如期成为他的工作重点之一。在马克思主义学术观点和历史方法的指导下，冯氏于 20 世纪 60 年代前期出版了《中国哲学史新编》一、二册，这两册后由于《新编》的重写而被称为《中国哲学史新编试稿》：

> 从前出版的那两册《新编》别称为"试稿"。其所以称为"试稿"，因为其中有些地方有依傍别人的地方，是从道听途说得来的，不是直接亲自看到的。④

---

① 冯友兰：《中国哲学史史料学》，载《三松堂全集》第六卷，第 345 页。
② 冯友兰：《中国哲学史新编试稿·自序》，载《三松堂全集》第七卷，第 6 页。
③ 冯友兰：《致容庚》，载《三松堂全集》第十四卷，第 610 页（原以《冯友兰复书》为题载《燕京学报》1939 年第 26 期，第 247 页）。
④ 冯友兰：《中国哲学史新编》第五册《自序》，载《三松堂全集》第十卷，第 3 页。

　　这里所谓"依傍别人"应该是指当时向苏联的"学术权威"学习，然而他所学到的方法却是"寻找一些马克思主义的词句，作为条条框框，生搬硬套"①。

　　《试稿》及20世纪50～60年代的论文中，与中国哲学史史料学有关的内容大致有二。

　　其一，选择史料的"清规戒律"。这些"清规戒律"的制定与冯友兰的哲学史观密切相连。他说："哲学史所讲的是哲学战线上的唯物主义与唯心主义的斗争、辩证法观和形而上学观的斗争。"② 在此种哲学史观的基础上，冯氏认为选择哲学史料应坚持七个原则：（1）凡是直接参加哲学战线的思想讲，不是直接参加哲学战线上的思想不讲；（2）与哲学战线直接有关的东西讲，不是直接有关的东西不讲或少讲；（3）在哲学战线上有代表性的成体系的思想多讲，不成体系的思想少讲；（4）有创新的思想多讲，没有创新的思想少讲；（5）唯物主义哲学要多讲，但唯心主义哲学也不能少讲；（6）哲学家的阶级立场和社会作用要多讲，但他对哲学问题的解释和辩论也不能少讲；（7）规律要多阐发，知识也要多介绍。

　　此外，他还特别强调，中国哲学史作为一门专史应该有不同于其他专史如中国文学史、中国科学史以及中国思想史等的对象、内容和范围，即不能失之宽泛，因为哲学是一种世界观，在思想战线中的其他部门如文学和艺术作品中世界观的反映也很显然。例如，《水浒传》里就有不少农民起义和辩证法的思想，但它不能作为哲学史的研究对象，只能作为文学史的研究对象，因为这些思想是用形象思维的形式表现的。冯友兰认为，哲学思想是以逻辑思维的形式表现出来的，哲学史工作的任务主要在于从无产阶级的立场分析这些思想，指出其认识论和阶级根源以及其社会影响，并对它们作出恰如其分的批判和估价。

　　其二，观点和资料的统一。冯友兰主张，历史科学要坚持观点和材料的统一，即必须有正确的观点，又必须有充分的史料。如所周知，唐朝刘知几在《史通》里指出一个好的历史学家应该具备三个条件：史才、史识和史学，清代章学诚在《文史通义》中于三者之外又加上史德。《试稿》在赋予其新意的基础上认为这四者也是工人阶级对于其历史学家的要

---

① 冯友兰：《〈中国哲学史新编〉自序》，载《三松堂全集》第八卷，第3页。
② 冯友兰：《中国哲学史新编试稿·自序》，载《三松堂全集》第七卷，第7页。

求，即历史学家要具备写出明白晓畅的文章的史才，掌握运用马克思的辩证唯物主义和历史唯物主义分析历史事件、发现历史发展规律的史识，忠于工人阶级的史德和掌握丰富史料的史学。总之一句话，历史科学必须在马克思主义的指导下搜集资料、掌握资料和分析资料，自始至终坚守观点和资料的统一。在1963年发表的《从〈周易〉研究谈到一些哲学史方法论的问题》（《哲学研究》1963年第3期）和《对于历史研究的一般性的问题的一些答复》（《哲学研究》1963年第5期）两篇文章中，冯氏进一步丰富和深化此观点，如说：

　　历史学家根据经过考据的史料，在历史唯物主义、辩证法的基本原则的指导下，作出应有的研究结论。他的结论是原则和资料相结合的成果。这就是理论和资料的统一。……要作到理论与史料丝丝入扣，水乳交融，也确非易事。但这是正确的方向；我们不能离开这个方向。①

　　在历史研究工作中，理论好比统帅，资料和考据好比部队。没有统帅的指导，部队乱打一起，那是得不到什么战果的。有了统帅的指导，部队又确实占领阵地，战果才算确实得到。这就是理论和资料的统一。②

　　我们认为，上述冯氏对于史料问题的探讨于今人的研究工作仍有一定的启发意义。

（三）20世纪80～90年代——史料学研究的补充阶段

　　20世纪80～90年代，冯友兰集中精力撰写七卷本《中国哲学史新编》，关于史料学的问题则仅仅在该书某些部分或其他论文中偶尔论及。由于这些探讨都发生在其史料学研究的学科化阶段之后，没有形成规模，而且只是对他以前某些观点的修正或补充，故而我们称80～90年代为冯氏"史料学研究的补充阶段"。总结起来，冯在此阶段关于史料学的研究

① 冯友兰：《从〈周易〉研究谈到一些哲学史方法论的问题》，载《三松堂全集》第十三卷，第188页。
② 冯友兰：《对于历史研究的一般性问题的一些答复》，载《三松堂全集》第十三卷，第227页。

主要有三个方面的内容。

1. 了解原始史料的"两道关"。冯友兰一贯主张，中国哲学虽然没有形式系统，却有实质系统。因而，在《中国哲学史新编》的《绪论》中他为中国哲学史工作者规定了一个任务："从过去的哲学家们的没有形式上的系统的资料中，找出其实质的系统，找出他的思想体系，用所能看见的一鳞半爪，恢复一条龙出来。"① 他认为，要达到这个目标，写的中国哲学史在摹绘本来的中国哲学史的时候，必须首先做到三点：（1）具体说清一个哲学家的哲学体系，使之成为一个活生生的、有血有肉的体系，而不能将之分割致死；（2）必须尽可能地具体说清一个哲学家得到一个结论的理论思维过程；（3）必须具体说清哲学家们所提供的世界观。在上述工作的基础上，哲学史就可以寻找哲学史发展的线索和规律，对于哲学家的功过做适当的评论。而这一切发生的首要前提是对原始的哲学史料进行收集、审查和分析。在冯看来，真正懂得第一手的原始哲学资料，有两道关：其一，文字关。古代哲学家所用的文字是古文，需要对之做一番考证、训诂的工作；其二，义理关，即对以前哲学家的著作的义理有一定的了解和体会。了解意在抓住某一家的哲学体系的逻辑结构，体会则是在一定程度上经验其哲学思想所达到的精神境界，即如陈寅恪所云"神游冥想，与立说之古人，处于同一境界，而对于其持论所以不得不如是之苦心孤诣，表一种之同情"②。1985 年，冯友兰在《我研究中国哲学史的一点经验》中继续发展上述观点。他指出，判断是否掌握了材料并不能以把材料收集齐了为标准，也不能以把这些书都读了为标准，而要以真正读懂材料为标准，即以领会了材料的精神实质为标准。

2. 以相关旁证做正确选择史料的标准。在《新编》第三章第二节讲述"齐桓公和管子"时，冯友兰看到，《管子》一书和先秦其他子书如《孟子》《荀子》等相比，有两个显著不同的特点：（1）内容比较复杂，不像孟荀等书有一个一贯的中心思想；（2）有一个系统的形式，先秦其他子书在形式上都没有这么整齐。那么，面对内容复杂的《管子》，如何从中择取管仲本人的思想、活动的资料呢？冯氏提出以《国语》中的《齐语》为标准，因为"《齐语》就是一篇管仲传。这篇传相当完整地记载了

---

① 冯友兰：《〈中国哲学史新编〉绪论》，载《三松堂全集》第八卷，第 41 页。

② 陈寅恪：《冯友兰中国哲学史上册审查报告》，载《金明馆丛稿二编》，第 247 页。

管仲的思想、活动及齐桓公在管仲的辅佐下，在齐国所推行的一系列的封建制的改革和措施，也记载了这些改革、措施所取得的成绩"①。根据这个标准，他从《管子》中选出《大匡》《中匡》《小匡》等关于管仲的史料。

这个例子反映了冯友兰以相关旁证做正确选择史料的标准的史料研究方法，此种方法具备一定的普遍意义。

3. 从思想发展规律考证史料。这种史料学方法主要体现在冯友兰对《老子》年代考证的补充工作中。前文可知，他曾用综合考证法和逻辑考证法分析《老子》时代，其中包含从文体和著述体裁的角度对它的考辨。《新编》中，冯氏一方面继续把两卷本《中国哲学史》中采用的"孔子以前无私人著述"作为《老子》晚出的主要证据，另一方面则从思想发展规律推断其年代：

> 春秋时期的书，都是就一件具体的事发挥议论。《老子》不是这样。书中没有提到一件具体的事，也完全没有人名、地名。书中的思想都是用高度抽象、概括的方式和极精练的言语表达出来，所以书虽简短而内容丰富。这是哲学思想发展到一定高度时期的产物。春秋时期的哲学思想，还没有发展到这样的高度，还没有达到这样的水平。
>
> 《老子》中的主要概念和主要原则，也都是哲学思想发展到一定高度的时期，有了长期积累的思想资料才能有的。这都可以证明，作《老子》的老子是战国时期的人。②

这里，冯友兰认为高度抽象概括的方式和极精练的言语一定是哲学思想发展到一定高度时期的产物虽不免有些武断，因为《易经》就是一本用高度抽象概括的方式和极精练的言语完成的著作，而其年代很早，但是他从思想发展规律的视角来考证史料年代也是一种可行的方法。

三　冯友兰中国哲学史史料学研究的特点

自 20 世纪 20 年代到 90 年代，冯友兰的中国哲学史史料学研究与其

---

① 冯友兰：《中国哲学史新编》第一册，载《三松堂全集》第八卷，第 104 页。
② 冯友兰：《中国哲学史新编》第二册，载《三松堂全集》第八卷，第 268 页。

中国哲学史研究如影随形，尽管各个阶段对史料学这一维度的偏重程度不同。在某种意义上说，他的史料学工作为其中国哲学史研究奠定了扎实的文献基础。整体而言，冯氏的中国哲学史史料学研究至少具有以下三个特点。

第一，研究视角具备动态性。随着时代的发展和思想的演变，冯友兰在中国哲学史包括中国哲学史史料学的研究视角上不断发生变化，表现出一定的动态特征。从1925年6月《对于哲学及哲学史之一见》中关于史料种类的论述开始，到两卷本《中国哲学史》讨论哲学史料选取标准、伪书的价值以及古代哲学著述体裁等，再到《中国哲学史补》对诸子起源、新史料分类法等问题的探究，整个20世纪20～40年代冯先生所采用的中国哲学史研究模式都是"以西释中"，即以西方哲学对中国哲学进行解释和阐发。此种模式也不可避免地渗透到了他的中国哲学史史料学研究，从而使西方哲学尤其是新实在论成为其分析哲学史料的实际视角，如被冯作为哲学史料选取标准的哲学"三大部"——宇宙论、人生论和知识论——就带有绝对的西方色彩。50～60年代，冯友兰则以从苏联"学术权威"那里学来的研究西方哲学史的方法研究中国哲学史，生搬硬套马克思主义的一些词语，从而陷入了教条。80年代初，他开始吸取过去的经验教训，决定以自己现有的马克思主义水平重写《中国哲学史新编》。此时冯氏的研究视角仍是马克思主义，但是他没有依傍马克思主义，更没有抄写马克思主义，而是只写自己在现有的马克思主义水平上对于中国哲学和文化的理解和体会。可知，冯友兰已经逐步抛弃对马克思主义的生搬硬套而走向对之进行生动贴切的应用。

第二，史料学方法得到进一步注重。其前，胡适在《大纲》导言中有一套较为系统的哲学史料研究方法，梁启超也较为深入地探讨了史料的搜集、鉴别、辑佚和校勘等方法，然而由于学科意识的缺乏，从整体上看他们或是将史料研究方法更多地体现于其治学实践中，或是将之置于学术史、思想史以及历史研究法的视域中而与中国哲学史产生一定的隔阂。朱谦之虽然具备了鲜明的学科意识，但并没有将史料学方法部分单独开列，而是在具体介绍哲学史料时穿插方法理论。但必须强调的是，朱氏在介绍史料时穿插理论比胡氏在治学实践中体现方法更高一筹，这不仅因为其方法意识更强，而且也因为其距离中国哲学史史料学更近。冯友兰在《中国哲学史史料学初稿》中用了两章的篇幅将史料学方法单独开列，这一方面如上文所说为后世提供了基本的写作范式，另一方面则表现出其对史料学方法的重视。所以，将史料学方法单独开列的意义并不仅仅在于形式上的分开，而且在于其表征了冯友兰在思想观念上的转变。中国哲学史史料学的发展证明，这一转变对于中国哲学史史料学研究来说具有实质的意义。

第三，用发展的、历史的眼光审查史料。我们知道，通过史料的历史审查史料是冯友兰史料学方法之一。其实，这也是其中国哲学史史料学研究的突出特色之一，因为关于史料的成书过程的研究是随着出土的早期文献的增多而在20世纪80年代以来才逐步得到学界的重视的，冯氏在60年代就关注于此是难能可贵的。而"新出土文献的研究之所以与古史史料学问题息息相关，最重要的一点是因为它们提供了以前从不为我们所知的古书成书和流传情况的某些真实细节，从而能帮助我们更为准确地判断与古书成书和流传过程有关的史料学问题。也就是说，只有在看到大量古书的早期文本的实物资料之后，我们才能真正逼近了解古书和其他古代文献资料形成的真实过程，从而逼近了解所有已知古代资料之间真正的关系，而这时我们用来处理古史史料问题的方法才可能是真正合理的"①。和中国哲学密切相关的史料如马王堆汉墓帛书、郭店楚简、上海博物馆竹简等的出土或回收，无疑为冯氏这一方法论增添了不少现实意义。

然而，冯友兰的中国哲学史史料学研究还有许多需要改进之处，比如史料学方法部分规模过小，内容也不够充分，具体哲学书籍的介绍也有些简略，尤其是对"五四"后的哲学史料做了完全省略的处理，等等。这些不足之处在其后学者的史料学研究中渐次被发现并有一定程度的改善。

---

① 谢维扬：《古书成书和流传情况研究的进展与古史史料学概念——为纪念〈古史辨〉第一册出版八十周年而作》，《文史哲》2007年第2期，第48页。

第三章 "中国哲学史史料学"的发展

第一节 发展阶段概述

　　冯友兰《中国哲学史史料学初稿》（上海人民出版社，1962）问世以后近二十年，张岱年为北京大学哲学系的中国哲学史专业研究生开设"中国哲学史史料学"一课，讲义经过整理于 1982 年由三联书店出版。该门课程虽然是针对研究生而设，但是听者甚众，有教师，有学生，学生中有研究生也有本科生、有本系的也有外系的、有本国学生也有留学生，还有外校师生前来与诲。之所以会有如此之多的人对这门课感兴趣，原因大致有三：其一，在当时，朱谦之的《中国哲学史史料学》只有油印本藏于北京大学图书馆，很难获得，冯友兰的《中国哲学史史料学初稿》也不十分流行，因而该领域对很多人来说仍是空白；其二，张岱年在学术界具有很高名望，学人皆欲一睹大家风采；其三，"文化大革命"十年的"学习真空期"，使人们对知识更为渴望，相应于中国哲学史研究而言，则表现为急欲摆脱那种为服务于政治而做出空疏泛论的窘境，从而更为重视作为其研究基础的史料学。

　　20 世纪八九十年代，史料学研究无论在哲学界还是在史学界都得到了前所未有的重视。不仅"中国哲学史史料学"成为高校广为开设的中国哲学专业的研究生课程，而且一批高质量的史料学专著相继刊行，其中当然包括张岱年的《中国哲学史史料学》，此外，还有刘建国的《中国哲学史史料学概要》（吉林人民出版社，1983），陈恭禄的《中国近代史资料概述》（中华书局，1982），陈高华、陈智超的《中国古代史史料学》（北京出版社，1983），谢国桢的《史料学概论》（福建人民出版社，1985），冯尔康的《清史史料学初稿》（南开大学出版社，1986），何东的《中国现代史史料学》（求实出版社，1987），等等。具体到中国哲学史史料学学科领域，则是张岱年、刘建国和石峻①的相关研究能够显示此一阶段史料学的研究特征：不仅史料学方法的理论研究在规模上有所扩大、在力度上有所增加，而且关于中国哲学典籍介绍的系统性和完整性也得到了一定程度的提升。因而，我们以之为中国哲学史史料学学科发展阶段的代表人物，进行专节讨论。

除张、刘、石三人外，在中国哲学史史料学的发展阶段，还需关注以下相关成果。

其一，《中国哲学名著简介》，商聚德、石倬英等撰，河北人民出版社1985年出版。此书是通俗地介绍中国哲学名著的工具书，收录上起先秦、下迄现代数千年间有代表性的、影响较大的哲学著作118种，对其作者的生平、写作背景及哲学内容等作了评介。也就是说，它是一部中国哲学史料举要之作。

其二，《汉书艺文志通释》，张舜徽著，湖北教育出版社1990年出版。《汉书·艺文志》七略中的《六艺略》《诸子略》和中国哲学史直接相关，正如前文所述，它在一定意义上可以视为广义的中国哲学史史料学著述。故而，张氏对它的通篇解释更应得到史料学研究者的重视。

其三，几部近似道教史料学的论著，包括任继愈主编、钟肇鹏副主编的《道藏提要》（中国社会科学出版社，1991）、朱越利的《道经总论》（辽宁教育出版社，1991）、《道教要籍概论》（北京燕山出版社，1992）和《道藏分类解题》（华夏出版社，1996）。任著是明《正统道藏》及《万历续道藏》的提要，所据版本是1923～1926年上海涵芬楼影印北京白云观所藏明刊正、续《道藏》，它仿照《四库全书总目提要》的体例，"介绍《道藏》每一部书的时代、作者、内容，并附有目录索引，道书撰人编者的简介，力求成为一部较完整适用的工具书"②。朱氏三部著作有总有分，不仅从总体上概括了道经的产生、道经分类、道经目录、道藏编纂史，而且分别对两汉至清代

---

①　石峻曾于1983年、1984年、1986年、1988年等，先后数次为中国人民大学哲学系研究生讲授"中国哲学史史料学"，也曾应邀在其他院校讲授相关课程，影响很大（参见杨庆中《石峻先生的中国哲学史史料学研究》，《中国哲学史》2007年第1期），但其《中国哲学史史料学讲义》（收入《石峻文存》，北京：华夏出版社，2006，第307～355页）直至2006年始得正式出版。然而，石峻的中国哲学史史料学研究应该归属到20世纪80年代，所以我们将其放入中国哲学史史料学的发展阶段。

②　任继愈："序"，第9页，载任继愈主编《道藏提要》，北京：中国社会科学出版社，1991。

道教要籍 159 种从卷数、版本、作者、内容等方面予以介绍。

其四,《中国学术名著提要·哲学卷》,潘富恩主编,复旦大学出版社 1992 年出版。该书涉及的中国哲学典籍始于商周、终于现代,共收录 247 部(包括单篇)哲学名著。全书分先秦两汉编、魏晋南北朝编、隋唐五代编、宋元编、明清编、近现代编六编。"大凡先秦子学、两汉经学、魏晋玄学、隋唐佛学、宋明理学、清代朴学、近代太平天国、资产阶级革命派和改良派、现代重要的哲学家,以及其他有影响的学者的哲学代表作,不论是署名的,讬名的或佚名的,莫不择采,并予以详尽的解说。包括:书名、卷数、年代、作者、版本、著述缘由、著作性质、章节篇目、内容大意、影响、研究情况等。"①

其五,《中国近代哲学史史料学简编》,季甄馥、高振农编著,华东师范大学出版社 1992 年印行。该书分 1840 ~ 1914 年、1915 ~ 1949 年两部分,"主要介绍中国近代(1840 ~ 1949)较有代表性的思想家及其哲学论著,兼及美学、科学方法论、伦理学、逻辑学以及佛学等方面"②。这是第一本关于中国哲学史史料学的断代史著作,它的问世启发我们思考加强对各个历史时期哲学史料学的断代研究。但该书对近代哲学史料类型的特殊性没有述及,针对近代哲学史的史料学方法的阐述更是不够充分,尚不能称作"理想的中国近代哲学史史料学"。

其六,《中国学术名著提要·宗教卷》,陈士强主编,复旦大学出版社 1997 年出版。全书包括佛教编、道教编、基督教编、伊斯兰教编和其他五大类,共收录古代至现代的宗教名著 305 部(篇),"其中有各教重要的有影响的丛书、类书、史传、文集、论著、注疏、游记、地志、谱录、杂纪、辞书、目录等,内容叙及各教的教理、修持、历史、流派、人物、事件、规制、仪式、经典、术语、寺观教堂、圣地古迹,以及朝廷的宗教法敕、各教之间的相互关系、中外宗教文化史的交流等"③,为研究中国佛教思想史、道教思想史等提供了重要的寻找史料的门径。

---

① 潘富恩主编《中国学术名著提要·哲学卷》,"内容提要",上海:复旦大学出版社,1992。
② "编者的话",第 1 页,载季甄馥、高振农编著《中国近代哲学史史料学简编》,上海:华东师范大学出版社,1992。
③ 陈士强主编《中国学术名著提要·宗教卷》,"内容提要",上海:复旦大学出版社,1997。

　　其七，《佛教史料学》，蓝吉富著，1997 年由台湾东大图书股份有限公司发行。该书与中国哲学史史料学相关者有以下几个方面：第一，总体介绍了《大正藏》《卍续藏》《嘉兴藏》等大藏经；第二，介绍了现代佛教丛书和工具书；第三，介绍了与佛教史料相关的版本、经录、藏外文献等；第四，专设一章讲述"中国佛教史料"，介绍与中国佛教有关的最基本的文献，如认为"《大正藏》中的中国佛教史料，分别收在'经疏部'、'律疏部'、'论疏部'、'诸宗部'、'史传部'、'事汇部'、'目录部'、'古逸部'、'疑似部'之中，共计约六百多种文献"[①]。此外，还将研究中国佛教所需的"外典"纳入介绍范围。此乃第一部以"佛教史料学"命名的专著，虽然不是专门的"中国佛教史史料学"，但实属开创之举。

　　其八，《道藏》。此系一套道教经典的结集丛书，1988 年由文物出版社、上海书店、天津古籍出版社三家联合影印出版，共 32 册。该丛书所据版本是 1923～1926 年上海涵芬楼影印的北京白云观藏《正统道藏》和《万历续道藏》，因白云观本原总缺 98 页内容，此版借用上海图书馆藏白云观旧藏本补足，"共计补缺一千七百余行，纠正错简十七处，还描补缺损字五百余"[②]，此外，附印明白云霁《道藏目录详注》。"前言"还指出，正统《道藏》和万历《续道藏》之外，明万历以后所著的道书、古道经中某些道书、敦煌鸣沙山莫高窟第十七号窟藏经洞中所藏大量写本、长沙马王堆汉墓帛书中的黄老学著作、《永乐大典》残本中的道书等等，都有待以后陆续编集和出版。无疑，这是一个富有前瞻性的史料结集思想。

　　其九，《藏外道书》。胡道静、陈耀庭、段文桂、林万清主编，先后于1992 年和 1994 年由巴蜀书社出版。这是一部新编的大型道教文献丛书。"它荟萃了明代正统和万历年间编成的《道藏》和《续道藏》未收的道书。其中，包括了成书于明以前的《道藏》未收道书，以及自明万历以后至一九四九年以前的各种道书"[③]，共计 991 种。《藏外道书》的编排体例也不再按照正续《道藏》的三洞、四辅、十二类的分法，而是依据内容特点将全书区分为"古佚道书类""经典类""教理教义类""摄养类""戒

---

①　蓝吉富：《佛教史料学》，台北：东大图书股份有限公司，1997，第 200 页。
②　胡道静："前言"，第 5 页，载《道藏》第 1 册，北京文物出版社，上海书店，天津古籍出版社，1988。
③　胡道静等主编《藏外道书》，"凡例"，第 1 页，成都：巴蜀书社，1992。

律善书类""仪范类""传记神仙类""宫观地志类""文艺类""目录类"和"其他"等十一类，明清道书的底本尽可能选用最早的刻本和书品较善者，分类编排各种道书时尽可能以成书时代为序。

其十，《中华大藏经（汉文部分）·正编》，任继愈主编。该项大型的佛教文献结集工作始自 1982 年 8 月，1994 年底才编纂完成，历时 13 载，1997 年中华书局将该丛书的 106 册全部出齐，2004 年又出版《中华大藏经总目》。该丛书"选用了《房山云居寺石经》、《资福藏》、《影宋碛砂藏》、《普宁藏》、《永乐南藏》、《径山藏》、《清藏》、《高丽藏》等八种有代表性的不同版本的'大藏版'，以《赵城金藏》为基础，进行对校。只勘出各种版本文字的异同，不加案断"，力图做到版本精、内容全。①

第二节 张岱年的中国哲学史史料学研究

梳理中国哲学史史料学的学科发展线索，冯友兰之后，就应该是被他视为"刚毅木讷近仁"和"直道而行"②的哲学家张岱年。

一 以马克思主义为本进行"综合创新"的学者——张岱年

张岱年，字季同，别署宇同，1909 年 5 月 23 日生于北京。原籍河北省（时称直隶省）献县杜生镇小垛庄（1949 年后划归沧县），三岁随母返乡居住。父亲张众清，清末进士，曾任翰林院编修，晚年闲居北京，喜"黄老之学"。张岱年五六岁进私塾，背诵《三字经》《百家姓》。之后由表兄卢先生教授四书以及一些新式小学课本。1920 年，母亲病逝后随父到京，入北京师范学校附属小学。1923 年暑假，考入北京师范大学附中试验班。初二时，同学庄镇基喜谈老庄，引起他对哲学的兴趣。1927 年春，考入高中班。高一时，喜欢汪伯烈的"中国哲学史"课程，其所作《评韩》一文得到汪师的赞赏。1928 年 3 月，在《北京晨报》副刊上张先生第一次公开发表文章，题为《关于列子》。同年暑假，考取清华大学，因不愿意接受军事训练，又通过考试进入北京师范大学教育系。其后几

---

① 任继愈：《〈中华大藏经〉编纂记》，《光明日报》2005 年 7 月 14 日第 9 版。
② 冯友兰：《张岱年文集·序》，载刘鄂培、衷尔钜编《张岱年研究》，北京：清华大学出版社，2004，第 4 页。

年，受其兄张申府的影响，大部分时间用于自学中国古典哲学和西方哲学英文原著。20 世纪 20 年代末 30 年代初，开始学习马克思主义，阅读《共产党宣言》《反杜林论》《费尔巴哈论》和《唯物主义与经验批判主义》的中译本，还阅读了李达翻译的《辩证唯物论教程》，深为辩证唯物论和历史唯物论所折服。1933 年大学毕业，因已经发表学术论文多篇，经冯友兰和金岳霖推荐被清华大学哲学系聘为助教。1934 年，因其父逝世忧伤过度而影响健康，遂辞去清华教职。1936 年重回清华。1937 年抗战爆发，与学校失去联系，未能随校南行，因而整日闭门读书，不与敌伪合作。1942 年私立中国大学校长何其巩听说张岱年著有《中国哲学大纲》，建议其到中国大学讲课。1943 年秋季，任中国大学讲师，授"中国哲学概论"，1944 年改任副教授。1946 年，再回清华大学，任哲学系副教授，讲"中国哲学史""哲学概论"和"孔孟哲学"。1951 年改任教授，讲授"辩证唯物论研究"和"马列主义基础"。1952 年院系调整，调入北京大学哲学系。之后，长期从事中国哲学史的教学和研究工作。其间，1957年 9 月被错划为"资产阶级右派"，1979 年 1 月才完全恢复名誉和待遇。1978 年中国哲学史学会成立，张岱年被推为会长。同年起，担任北京大学哲学系中国哲学教研室主任，为研究生开设"中国哲学史史料学""中国哲学史方法论"课程。1981 年，被教育部批准为首批博士生导师。1983 年加入中国共产党。1985 年兼任清华大学思想文化研究所所长及中华孔子研究所所长。2004 年 4 月 24 日，因病逝世，享年 95 岁。

关于张岱年的学术贡献，他本人曾概括道：

> 自 30 年代以来，我的学术研究工作有三个方面，一是对于哲学理论问题的探索，二是对于中国哲学史的研究，三是关于文化问题的讨论。[1]

---

[1] 张岱年：《〈张岱年学术论著自选集〉自序》（1992 年 5 月），载《张岱年全集》第八卷，第 247 页。然而，张岱年在别处介绍自己这三个方面的研究工作时又将"中国哲学史的阐释"放在前面［参见《我与中国 20 世纪》（1993 年 5 月 8 日）、《八十自述》（1992 年 3 月 25 日），分别载《张岱年全集》第八卷，第 525、626 页］。对此，其弟子李存山说："这可能是因为张先生对中国哲学史的研究一直没有中断，而且他在这方面的著述较多，并得到学术界普遍的高度评价。"（李存山：《张岱年先生与新唯物论》，《哲学研究》2005 年第 9 期）

以下我们就从这三个方面介绍其学。

第一，哲学理论的探索。20世纪30、40年代，中国哲学界出现了几个新的哲学体系，包括冯友兰的"新理学"、熊十力的"新唯识论"、贺麟的"新心学"和金岳霖的"知识论"等。张岱年创建的"新唯物论"哲学体系也是其中之一。1933年3月1日《前途》杂志第一卷第三号刊载张的《哲学的前途》一文。该文否定将来的哲学要定于一尊，但相信其必有一个重心或中心，而作为将来世界哲学重心或中心的哲学当有三个特点：（1）唯物的或客观主义的；（2）辩证的或反综的；（3）批评的或解析的。之后，他在天津《大公报·世界思潮》（1933年4月27日）发表《关于新唯物论》，其中不仅分析了新唯物论与旧唯物论的不同，并在此基础上从宇宙论和知识论两方面介绍新唯物论之精旨，而且直接宣称"新唯物论与现代他派哲学对较，然后乃可见新唯物论之为现代最可信取之哲学"。但是，张岱年同时指出现在形式的新唯物论只是一个雏形——"若干概念皆无明晰之界说。若干原则又未有精察之论证"，因而需要罗素一派的解析方法对之进行"一番正名析辞之工作"。受其兄张申府"罗素、列宁、仲尼，三流合一"思想的启发，他又认为"将来之哲学，必以罗素之逻辑解析方法与列宁之唯物辩证法为方法之主，必为此二方法合用之果。而中国将来如有新哲学，必与以往儒家哲学有多少相承之关系，必以中国固有的精粹之思想为基本"。① 在这些思想的基础上，1936年，张岱年明确提出建构新唯物论哲学体系的路向：

今后哲学之一个新路，当是将唯物、理想、解析，综合于一。②

1935年春至1936年夏，张岱年完成《中国哲学大纲》。该书可以视为从史的角度运用建构新唯物论哲学体系之路向的尝试，它以问题为纲，从宇宙论、人生论和致知论三部分展示整个中国哲学的条理系统。40年代，张岱年则意在从论的角度实现上述构想，先后完成《哲学思维论》《知实

---

① 张岱年：《关于新唯物论》，载《张岱年全集》第一卷，第132、134、135、133页。

② 张岱年：《哲学上一个可能的综合》，载《张岱年全集》第一卷，第262页。由于此种主张，张申府和张岱年兄弟被孙道升誉为"解析法的新唯物论"，并评论说："此派具有批判的、分析的精神，其作品在新唯物论中，可谓最值得注意的、最有发展的。"（孙道升：《现代中国哲学界之解剖》，《北平晨报》1936年10月7日）

论》（1942）、《事理论》（1943）、《品德论》（1944）、《天人简论》（1948），合称"天人五论"。①《哲学思维论》是关于思维方法的研讨，其中张先生首先表明自己的哲学观，然后辨核哲学命题的类别及事实命题、名言命题和价值命题的意谓准衡，此外他还将哲学的基本思想方法分为三类：演绎法、归纳法和辩证法，并对辩证法的主要原则及其运用作出具体分析；《知实论》从知觉与外界的关系论证了客观世界的实在；《事理论》主要讨论事与理的关系，认为事与理都是实有的，且"理在事中，无离事独存之理"；《品德论》提出了一个以刚健而和谐为主旨的人生理想，拟建立既强调生命力又肯定道德价值的人生观，主张人生之道在于"充生以达理""胜乖以达和"。《天人简论》的主要内容包括"天人本至""物统事理""物源心流""永恒两一""大化三极""知通内外""真知三表""群己一体""人群三事"和"拟议新德"十项，肯定物质是心知的本原，提出以"兼和"代"中庸"的观点。总体而言，30、40 年代的张岱年是通过史（《中国哲学大纲》）论（《天人五论》）结合的方式建构了中国现代新唯物论哲学体系的主体内容。

　　第二，中国哲学史研究。于此，张岱年的工作主要集中在三个方面：（1）重视挖掘中国的辩证法和唯物论传统。关于中国辩证法，早在 1932 年，他就完成《先秦哲学中的辩证法》和《秦以后哲学中的辩证法》两篇文章，"在当时，此类文章尚不多见"②，1936 年脱稿的《中国哲学大纲》也对老子、《易传》、张载、朱熹、王夫之的辩证观点进行了较为详细的分析，1979 年他又写了一篇《中国古代辩证法思想发微》对《中国

---

①　据陈来说，"天人五论"之名是他最先提出："1985 年我遵师命又写了一篇《张岱年学术思想评述》，写好后我对张先生说，抗战期间，您写的这些文章可以称为'天人五论'。冯先生写了'贞元六书'，您写了'天人五论'，冯先生讲新理学，您讲新唯物论，可谓各有其贡献。张先生当时说，那不能和冯先生比。不过后来张先生也认可了'天人五论'的说法。"[陈来：《恺悌君子　教之诲之——张岱年先生与我的求学时代（上）》，《文史知识》2005 年第 2 期]但"天人五论"出版时却以《真与善的探索》为名，范学德描述其时情况说："1987 年的那个春天，我一再劝说先生把手稿公诸于世，张先生听后犹豫了，说还是等待身后再发表吧。……后来，在我和刘鄂培等几个弟子的反复劝说下，先生终于下决心把书稿交齐鲁书社出版。只是坚决拒绝使用原来的书名——《天人五论》，担心别人会说他太狂了。于是，为手稿取了个新名字，叫《真与善的探索》。"（范学德：《遥祭张岱年先生》，载陈来主编《不息集——回忆张岱年先生》，北京：北京大学出版社，2005，第 314 页）

②　张岱年：《秦以后哲学中的辩证法·附识》，载《张岱年全集》第一卷，第 42 页。

哲学大纲》进行补充。关于中国唯物论，张 1933 年所写《颜李学派》既已揭示颜李的唯物倾向，并说："探索了颜李的思想，我们是不是更觉得唯物论是应信取的呢?"① 《中国哲学大纲》则对宋代以来的张载、王廷相、王夫之的唯物论学说特加表扬。之后，《张载——十一世纪中国唯物主义哲学家》（1955）、《中国唯物主义思想简史》（1957）、《宋元明清哲学史提纲》（1958）等专著相继出版，1994 年又有张主编的《中国唯物论史》面世。（2）开展中国哲学范畴研究。其实，在《中国哲学大纲》中，张岱年就注重对中国哲学概念范畴的确切意义及其演变的分析，他称之为"析其辞命意谓"②。1957 年，张在《哲学研究》发表《中国古典哲学中若干基本概念的起源与演变》，但仅仅论列了几个范畴。他在此方面的代表性成果是 1987 年出版的《中国古典哲学概念范畴要论》。此中，张将中国古典哲学的概念范畴分为自然哲学的概念范畴、人生哲学的概念范畴和知识论的概念范畴三大类，认为中国有一套与西方哲学存在共性但也别具民族特色的概念范畴体系。（3）进行中国传统价值观研究。20 世纪 80 年代初，张岱年率先提出要研究中国哲学中的价值观，并撰写了一系列相关论文，如《简评中国哲学史上关于人的价值的学说》（1982 年，收入《文化与哲学》）、《中国古典哲学的价值观》（1985 年，收入《文化与哲学》）、《中国哲学关于人生价值的思想》（载《中国哲学史研究》1987 年第 1 期）、《中国古典哲学中的人格观念》（1988）、《中国传统哲学中的人的观念》（1988 年 8 月 16 日）、《中国哲学中的价值学说》（1989 年 1 月 26 日）等。在张看来，儒家肯定道德具有内在价值，可称为内在价值论，墨家以"国家百姓人民之利"为最高价值，可称为功利价值论，道家宣称"物无贵贱"，认为一般所谓价值都是相对的，只有绝对的道才具有超越一切的价值，可称为超越价值论，法家认为只有"力"才有价值，可称为唯力价值论。他进而认为，贯穿于中国价值观发展过程的基本问题是义利、德力的关系问题。

第三，文化问题研究。在文化观上，张岱年经历了两个阶段：一是 20 世纪 30 年代的"文化创造主义"，二是 80 年代的"文化综合创新论"。1933 年 6 月 15 日，张在天津《大公报·世界思潮》发表《世界文化与中

---

① 张岱年：《颜李之学——李恕谷逝世二百年纪念》，载《张岱年全集》第一卷，第 80 页。
② 张岱年：《中国哲学大纲·自序》，第 2 页，载《张岱年全集》第二卷。

国文化》，其中说：

　　　　在此时代，中国应由西方文化给予的刺激，而大大地发挥固有的
　　创造力，创造出新的文化，使之在将来的世界文化中有重要的地位，
　　作出新的贡献。①

　　这可以说是"文化创造主义"的雏形。1935 年 3 月，他明确提出
"文化的创造主义"的口号：

　　　　惟有信取"文化的创造主义"而实践之，然后中国民族的文化才
　　能再生；惟有赖文化之再生，然后中国民族才能复兴。创造新的中国
　　本位的文化，无疑的，是中国文化之惟一的出路。②

　　1987 年 3 月，在《文化与哲学》的自序中，张岱年又提出"综合创
新论"的新概念。同年发表的《综合、创新，建立社会主义新文化》则
正式抛出"文化综合创新论"的主张，认为创新就是建设与中国传统文化
和近代西方文化都不相同的社会主义新文化，而"这个新的文化体系，是
在马克思列宁主义原则的指导下，以社会主义的价值观来综合中西文化之
所长而创新中国文化"③。这种文化主张经过方克立的提倡和发展④越来越
成为学界在中国文化发展问题上的共识。
　　在 20 世纪 30 年代经过把马克思主义与西方现代哲学中的实用主义、
新实在论、生命哲学等进行比较从而肯定辩证唯物论是当代最伟大的哲学
之后，张岱年就是坚定的马克思主义者。所以，无论是哲学体系的建构，
还是中国哲学史研究，抑或文化问题的研究，马克思主义的指导地位在他
那里始终不变。

---

①　张岱年：《世界文化与中国文化》，载《张岱年全集》第一卷，第 157 页。
②　张岱年：《关于中国本位的文化建设》，载《张岱年全集》第一卷，第 235 ~ 236 页。
③　张岱年：《综合、创新，建立社会主义新文化》，载《张岱年全集》第六卷，第 253 ~ 254
　　页。
④　1989 年方克立就曾著文响应张岱年的观点："对民族文化和外来文化均持取其精华、弃
　　其糟粕、批判继承、综合创新的态度"（方克立：《现代新儒学与中国现代化》，载《现
　　代新儒学与中国现代化》，第 70 页）。2006 年 4 月，方克立进一步将之发展为"马魂、
　　中体、西用"论（方克立：《致刘鄂培、朱汉民》，2006 年 4 月 20 日）。

二　从《老子》年代考看张岱年的史料研究方法——以 20 世纪 30 年代为中心

为学之初，张岱年对哲学史料的考证兴趣颇浓。中学时，他在《北京晨报》副刊（1928 年 3 月）公开发表的第一篇文章《关于列子》即是考证性的：他虽然承认《列子》一书基本上是伪书，但又根据《庄子》《吕氏春秋》和《战国策》等历史资料论证列御寇确有其人，并非子虚乌有。[①] 1931年，张发表的《关于老子年代的一假定》亦是考证性文章，其中认为《老子》的年代在孔墨之后、孟庄之前。该文中，他本人也回忆说：

> 我自己二年前对于考证发生过兴趣，现在却久已离考证国土了，并已离开古书世界了。[②]

第一章中我们已谈及，由于胡适把《老子》在中国哲学史中的位置放在了孔子之前，关于《老子》年代的问题遂成为 20 世纪二三十年代"古史辨派"争论的主要问题之一。张岱年的《关于老子年代的一假定》也可以视为对此次争论的参与。事实上，该文也确实被罗根泽编入了《古史辨》第四册的《诸子丛考》中。然而，得知它被编入《古史辨》之际，张岱年已经"对于老子年代问题，实在不敢有所主张了"[③]。50 年代，他重新关注此问题，并发现了有关《史记》对老子之记载的旁证，于是肯定其老子年长于孔子的说法。[④] 1979 年 7 月 11 日完成的《老子哲学辨微》中又设"老子年代新考"改定 30 年代的意见。1991 年 9 月 14 日，张写定《论老子在哲学史上的地位》一文，其中再次讨论"老子其人与《老子》其书"。然而，就所体现的史料研究方法而言，1931 年的《关于老子年代的一假定》堪为代表。因而，我们以之为中心挖掘张岱年的史料方法论。

---

① 张岱年：《记忆中的第一次》（1995 年 10 月 15 日），载《张岱年全集》第八卷，第 566 页。《关于列子》一文后经杜运辉整理，刊于《中国哲学史》2011 年第 2 期。

② 张岱年：《关于老子年代的一假定》，载《张岱年全集》第一卷，第 18 页。

③ 张岱年：《关于老子年代的一假定·附识》，载《张岱年全集》第一卷，第 18 页。

④ 据张岱年晚年回忆，他改变看法有两个原因：一是受郭沫若的《先秦天道观之进展》的影响。郭氏主张："老子就是老聃，本是秦以前人的定论，《庄子》、《吕氏春秋》、《韩非子》都是绝好的证明。"二是发现《论语》中有批评《老子》之"以德报怨"的话（参见张岱年《八十自述》，载《张岱年全集》第八卷，第 611 页）。

（一）了解史事的性质

张岱年认为，学界在《老子》年代问题上争论不休的主要原因在于辩论各方都缺乏适当的考察方法和态度：

> 他们总想求个直线的说法。他们常满足于单方面的证据，不知道综观各方面的证据，更再也不会替反方面设想。对于每一证据之本身，又不分析鉴别其作证资格、作证力量。①

故而他指出，史料考证的关键之一在于了解史事之性质的错综复杂，了解一个思想家见解的错综复杂。具体到老子，就不能根据其反礼就推断孔子没有向他问过礼，也不能根据孟子没有提到他就断然否认其在孟子以前，亦不能根据他曾批评刑法就说其在法家成立之后。基于此种方法意识，张岱年对《老子》一书的性质重视有加。经研究，他主张，《老子》确是一本专著，不是一本纂辑，但其中有后来掺入的内容。

（二）注重史料版本

论证《老子》中有数章与整个系统不容因而是后来掺入时，张岱年举出以下一段话：

> ……上仁为之而无以为，上义为之而有以为，上礼为之而莫之应，则攘臂而扔之。故失道而后德，失德而后仁，失仁而后义，失义而后礼，夫礼者忠信之薄而乱之首……故去彼取此。（38章）

他看到，"上义为之而有以为"，与其上文的"下德为之而有以为"的后六个字重叠。因此，张运用版本比较的方法进行分析：傅本"下德"句作"下德为之而无以为"，与"上义"句不重叠，然而却与"上仁"句无分；马其昶改"下德"句为"下德无为而有以为"，陶鸿庆则将之改为"下德为之而有不为"，都只是为了处理与"上义"句之间的矛盾，欠缺根据，因为他们都忽略了一个史实，即韩非子所引的古本《老子》的"下德"句就是"下德为之而有以为"。

《老子哲学辨微》更是利用新近出土的帛书本《老子》甄别版本优

---

① 张岱年：《关于老子年代的一假定》，载《张岱年全集》第一卷，第1页。

劣。张岱年认为，帛书《老子》作为今存最早（笔者按：写作此文的1979年，帛书"最早"）的《老子》写本是校勘通行本的良好依据，但由于其是为了墓葬之用，抄写草率，不是精校本，所以不可尽据。他还指出，"帛书《老子》与傅奕的《古本老子》颇为相近，足证傅本近古。本文引证以傅本为主，参照帛书本和别本"。① 如此，通过版本比较确定引证的版本依据，鲜明地体现了张岱年学风的"谨严"。

（三）史料考证四原则——"周""衡""严""微"

在《关于老子年代的一假定》中，张岱年提出，考证至少要符合四个基本原则：其一，"周"，即全面考察有关史料的信息；其二，"衡"，即平等地看待各种证据，不能有主观的偏倚，特别是要替反方面想理由；其三，"严"，即遵循严格的方法步骤，不轻易下结论，不滥找证据；其四，"微"，即不轻易放过小的地方以及细微的差异。在他看来，做到以上四点，"各个证据自会'挤'出一个结论，正卡在那儿，上也不得，下也不得，只是在那儿才行，事实是不犹豫的"②。

时至今日，张岱年处理史料的这些原则对搜集和整理哲学史料仍有一定的指导意义。

（四）从文体、语言判定史料年代

对于《老子》的年代，张岱年亦从文体和语言的角度进行判定。具体方法如下。

1. 通过与他书的文体比较判定史料所属时代

张岱年认为，以《老子》之简练，不应是战国中期以后的作品。理由在于：其一，从现存的战国中期以后的诸子著作看，它们都是长篇大论，文不厌繁；其二，对比《老子》和与之文体相类的《申子》《孙子》，"着眼于朴华之别上，则老子尤觉在前"③。1972年，山东临沂银雀山同时出土《孙子兵法》和《孙膑兵法》，解决了长期以来在《孙子》一书问题上的争论。④ 张

---

① 张岱年：《老子哲学辨微》，载《张岱年全集》第五卷，第238页。
② 张岱年：《关于老子年代的一假定》，载《张岱年全集》第一卷，第2页。
③ 张岱年：《关于老子年代的一假定》，载《张岱年全集》第一卷，第6页。
④ 《史记》记载有两个孙子：吴孙武和齐孙膑，《汉书·艺文志》亦著录《吴孙子兵法》八十二篇，《齐孙子》八十九篇。然而，《齐孙子》的佚失导致多种猜测。如南宋功利学派思想家叶适认为《孙子兵法》是春秋末战国初山林处士所为，根据是《左传》没有记载孙武的事迹。日本学者斋藤拙堂的《孙子辨》则认为《孙子》是孙膑所著，孙武和孙膑是一个人，武是其名，膑是其号。钱穆在《先秦诸子系年》里也主张孙武和孙膑是同一人。

岱年 1979 年完成的《老子哲学辨微》利用了这个新的考古发现的成果。他认为，《孙膑兵法》的出土，大致可认定《孙子》十三篇是孙膑以前的著作，而孙膑是战国时人，所以《孙子》十三篇应是春秋末至战国初的作品。这样，既然《老子》与《孙子》文体相近，则《老子》一书也应属于春秋末年。

2. 从文本语言所反映的史事判定史料所属时代

由上文可知，20 世纪 20 年代末 30 年代初张岱年服膺马克思主义的辩证唯物论和历史唯物论。而历史唯物论讲社会存在决定社会意识的历史基本问题。大概是受此启发，他从《老子》的语言所反映的社会状况判定其所属年代。如针对"大国者下流……故大国以下小国则取小国，小国以下大国则取大国。故或下以取，或下而取。大国不过欲兼畜人，小国不过欲入事人。夫两者各得其所欲，大者宜为下"（61 章），张指出，这显然是春秋末以前的口气，因为如果是在战国时，就只有吞并之说，而不会有"各得其所欲"的说法。又如，鉴于春秋末以前小国还很多而战国时一般学者都讲天下定于一的历史事实，张岱年断定"小国寡民"（80 章）之语只能出现在春秋末以前。应该肯定，这种史料分析方法是有其合理性的。

（五）从思想发展的逻辑联系分析史料

针对顾颉刚所主张的《老子》是战国末纂录的道家思想精言粹语的结集的观点，张岱年从思想发展规律的视角进行驳斥。他认为，从思想逻辑上看，杨朱贵己比《老子》贵柔进一步，列子的贵虚也较贵柔、无为之说为高，庄子的思想相对于老子而言也是更加玄妙精微，因而顾说很难成立，否则《老子》为什么不录入杨朱、列子和庄子这些真正的精义反而采用贵柔一类的笨思想就成为难以回答的问题。

考察《老子》思想所属年代时，梳理其与其他思想家的思想之间的逻辑关系进而确定年代更成为张岱年的主要史料研究方法。如论证"老子思想决在孔子后"时，他举出四条证据：（1）孔子的"道"指"学说""主义"或今所谓真理，《老子》的"道"则是生万有、包万有并为万有之规律的玄想实体，后者较前者明显深刻化。深刻化的道字当在素朴的道字之后。（2）孔子的"天"有意志又不甚明显，《老子》的"天"则取消了意志的意味，是实质的天，亦即苍苍的天。孔子的"天"正是初民的上帝之天到《老子》的实质之天的过渡形态。（3）孔子只说了一句"予欲无言"，老子则多次谈及"不言之教"，即把"不言"作为政治教育的一种方法。似乎在孔子是个发端。（4）孔子只说了一句"无为而治者其舜也与"，《老子》却大力鼓吹无为而治。似乎孔子仍是个发端。不难看出，这四条证据都是依据思想之间的逻辑次序作出结论。

不仅如此，张岱年还对思想发展的基本规律做了一定的总结，遗憾的是，这些内容并没有集中起来。以下，我们从他的论著中抽绎出其观点之荦荦大者。

其一，由正而反。 如把墨子讲"尚贤"而老子主"不尚贤"作为"老子思想在墨子之后"的主要理由之一；又如以老子视道为至高，慎到却说"大道包之而不能辩之"即道有一不能，得出"老子决在慎到前"的结论。在张看来，如此判定的理由在于"没有正不会有反的"。①

其二，由粗而精。 老子讲宇宙论很详细，《庄子·内篇》却对宇宙论所谈甚少，似乎老子是从庄子发展而来。其实不然，张认为这只是表面现象，因为比较老庄论道的话可知，《老子》所说虽详而粗而稚，《庄子》所说虽简而精而练。之所以会这样，是因为《庄子》的兴趣在人生哲学而不在宇宙论，因此在对道的论述上它只是简要概括了老子的思想。也就是说，老子在庄子之前。

其三，由浅俗而深妙。 张岱年通过把《老子》第十五章、第二十章、第二十八章、第四十四章、第五十章、第五十三章，与《庄子》之《养生主》《德充符》《大宗师》等谈及人生理想的篇章进行比较，认为庄子所讲"乘天地之正，而御六气之辩，以游无穷""天地与我并生，而万物与我为一"等，比老子所主张的贵柔、后身、守雌的人生观念，在性质上神秘主义成分更重，也更为深妙。因此这是老前庄后的又一有力证据。

其四，由具体而抽象。 张岱年认为，杨朱"为我"之"我"是抽象的我，而老子"后身"之"身"是具体的身，进绎的痕迹很是显然，所以老子决在杨朱前。可知，在他的思想里，思想发展遵循着由具体而抽象的基本规律。

---

① 张岱年：《关于老子年代的一假定》，载《张岱年全集》第一卷，第9页。1979年，在《论〈易大传〉的著作年代与哲学思想》一文中，张氏对这个规律作了详细说明："我们可以从基本概念范畴的提出与演变，从基本哲学命题的肯定与否定，来考察哲学著作的年代先后，一般的情况是：先有人提出一些概念范畴，然后才有人加以评论或否定。先有正命题，然后才会有反命题。这是思想发展的必然的程序。"（张岱年：《论〈易大传〉的著作年代与哲学思想》，载《张岱年文集》第五卷，第217页）

（六）运用顾颉刚的史学方法分析史料

张岱年在《关于老子年代的一假定》中明示："在此，我们应依了顾颉刚先生的史学方法，看看谁最先说老子在孔子之前。"① 此处，其所说"顾颉刚先生的史学方法"即顾在《与钱玄同先生论古史书》中宣扬的"层累地造成的中国古史"。一般认为，顾说具备历史观和方法论的双重意义。而在对《老子》的考辨上，张氏采用其方法论的意义。关于顾说之方法论的含义，胡适曾经总括道：

（1）把每一件史事的种种传说，依先后出现的次序排列起来；
（2）研究这件史事在每一个时代有什么样子的传说；
（3）研究这件史事的渐渐演进，由简单变为复杂，由陋野变为雅驯，由地方的（局部的）变为全国的，由神变为人，由神话变为史事，由寓言变为事实；
（4）遇可能时，解释每一次演变的原因。②

为了否定"老子在孔子之前"的传统论断，张岱年列出关于老子传说的演化表，包括《庄子·内篇》之老子、《庄子·外篇》之老子、《吕氏春秋》之老子、《曾子问》之老子和《史记》之老子。通过前后记载的比照，张认为，孔子之前不会有老子，老子与作书的思想家不会是两个人。

这是顾氏史学方法在中国哲学史研究上的一次有益尝试，且不管其结论正确与否，仅这种尝试本身就是非常有意义的。因而，此种方法在当今仍有推广的必要。其实，中山大学陈少明的《孔门三杰的思想史形象——颜渊、子贡和子路》《"孔子厄于陈、蔡"之后》等一系列论文③即是此方法在中国哲学史研究上成功应用的典型。

客观言之，张岱年并没有对上述史料研究方法进行总结概括，这些方法只是体现于其治学实践中。但毫无疑问的是，他早年对史料研究方法的自觉运用是其日后归纳"整理史料的方法"的前提和基础。

① 张岱年：《关于老子年代的一假定》，载《张岱年全集》第一卷，第12页。
② 胡适：《古史讨论的读后感》，载顾颉刚主编《古史辨》第一册，第193页。
③ 参见陈少明《经典世界中的人、事、物》，上海：上海三联书店，2008。

三 20世纪70~80年代张岱年对中国哲学史史料学的贡献

上文已提及，1978年秋至1979年，张岱年为北京大学哲学系中国哲学史专业的硕士研究生讲授"中国哲学史方法论"和"中国哲学史史料学"两门课程。后讲稿经过整理先后出版——1982年三联书店出版其《中国哲学史史料学》，1983年中华书局出版其《中国哲学史方法论发凡》。这两部书中，不仅《中国哲学史史料学》作为史料学专著推进了该学科的发展，而且《中国哲学史方法论发凡》的第七、八两章所论"整理史料的方法"构筑了"史料学理论"的主要内容，尽管张氏尚未将其并入中国哲学史史料学的学科体系。1989年，上海人民出版社出版其《中国伦理思想研究》，这是一部讲述中国伦理思想研究方法的著作，其中专辟"整理伦理学说史料的方法"一章。此章内容也应算作对中国哲学史史料学的贡献。

（一）转入重点研究"中国哲学史史料学"的原因

按常理，既然建构新唯物论哲学体系是张岱年的学术理想，而其完成的部分也并未达到他自己的满意[①]，那么他就应该继续致力于此项工作。然而，除了新中国成立之初曾讲授"辩证唯物论与历史唯物论""新哲学概论""马列主义基础"等"论"的课程外，张岱年之后的主要精力却转向了作为"史"的中国哲学史的教学和研究，20世纪70年代末80年代初则埋头于哲学史方法论尤其是中国哲学史史料学。我们认为，张氏之所以会转入集中的史料学研究，主要原因有三个。

1. 教学分工

前文已说，1952年，全国大学进行院系调整。这次调整中，清华大学、南京大学和中山大学等大学的哲学系都被并入北京大学，张岱年也从清华大学调到了北京大学的中国哲学史料研究组。其时，中哲组同仁集体准备，努力运用马克思主义的立场、观点和方法研究中国哲学史。1954年至1955年度，按北京大学教务长尹达的建议，冯友兰和张岱年主讲

---

① 张岱年1993年的回忆可为证明："在1957年至1979年的二十年中，我完全放弃了对于哲学理论问题的思考，正在精力比较旺盛的时间，却完全钻入故纸堆中，枉费了光阴，这是深感痛惜的。"（张岱年：《我与中国20世纪》，载《张岱年全集》第八卷，第518页）

"中国哲学史"课程,张负责其中的"汉初至明清"部分。1956 年,他又专讲"宋元明清"一段,并编写《宋元明清哲学史提纲》。我们认为,这次教学分工是张岱年转向中国哲学史研究进而在以后重视中国哲学史史料学的原因之一。然而,这只能作为表层原因。

2. 学术环境

张岱年进入中国哲学史史料学研究的更深层的原因是当时政治化的学术环境。如所周知,受苏联哲学教科书模式的影响,其时普遍认为,只有国家领导人才享有对马克思主义的解释权和发展权,其他人只能是注释者,"如果有人不自量力,妄图以个人名义发展马克思主义,即使持之有故、言之成理也难有施展的机会"①。而张岱年对于新唯物论的态度是"发挥扩充:对于已有之理论应更加阐发,而以前未及讨论之问题,应补充研讨之"②,这种态度显然不能为时所容。此种政治化的学术环境与张氏为学路径之间的内在紧张在深层意义上促进了他的"由论入史"。

据张岱年回忆,1952 年新北大哲学系成立之初,教师被分为"逻辑学教研组""马列主义课程教学辅导组""中国哲学史料研究组"和"西方哲学编译组"。1954 年,各专业组才改称教研组。③ 这几个组的名称可谓"煞费苦心":对于马列主义仅能辅导,而对于中国哲学也仅能作整理史料的工作。这种学术环境挖空了张继续扩充其新唯物论哲学体系的现实基础,却为其进入中国哲学史史料学研究提供了可能的前提。

---

① 任继愈:《沉痛的悼念　永恒的遗憾》,载陈来主编《不息集——回忆张岱年先生》,第 7 页。
② 张岱年:《哲学上一个可能的综合·附识二》,载《张岱年全集》第一卷,第 278 页。这种态度是张岱年对当时几种关于新唯物论态度的超越,第 278 页明确说:"今人对于新唯物论的态度,可分三种:一是墨守的态度,即类乎宗教信仰的态度。凡宗师所已言,概不容批评;宗师所未言及者,不可有所创说。二是盲目反对的态度,即不求甚解,不作同情的体察,而悍然作不中肯的驳诘。三是修正的态度,即认宗师所说有对不对,应有所改变。对于这三种态度,我都不赞成。我的意思认为学术之进,端赖自由思想与批评态度,以水济水,实非求实。而不求知之即反对之的态度,更属狂谬。修正的态度,亦属乖妄,有错误方须修正,宗师所说本无谬误,何事修正! 我的态度是发挥扩充:对于已有之理论应更加阐发,而以前未及讨论之问题,应补充研讨之。……现在许多自命为新唯物论者的人,都取第一个态度,未必能同意于我所说的扩充,我只希望不要随意误会或曲解。"
③ 参见张岱年《回忆 50 年代初期的北大哲学系》,载《张岱年全集》第八卷,第 541~542 页。

3. 自身遭遇

1957 年，在党的"百花齐放、百家争鸣"的方针政策的激励下，张岱年于会上提意见，结果却被错扣"资产阶级右派"的帽子。1962 年 7 月始得摘帽，1979 年 1 月才完全恢复名誉。其间，教研室给他的工作是参加《中国哲学史教学资料汇编》的资料选注。此次意外的人生遭遇，对张的心理冲击是可想而知的。直至晚年，他对是否生前出版其《天人五论》仍心有余悸。范学德就曾说：

> 1953 年秋，先生求人把它们（《天人五论》等论稿）誊清后，就锁到了箱子里，这一锁，就是三十多年。……后来先生告诉我，他没想到他能亲眼看到自己的哲学论稿问世。我知道，不是他不想，乃是不敢想。①

因此，离开"惹是生非"的哲学思想而扎入"故纸堆"就成为张岱年不得已而求其次的选择。中国哲学的资料选注工作也为他日后研究中国哲学史史料学打下了更为坚实的基础。

以上三个因素对张岱年哲学体系的建构来说固然造成了难以估量的损失，然而它们却从另一侧面承接了"中国哲学史史料学"学科发展链条上的重要一环。

（二）《中国哲学史史料学》与中国哲学史史料学的学科演进

张岱年在《中国哲学史史料学·前记》中说明："本书所讲，详略取舍，与冯先生的书不尽相同，但是主要内容是基本一致的"，"本书虽仅仅讲述了最主要的史料，但所涉及的范围已经相当广泛"。② 具体地说，张著有"引言"③、"附录"④ 和史料举要三大部分。在史料举要部分，与冯友兰按社会性质对中国哲学史料进行分期不同，张岱年按朝代将之分为先秦哲学史料、两汉哲学史料、魏晋南北朝时期哲学史料、隋唐哲学史料、

---

① 范学德：《遥祭张岱年先生》，载陈来主编《不息集——回忆张岱年先生》，第 314 页。
② 张岱年：《中国哲学史史料学》，载《张岱年全集》第四卷，第 269 页。
③ "引言"介绍哲学史的范围、哲学史研究的基本要求和史料学的任务。
④ "附录"附有《汉书·艺文志·六艺略》《汉书·艺文志·诸子略》《宋元学案·序录》、有关佛教的思想文献简明目录、历代书目举要、有关哲学史的丛书举要、历代思想家传记资料要目。

宋元明清哲学史料和近代哲学史料。总体而言，该书在史料学理论和具体
史料介绍两个方面都对中国哲学史史料学学科有一定程度的推进。

1. 史料学理论的深化

张岱年把"整理史料的方法"放在《中国哲学史方法论发凡》一书
中，说明他只是将其视为中国哲学史的研究方法，而没有将其看作中国哲
学史史料学的方法理论。因为在他的思想里，"中国哲学史史料学，就是
把有关中国哲学史的重要史料都列举出来，分别加以考订，确定其历史年
代与史料价值"①。从这个定义可以看出，张所认为的史料学专著的重点
在于列举史料并加以考订，而不是史料学理论。然而，在《中国哲学史史
料学》的"引言"中，他却也为"史料学理论"设置了一定的篇幅。篇
幅虽然不多，但在论述上确有其独到之处。

（1）史料学任务的重新界定

上文已明，其前，冯友兰曾提出史料学的三步任务。张岱年则在此基
础上将中国哲学史史料学的任务进一步加以精练，他说：

　　中国哲学史史料学的任务，就是对于中国哲学史的史料作全面的
调查，考察各种史料的来历，确定其作为真实史料的价值。②

分而言之，包括两个方面：第一，对于有关史料进行广泛的调查和探
索。张发现，历史上留存的哲学典籍，每一部书都有多种版本和多种注
解。针对于此，他指出，史料学所要解答的问题之一就是这些书籍有哪些
版本，有哪些注解？其中哪个版本比较好，哪个注解比较好？张岱年此项
史料学任务的确定是很有意义的，因为史料学著作做到此点，就能为后来
的研究者提供一个基本的参照，以便在研究过程中迅速找到有效的史料依
据。第二，对于史料的考订与鉴别。这个工作之所以必要，是因为"古代
人在编前人的著作时，无意之中也会把后人或者其他人的著作编进去"③。
如此，正确地研究和评价某一哲学家的思想以及正确地评定某一时期哲学
思想发展的水平就不能不以鉴别书的真伪为前提。然而，与冯友兰在伪书

①　张岱年：《中国哲学史史料学》，载《张岱年全集》第四卷，第 274 页。
②　张岱年：《中国哲学史史料学》，载《张岱年全集》第四卷，第 273 页。
③　张岱年：《中国哲学史史料学》，载《张岱年全集》第四卷，第 274 页。

问题上的立场一样，张岱年并不否认伪书的价值，他赞同鉴别伪书主要是确定其作者和年代的观点。这种态度是客观的，也是可取的。

（2）史料种类的进一步划分

对于哲学史料的种类，胡适在《中国哲学史大纲》里划分为原料和副料两种，冯友兰则除了在1937年的《怎样研究中国哲学史？》一文中提出原料、副料和旁料的三分法之外，总体上还是秉承胡氏之说，只是提法稍异，他采用"原始的史料"和"辅助的史料"的名称。在某种意义上说，张岱年是中国哲学史史料学史上首次把史料种类的问题推向深入的学者。在他看来，史料一般分为甲骨、钟鼎等实物史料和历史记载等文字史料两种类型，其中与哲学史有关的主要是文字史料，但是甲骨文、金文对于研究上古时代思想的起源也有一定的参考价值。张进而强调，专就哲学史料而言，则又可分为两类：一是直接史料，指哲学家本人的著作；二是间接史料，指别人对他的叙述。可以这样说，张岱年这些探讨直接推动了学界对哲学史料种类问题的关注和研究，其后刘文英师和商聚德师在此问题上的进一步发展应该是导源于张氏的影响和启发。

2. 具体史料介绍上广度深度的增加

在史料举要部分，张岱年的贡献在于对史料介绍的广度和深度上有所增加。这主要表现在以下几个方面：

（1）史料介绍的范围更广

说其史料介绍的范围更广，是相对于冯友兰的《中国哲学史史料学初稿》而言。正如上文所示，张自己对其书的"详略取舍，与冯先生的书不尽相同"也有着清醒的认识。以下举例说明二书"详略取舍"的不同。在"有关殷周思想的历史文献"部分，张著介绍了《尚书》《诗经》《春秋左氏传》和《国语》，冯著的相应部分"奴隶社会时期（商至西周）的哲学史史料"则没有提到《春秋左氏传》和《国语》，且在冯氏《尚书》《诗经》属于哲学史料，在张氏它们只是"有关中国哲学史的重要古籍"；关于先秦儒家，冯著只讲述了《论语》《孟子》《荀子》，张著则在此之外介绍了早期儒家曾参、子思的著作；在整个"先秦哲学史料"中，张著还讲述了《申子》、"先秦时代百家之学的史料"，这些内容冯著均未涉及；在"隋唐哲学史料"部分，张著专列"唐代道教的一些学术著作"，讲成玄英、司马承祯、王玄览、李筌等人的论著情况，冯著没有讲到。此外，鲁褒、陶潜、孙盛、戴逵、元结、赵蕤、司马光、苏轼、吕留良、唐甄、熊伯龙、陈澧、沈善登等人的著作，在当时几乎被哲学史论著忽略，冯著也没有提到，张著则都作了宣介。

需要说明的是，我们这样比较，并不是说张著处处胜于冯著，因为事实上二书是各有优劣的，而仅仅是为了表明从史料介绍范围的角度看前者确实比后者扩大了。

（2）关注史料的流传情况

中国哲学史上经常有这样的情景发生：一部典籍出现在一个时期，但其流传或发生影响却是在另外一个时期。张岱年介绍哲学史料时注意到这种现象。例如，对于《周易》，他专设"流传情况"一段内容，认为，从《左传》《国语》经常引用《周易》的情况可以推见其在春秋前期就已经流行了，而"马王堆帛书《周易》的发现，说明《周易》古经在汉初已经有不同的写本，不仅有田何的本子。而且《易传》也有不同的写本。同时证明《系辞传》确实是较早的著作"[1]；介绍王充的《论衡》时，他指出，该书开始仅在会稽流传，东汉末期蔡邕到江东，才把它带到中原。也就是说，《论衡》的流传在汉末以后；讲吕留良时，张说："吕留良的著作有《四书讲义》，清代曾列为禁书"[2]；谈到方以智的著作时，他说除了《通雅》和《物理小识》外，其他书在清代并没有发生影响。

毫无疑问，张岱年对哲学史料流传情况的介绍是中国哲学史史料学在史料举要部分的一大进步，因为它肯定会有助于澄清一些哲学史实。如有的学者主张在东汉王充与谶纬神学就曾进行激烈的交锋，但如果他通过《论衡》流传情况的介绍得知它是在东汉末以后才流传，也许就不会再坚持以前的看法了。

（3）总结古代文化现象

我们知道，冯友兰在史料介绍过程中对古代的著述体裁和时代语言进行了一些总结。张岱年也很重视此类古代文化现象，他主要从三个方面做出概括：第一，古代称谓的变化。首先，关于"主"和"君"。他认为，春秋时期这两个称谓所指不同，"主"指执政的上卿，"君"指国君，到战国"君"才称为"主"。其次，关于"子某子"。他说，先秦时期这类称呼比较多，如子宋子、子列子、子墨子等，到宋朝还有这类称呼。第

---

① 张岱年：《中国哲学史史料学》，载《张岱年全集》第四卷，第 287 页。

② 张岱年：《中国哲学史史料学》，载《张岱年全集》第四卷，第 434 页。

二,时代用语。张指出,《老子》中的"不尚贤""大道废有仁义""绝仁弃义""将欲取天下而为之"以及《公孙龙子》中的"因是""位""举"都是战国时代的语言,而"玄圣素王""十二经""六经"等则是汉代用语。第三,古代著述情况。在这方面,他有两个总结:其一,三个字的篇题,在今存先秦古书只有《庄子·内篇》,而汉代书籍中却很多见,"如董仲舒的《春秋繁露》中有《离合根》、《立元坤》等。汉代出现的纬书,多以三个字标题,如《易纬·乾凿度》、《尚书纬·考灵曜》、《孝经纬·援神契》等"[1];其二,先秦时代,某一家的书,常常是某一学派著作的汇编,而弟子经常在整理老师遗著时附加几段。

应该说,古代文化现象的总结是增加史料介绍深度的表现,是一个值得继续发扬的优点。

(4)版本介绍更精更详

比较冯著和张著可见,张著在史料版本的介绍上对冯著有所发展,所介绍的版本更精更详。如关于《孟子》,冯著列举了东汉赵岐《孟子注》、南宋朱熹《孟子集注》、南宋赵顺孙《孟子集注纂疏》和清焦循《孟子正义》,张著则去掉了赵顺孙《孟子集注纂疏》,加上了崔述《孟子事实录》和周广业《孟子四考》;关于《管子》,冯著仅列郭沫若等著《管子集校》和罗根泽《管子探源》,张著则列有唐尹知章《管子注》、清戴望《管子校正》、张佩纶《管子学》、马非百《管子轻重篇新论》和郭沫若等著《管子集校》;关于《周易》,冯著列举闻一多《周易义证类纂》、顾颉刚《周易卦、爻辞中的故事》、李镜池《周易校释》和高亨《周易古经今注》,张著则列举魏王弼《周易注疏》《周易郑注》、唐李鼎祚《周易集解》、宋程颐《程氏易传》、宋朱熹《周易本义》、清李道平《周易集解纂疏》、清孙星衍《周易经传集解》、清惠栋《周易述》、清姚配中《周易姚氏学》、清朱骏声《周易六十四卦经解》、尚秉和《周易尚氏学》、于省吾《周易新证》、高亨《周易古经今注》《周易古经通说》《周易大传今注》和李镜池《周易探源》。我们认为,张著对冯著的这些发展可以从史料学的侧面反映其间20年中国哲学史研究的进展。

(5)考古新成果的吸收

张岱年以宽广的视野积极地吸收新近考古成果。如讲述《周易》的流

---

① 张岱年:《中国哲学史史料学》,载《张岱年全集》第四卷,第333页。

传情况时，对 1972 年马王堆汉墓出土的帛书《周易》进行介绍，并指出它的发现证明《周易》古经在汉初已有不同的写本；讲述《老子》的传本时，将出土的帛书本与通行本、傅奕本仔细比较，进而纠正前人的"河上本文句简朴，傅奕本文辞漫衍，简朴者较古"的错误见解，得出傅奕本是古本的结论，因为他看到帛书本和傅奕本一样"也""矣"等虚词较多；讲述《孙子》时，张又吸收 1973 年山东临沂银雀山汉墓的考古成果，证明《汉书·艺文志》著录"吴孙子兵法八十二篇""齐孙子八十九篇"的情况是正确的。

对这些考古新成果的补充不仅为史料学著作增色，而且为哲学史的深入研究创造了新的史料条件。张著之后的史料学研究者如萧萐父、刘文英师和商聚德师都对此有一定程度的关注和吸收，应该也是看到了这一点。

（三）《中国哲学史方法论发凡》与中国哲学史料整理方法的规模化

《中国哲学史方法论发凡》，顾名思义，肯定是探讨中国哲学史的研究方法的。在张岱年看来，中国哲学史研究应该在辩证唯物论和历史唯物论的指导下走向科学化的道路，亦即使中国哲学史这门学科成为精密的科学：每一个结论都有充分的证明，每一项论证都有确定的根据。这就要求"依据马克思主义的普遍真理，整理中国哲学史的丰富史料，探索中国哲学的具体发展过程，从而发现中国哲学发展的基本规律"[①]。在这种观念下，他在讨论了"对于哲学思想的阶级分析方法""对于哲学思想的理论分析方法""历史的与逻辑的统一""哲学遗产的批判继承"等内容之后，专辟两章介绍"整理史料的方法"，因为如果没有充分的史料依据，对于哲学思想的阶级分析和理论分析就将成为"游谈无根"的臆说。进而，张氏指出对于史料的整理是哲学史研究的基本工作。我们认为，虽然他在将"史料学理论"纳入"中国哲学史史料学"著述体例中的理论自觉尚不明显，但在某种程度上说其所撰写的两章"整理史料的方法"已经客观地具备了"史料学理论"的一定规模。规模的扩大，并不仅仅意味着数量的增加，而且意味着对之重视程度的提高。具体而言，此两章内容涉及以下几个问题。

1. 史料的调查

张岱年强调，整理史料首先要对之进行广泛的调查工作，相应于中国

---

① 张岱年：《中国哲学史方法论发凡·序》，载《张岱年全集》第四卷，第 103 页。

哲学史研究,则要对中国哲学史料进行广泛的调查和探索。针对于此,他不仅确定了调查的范围,而且分析了调查的步骤。

(1)调查的范围

张以古代流行的图书分类法"四部分类法"为基点划定哲学史料的调查范围。他指出,子部主要是哲学著作和科学技术著作,经部也有哲学史料,集部亦包含大量有关哲学思想的文章,史部书籍中的"史论"中则有关于历史观的见解。也就是说,经史子集四部书籍中都有与中国哲学有关的文献史料。可以断定,这一哲学史料范围是绝大多数哲学工作者认同的。然而,一个世纪以来,中国哲学界在实际运用资料的过程中则更多地倚重子部文献,而较少引用经部和集部的书籍,史部的丰富哲学史料更是备受冷落。这对中国哲学史研究的发展来说显然是不利的。对于张先生史料调查范围的重新审视或许有助于我们反思并改进这种状况。

(2)调查的步骤

张岱年认为,在四部范围内调查哲学史料要遵循两个步骤。

第一,泛观博览。这一步骤可从三个角度入手:其一,查阅图书目录,目的在于从目录提供的线索中考察书籍的流传存佚情况。他对重要图书目录作了介绍:

> 考察先秦学术源流,必须阅读《汉书·艺文志》。……考察后汉魏晋南北朝的著作名目,就必须查阅《隋书·经籍志》。《旧唐书·经籍志》、《新唐书·艺文志》记载了唐代图书的情况。宋代的《崇文总目》是北宋政府藏书的目录。宋代藏书家晁公武的《郡斋读书志》、陈振孙的《直斋书录解题》都记录了所见书籍的名目并加以简要说明,对于了解南宋图书情况有重要的参考价值。
>
> 清代乾隆年间编纂《四库全书》,纪昀主编的《四库全书总目提要》对于每一部书都作了简明扼要的评介,论述了书的主要内容以及年代真伪等问题。[①]

其二,查阅历代史籍,包括《二十四史》中关于著名思想家的传记、历代学术界概况的记载和《理学宗传》《明儒学案》等专门的学术史著作。其

---

① 张岱年:《中国哲学史方法论发凡》,载《张岱年全集》第四卷,第184页。

三，查阅《文苑英华》《唐文萃》《宋文鉴》《全唐文》《全上古三代秦汉三国六朝文》等"总集"、《艺文类聚》《群书治要》《太平御览》等"类书"和《老子注》《周易注》《庄子注》《横渠易说》《伊川易传》等"经注""子注"。

　　第二，深入考察。要求有四：一是对于重要学术著作必须细心钻研，务求了解其中的精义邃旨；二是严格遵守史料所证明的限度，不能随意夸大，也不能估计不足；三是了解史料的时代特点，不应混淆古今，不要把现代特有的思想观点强加于古人；四是既要注意哲学与政治、教育、文化思想之间的联系，又要注意它们之间的区别。张岱年称自己这种对史料的态度为"析古"。其实，这几点要求说起来容易，但真正落实起来并不那么简单，第四点尤其困难。长期以来，中国哲学史研究和中国思想史研究之间的界限是不甚清晰的，正如陈来所说：

　　　　20 世纪 30 年代以后……似乎是中国思想史的研究者被中国哲学史的研究所笼罩，思想史向哲学史靠近，而不能显示出自己的独特个性。

　　　　80 年代以来"中国哲学"之（引者按："之"字疑衍）这一专业则受到把其范围扩大的压力。其倾向不是以前的思想史向哲学史靠近，而是哲学史被引向思想史和其他历史学。①

　　在这种形势下，重提张岱年在此问题上的看法显得尤为必要。

　　2. 史料的辨伪

　　与胡适、梁启超和冯友兰一脉相承，张岱年也很重视史料真伪的考辨。他认为，《汉书·艺文志》所著录的《力牧》《神农》《伊尹》《太公》《辛甲》《鬻子》等一类书，"题为某人所著，却不是某人所著，在这个意义上，可谓之'伪书'"②。在他看来，这是战国时代喜"依托"造成的。然而，张反对将《论语》《孟子》《管子》《庄子》等书籍看作伪书，因为它们都是言论汇编或著作汇辑，并不是伪造。他还强调，对于哲学史

---

① 　陈来：《世纪末"中国哲学"研究的挑战》，载陈来《现代中国哲学的追寻——新理学与新心学·附录》，第 360 页。

② 　张岱年：《中国哲学史方法论发凡》，载《张岱年全集》第四卷，第 186 页。

料除了"辨伪"之外，还要有"证真"的工作，亦即要对"辨伪"得出的错误结论进行改正。当然，这两种工作不能随意展开，而要立基于充分的证据上。

遗憾的是，张岱年并没有详细介绍辨伪的方法，只是在书后节录了梁启超《古书真伪及其年代》中论辨伪方法的内容。这大概是因为他认为梁所论辨伪方法已经很全面，自己一时也难以有太大的突破，故而没有必要再做重复的工作。张氏学风之严谨于此又可见一斑。

3. 史料的辑佚

在胡适那里，辑佚还被称为"史料钩沉"。朱谦之和冯友兰虽有辑佚之名，但没有对之进行专门介绍。张岱年则做了简略的论述。当然，他在此方面的工作在力度上仍是远远不够的，但毕竟是一个良好的开端。我们认为，其后的史料学专著对辑佚的单独开列应与张先生的影响有一定的关系。

关于辑佚，张岱年的论述有两点值得我们注意：（1）辑佚依据的资料必须可靠。没有这个前提，所得辑佚书籍是不能保证无误的。（2）区别辑佚与"集语"。辑佚是将许多别的书籍对该书的引用内容搜集编排起来从而窥得原书梗概的工作，而"集语"则是针对一些没有著作的思想家或者有著作而被引用之处不多的思想家，将后人称述他们的遗言遗事的资料汇集起来以略窥其言论事迹。

4. 史料的校勘

（1）校勘的必要

古书的最先传播形式是人为抄写，而在这个过程中主观的抄写错误难以避免，印刷术发明后，印本上的错误也常常出现。张岱年认为，古书中的错误类型主要有四种：其一，错简，即穿竹简的绳子断了，竹简次序不清；其二，误文，指错字；其三，衍文，是指多余的字；其四，脱文，也就是漏掉的字。故而，他主张读书必须找古本、善本，或者用古本、善本来校勘。因为只有这样，才能最大限度地接近原本，进而探寻古书原义。

（2）校勘的方法

校勘学在中国传统学术中起着重要的作用，至清代趋于鼎盛。在长期的校勘实践中，学者们或有意识或无意识地运用着不同的校勘方法、遵循着某些校勘规范。然而，对这些方法和规范的系统提炼和概括却始终付之阙如。前文已述，1931年，陈垣的《元典章校补释例》出版，这种局面才被打破。陈在该书卷6之《校法四例》中总结了"校勘四法",即对校法、本校法、他校法和理校法。张岱年的校勘方法就是在此基础上提出的。

他认为,校勘方法应包括对校法、内校法和参校法。其中,对校法就是用多本互校,重点在于寻求善本、古本、原本,考察传本源流。内校法相当于陈的本校法,即根据本书前后文句进行互证从而加以校勘。参校法相当于陈的他校法,是指根据他书对本书的引用进行校勘。在张岱年看来,参校法是最常用的校勘方法,然而,某些书的引文并不是照录全句,所以用此法校正误文,应从多方面考虑,不可轻易改动文字。

上述可知,张岱年没有介绍陈垣的理校法:"遇无古本可据,或数本互异,而无所适从之时,则须用此法。此法须通识为之,否则卤莽灭裂,以不误为误,而纠纷愈甚矣。故最高妙者此法,最危险者亦此法。"[①] 我们认为,这倒不是张不赞同此种校勘之法,而是《中国哲学史方法论发凡》本来是为研究生讲课的讲稿,但研究生还不具备用理校法进行校勘的实力,介绍过早反而会使他们迈出校勘正轨,因为在缺乏版本依据的情况下作出推理需要渊博深厚的知识储备。陈垣介绍此法时也曾刻意指出,只有像钱大昕、段玉裁、王氏父子等通识之士才能使用,他自己则只敢用之于最显而易见之错误。

（3）校勘的原则

张岱年在"校勘"一节的最后一部分讲"校勘应注意的问题",实则是"校勘的原则"。他主张,校勘应遵循三个原则:其一,校勘一定要有一个确定的底本,而且要写明根据什么本子。底本不定,校勘会混乱不堪。其二,不可轻易改原字。此中还有两条小的原则:即使有充分理由的改动,也应标明原字;根据上下文义校勘的,应加"疑误""疑衍"等字。其三,应该注意"异读"与"异文"的区别。

5. 史料的训诂

通过校勘,可得良好的史料版本。有了好的版本,就应对其中文字的义理进行理解和把握,这就需要训诂的工作。所以,张在校勘之后讲训诂,他主要介绍了训诂的基本原则和误训误释的类型。

---

① 陈垣:《校勘学释例》,北京:中华书局,1959,第148页。

张岱年认为，训诂应坚持四个[①]基本原则：（1）广征博考，寻求古训通义。通义是指一般通用的意义。在他的思想里，阅读先秦古典哲学著作，不一定要像清代学者那样寻求假借字的本字，而是要了解其通义。了解通义的途径有二：一是查《尔雅》《说文解字》等书，二是考查比较重要的古代注解；鉴于唐宋以后的文章用典增多，阅读它们时则要查阅《辞源》《辞海》和《佩文韵府》等，以知典故的来龙去脉。（2）注意本篇文义，力求贯通。张指出这是训释古书的基本要求："此处用此词究竟是什么意义，这须看本篇上下文而定。"[②]（3）博求旁证，考虑反证。亦即，不能根据孤证下判断，要广泛搜求旁证，同时对反证加以说明。（4）尊重前人成就，讲究学术道德。这是要求采用前人成说时注明出处。他提出第四条原则是鉴于清代学者在经子群籍的解释上已经做过很多工作，今人只是运用新的观点重新整理，而在此过程中必定要借鉴清代成果。

关于误训误释的类型，张氏总结为四种，即望文生义之误、臆断曲解之误、随意通假之误和孤立考察之误。在他看来，这四种错误是相通的，都是主观臆断的结果，因而我们应以客观科学的态度研读哲学史料。

6. 史料的诠次

张岱年所谓"史料的诠次"指审择材料并确定其次序。具体地说，包括考察有关资料的内在联系和厘定其间的先后主次的关系两种工作。

关于考察有关资料的内在联系，张称之为"史料的区分与会综"。他认为，这项工作要求我们坚持"分析与综合的统一"的原则。"分析"是把关于哲学问题的言论从中国古代的学术著作中提取出来，"综合"则是把同类问题的资料会综起来，并按问题归类。"一个思想家讲了多少问题？对于每一个问题提出如何观点？应该进行全面的考察和总计。"[③] 在他眼中，这是哲学史研究的基本工作。

张岱年进而指出，做了"史料的区分与会综"的工作之后，就要厘定史料之间的次序，包括时间次序和逻辑次序两种。其中，厘定时间次序是指考辨思想家从少至壮至老的思想演变过程。但是，思想演变历程的梳理要力求准确，在缺乏资料的情况下不能勉强安排先后。厘定逻辑次序则是如冯友兰所说从形式上没有系统的哲学著作中找出其实质的系统，尤其是

---

① 张岱年本来只讲了三个，但总结文中内容则有四个。
② 张岱年：《中国哲学史方法论发凡》，载《张岱年全集》第四卷，第197页。
③ 张岱年：《中国哲学史方法论发凡》，载《张岱年全集》第四卷，第206页。

其思想的逻辑层次。张岱年认为，序列哲学理论的逻辑层次的程序不必拘于一格，既可从宇宙观到人生观，又可从人生观到宇宙观。

7. 史事的考证

在张岱年看来，撰写哲学史不仅要介绍哲学家的哲学思想，而且应该关注哲学家的传记，并考察每一时代不同学派之间的异同离合以及先后的关系。关于哲学家的传记，他认为有必要进行考证，考证方法大致有四种：其一，广泛搜集有关史料；其二，鉴别史料真伪；其三，解决史料的矛盾；其四，严守史料所证明的限度，超过限度时应该"阙疑"。对于不同学派之间关系的考察，他则强调不要虚构联系，既不要虚构继承关系，也不要虚构争辩关系。做到以上几点，才能保证所写哲学史的科学性。

总结第（三）小节可知，《中国哲学史方法论发凡》之"整理史料的方法"部分对哲学史料的调查、辨伪、辑佚、校勘、训诂、诠次等内容做了较为详细的阐释和说明，相比于胡适、冯友兰等人，于史料学理论方面不仅在篇幅上大幅增加，而且在系统性上有所增强。

（四）《中国伦理思想研究》与中国哲学史料整理方法的特殊化

整理中国伦理思想史料的方法与整理中国哲学史料的方法有很大的共通性，但也有其特殊性。在某种程度上，我们可以视之为中国哲学史料方法的特殊化。在《中国伦理思想研究》一书的第十二章，张岱年从史料的调查、史料的鉴别、史料的解释和史料的贯通四个方面讲述"整理伦理学说史料的方法"。然而，其中所讲史料方法与《中国哲学史方法论发凡》大体相同。因此，我们只举其有所创新发展之处。

其一，伦理思想史料的分类。张认为，关于伦理思想的史料基本上可分为思想家理论家所写的著作和关于伦理思想的历史记载两类，其中第一类是最重要的史料。第二类伦理史料即"二十四史"中关于一定时期的道德风尚及其代表人物的记载，如司马迁《史记》、班固《汉书》的"儒林""游侠"列传，《后汉书》的"独行"、《晋书》的"孝友""忠义"等列传，等等。之所以将之划为伦理史料，是因为伦理道德的特殊性——"不但是思想理论，而且必须见之于实际行动，于是形成一定时期的道德风尚"①。

其二，古代文化现象的继续总结。首先，关于"人"与"民"。经张

---

① 张岱年：《中国伦理思想研究》，载《张岱年全集》第三卷，第 666 页。

分析，春秋之时，人是泛称，民指被统治者，有时亦是泛称；其次，关于名法儒墨的并称。他指出，以名法儒墨并称决非先秦所有，而是汉代人的言辞。

其三，史料的贯通。张氏认为，既然中国古典哲学著作大多缺乏形式上的系统，我们在研究古代伦理学说时，就应在其中将其内在的条理系统整理出来。不仅如此，还要在广博的材料中发现每一家的中心观点。总体而言，就是把有关某个思想家的全部材料融会贯通。在他看来，这是真正地准确地理解其思想的前提。

四　张岱年中国哲学史史料学研究的特点

总括上文可得，从20世纪30年代考证《老子》到70年代末80年代初集中研究中国哲学史史料学，张岱年对该学科的发展作出了非常明显的推进。整体看来，其中国哲学史史料学研究的特点，大致有以下两个方面：（1）史料学理论的研究初具规模。我们知道，其前的胡适、朱谦之、冯友兰等学者对史料学理论都有一定程度的关注，然而始终难成规模，其理论更多地穿插在史料介绍中。张岱年则在《中国哲学史方法论发凡》中用两个具有一定篇幅的章节探讨"整理史料的方法"，内容涉及史料的调查、史料的辨伪、史料的辑佚、史料的校勘、史料的训诂、史料的诠次和史事的考证，《中国哲学史史料学》中也对史料学的任务和史料的分类作了进一步的分析，尤其重要的是，《中国伦理思想研究》专门针对伦理史料从史料的调查、史料的鉴别、史料的解释和史料的贯通四个方面宣介其特殊的史料研究方法，其中对伦理史料的分类、史料的贯通的介绍具有鲜明的领域性。客观地讲，这种史料学理论的规模是以前的史料学研究论著中所没有的。（2）具体哲学史料介绍的深度化和扩大化。这表现在史料介绍范围的扩大、对某些哲学史料流传情况的关注、对古代文化现象的总结和考古新成果的积极吸收等方面。然而，张的中国哲学史史料学研究也存在有待改进之处。首先，其史料学理论被限制在中国哲学史方法论的论域内①，

---

① 关于张岱年的这种做法，商聚德先生曾评论道："该书把这些问题归入'中国哲学史方法论'，固然言之成理，因为对于中国哲学史史料的研究当然可以说是中国哲学史研究的一个组成部分。但是，'哲学史'与'哲学史史料'毕竟有区别，关于哲学史的方法论与关于哲学史史料的方法论讲的也不是同一个问题。"（商聚德、韩进军：《中国哲学史史料学论稿》，石家庄：河北教育出版社，2004，第10页）

而没有成规模地纳入中国哲学史史料学的学科体系。这虽然看似一个形式问题，实则也是其内在思想观念——把中国哲学史史料学看作是以介绍哲学史料为重心的一个学科——的体现。其次，就史料举要部分而言，其《中国哲学史史料学》"对于先秦诸子考证较详"，而对于两汉至近代哲学史料则论述较略，"五四"以后的哲学史料与冯著一样付诸阙如。此外，正如他自己所言，"《史料学》大部分是介绍了关于中国古典哲学著作的常识，其缺点是对于历代著作的版本未加详述"①。的确，张氏对自己该书的缺点是很了解的。依笔者拙见，详细介绍史料版本应该成为史料学专著的重要内容之一。遗憾的是，时至今日，大部分中国哲学史史料学专著也只是将各种哲学史料的版本进行简单的列举。在这方面，刘建国是个例外。

第三节　刘建国的中国哲学史史料学研究

稍一比较即可发现，单就史料学理论而言，刘建国与张岱年相比是有些逊色的。但是，在具体哲学史料的介绍方面，则不能不说刘氏比张氏更胜一筹。所以，我们将二者一起归入中国哲学史史料学的发展阶段，不仅仅是因为他们完成史料学专著的时代相近，而且还因为他们对中国哲学史史料学学科领域的贡献是各有千秋的。

一　刘建国的生平与著述

刘建国，1930 年 10 月 3 日生于一个农民家庭。籍贯辽宁省铁岭县大莲花泡村。1938 年，开始读小学。1944 年，考入铁岭三中。1947 年，就读于铁岭师范学校，翌年毕业并留校任教。1955 年，刘又考取东北人民大学（现吉林大学）。之后，先后就读于该校历史系和哲学系。1960 年，哲学系研究生毕业，进入吉林省社会科学院哲学所工作。在此期间，他潜心阅读古今中国哲学史料以及马克思主义哲学文献，并确定中国哲学史史料学的研究方向。1966 年，由于"文化大革命"的原因，吉林省社科院哲学所解散，他被调入吉林省公安厅。1977 年，又调入吉林大学哲学系，历任讲师和副教授。1985 年，应中共吉林省委党校创办研究生教育的需要，调入此单位，任教授，并担任硕士研究生导师。1993 年退休后，刘

---

① 张岱年：《八十自述》，载《张岱年全集》第八卷，第 610、612 页。

专心致力于伪书辨正,并积极参与《儒藏》的编撰工作。2009 年 7 月 13 日,因病医治无效逝世,享年 80 岁。

刘建国一生特别重视中国哲学史史料学的研究。他在这方面的标志性成果是《中国哲学史史料学概要》(吉林人民出版社,1983)和《先秦伪书辨正》(陕西人民出版社,2004)。此外,他还有古籍译注方面的著作《庄子译注》(与顾宝田合著)、《维摩诘所说经译注》以及哲学史方面的著作《天人》《道德》等。

二 刘建国对中国哲学史史料学的贡献

前文已明,刘建国在中国哲学史史料学方面的贡献主要体现在其《中国哲学史史料学概要》和《先秦伪书辨正》两书中。所以,下面我们就以他的这两本著作为中心介绍其在该学科领域的成就。

(一)《中国哲学史史料学概要》与中国哲学史史料学的学科发展

出于研究中国哲学史的需要,刘建国搜集整理了一部相关的资料。1979 年,在为吉林大学的研究生讲授"中国哲学史史料学"的课程时,他将这部资料编为讲义。之后,"在教学实践的基础上,又广泛征求意见,做了较大的修改和补充,汇编成书"[①],此书即《中国哲学史史料学概要》(以下简称《概要》),1983 年作为《政治理论教学参考书》丛书之一由吉林人民出版社出版。与冯著、张著在内容和体例上均有所不同,《概要》分"绪论""先秦哲学史史料""两汉至明清哲学史史料""近代哲学史史料""现代哲学史史料"和"中国哲学史论文资料索引"六编,在史料学理论尤其是具体史料的介绍上对中国哲学史史料学学科都有一定程度的发展。

1. 史料学理论的发展

刘建国的史料学理论主要集中在《概要》第一编"绪论"中。"绪论"有两章内容:第一章题为"学习史料学的目的和意义",第二章题为"掌握中国哲学史史料的途径和方法"。其中,第一章包括"中国哲学史史料学的对象"和"学习中国哲学史史料学的目的和意义"两节,第二章则包括"从目录学入手探求史料""运用考据学鉴别史料"和"搜集史

---

① 刘建国:《中国哲学史史料学概要(下)》,"后记",长春:吉林人民出版社,1983,第968 页。

料的观点和方法"三节。这里，我们之所以不厌其烦地把"绪论"的具体章节名称列举出来，是因为其与文中内容相对应有些文不对题，如"中国哲学史史料学的对象"一节下是"什么是史料学""史料分类"和"史料学和史学"等内容，这些内容与"中国哲学史史料学的对象"不太对应，又如"运用考据学鉴别史料"一节下是"考据学与史料""史料与校雠训诂""史料与辑佚""史料与版本"等内容，其中，校雠训诂、辑佚等都不属于史料的鉴别工作。然而，"绪论"却也涉及了史料学理论的一般问题。

（1）学科地位与性质

刘氏之前，冯友兰曾认定中国哲学史史料学是历史科学的一个部门，其作用是为历史学研究做准备工作。而刘建国鉴于该学科尚未形成较完整的科学体系的状况①，从另一角度对其地位进行确定，提出"中国哲学史史料学是一门新的边缘性的科学"②。亦即说，该学科处于被边缘化的地位，学界对其重视程度不够，研究力度不足。

刘建国认为，在中国哲学史史料学这门学科里，我们可以看到中国哲学家的典籍的存佚、真伪和版本优劣等情况，再者，通过该学科的学习，我们还能够学会搜集、运用历史资料，深入研究、探讨中国哲学发展的历史规律。因而，就学科性质而言，中国哲学史史料学是"一门工具性的学科"③。总括刘的以上观点，我们可以这样说，中国哲学史史料学是我们查找中国哲学家的典籍存佚、真伪和版本优劣等情况以及学习搜集运用历史资料、深入研究探讨中国哲学发展历史规律的工具性学科。这就是其学科性质。

（2）中国哲学史史料学的定义、任务和研究对象

由上文可知，关于"中国哲学史史料学"的定义，朱谦之曾通过三层

---

① 刘建国追溯中国哲学史史料学的发展历史说："随着中国哲学史研究工作的进展，中国哲学史的史料学作为一门科学也提到研究的日程上来了。近代学者古史辨派顾颉刚、钱穆、罗根泽等人对中国哲学史的一些历史人物、代表著作作了不少考辨工作，但是还不能称之为完整的史料学。至于梁启超、胡适、刘汝霖等人开创了史料学工作，如梁启超有《治国学杂话》，胡适有《治学方法与材料》，刘汝霖有《学术史料考证法》，不过是初步地接触到史料学的一些问题。解放后，讲史料学、研究史料学的人也为数不多，出版的中国哲学史史料学的书籍也只有冯友兰先生的《中国哲学史史料学初稿》。可见中国哲学史史料学尚是一门年轻的科学，有待我们继续研究，使它真正成为一门科学。"[刘建国：《中国哲学史史料学概要（上）》，第2页]
② 刘建国：《中国哲学史史料学概要（上）》，"前言"。
③ 刘建国：《中国哲学史史料学概要（上）》，第1页。

递进的方式首次完成，他选择定义的视角是史料方法。冯友兰只提供了"史料学"的定义，而没有专门对"中国哲学史史料学"作出界定。张岱年的定义侧重史料列举的视角。刘建国则从对"史料学"的理解过渡到对"中国哲学史史料学"的理解。他认为，"史料学是阐明史料的来源，辨别史料的真伪，评判史料的价值，为史学研究提供客观依据的一门科学"①。因而，具体到中国哲学史史料学的专门领域，他宣称：

> 中国哲学史史料学是阐明中国哲学史的史料来源、辨别中国哲学史史料的真伪、评判中国哲学史史料的价值、为中国哲学史研究提供客观依据的一门科学。②

在这个定义下，刘进而指出中国哲学史史料学的任务就是研究如何掌握中国哲学史史料的来源，怎样对之进行科学的鉴别和分类，以及学会搜集史料的方式方法等，以期其能为中国哲学史的研究奠定基础。顺此，他还划定了中国哲学史史料学的研究对象，包括到何处找史料，怎么才能把史料找全，史料的利用价值和积累史料的方法等多个方面。

刘建国虽然不是界定中国哲学史史料学的定义、任务和研究对象的第一人，但是他所选取的这三个界定视角无疑是具有一定的代表性的，因为无论任何学科，在明确以上内容之前，都不可能真正自觉地将该学科的主体内容书写完善，该学科的理论体系的建构也缺乏清晰的问题意识。也正是鉴于此，其后的中国哲学史史料学研究者对这些视角都给予了一定程度的关注。事实上，刘之所以较为系统地对该学科的定义、任务和研究对象等进行了探讨，还因为他和朱谦之③一样反对资产阶级学者用史料学代替历史学的观点。在他看来，这种观点片面地夸大史料学意义的实质在于否认用马克思主义理论来探寻历史、哲学史的规律，而用唯物史观研究历史、哲学史，要求既不抹杀史料学的作用，也不夸大史料学的地位。刘氏主张，史料学与史学既有联系，也有区别：联系在于它是史学的原始的资料，是史学的基础和前提；区别在于它还不是史学，还不是史料与观点统

---

① 刘建国：《中国哲学史史料学概要（上）》，第2~3页。
② 刘建国：《中国哲学史史料学概要（上）》，第3页。
③ 刘建国曾参照朱谦之的《中国哲学史史料学十讲》的书稿，所以受其影响。

一的史学。我们认为，刘的观点是更为合理的。

（3）史料分类的不同角度的提出

关于哲学史料的分类，无论是在胡适和冯友兰那里还是在张岱年那里，都只是进行简单的划分而已。刘建国则没有局限于此，他在这方面的贡献不只在于将哲学史料的分类更加细化，而且重点在于提出了史料分类的不同角度。刘氏明言："中国哲学史史料，从不同的角度来看，有不同的分类。"① 他认为，哲学史料的分类可以有四个不同的角度，包括"史料的内容""史料的形式""史料的时间、作者和作用"以及"史料的重要性"。相应于这四个角度，哲学史料分为直接史料和间接史料、文物史料和文字史料、原始史料和辅助史料以及主要史料和次要史料。在利用这些史料时，要坚持以下几点：其一，在没有原始史料时，利用辅助史料中最早的史料；其二，直接史料、地下史料、原始史料是最可靠的，间接史料、地上史料、辅助史料只能作为参考，但是在缺乏前者的情况下，后者就应成为必要的依靠；其三，在掌握史料的过程中，要集中全力搜集和把握主要史料，同时重视次要史料在一定条件下的适当运用。

毫无疑问，刘建国在哲学史料种类问题上不同角度的提出为史料分类提供了必要的逻辑依据，这必将有利于该问题的进一步展开和探讨。证诸中国哲学史史料学的学科发展史，我们也能看到，其后的刘文英师和商聚德师都是依据不同的角度对前人关于哲学史料的划分作出修正或补充。应该认为，他们是受到了刘建国的影响。

（4）史料的探求

我们已经知道，冯友兰的《中国哲学史史料学初稿》专写了一章"论目录"。受其启发，刘建国也很重视目录。在他看来，从目录学入手探求史料是查找中国哲学史料的科学途径之一，因为通过翻阅目录我们可以从浩如烟海的中国哲学史史料中找到某个思想家的时代背景、学说源流和隶属派别、学说的沿革以及不同学说的不同性质等资料。此外，刘还介绍了几种搜集史料的具体方法：第一，通读古典，对史料进行随读随分类摘录。第二，把书分开来读，每读一遍侧重摘录一个方面的史料。需要说明的是，这种方法并不是刘氏首创，早在宋朝，苏轼就已提出这种读书法，他称之为"八面受敌"：

_____

① 刘建国：《中国哲学史史料学概要（上）》，第3页。

　　卑意欲少年为学者，每读书，皆作数过尽之。书富如入海，百货皆有之，人之精力，不能兼收尽取，但得其所欲求者耳。故愿学者每次作一意求之。如欲求古人兴亡治乱圣贤作用，但作此意求之，勿生余念。又别作一次求事迹故实典章文物之类，亦如之。他皆仿此。此虽迂钝，而他日学成，八面受敌，与涉猎者不可同日而语也。①

　　第三，平时读书随时摘录有用的史料。刘自己说明这种方法是取自梁启超的《治国学杂话》。上述搜集史料的具体方法中，都有"摘录"的过程，而刘氏认为"摘录"的方法也有多种，如用书笺、画各种颜色的符号、记索引、记笔记、裁剪报纸和用资料卡片摘录，等等。他强调，其中最好的方法是资料卡片的方法。具体而言，卡片上要有类别、编号、题目、出处、内容摘要等项目，自己的看法随时附记在卡片背面和内容摘要之后，还要有卡片箱对之进行保管，随用随取，用完之后按编号放回原处。这些方法是刘建国长期治学经验的总结，具有很强的实用性。

　　不仅如此，刘还主张，搜集史料要坚持马克思主义的立场、观点和方法。分而言之，包括两个方面：第一，搜集史料要用阶级观点和阶级分析的方法。这是因为，"历史上阶级社会留下来的史料，都是统治阶级思想家的东西，间接的史料也多为统治阶级的学者所整理和评价"②；第二，搜集史料要用辩证唯物主义的全面观点。做到全面，要恪守三个原则：其一，不仅要搜集一个哲学派别、一个哲学思潮和一个哲学家的自然观、认识论、方法论、伦理观、政治思想的史料，而且也要搜集社会背景、阶级地位、身世、著作等史料；其二，不仅要重视原始史料的搜集，而且要注意辅助史料的搜集，还要关注现实研究哲学史的动态方面的史料；其三，不仅要搜集正面的史料，而且要搜集反面的史料。刘氏认为，只有这样，才能全面系统地占有史料，进而作出科学的分析比较，得出正确的结论。

　　（5）史料的辨伪

　　针对史料的辨伪，刘建国从三个方面进行讲述。

　　①辨伪的原因与目的

　　刘指出，对史料真伪的鉴别是中国哲学史研究的基础工作。之所以要

---

① （宋）苏轼：《答王庠书》，《东坡全集》卷七十六，《四库全书》本。
② 刘建国：《中国哲学史史料学概要（上）》，第32页。

辨伪，是因为中国哲学的文献史料，真伪相杂，有思想家的原著，也有后人纂入的成分，而判定哲学史料是否具有价值的依据是其时代、作者和史实是否准确。故而，我们必须运用考据学知识对史料进行考辨，目的在于去伪存真。唯其如此，才能掌握有价值的史料。

②伪书的成因与程度

在刘建国看来，考辨古籍的真伪，除了一般地了解考据学的历史之外，还要知道伪书形成的原因。他将伪书的成因总结为七种：第一种，借助有名望的人来抬高学术地位和书的价值；第二种，假造伪书以陷害他人；第三种，为了在治学上压倒对方，伪造论据而成伪书；第四种，为求名利地位而伪造书籍；第五种，作者不敢署名；第六种，为显示书写才能编造伪书；第七种，因门弟子的纂入而成部分伪书。

20世纪30年代，张心澂在《伪书通考》里将伪书的程度分为六种：①全伪者、真杂以伪者、伪杂以真者、真伪杂者、真伪疑者和伪中伪者。②刘建国则认为，张氏所列实际上可以归结为三种，即全伪、真伪相杂和名伪实不伪。其中，全伪有全部伪造和伪中造伪之分，真伪相杂有真书中有伪篇、伪书中有真篇、书中有部分后人纂入内容三种情况，名伪则包括撰人伪和书名伪。他特别指出，"这种名伪的书乃是伪书不伪，只要改变一下时代或作者也就成了有价值的史料了"③。很显然，这种观点是对梁启超、冯友兰等人的伪书观的继承。

③辨伪的方法——"内外证二法"

关于辨别伪书的方法，明代的胡应麟在其《四部正讹》中提出"辨伪书八法"，近代的梁启超在其《中国历史研究法》中提出"辨伪书十二条公例"。刘建国则把他们的辨伪方法与自己平时辨伪的体会结合起来，抛出"内外证二法"。

内证的方法，简单地说，就是从书自身中查找其真伪的依据。刘建国

---

① 张著为六种，刘建国却说："伪书的程度据张心澂说有九种：全伪的、伪中伪的、伪书杂有真的、真书杂有伪的、真伪相杂的、因假托撰人而成为伪书的、因误认撰人而成伪书的、书不伪而书名伪的、是否伪品还在怀疑未能决定的。"［刘建国：《中国哲学史史料学概要（上）》，第22页］不知何据？商聚德先生沿用刘说（商聚德、韩进军：《中国哲学史史料学论稿》，第75页）。

② 张心澂编著《伪书通考》，上海：商务印书馆，1939，第2页。

③ 刘建国：《中国哲学史史料学概要（上）》，第22～23页。

认为，这种方法可从五个方向进行实际操作：其一，书中的事实与作者的时代不符者，该书是全伪或部分伪。其二，书中的谥号避讳之称与作者的时代不符者，该书是全伪或部分伪。然而，这里有一种特殊情况：该书如果经过了后人整理，且谥号是后人所加，就不能视为伪书。其三，书中的思想前后绝对矛盾，该书有全伪或部分伪的可能。其四，书中所用的制度、官称、习惯用语与作者时代不符者，该书有全伪或部分伪的可能。其五，从书的文体考查其真伪。

外证的方法，就是从其他有关记载中查找该书真伪的依据。针对此种方法，刘建国提出四条方案：其一，与历史上的书目对照，凡是来历不明的，久佚又出的，著录卷篇极不一致的，该书就可能是全伪或部分伪。这是用目录学的常识来鉴别古籍的真伪。其二，其书出现的时代就有揭露其为伪书者，该书就是伪书。其三，书中有明显的抄袭成分，该书是伪书。其四，同时代的书籍有没有对该书的引证、引文也是判断该书真伪的重要参考。

在刘的思想里，内外证二法在考辨古书真伪时应该结合起来使用。然而，他并不认为二者地位等同，而是更信赖内证，主张进行古籍考辨工作时在内外证之间要以内证为主。我们认为，尽管刘氏的某些辨伪方法还有可以商榷之处，但是他的辨伪方法确实具有一定的现实意义。其实，20年后他出版的《先秦伪书辨正》就是其"内外证二法"实际应用的典范之作。

（6）史料的校雠训诂

刘建国指出，由于唐宋以前没有印刷技术，中国哲学史的史料多经抄写而成，且文字随着时代的变化而变化，因此古书中存在错别字、多字少字、假借字和诸本字迹不同等情况，而我们运用史料时要求文字正确无误，这样，校勘的工作就必须得到重视。在刘氏眼中，校勘"就是校对古典中的文字错误"，"把书中的文字恢复到原样或尽量接近原样"。① 方法主要有三：第一，找到原稿本、古钞本或较早的刻本与其他刊本进行对照、比较；第二，依据接近作者时代的其他著作中的引文校正通行本中的遗漏和错误；第三，在没有原稿本、古钞本和善本的情况下，也可以对照多种不同的本子进行校勘。刘认为，第一种方法是最主要的，因为原稿本

_____

① 刘建国：《中国哲学史史料学概要（上）》，第23页。

不会有错，古钞本错误较少，早刻的善本接近原稿本或古钞本。这里，他说原稿本不会有错固然有些武断，因为作者写作时也可能写错字或出现其他错误，但是就校勘方法而言，以原稿本、古钞本或较早的刻本为据则不失为一条良策。

通过校勘确定了正确的文字，就要对这些文字的音义进行解释，刘建国认为这是史料的训诂工作所要解决的问题。在他看来，对原始史料进行训诂需要了解两个方面的内容：其一，了解史料的本来意义、其中文句的断法或读法；其二，了解古代汉字的本义、引申义和假借义。可知，刘氏主张史料的训诂涉及古文字学、音韵学和古文章句文法等多方面的知识。

（7）史料的辑佚

关于哲学史料的辑佚，前贤所论并不充分。刘建国也只用了两页的篇幅讲述"史料与辑佚"，其中对前贤有所发展之处有以下几点。

第一，强调亲自辑佚和随时辑佚。刘提到，辑佚从马总、李善等人就已开始，清代则出现了马国翰《玉函山房辑佚书》、黄奭《汉学堂丛书》、严可均《全上古三代两汉三国两晋六朝文》等辑佚名著。他认为，我们可以直接利用这些前人的成果，但也要亲自搞点辑佚的工作，最好能够做到随时辑佚。

第二，根据古书佚失情况确定辑佚方法。这是刘鉴于古书佚失的时代不同、佚失的内容多少不同而提出的主张。具体包括三种：其一，因为汉人笺注习惯于引证书籍原文，所以佚失的周秦古书可从史书和汉人笺注中辑佚；其二，唐宋时尚存、宋以后佚失的书籍可从唐宋的类书《太平御览》《艺文类聚》《北堂书钞》《初学记》和《册府元龟》等中抄出来复原；其三，用诸史以及《文苑英华》等总集对历代遗文进行辑佚。

第三，辑佚的本子以最后辑成的为好。刘建国认为，辑佚的书籍有质量高低的不同，其中最好的本子当是最后辑成的本子。

第四，辑佚史料的运用要慎重。在谈到研究孔子的间接史料《孔子集语》时，刘指出，运用辑佚的史料或以之为索引去原书中查找史料可以节省大量时间，因而这是收集史料的捷径之一。但是，运用辑佚史料时最好将之与原始史料再做比照，以免发生错漏。这是刘氏治学的经验之谈，值得我们借鉴。

（8）史料的版本

刘建国之前的中国哲学史史料学研究者，如胡适、朱谦之、冯友兰、张岱年等学者，在其治学实践中都曾表现出对版本的重视。然而，他们并没有对之进行专门的探讨。在一定程度上说，刘建国是第一个在中国哲学史史料学专著里较为系统地探讨版本的人。这主要体现在两个方面。

第一，简略回顾版本发展史。刘看到，汉代以前，中国古书根本不存在版本问题。当时的书刻于竹简上的叫作竹书，写于丝帛上的叫作帛书，铸于青铜器皿和刻于石器漆器上的则称为金石铭文。其中，以竹书、帛书为多。对这二者，他还做了具体说明：

> 竹书亦称为竹简，即叫汗简，曰杀青。汗就是去掉竹中的汁液，以便不朽。杀青即去其竹之青皮，然后用刀刻笔书其上。许多简用绳编起来即称之为册（策）。把书写在帛上，然后以圆棍为轴卷成卷，一书可有几卷。……若干卷书集在一起，用书衣包上，称为"帙"，帙有五卷的，有十卷的。……到六朝隋唐时卷轴仍是主要形式。①

东汉熹平三年（174），蔡邕把几部儒家经典刻在石版上，供人抄写捶拓，学界称之为"石经"。其后，又相继出现"三体石经""唐石经"和"后蜀石经"。这些刻石是木版印刷的先驱，对校勘有重大的作用。刘氏指出，在没有木版之前，除了拓本，都是手抄本。木版到唐代才有，最早的木刻本是《金刚般若波罗蜜经》。宋以后，版本学大兴。

第二，总结善本特点。刘建国说：

> 所谓善本，主要指宋本，无宋本元本最善，当然后来包括校刊好的清代一些本子和刻印少流传不多难见的书籍。②

由于善本主要是宋本，因此他对其特点做了详细介绍：其一，从款式看，多是白口单边或细黑口；其二，从文字看，多是大小欧体，其间也有少数颜柳体；其三，从纸墨看，以活衬纸为最好，少数是蚕茧纸、鹄白纸和藤纸，且纸坚刻软，用墨稀薄；其四，从装订看，有旋风装、蝴蝶装和包背装；其五，从经书刻式看，每卷卷末有经若干字，注若干字，分两行

---

① 刘建国：《中国哲学史史料学概要（上）》，第27页。
② 刘建国：《中国哲学史史料学概要（上）》，第29页。

记载。

以上刘建国对版本发展史的简略回顾以及对善本特点的总结，让我们对版本有了一个大致的轮廓，对我们从版本角度分析哲学史料提供了一定的帮助。然而，他在论述中并没有将之与中国哲学史的研究紧密结合起来，其对善本的界定也有偏狭之嫌。我们认为，善本的划定并不能以朝代为限，而应该从书籍本身的质量来看。关于善本，清代学者张之洞对它的界说具有代表性："善本，非纸白版（引者按：原书为'板'）新之谓，谓其为前辈通人用古刻数本精校细勘付刊不伪不阙之本也"，"善本之义有三：一、足本（无阙卷，无删削）；二、精本（一精校，一精注）；三、旧本（一旧刻，一旧钞）"①。

总结第 1 小节所述，刘建国对中国哲学史史料学的学科地位与性质、中国哲学史史料学的定义、任务和研究对象、史料分类的不同角度、史料的探求、史料的辨伪、史料的校雠训诂、史料的辑佚和史料的版本等问题都有所涉及，对中国哲学史史料学学科的史料学理论的发展作出了一定的贡献。

2. 具体史料介绍方面的突破

综观刘著《概要》可见，其"绪论"亦即史料学理论部分只占了全书的 34 页，而史料举要部分则有 933 页之多。在现有的中国哲学史史料学专著里，具备如此庞大的史料举要篇幅的只有这一部书。因此，该书也被学界誉为"继 1962 年冯友兰先生的《中国哲学史史料学初稿》之后的一部最为系统、全面的中国哲学史史料学著作"②。我们认为，刘建国在史料举要方面的突破主要有以下几点。

（1）史料介绍的内容更加丰富

刘建国积极拓展学术视野，努力吸取最新研究成果，在相当程度上丰富了哲学史料介绍的内容。如，他专设"夏代哲学史史料"一栏，并指出我们有必要对之进行挖掘来填补空白，特别要注意像河南二里头文化遗址等有关材料，以便从地下文物中搜集有关夏代的史料。再如，汉代部分，刘从"《潜夫论》的著录和篇目""《潜夫论》书名之由来""《潜夫论》各篇反映的思想"以及"《潜夫论》版本和注解"四个方面介绍"王符的

---

① 张之洞：《读书法·语学》，北平：文化学社，1931，第 29、30 页。
② 《沉痛悼念刘建国教授》，载《中国哲学史》2009 年第 3 期"封三"。

思想史料"，从"生平史料和著作著录流传""《昌言》题意和史料分布"以及"著作辑佚版本"三个方面介绍"仲长统的思想史料"，而冯友兰的《中国哲学史史料学初稿》对二人的著作却总共用了一页的篇幅作简单评介，张岱年的《中国哲学史史料学》也只是在"后汉中期至末期有关哲学的著作"里约略提及二书。尤其值得一提的是，刘著设立了"现代哲学史史料"和"中国哲学史论文资料索引"两编。这两大部分内容是其前的史料学著作里所没有的。其中，"现代哲学史史料"部分包括"'五四'运动时期哲学史史料""第一次国内革命战争时期哲学史史料""第二次国内革命战争时期哲学史史料""抗日战争、解放战争时期哲学史史料"和"毛泽东的思想史料"五章，列举了李大钊、陈独秀、胡适、张君劢、丁文江、戴季陶、曾琦、李璜、陈启天、金家菊、瞿秋白、恽代英、蔡和森、李达、张东荪、陈立夫、叶青、梁漱溟、艾思奇、蒋介石、冯友兰、贺麟、胡绳、侯外庐和毛泽东等 20 多位具有一定典型意义的现代哲学家或思想家的史料；"中国哲学史论文资料索引"部分则以《中国史学论文索引》和《全国主要报刊目录索引》为基础，杂采其他目录和资料编成，分"中国哲学史方法论概论论文""先秦哲学史论文""汉至唐哲学史论文""宋元明清哲学史论文""近代哲学史论文"和"现代哲学史论文"六个栏目著录了 1901～1980 年 80 年间的 4000 余篇中国哲学史方面的学术论文。刘建国还声明：

> 第六编附录为中国哲学史论文资料索引……之所以独立成编，是因为它本身即是史料学的重要组成部分。①

也就是说，在刘的观念中，此编虽然处于"附录"的地位，却不是可有可无的。我们认为，正是看到了论文索引对于研究中国哲学史的重要意义，此后的方克立等才主持编修《中国哲学史论文索引》，该书 1986 年起由中华书局陆续出版，并和刘氏的"中国哲学史论文资料索引"一起在中国哲学史的教学与研究中发挥了积极作用。

以上所云"内容丰富"是从总体框架的角度而言。此外，在介绍大多数个案哲学史料的过程中，刘著内容也比以前的著作细腻得多：第一，正

---

① 刘建国：《中国哲学史史料学概要（下）》，"后记"，第 968 页。

如李宗桂已指出的，"对一些有争议的问题，刘著也能客观地介绍各种分歧意见"①。例如，关于《公孙龙子》的真伪问题，刘建国介绍了历史上的三种意见：①《公孙龙子》全是伪书。清姚际恒在《古今伪书考》中提出这种见解。②《公孙龙子》部分是伪书。顾实、刘汝霖和郭沫若持此说，他们都认为该书首篇《迹府》为伪。③《公孙龙子》全是真书。王琯、栾调甫和杜国庠等人如此主张。第二，对史料的注解和版本的介绍甚为详细：不仅举出各个朝代的注解，而且开列各种注解的主要版本。如对于《道德经》，刘分"汉魏晋隋唐时代的注解""宋元明清时期的注解和版本"和"近代的注解和版本"三个时期进行介绍，对注解中的汉河上公注《老子道德经》，列举如下众多版本：

宋麻沙刘氏刻本。民国八年己未（1919）上海商务印书馆据宋刻本初次影印《四部丛刊》本。民国十八年己巳（1929）上海商务印书馆据宋刻本二次影印《四部丛刊》本。民国二十五年丙子（1936）上海商务印书馆据宋刻本缩印《四部丛刊》本。明嘉靖六年丁亥（1527）樊川别业刻《六子书》本。明嘉靖六年（引者按：原书没有"年"字，据文义补）丁亥（1527）芸窗书院刻《六子全书》本。明嘉靖十二年癸巳（1533）耶山精舍刻《六子书》本。明嘉靖九年庚寅（1530）顾氏世德堂刻《六子全书》本。明嘉靖十二年癸巳（1533）顾氏世德堂刻本。明正统刻万历续刻《道藏》本。民国十二年癸亥至十五年丙寅（1923～1926）上海商务印书馆据正统、万历本影印《道藏》本。民国间上海商务印书馆据明本影印《道藏举要》本。以上诸本皆题为《道德真经注》四卷。明万历七年己卯（1579）临川朱东光刻《中都四子集》（又名《中立四子集》）本。清青浦王氏经训堂抄本。明刻《纂图互注五子》本。民国三年甲寅（1914）右文社据明世德堂影印本。清乾隆三十年乙酉（1765）《四库全书》抄本，题为《老子注》。清嘉庆九年甲子（1804）姑苏王氏聚文堂刻《十子全书》本，题为《道德真经评注》。清宣统三年辛亥（1911）上海大通书局石印《增订汉魏丛书》本。日本大正十二年民国十二年

———————

①　李宗桂：《评〈中国哲学史史料学概要〉》，《社会科学评论》1986年第6期。

癸亥（1923）跋影印旧抄本。①

　　如此详细的注解和版本介绍是其他史料学专著里看不到的。这对我们搜集和整理古代哲学史料具有很大的参考价值。

　　不可否认，上述刘著之特点是中国哲学史史料学学科在具体史料介绍方面的一大进展。

　　（2）史料介绍的维度更为全面

　　冯著、张著在介绍哲学史料时虽然也涉及了史料的著录、真伪、流传情况、注解和版本等多个维度，但是二书没有将这些维度有意识地组织成为一个系统的著述体例，对哲学家的生平史料的维度更是重视不足。刘建国在史料介绍方面则具有鲜明的系统意识，这表现在他对自夏商周至1949年中华人民共和国成立前120余位哲学家或思想家从"生平史料""史料的分布""史料的著录与流传""史料的真伪""注解和版本"等多个方面进行宣介。其中，"史料的分布"涉及天命观、自然观、认识论、辩证法、无神论、历史观、伦理观、逻辑思想、军事思想等多个角度；"史料的著录和流传"则运用目录学这个工具从《汉书·艺文志》《隋书·经籍志》《旧唐书·经籍志》《唐书·艺文志》《宋史·艺文志》等史志目录和一些私藏目录中来考察各个哲学典籍的著录和流传情况。通过这些工作，哲学家或思想家的生平、著述乃至思想状况就大致浮现在我们面前。

　　但是，刘建国并没有将这些维度的使用教条化，而是具体问题具体分析，根据史料的特点设立介绍的维度。如对"老聃的思想史料"，他设"生平史料""《道德经》的传播""《道德经》的成书年代和真伪问题""老子《道德经》一书的性质""《道德经》的注解和版本"等维度；对"孔丘的思想史料"，他设"生平史料""《论语》书名的由来""《论语》的作者和编纂年代""《论语》真伪和史料分布""《论语》的版本和注解"等栏目；对"罗钦顺的思想史料"，他则只设"生平史料""主要著作史料分布"和"著作版本"三项。刘建国这种做法，既能使全书体例大体一致，又能体现每个哲学史料的独特特征。需要指出的是，与张岱年的《中国哲学史史料学》一样，刘著仍然偏重先秦哲学史料的介绍和分析，对其他部分哲学史料尤其是其所增加的"现代哲学史史料"的介绍则

---

① 刘建国：《中国哲学史史料学概要（上）》，第112~113页。

失之简略。

（二）《先秦伪书辨正》对中国哲学史史料学的贡献

据《先秦伪书辨正》的作者"后记"，该书的撰写计划在刘建国给吉林大学中国哲学史专业硕士研究生主讲"中国哲学史史料学"一课时既已萌生，产生这种想法的原因是他感到中国哲学史史料学所涉及的每一部古籍的真伪都有再深入探讨的必要。刘曾想联络一些有志于辨伪的同仁合作完成这个计划，然而未获成功。其后，他零星发表数篇伪书辨正的文章。1993 年退休后他索性自己专心致力于此。从 20 世纪 70 年代末开始，刘建国在伪书辨正方面耗费了 20 年的心血，最终成果就是 2000 年完成的《先秦伪书辨正》的书稿。

既然称为"伪书辨正"，其所针对的当然就是被视为伪书的书籍："以前人考证出的伪书作为研究对象，经过再次考证辨析将所谓伪书恢复其本来面目，正名其为真书，以抢救一批有价值的珍贵的古籍遗产。"①立足于这个"辨伪证真"的立场，《先秦伪书辨正》为先秦 49 部"伪书"翻案。以学术史的角度观之，该书可以被视为近百年来疑古和反疑古两种思潮较量过程中反疑古一方的里程碑式的著作。因为尽管其前学界已为不少古籍"摘帽"，但是关涉对"伪书"之全面系统的考辨总结，刘建国的《先秦伪书辨正》则是具有开创意义的。从中国哲学史史料学学科发展的角度而言，刘著的贡献主要有两个方面。

1. 从史料介绍的维度看，大大推进了先秦哲学史料的辨伪实践

我们说《先秦伪书辨正》大大推进了先秦哲学史料的辨伪实践，是基于两个原因：（1）刘著是专门的史料辨伪著作，而辨伪是中国哲学史史料学的重要工作之一。也就是说，刘建国所做的工作是中国哲学史史料学的内容的一部分。（2）刘著所为之辨正的 49 部伪书可分为三类：第一类本身就是中国哲学史上的重要著作，如《周易》《管子》《论语》《邓析子》《孙子》《孝经》《晏子春秋》《曾子》《大学》《老子》《子思子》《文子》《中庸》《关尹子》《墨子》《尸子》《列子》《慎子》《商君书》《孟子》《鹖冠子》《庄子》《吕氏春秋》《荀子》《公孙龙子》《韩非子》等，这一类是刘著辨正的重点；第二类虽不是哲学著作，但与中国哲学史紧密相关并为许多中国哲学史史料学专著所论列，如《尚书》《周礼》《诗经》《春

---

① 刘建国："前言"，第 1 页，《先秦伪书辨正》，西安：陕西人民出版社，2004。

秋左氏传》《国语》《尔雅》等;第三类虽与中国哲学史关系不甚紧密,却是了解先秦文化背景的重要资料,如《鹖冠子》《六韬》《汲冢周书》《穆天子书》《司马法》《山海经》《伍子胥》《鬼谷子》《楚辞》等。可知,刘著中辨正的书籍都或多或少地与中国哲学史有一定联系。从而我们认为,《先秦伪书辨正》在某种程度上说能够充当先秦哲学史史料学方面的著作。正如白奚所言:

> 《先秦伪书辨正》一书的使用价值,不仅在于其对伪书说的众多论据进行了全面有力的反驳,有利于恢复先秦旧籍的本来面目,而且还在于其具有史料学著作的价值,如能与史料学的专门著作配合阅读,可以收到更好的学习效果。首先,该书为了证明大批所谓伪书实乃先秦旧籍,对每一部古籍的成书、流传与历代的著录、引述等情况都做了必要的叙述和考证,其详尽程度超出了现有的中国哲学史史料学著作,是对现有史料学著作中相关内容的深化;特别是这些古籍中的很大一部分在一般的史料学著作中都没有介绍,这就更凸显了该书的史料学价值。其次,该书中有些章节还根据论证的需要,概述了相关古代思想家的主要思想学说及其与同时代其他思想家的学术联系,由于是把该古籍中的思想内容放在先秦时代的学术文化背景中来分析阐述的,因而既可以较为准确地彰显其思想价值和时代含义,又可以扩展先秦思想文化的史料范围,这对我们了解这一时期的思想文化状况无疑是有帮助的。复次,该书为每一部需要讨论的古籍设一专章,详述该书伪书说的由来、主要疑点、持伪书说的主要人物及其主要论据,然后针锋相对地加以辨驳,这就使读者方便地了解自古至今围绕这部古籍发生的各种争议及其基本内容和历史演变。①

2. 从史料学理论的维度看,进一步深入总结了辨伪方法

刘建国能够在史料辨伪方面取得令人瞩目的成绩,与其对辨伪方法的重视不无关系。由前文可知,在《概要》里,他就已经提出辨伪的"内外证二法"。在《先秦伪书辨正》中,刘则在此基础上将辨伪方法进一步

---

① 白奚:《超越疑古 回归本真——由〈先秦伪书辨正〉一书说起》,《中国人民大学学报》2005 年第 3 期。

深化。

　　早年时，刘建国不自觉地走进疑古。时至晚年，他"又逐渐自觉地走出疑古"①。此时，在辨伪方法方面，他也是针对疑古派之弊而对之进行修正或补充。在刘看来，疑古派和疑古者的辨伪有六大特点：第一，和其他目的相混淆；第二，凭主观臆测断定古书为伪书；第三，以偏代全；第四，盲目崇信前人之说；第五，在伪书的时间断限上越晚越好；第六，把后人援引前人之文说成是前人抄后人之书。可以看出，刘氏所说的这六大特点其实是六大缺点或六大弊端。他之所以没有使用"缺点"或"弊端"这类词语，大概是为了表明其评说并无褒贬之意。②

　　鉴于上述疑古派的六个弊端，刘建国自己总结了一套伪书辨正的工作方法。这套方法包括四种具体的操作规程。

　　第一，追根溯源，普查疑古者的著作及其根据。这是因为，从伪书观点的来源和根据入手才能完成将伪书经重新考证辨正为真书的任务。刘指出，普查的方法有五：（1）查伪书通考类著作。（2）查专考先秦诸子类的著作。（3）查书评书目类的著作。（4）查考证文集类的著作。（5）查考证伪书的专著。最后，还要将查到的伪书根据汇总分类以备使用。

　　第二，通读史目，确立伪书辨正的外证。这需要两个步骤：（1）通读《二十五史》和有关史书专著，查到有关能说明伪书不伪的外证；（2）通读《汉书·艺文志》《隋书·经籍志》《旧唐书·经籍志》《新唐书·艺文志》《崇文总目》《宋史·艺文志》《明史·艺文志》等史书目录，以便了解真书的遗存和流传情况。刘认为，这种辨正方法的使用根据在于伪书辨正是一项与史书和史书目录学紧密相关的工作，从史书及其中的史籍目录中可以查到伪书非伪的外证。

　　第三，精读所要辨正书籍的原著，揭示其作为真书的内证。在刘看来，内证是多方面的，包括原著的社会背景、政治制度、思想观点、礼仪规章、风俗习惯、书写体例、章题命名、文字异同、字句音韵、概念内涵、引用他书、所提人物、自然名物、数字用法、天文历数、山川河流及

---

① 吕绍纲：《〈先秦伪书辨正〉序》，第1页，载刘建国《先秦伪书辨正》。

② 关于这点，刘建国立场明确，他在前文曾说："我们这里所说的疑古派只是指怀疑某些古籍为伪书的那些学者，是一种对事不对人的称呼，并无褒贬之意。我本人70年代以前也是非常崇拜疑古派和疑古者那些代表人物的。"（刘建国："前言"，第1页，《先秦伪书辨正》）

其他有关内容。我们认为，内证相对于外证而言固然具有更强的说服力，但是查找它的难度是大于查找外证的难度的，因为其需要更为丰富的古代文化常识。

第四，利用地下出土的书简文物，直证真书非伪。如果出土的书简文物是所要辨正的书籍的其他版本，那么它就是直接证据。如果出土的书简文物不是所要辨正的书籍的其他版本，但与之有一定关系，则可作为间接证据。显然，刘氏此种辨正方法来自王国维的二重证据法。

需要进一步指出的是，从其辨伪实践我们还可以发现，刘并不认为以上所云内证、外证、地下文物等具有同等重要的地位。在他看来，辨伪还要坚持几个原则：（1）在内证和外证之间，应以内证为主；（2）在本学派史料和其他学派的史料之间，应以本学派的史料为主；（3）在同时代的史料和其他时代的史料之间，应以同时代的史料为主；（4）在地下史料和地上史料之间，应以地下史料为主。这几个原则在《概要》中既已提出，并在考证《道德经》时派上了用场，在《先秦伪书辨正》中更是得到较为充分的应用。

此外，刘在实际的伪书辨正过程中，还使用了一种强有力的方法，即先对前人确定伪书的证据一一进行驳斥，然后再正面立论。这种做法无疑会使他得出的结论更加令人信服。也正因为此，刘氏此举被并世学者广为称赞。①

三 刘建国中国哲学史史料学研究的特点

刘建国以中国哲学史史料学为专门的研究方向，这在中国哲学史学界是绝无仅有的。综观其中国哲学史史料学研究，可得优点如下：第一，进一步发展了史料学理论。从上文可见，与该学科形成期的朱谦之和冯友兰相比，刘建国对史料学理论的阐发在某些方面是有所发展的，如《概要》在该学科的地位和性质、中国哲学史史料学的定义、任务和研究对象、史

---

① 如吕绍纲称刘建国此举为"方法精当，考证详赡"（吕绍纲：《〈先秦伪书辨正〉序》，第1页，载刘建国《先秦伪书辨正》）。白奚也说："辨伪和反辨伪作为对立的双方，对反方的论据针锋相对地予以反驳而不是回避，应当说是必须如此且只能如此的。……综观《先秦伪书辨正》全书，作者对疑古派提出的各种伪书的所有论据都一一进行了反驳，其难度之大可想而知，这也是这部著作最大的价值之所在。"（白奚：《超越疑古回归本真——由〈先秦伪书辨正〉一书说起》，《中国人民大学学报》2005年第3期）

料分类的不同角度、史料的探求、史料的辨伪、史料的校雠训诂、史料的辑佚以及史料的版本等诸多问题上都有进一步的论述或提出了独到的见解，《先秦伪书辨正》则更是深入总结了古籍辨伪的方法。我们认为，刘建国在此方面的贡献虽然在规模和系统性上不及同时代的张岱年，但其工作的意义是不可忽视的。第二，在具体哲学史料的介绍方面有较大的进展。这是刘建国在中国哲学史史料学领域最值得称道的地方。关于如何介绍具体哲学史料，刘与张岱年的方向是一致的，他们都注重哲学史料介绍之广度和深度的增加。但是，刘所介绍的内容更加丰富，维度更加全面。如前文所示，他不仅扩大了介绍范围，列举了更多与哲学史料有关的注解和版本，而且从"生平史料""史料的分布""史料的著录与流传""史料的真伪""注解和版本"等多个维度对具体哲学史料进行宣介。总之，无论在史料学理论方面还是在具体哲学史料的介绍方面，刘建国的成就都必须在中国哲学史史料学发展史上提到。

但是，其中国哲学史史料学研究的缺点也是很明显的。第一，史料学理论仍然非常薄弱。与张岱年的史料学理论初具规模不同，关于此方面的内容在刘建国的著作里篇幅很小，而且只被作为"绪论"。第二，有片面证真之嫌。证真倾向在《概要》里已初露端倪，如说："不论是乾嘉疑古派，还是近代古史辨派，他们有怀疑一切的倾向，有的无根据的怀疑和否定，甚至把《韩非子》一书考来考去只剩其中二篇为真，其余皆伪。他们在一定程度上又搞乱了古代史料"①，在《先秦伪书辨正》里则成为一个著作原则。于此我们认为，如果说20世纪疑古派的缺陷在于过度疑古从而片面地证伪，那么刘著的缺陷则可说在于过度信古从而片面地证真。因为它不从原始资料出发，通过研究论证得出某书是真或者伪的结论，而是预先假定该书肯定是真，然后再去寻找资料佐证。这种做法虽然也有一定的积极意义，但在根本上说是本末倒置的。它使刘建国的史料学研究从疑古派的一个极端走向了其反面的另一极端。而事实上，二者都是有失客观的。

第四节　石峻的中国哲学史史料学研究

据其弟子杨庆中介绍，石峻"曾于1983年、1984年、1986年、1988

①　刘建国：《中国哲学史史料学概要（上）》，第17～18页。

年等，先后数次为中国人民大学哲学系研究生讲授《中国哲学史史料学》，也曾应邀在其他院校讲授相关课程，影响很大"①。从《中国大百科全书·哲学卷Ⅱ》（中国大百科全书出版社，1987）中的"中国哲学史史料学"的辞条邀请石峻撰写这一事实，我们也能看到杨庆中所言其史料学课程"影响很大"不虚。由此，石的中国哲学史史料学研究也构成了该学科发展期的重要因子。

一 "素好肇公之学"的石峻②

石峻，1916年10月25日生于湖南省零陵县（今永州市），字柏宓，曾用名石易元、石凤岗。由于他的父亲同情革命，将大量宣传革命的书籍携至家中，使得石峻幼年就有机会接触这些进步的新思想。他中学就读于长沙广义中学（现湖南师范大学附中），该校亦具革命传统。石擅长理科，尤其是数学和物理，但是却有志报考哲学专业。他对中学教员讲授的国学概论一课（所用教材是钱穆的《国学概论》）兴趣甚浓，并自学了梁启超的《清代学术概论》、胡适的《中国哲学史大纲》和冯友兰的《中国哲学史》上卷（神州国光社版）。1934年，石峻以优异的成绩考取北京大学哲学系。大学期间，他兴趣广泛，博览群书，涉猎中外哲学思想，精心阅读中外文马克思、恩格斯以及列宁的经典著作。除此之外，石还阅读过鲁迅《中国小说史略》中提到的每一本书，研究普罗文学（即无产阶级文学），关注外国小说③，同时痴迷于数理逻辑的学习。不仅如此，他还几乎选遍了北大文科著名教授的课。毕业之后，继续选听著名学者讲课长达十年之久。1938年，石峻毕业留校任教，给汤用彤做助手。之后在北大（包括

---

① 杨庆中：《石峻先生的中国哲学史史料学研究》，《中国哲学史》2007年第1期。
② 关于石峻的介绍，主要参照以下文献：邢贲思主编《中国哲学年鉴》，北京：中国大百科全书出版社，1983，第347～348页；宋志明：《哲学史家——石峻》，《中国人民大学学报》1989年第5期；杨庆中：《石峻先生的中国哲学研究》，《湖湘论坛》1999年第5期；杨庆中：《石峻先生学述》，载中国人民大学哲学系编《中国哲学的继承与创新·纪念石峻教授八十华诞论文集》，北京：中国人民大学出版社，1999；杨庆中：《石峻先生传略》，《湖南科技学院学报》2005年第9期；宋志明：《中国近现代哲学史学科的奠基人——石峻学术思想评述》，《中国哲学史》2007年第1期；董群：《石峻先生与中国佛教哲学的研究》，《中国哲学史》2007年第1期；温克勤：《石峻先生和伦理学研究》，《伦理学研究》2007年第3期。
③ 据任继愈回忆，大学期间，"石公看了不少俄国作家的小说（多为英译本）"（任继愈：《〈石峻文存〉序》，第1页，载《石峻文存》）。

西南联大时期）工作的十年期间，他先后任哲学系研究助教、专任讲师，1940 年起单独开课，讲授"哲学概论"和"伦理学"，还曾代授"中国哲学"。1948 年，石峻调任武汉大学哲学系副教授，新中国成立后兼武汉大学图书馆主任。解放初期，他任中南新哲学学会秘书长，并在中原大学讲授"逻辑学"。1952 年，全国大学院系调整，石峻回北大哲学系，任副教授，研究生导师，主要承担"中国近代思想史"课程的讲授。在此期间，他主编了《中国近代思想史参考资料简编》，与任继愈、朱伯崑共同撰写并出版了《中国近代思想史讲授提纲》（人民出版社，1955）。1955 年，石峻调到中国人民大学参与哲学系的筹建工作。1956 年，任哲学教研室主任，校务委员会委员。在人大，他先后开设"中国哲学史""中国近代思想史""中国哲学史史料学""印度哲学史""中国哲学史原著选读"等近 10 门课程。1963 年，晋升教授。1981 年，经国务院批准成为我国首批中国哲学史专业博士生导师之一。石峻学习过英、德、俄、梵四种外语，用英文撰写过多篇中国哲学方面的论文，用俄文为《苏联大百科全书》撰写过有关中国近代思想史的条目，晚年还曾主编《汉英对照中国哲学名著选读》（中国人民大学出版社，1996）。此外，他还与苏联、东欧、印度、美国等地的学者进行学术交流，并指导外国留学生多人。1999 年 4 月 15日，石峻与世长辞。他生前的学术职务有中国哲学史学会副会长、中国现代哲学史研究会会长、中国宗教学会常务理事、中国伦理学会理事和国家古籍整理出版规划小组成员等。

　　石峻惜墨如金，20 世纪 60 年代以后就不再轻易写作，留给学界的只有一部其后学整理出版的《石峻文存》。总结其学术成就，我们认为，主要有以下几个方面。

　　第一，佛教研究。读大学时，石峻选定佛教哲学和西方近代哲学的研究方向。① 但从其留下来的著述看，西方近代哲学最终没有成为他的主要研究领域，而在佛教研究方面其贡献则是令学界刮目相看的。受汤用彤影响，石峻自始便很重视佛教研究，早年尤其关注《肇论》，汤先生称其为"素好肇公之学"。大体而言，石峻的佛教研究至少有以下几点仍值得我们认真反思：（1）区分佛教、佛学和佛教哲学。对这三个概念尤其是后两个概念之间的区别，石的意见与其他人不同。在他看来，佛教的范围最广，

---

① 任继愈：《〈石峻文存〉序》，第 2 页，载《石峻文存》。

佛学的内容比较窄，佛教哲学更窄，"比佛学还要专门，还要窄，不可以混为一谈"①。而学界大多认为，佛学和佛教哲学是一回事。关于佛教哲学的中心问题，石则认定依然是主观思想意识与外界客观存在的关系问题，它没有离开哲学基本问题，只是表现形式显得错综复杂。他还指出，佛教哲学与佛教信仰甚至修行方法之间有内在的密切的关联，因此佛教既是宗教也是哲学。（2）佛教与中国文化的关系。关于这个问题，石峻又从三个方面进行探讨：①玄学与佛学的关系。他认为，不是印度佛教先影响了中国魏晋玄学的产生，而是相反，玄学的流行促成了同时代中国佛教理论的发展。②佛教思想对中国文化的影响。石总结了六点：其一，慧远的《三报论》使《周易·文言》的善恶因果报应学说深化，从而欺骗性更大；其二，佛教的发展有帮助维护封建道德的功用，如年轻寡妇可以出家、为死去的先辈做佛事以示孝道等；其三，从生产关系方面看，佛教的传播使中国封建社会延缓发展；其四，隋唐佛教宗派的建立为扩大亚洲各国的文化交流起了作用；其五，寺院经济的发达为保存我国古代历史文物提供了有利条件；其六，佛教术语、概念或思想范畴丰富了我国思想史的内容和表达思想的方法。③佛教与中国文学和艺术。石峻指出，佛经习惯于用形象思维、用艺术夸张的手法表达思想，某些佛经采取一段长篇散文之后来几句韵文的体裁形式以及佛教经典故事的"俗讲"等，都影响和丰富了中国的文学和艺术。此外，梵文的音变对古代中国音韵学的研究有重要的启示和借鉴作用；佛教寺院的雕塑和壁画尤其是宝塔的建造也受到外来佛教的影响。（3）佛教在中国的传播与中国化。石峻将佛教在中国的传播划分为五个时期：汉代的佛道时期、魏晋南北朝的佛玄时期、隋唐的宗派佛教时期、宋元明清的由盛转衰并提倡三教融合的时期和近代受西方外来思想的冲击的时期。我们知道，这种分期在今天仍然是为大部分学者所认同的。关于佛教的中国化，石的视角也很独特。他认为，叛教学说，借着中国传统哲学的问题来宣扬佛家思想，宗密写《原人论》而不作原天论、原阿修论、原恶鬼论、原畜生论，唐代的俗讲制度，等等，都是佛教中国化的标志、方法或特点。（4）佛典翻译。石峻的著述中，《论玄奘留学印度与有关中国佛教史上的一些问题》（载《历史研究》1956 年第 10期）、《支孝龙之论》（手稿）涉及佛典翻译问题，此外还有一篇专门讨论

---

① 石峻：《佛教与中国文化》，载《石峻文存》，第 32 页。

此问题的文章——《漫谈佛典翻译》（1951 年手稿）。主要观点有：①用中国固有名词或本有文法翻译佛经，并不见得能对印度学术有真深的了解。②佛典的翻译，晚出的较为精细，早出的多见粗糙。③将翻译与研究、讲授结合起来有助于翻译。因为翻译的佛典只有在一些不通原文的人读了也能深切地了解才成可贵，所以佛典翻译大家将个人研究与翻译结合起来，以求减少理解上的错误；而讲经可使译者对所翻书的内容有更深入的了解和更浅显的说明，同时使他的表达技巧更为熟练，提高翻译水平。④除非在国文实在无法表达意思的情况下，译者最好避免模拟外语结构。再者，音译的部分，除人名地名外，决不宜过多，乃至选字也要斟酌。⑤关注佛典目录学有利于研究佛典翻译的历史。(5)《肇论》研究。这是石峻的研究重点之一，在当时就有一定影响。笔者听韩强教授说，他在南开大学读研究生时学校就曾邀请石峻给他们讲解《肇论》。在这方面，石先后写成《僧肇学述》（已佚）、《读慧达〈肇论疏〉述所见》和《〈肇论〉思想研究》三篇论文。其中自然涉及《般若无知论》《物不迁论》和《不真空论》的中心思想问题，也很重视对僧肇著述的考辨。关于此点，后文详述。

第二，中国近现代哲学思想史研究。石峻是讲授中国近代哲学史的第一人，也是中国现代哲学史研究的最早倡导者之一。他不仅开设"中国近代思想史"的课程，主编和撰写相关书籍，而且陆续写作了《开展中国近现代哲学思想史研究的重要意义》《有关中国近代哲学史研究的几个问题》《论中国现代哲学史研究的意义》《近代中国知识分子的道路》《论李大钊和陈独秀的思想》《胡适评传》《熊十力先生的学术道路》《郑观应的〈盛世危言〉》《中山先生的思想（提纲）》等有关近现代哲学史的文章。石主张，"认真开展中国近现代哲学思想史的研究，对于建设社会主义的精神文明，把我国建设成为现代化的社会主义强国，具有不可忽略的重要意义"①。原因在于，中国历史上有两个时期特别值得注意：先秦时期和近现代时期，因为它们都处于大转变之中，而近现代与先秦相比，内容更丰富多彩，道路更复杂曲折，但是这个阶段却是研究的薄弱环节。在他看来，研究近现代哲学史，牵扯到古今中外，只懂得中国不够，还要懂得外国；只懂得中国的今天不够，还要懂

① 石峻：《开展中国近现代哲学思想史研究的重要意义》，载《石峻文存》，第 195 页。

得中国的昨天和前天。换句话说，就是在研究模式上，既不能采取中国古代哲学的研究模式，也不能简单地套用西方哲学的研究模式，而要根据中国近现代社会的特点，找到合适的研究方法。石峻还具体提出了掌握中国近现代哲学思想史基本线索的方法：（1）坚持社会存在决定社会意识的历史唯物主义基本原理，了解中国近现代社会的性质，因为其已经确立了哲学思想发展的基本线索；（2）中国近现代一切反动阶级思想的发展，是走向没落的封建正统思想与帝国主义资产阶级外来腐朽思想日益密切结合乃至融为一体的过程，结合的程度根据我国近代不同时期思想斗争的特点由浅入深、由粗入精、由大至小、由隐至显，最后达到完全适合半殖民地半封建社会统治者的需要；（3）科学地总结近现代哲学史发展的基本规律，必须充分注意中国当时的经济、政治和思想战线上的特点。石峻在中国近现代哲学史研究上的这些论断有效地推动了相关研究。

第三，少数民族哲学研究。20世纪五六十年代，冯友兰和朱谦之都曾提到要对少数民族哲学进行研究，但他们并没有付诸实施。石峻则写有《中华文化是全国各民族的共同创造》（手稿）、《蒙古哲学研究》（手稿）和《〈最初的探索——蒙古族哲学思想史研究〉序》[《内蒙古社会科学（汉文版）》1987年第5期] 三篇文章。他强调，中华民族的传统文化是汉族和各少数民族共同创造的，我们要避免大汉族主义的偏见，本着实事求是的精神，看到少数民族杰出人物的贡献。在《蒙古哲学研究》一文中，石提出五种基本观念：（1）不能把书本的有无确定为某个民族的哲学值不值得研究的取舍标准；（2）治学成果的有无贡献不在资料本身的性质，而在于我们能否用马克思主义以认真严肃的态度从事系统的解剖；（3）将蒙古族的天文学、医学乃至军事学著作提高到世界观的高度来进行考察，用辩证唯物主义和历史唯物主义进行理论概括，即可成为哲学史的思想史料；（4）研究蒙古族的社会历史和文化要关注国外的相关记载；（5）培养精通蒙古文文献的专家，鼓励研究我国与外国之间、国内各民族之间彼此文化相互影响的关系。

第四，伦理学研究。石峻于1940年开始为学生讲授"伦理学"课程[①]，留有7万余字的《伦理学讲义》。其中，他对伦理学的性质与范围

---

① 温克勤：《石峻先生和伦理学研究》，《伦理学研究》2007年第3期。

（包括"何谓伦理学""伦理学之研究对象""伦理学研究之方法""伦理学与其他科学之关系""伦理学的各方面"和"伦理学的先决问题"等），伦理社会意识形态（包括"社会伦理与民族文化""一般道德之进展与'知识'""中国礼教"等），伦理问题（包括"人生之意义""理想与实践之关系""公与私""知与行""自由与必然"等）的理论研究以及道德生活的实践（包括"信仰与节制""环境与改革""道德与知识""意境问题""社会机构与道德""道德理想与道德实践"等）等问题进行分析和讨论。1944年，石又发表《略论中国人性学说之演变》，从伦理学视角将中国人性论的发展演变分为先秦、秦汉之际、两汉、魏晋、隋唐和宋元明六个阶段进行探讨。在伦理学上，他一贯坚持宇宙观决定人生观的理论进路，强调伦理学"必须以形上学为基础"[1]，伦理道德问题必须提高到哲学的高度来解决。

第五，哲学史方法论。注重总结中国哲学研究的得与失，反思其方法论，亦是石峻学术特色之一。早在20世纪50年代，他就特别提倡对中国哲学特点的挖掘，并揭露"以西释中"研究模式的弊端：

> 把西方资产阶级学者编排外国哲学史的形式，依主观意图制成套子强加在中国哲学史的研究上，一般只是简单地从字面上摘取可以比附西方哲学史（引者按："史"疑为"术"）语的片断（引者按："断"应为"段"）来加以发挥；于是在中国哲学史上虽有贡献，但在西方哲学书中找不到外表相像的争论，自然也就完全不注意了。如此，中国哲学史就变成了不完备的西方哲学史。[2]

在他看来，中国哲学史研究的科学化要求坚守马克思主义基本原理的指导地位，将哲学和哲学史研究结合起来。分而言之，包括以下几个方面：（1）研究哲学问题不能单从抽象的定义出发，要理论联系实际，对于研究对象不仅要察言，而且要观行；（2）用发展的眼光考察时代思潮、某个人的思想体系以及哲学概念之内涵和形式的变化；（3）注意哲学思想的

---

[1]　石峻：《伦理学讲义》，载《石峻文存》，第389页。
[2]　石峻：《论有关"中国哲学史"的对象和范围的讨论及其目前存在的一些问题》，载《石峻文存》，第265页。

阶级分析；（4）分析哲学与生产斗争的关系；（5）分析哲学和阶级斗争的关系；（6）反对民族文化虚无主义，从客观的具体事物和真实思想出发，在对以往哲学思想的批判继承中推陈出新。基于其对以马克思主义为指导是研究中国哲学史的正确方法的强调，方克立提出石峻创立了中国哲学史研究的"人大学派"①。

综上可见，石峻涉足中国哲学的许多领域，其中尤以佛教研究和中国近现代哲学研究为重。进言之，其研究还贯彻着一种强烈的实证精神，这表现在他对史料考辨和中国哲学史史料学的重视。

二　石峻对中国哲学史史料学的贡献

就系统性而言，石峻的中国哲学史史料学研究始自 20 世纪 80 年代。然而，这并不等于说其前的石峻不重视史料问题。事实上，早在大学期间，他就浸润于实证主义史学的研究氛围。

（一）20 世纪 30、40 年代中国哲学史史料学相关问题的研究

20 世纪 30、40 年代，石峻在北京大学学习和工作。也就是在这个时期，他开始了中国哲学史研究。从其此时期的著述看，他对史料问题予以了较多关注。

1. 重视目录——史料学研究之始

石峻所在北京大学的中国哲学史研究自胡适就弥漫着史料考辨的风气②，其师汤用彤更是被称为"治学严谨，精于考证"③。据他回忆，大约在 1938～1939 年间，汤先生在西南联大哲学系开设"佛典选读"，让他在课外回答同学们的疑问，当时他请求汤先生开一个必读"书目"，于是汤先生开列了《"佛典选读"叙目》，另外，在 1944 年前后，应英国汉学家休士之请，汤先生又开列了"'中国哲学'（从第三到第十世纪）"的目录。可以认为，石峻在这个阶段就已看到了目录在中国哲学史研究中的重

---

① 贺更粹：《"纪念石峻教授诞辰 90 周年学术研讨会"综述》，《中国人民大学学报》2006年第 6 期。

② 石峻后来曾总结宗教研究方法为四种：信仰者的方法、西方化的方法、重历史的方法和罗列材料的方法。其中，重历史的方法他以胡适为代表，并指出其特征是"注重考证历史史实，轻阐发思想"（参见石峻《关于中国哲学研究的谈话》之《关于宗教研究的方法》，载《石峻文存》，第 493 页）。此外，石峻还撰有《胡适评传》。可知，他对胡适的学风很是了解，因此也必然会吸取其中的合理成分。

③ 石峻：《汤用彤》，载《石峻文存》，第 1 页。

要作用，这可从两个方面得到证实：其一，他一直保留这两个书目，后又将二者组织成文，题为《回忆汤用彤先生的治学精神及其两篇逸稿》，刊载于 1986 年北京大学出版社出版的《燕园论学集》；其二，他曾深研这两个书目并形成自己的理解。如对《"佛典选读"叙目》，他概括了三个特点：（1）不是单纯地从过去对中国思想影响的大小来选定；（2）注重印度佛教哲学中心思想的变迁；（3）留心除原始佛教之外的上座一切有部的理论发展，比较突出大乘空宗学说的影响，乃至大乘有宗从三性到"三无性论"的关系。关于后一个目录，他则指出，它体现了外来佛教思想在古代中国传播、发展、对抗、融合以至衰落的全部过程，"汤先生在这里不是简单地从事提倡过去的任何一种统治思想来反对另一种统治思想，而是从它们的相互影响之中来探讨其总的发展规律"[1]。我们认为，如果石峻认识不到目录的作用，那么他肯定不会将上述两个目录保留几十年，更不会对之进行研究。

目录学是中国哲学史史料学的重要内容之一，这在学界已成共识。因此，在一定意义上可以说石峻在这个时代对目录的重视和研究是其史料学研究之始。

2. 《肇论》研究与佛教史料研究方法——以 20 世纪 30、40 年代为中心

前文已述，《肇论》是石峻重点的研究对象之一。1938 年，在汤用彤《汉魏两晋南北朝佛教史》的启发下，他写了一篇《僧肇学述》的习作。这是其《肇论》研究的开始。该文虽然已佚，但从石峻 1944 年在《图书季刊》发表的《读慧达〈肇论疏〉述所见》将文中"凡此（引者按："此"指《涅槃无名论》中十演之思想）所论，似皆与肇公《般若无知论》等思想不合"脚注为"参看拙著《僧肇学述》"[2] 可知，《僧肇学述》中肯定涉及了《涅槃无名论》的真伪问题。《读慧达〈肇论疏〉述所见》更是充分体现了石峻对史料考辨的青睐。1990 年，他又发表《〈肇论〉思想研究》（载《国故新知——纪念汤用彤先生诞辰一百周年》，北京大学出版社，1990）一文，其中"僧肇的生平和著作及其思想在后代的演变"一节对僧肇生平著作以及《肇论》注本的述说在某种程度上可以归入史料

① 石峻：《回忆汤用彤先生的治学精神及其两篇逸稿》，载《石峻文存》，第 8 页。

② 石峻：《读慧达〈肇论疏〉述所见》，载《石峻文存》，第 72 页。

举要的范围。

总括石峻的《肇论》研究，他所运用的佛教史料研究方法至少有以下几种。

第一，从目录审查史料。在石氏的《肇论》研究中，目录的作用有三：（1）推断史料的作者。他发现，招提慧达《肇论序》明示《宗本义》是《肇论》的开篇，接下来的篇章是《物不迁论》①，而慧达《肇论疏》原书篇目次第却与之不同，故而认为"招提寺僧或亦未尝作疏，故此作者究是何人，尚待后考也"②。（2）分析史料性质。最早记载僧肇著述的目录是南朝宋陆澄的《法论目录》，后载于梁代僧祐《出三藏记集》卷十二。根据《法论目录》，石氏对《肇论》性质进行了分析：①与今本《肇论》各篇排列次序不同；②没有《宗本义》；③虽载有《涅槃无名论》，但没有《上秦王表》。因此他认为，当时《肇论》尚未编成如今本一样的本子。（3）辨别史料真伪。从旧录仅载四论而没有《宗本义》，加之慧达《肇论疏》亦阙此一篇，石氏讲"《宗本义》或为后人篡入，非僧肇所作也"③，即《宗本义》为伪作。

第二，从他人引用推知史料时代。经石峻研究，慧达《肇论疏》在日本人安澄撰写的《中论疏记》中已有引称，且安著有一个特点，即所引用的书籍在时段上都在南北朝以前，所以他断定慧达《肇论疏》的写作时代绝对在唐前，在现存的《肇论》章疏中是最早的。

第三，从史料自身出发辨伪。这种方法又主要包括两个方面：（1）从史料思想内容与其作者的整个思想体系是否矛盾辨别其真伪。如关于《宗本义》，石峻指出，其思想体系杂糅各家之谈，概念不清，且是僧肇在《不真空论》中所批判的，因而它不是僧肇的作品。（2）从史料的文笔与作者其他篇章的文笔是否一致辨别其真伪。如关于《涅槃无名论》，石峻就把"然此论文笔，不类肇公其他三论"④作为其为伪作的主要理由之一。

从形式上看，石峻《肇论》研究中所体现的佛教史料研究方法并不系

---

① 石峻如此论断的根据是《肇论序》所说"长安释僧肇法师，所作《宗本》、《不迁》等四论"。

② 石峻：《读慧达〈肇论疏〉述所见》，载《石峻文存》，第63页。

③ 石峻：《读慧达〈肇论疏〉述所见》，载《石峻文存》，第64页。

④ 石峻：《读慧达〈肇论疏〉述所见》，载《石峻文存》，第71页。

统，也不集中，只是穿插于具体的史料考辨之中，但是其中确乎蕴含了相关内容。这些内容可以视为他日后集中研究中国哲学史史料学的铺垫。

3. 哲学史料的翻译辨正

史料的翻译其实就是对史料的解释，只是这种解释是将史料从本国的语言形式转换为外国的语言形式。在宽泛的意义上，我们或可用"史料的训诂"来代替"史料的翻译"。因而，对哲学史料翻译的考察及其辨正仍可纳入史料学范围。

石峻重视国际学术交流，因而对哲学史料的翻译颇为关注。因为在他看来，"国际间学术思想之交流，其托命多在翻译"①。1940年6月，石在《图书季刊》第二卷第二期发表《读近译〈道德经〉三种》，对吴经熊、初大告和胡子霖诸公的三种《老子道德经》英译本提出商榷：首先，关于译文体例，吴氏是用西洋哲学比附《老子》，初氏侧重意译，胡氏特重直译，而这三种译法各有利弊：

> 平心论之，翻译"文体"，如完全直译，必至难于索解，然或能不伤本。意译贵在传神，然倘译人契会有差，则不胜其蔽。至若引不同源流之思想以相比附，读者或能相应了解，但文义混杂，又难免乖其趣旨也。②

其次，三种译本都存在"同文异译"和"异文同译"的情况。前者虽然是为了随文达义，但容易导致歧义的产生，后者则容易使读者"滞名而测其义"。再次，译本中存在只就原文词句用今义进行翻译，而不关照其立说在全篇思想中的关系如何的弊病。复次，译本还存在译者用己意强行解释晦涩处的缺点。最后，在句读和译名上，三种译本还有可斟酌之处。鉴于这些弊病，石氏发出"严格论之，哲学书籍几不能翻译"③ 的慨叹。

如上所示，石峻不仅关注他人的哲学史料翻译，而且在晚年亲自主编了《汉英对照中国哲学名著选读》。这些工作对于中国哲学在国外的传播和发展亦即中国哲学的世界化具有非常重要的意义，需要后学进一步将之

① 石峻：《读近译〈道德经〉三种》，载《石峻文存》，第473页。
② 石峻：《读近译〈道德经〉三种》，载《石峻文存》，第475页。
③ 石峻：《读近译〈道德经〉三种》，载《石峻文存》，第479页。

推进。

（二）20 世纪 80 年代中国哲学史史料学的系统研究

长期以来对史料问题的重视，加上讲授研究生的"中国哲学史史料学"课程的机缘，石峻于 20 世纪 80 年代对中国哲学史史料学进行了较为系统的研究，最终成果就是其《中国哲学史史料学讲义》。

然而，中国哲学史史料学最初在石峻眼中还称不上一个学科，而是只被视为一种"基础训练"或"基础之学"[①]，因此他把关于此方面的探讨置入"中国哲学史研究方法论"的题目之下。[②] 换言之，石氏是在中国哲学史方法论的视域下研究中国哲学史史料学。这大概是受张岱年的影响，因为张的"整理史料的方法"就放在了《中国哲学史方法论发凡》一书中。石峻将中国哲学史史料学看作一个学科始自其《中国哲学史史料学讲义》。从著述形式[③]上看，《中国哲学史史料学讲义》与其他史料学著作都不相同，最大的不同在于它没有史料举要部分。当然，石氏并不是没有这方面的著述。其实，他的《严君平〈道德经指归〉》《王弼〈周易注〉之性质及理论》《中国古代哲学家·颜元》《戴震的生平和他在哲学方面的代表作〈孟子字义疏证〉》《洪秀全的最重要的著作》《郑观应的〈盛世危言〉》等文章就是对具体哲学史料的介绍。可是，他并没有将这些内容纳入其《中国哲学史史料学讲义》。那么，石峻不在讲义中设置史料举要部分的原因何在？我们认为，有三种可能的原因：一、讲义是为讲课写作

---

① 石峻说："史料学是科学的哲学史的一种基础训练"，"哲学史史料学是研究哲学史的一种基础之学"（石峻：《中国哲学史研究方法论》，载《石峻文存》，第 253、254 页）。按照思想发展的一般规律，该文应该在《中国哲学史史料学讲义》之前，因为后者已经将史料学视为一种学科。

② 石峻将"中国哲学史史料学的性质和范围"作为《中国哲学史研究方法论》的第一讲。

③ 《中国哲学史史料学讲义》的目录如下：
第一讲　中国哲学史史料学的性质和范围
第二讲　论有关工具书的使用
第三讲　（上）目录与版本
第三讲　（下）版本学略论
第四讲　校勘与训诂
第五讲　辨伪与辑佚
第六讲　分期与分类
第七讲　哲学理论与思想史料
第八讲　论史料的引证
附录：中国哲学史史料学（辞条）

的，而课堂上没有时间①介绍个案哲学史料，故而将之省略；二、其前，冯友兰的《中国哲学史史料学初稿》和张岱年的《中国哲学史史料学》已经出版，并且二书的史料举要部分都占有很大篇幅或者说是其书重点，而石氏短时间内很难在二人的基础上有较大的系统的推进，所以他觉得做此项工作的意义有限；三、该讲义的写作模式就是石峻认为的最合理的史料学模式，亦即说，他主张中国哲学史史料学就应该介绍史料学方法。然而，无论上述哪种原因是石峻的本意，都还是我们的一种猜测。② 在实际的研究中，我们所能借助的资料只能主要是《中国哲学史史料学讲义》。

我们认为，《中国哲学史史料学讲义》至少在以下几个方面推动了中国哲学史史料学研究或提出了不同看法。

1. 简略的学科定位

在《中国哲学史史料学讲义》中，石峻的学科意识的体现在于他对中国哲学史史料学进行了简略的学科定位。

(1) 学科性质与任务

此时，史料学在石氏不再限于一种"基础训练"或"基础之学"。他明确宣称：

> 中国哲学史史料学，是关于中国哲学史史料的收集、整理、研究、分析、鉴别和使用的科学，它是中国哲学史研究的基础学科之一，目的在于为中国哲学史的研究提供可靠根据。③

从"基础训练"或"基础之学"到"基础学科"，不只是字眼的不同，其中更表征着学科意识的从无到有。依石氏之见，中国哲学史史料学的学科性质就是中国哲学史研究的"基础学科"：它既不是一般的史料学，

---

① 石峻曾明确提到"中国哲学史史料学"一课只有短短十几个课时（石峻：《中国哲学史史料学讲义》，载《石峻文存》，第309页）。

② 石峻在《中国哲学史史料学（辞条)》中说："随着马克思主义在中国的传播，中国哲学史界的学者在辩证唯物主义的指导下，对前人的成果进行分析、比较和再研究，探求中国哲学史史料学的对象、范围、任务和方法，汇集和系统介绍中国历代哲学史料，并已有所著述，使其越来越成为中国哲学史研究不可缺少的基础学科之一。"（《石峻文存》，第355页）从中可见他认为前人曾"汇集和系统介绍中国历代哲学史料"，这隐约让我们感到其讲义不涉及史料举要部分的原因似乎应该是第二种，但理由并不充分。

③ 石峻：《中国哲学史史料学讲义》，载《石峻文存》，第307页。

也不是广义的史料学，其工作就是对哲学思想史料进行去粗取精、去伪存真、由此及彼、由表及里的审查，从而保证哲学史料最大限度的真实性乃至研究结论的科学性。因为哲学史研究不能从抽象的原则出发，而要从历史资料和思想资料出发，由史料得出结论。为了更好地搜集和整理史料，石峻强调，研究者有必要大略懂得一些有关目录学、版本学、校勘、训诂、考订、比较研究、辑佚以及工具书方面的史料学知识。总之，中国哲学史史料学的主要任务是"发掘隐没史料、辑佚、鉴别真伪善否、校勘、训诂等"①。

（2）学科对象与范围

关于中国哲学史史料学的研究对象和范围，石峻从形式和内容两个角度进行阐发。从形式看，包括文字史料、实物史料和口传史料。其中文字史料又有本人著作和他人记录或转述两种；实物史料则是指甲骨、钟鼎、石鼓等，由于其中相当大一部分是凭借实物上的文字才有哲学史料意义，因此亦兼属文字史料；口传史料主要针对少数民族，指他们用口述的方式保留下来的哲理性谈话和史诗等。从内容看，包括具有自然观、认识论、伦理学和社会历史观意义的史料。鉴于中国哲学本身的特点，石又进一步指出，自然观又称宇宙论，是关于"天道"或"道体"的学说，认识论又称知识论，是关于"致知"的学说，伦理学又称道德学，是关于伦常、道德的学说，社会历史观是关于"古今之变"的学说。图示如下：

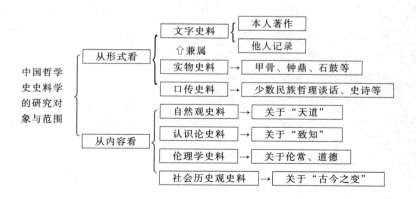

---

① 石峻：《中国哲学史史料学（辞条）》，载《石峻文存》，第 352 页。

　　这里，石峻所言"中国哲学史史料学的研究对象"其实是在讲"哲学史料的种类"。他的意思是，能够进入中国哲学史史料学研究视野的具体哲学史料不出上述几种。这固然不错。但是我们认为，石此处对该学科研究对象的界定似乎并不圆满。因为中国哲学史史料学理应主要是研究关于如何驾驭中国哲学史料的一门学问，也就是说，它所研究的主要是史料学方法，而不能限于具体哲学史料的述评。这一点，石在对中国哲学史史料学学科性质的分析中已有明确的意识。然而，在划定其研究对象时他却对之关照不足。

　　2. 处理哲学史料的原则

　　张岱年曾说，通过考察史料来探讨哲学思想的发展最重要的是发扬实事求是的精神。① 石峻则进一步将实事求是作为中国哲学史史料学研究的基本指导思想。在这种指导思想下，处理哲学史料要坚持以下两个原则。

　　（1）史论结合

　　新中国成立后，史论结合是石峻中国哲学史研究包括佛教思想史研究的一贯立场。史指思想史料，论指哲学理论。他认为，必须吃透马列主义原理和大量经过批判、审查的思想资料两头，才有可能科学地研究中国哲学史。进而言之，就是必须摒弃那种盲目搜集整理哲学史料的办法，从而确立马列主义基本理论在其中的指导地位。只有这样，才"能把抽象的概念通过逐步探索，将理性认识尽可能地结合历史的研究，还原到当时社会条件下的感性认识"，"使人对那些古人的概念的理性认识有具体的理解"，同时了解这种理性认识具体运用到当时和今天的社会实践将会产生何种结果。② 在石的看法里，从概念到概念，凭空制造不切实际的理论，或者从事纯粹的原始思想史料的堆砌，都是不可取的。

　　（2）注意不同时期史料的特殊性

　　作为中国近代哲学史研究的开拓者，石峻注意到了这个时期思想史料与古代思想史料的不同特点，所以他强调关注不同时期史料的特殊性。他说：

---

① 张岱年：《中国哲学史方法论发凡》，载《张岱年全集》第四卷，第 208 页。
② 石峻：《在马克思主义基本原理指导下，为研究王船山哲学思想的科学化而努力》，载《石峻文存》，第 181 页。

中国近代进步思想在不同时期的表现也往往成为一种思潮，多少带有群众性的文化运动，因此近代著名的各种期刊和报纸就成了重要的思想史料。①

亦即，在搜集近代思想史料时我们要扩大范围，把近代著名期刊和报纸中的相关资料网罗进来。

不仅如此，石还主张对于近代人物要以动态的眼光进行观察，如"孙中山有改良主义时期（1905）、革命期和共产主义接触期。鲁迅有前期、后期"，"毛主席也有接受马克思主义以前、以后之分"②。最能体现他对该原则应用的是其《胡适评传》。此中，石从"胡适的家世和青少年时代""留美学习阶段的胡适""从事白话文运动和'中国哲学史'研究的胡适""作为实用主义积极鼓吹者的胡适""科学与人生观论战中的胡适"和"资产阶级改良主义路线彻底破产中的胡适"六个阶段对之加以析解。在20世纪80年代初期，石峻能够突破四大块两条路线的模式，"采用这样的研究思路是颇有新意的"。③

石峻此种对于史料的动态研究原则是具体问题具体分析的马克思主义基本原理在其学术研究中的实际应用。进言之，它不仅适用于近代思想史研究，而且适用于古代哲学史研究，因为大多数古代哲学家或思想家的思想都在不同的阶段呈现出有些不同或完全不同的思想面貌。

3. 史料学方法

石峻认为，在马克思主义的辩证唯物主义和历史唯物主义的指导下批判、审查思想史料的方法是哲学史工作者必须首先学会的，并且这需要在实践中不断摸索。他在讲义中所讲的史料学方法如下。

（1）史料的分期与分类

石峻说："我们研究哲学史的资料必须按时代的先后。"④ 如此，方能明了思想发展的线索和规律。他认为，科学的分期应是社会发展史的分期，因为它是历史唯物主义的具体应用。但是，这并不等于说要完全废弃

---

① 石峻：《中国近代思想史参考资料简编·编者的话》，载《石峻文存》，第191页。
② 石峻：《中国哲学史史料学讲义》，载《石峻文存》，第336、337页。
③ 宋志明：《中国近现代哲学史学科的奠基人——石峻学术思想评述》，《中国哲学史》2007年第1期。
④ 石峻：《中国哲学史史料学讲义》，载《石峻文存》，第336页。

王朝分期和以学术思想派别的兴起、兴盛、衰落等进行的分期，只要它们在总的指导思想上服从社会发展史的分期就是可以的。他还指出，哲学分期与历史分期不必全同，因为意识可以落后于存在。

与分期强调时代的不同特点、意在发现先后变化的客观规律不同，图书分类所注意的是不同时代的基本相同的思想学术流派和其间的继承关系。石峻指出：

> 我们如果仔细考察历代不同的图书分类法，便可以从一个方面看出我国过去学术思想的变迁，因此结合目录学的历史来系统地研究中国图书分类的沿革，对于我们掌握不同时代思想史料的特点，对于研究中国哲学史、思想史，也是很有帮助的。①

在他看来，图书分类作为一种历史现象并不是一成不变的，而是遵循由简趋繁、由粗到细、由不科学到日趋接近科学的规律。不仅如此，石还先后介绍了中国古代的《庄子·天下》《荀子·非十二子》《淮南子·要略训》《论六家要旨》《汉书·艺文志》以及《隋书·经籍志》《旧唐书·艺文志》《通志·艺文略》《宋史·艺文志》《四库总目》② 乃至《佛藏》《道藏》的图书分类法，新中国成立前中国图书馆普遍采用的美国十进分类法等也不出其眼界之外。我们认为，这些梳理对于古代哲学典籍的分类法与现代西方分类法的合理接轨有一定的启示作用。

（2）史料的引证

"史料的引证"是从写作的角度而说的，也可以认为是在谈"史料的具体运用"。关于此点，石峻从"马列主义经典著作引证"和"中国哲学著作引证"两个方面说明。

关于马列主义经典著作的引证，他指出，凡有《选集》的一律用《选集》本，如《马克思恩格斯选集》《列宁选集》《斯大林选集》等，没有《选集》的才用《全集》本。这是因为，《选集》本的翻译水平比《全集》有所提高。此外，他还作了一些具体说明：

---

① 石峻：《中国哲学史史料学讲义》，载《石峻文存》，第 338 页。
② 从《隋书》到《四库总目》，四部分类法日臻完备。

凡有改动,须加注明,不能以英文代替其他外文。

先作者,次书名,再次《选集》或《全集》卷数、页码。如《资本论》23 卷、《唯物主义和经验批判主义》14 卷、《哲学笔记》38 卷。

凡对照原文(德、俄……)等有不同意译文者,可以加注,但其他外文译本则从略……

凡引文最好引全句。非全句者应加删节号……外文人名、地名除常见者外宜附原文,不宜以英文代其他外文。

凡经典著作引文较长者,须短二字空格。

为表示醒目和重视,一般概用脚注。一句可注某某语。

毛主席著作,著名者,单注作者及篇名亦可。如《实践论》、《矛盾论》、《新民主主义论》等。

不常用者可加注《选集》卷数、页码,并须注明横排本,直排本与横排本页码不同,四卷本或一卷本则是一样的。单注一卷本或合订本不妥。

其他国家领导人,必须以正式公开发行本为依据。否则不引证,但用其观点不必一一注明。①

关于中国哲学著作的引证,石峻分几个角度讲述:其一,版本。文章的直接研究对象,如新中国成立后有印本者则以之为准,但须用全本,新中国成立后没有印本的则宜选择过去较好的印本。但是,"文化大革命"时出版的各种选注本、活文选等皆不足为据。关键的引文,若版本之间存在文字不同且影响理解,可随文注明。"二十四史"一律用中华标点本。其二,行文。为了减少读者困难,一些关键的辞句在行文中最好外加串讲,作者间接叙述时可以进行批判的分析。其三,注释。包括五种情况:①引用别人的重要成果无论古今都须加脚注,脚注有"详见""参看"和"直接引用"三种,"直接引用"只注明书名卷数、页数即可;②通常的注释书、白话译文等不必注明;③重要年代以括弧的方式加注,著名人物有生卒年可考的,也要注明;④有特难之字,可注音释,但须以本文的含义为根据;⑤古地名有今地名可考者,须在括弧内注明。其四,名称。石

---

① 石峻:《中国哲学史史料学讲义》,载《石峻文存》,第 348 ~ 349 页。

氏作了五点解说：①对于先秦时期，必须分别书名和人名，如我们要用不同的标号标注老子其人和其书。我们认为，石提出此点是看到先秦哲人的著作大多是其后学整理，不是一时一人之作。这虽看似只是一个符号问题，其实是学术严谨的表现。②一般思想家皆直呼其名。③不用蒙元、满清等字样。④皇帝名与本人名可联用。⑤一般以用名为主，少用字号。其五，反驳。石认为，反驳一般不必注明何人，只写"有人说"即可，反驳的态度要谦虚，反驳的前提是吃透别人的观点，不能望文生义或断章取义。

就当前的学术规范要求而言，石峻关于史料引证的上述看法并不见得都还适用，但是从中我们可以看到他对学术论文写作的规范化的提倡和重视。另据董群对石峻的谈话记录，石还强调"写文章时，注重思想性，加以艺术加工，变换手法，引文不宜太多，只在关键的地方引用，引述的材料应该是最早的"①。这些治学经验我们要认真总结。

（3）关于史料的工具书的使用

石峻认为，系统的研究，需要广泛的知识，而死记硬背所记住的知识是有限的，所以我们要学会使用工具书。

他将有关中国哲学的工具书分为九类：第一类是哲学辞典，如《北溪字义》《法相辞典》《佛学大辞典》《佛家名相通释》等，这类工具书的使用是为了明确概念；第二类是"索引"，如查找书名、篇名可利用《中国丛书总录》，研究《论语》中重要概念的不同含义可以用关于《论语》的所有字的索引，了解研究现状可用《日本汉学研究论文引得》《中国哲学史论文索引》《中国近代哲学史论文索引》和《中国近代史论文资料索引》等。在石看来，有无索引是衡量一部学术专著是否现代化、科学化的标记；第三类是中国古代的类书，如《皇览》《艺文类聚》《太平御览》《册府元龟》《永乐大典》等。这些类书具有查找各类材料、校勘考证古书以及搜辑古书佚文等重要作用，但是在使用时也要坚持两个原则：一是要核对原文，因为很多类书是"官修，成于众手，多错，又间有删节"；二是"不可轻改古书"②；第四类是字典、辞典，如文字学方面的《说文

---

① 石峻：《关于中国哲学的谈话（1991.12～1993.2）》，董群记录，载《石峻文存》，第493页。

② 石峻：《中国哲学史史料学讲义》，载《石峻文存》，第312页。

解字》《尔雅》《广雅》,音韵学方面的《切韵》《广韵》《集韵》《音学五书》《汉语音韵学》,训诂学方面的《经籍籑诂》,方言方面的《方言笺疏》《新方言》,较常用的字典《康熙字典》《中华大字典》《辞源》《辞海》等;第五类是专科辞典,如历史、地理、经济、物理、化学、生物、动植物、医学以及哲学的伦理学、逻辑学等方面的辞典;第六类是学术编年,如《朱子年谱》《先秦诸子系年》《汉晋学术编年》《东晋南北朝学术编年》等,这类工具书可帮助我们了解从时代到个人的思想发展过程;第七类是专人资料汇编,如王充卷、韩愈卷、柳宗元卷、红楼梦卷、中国近代资产阶级哲学思想资料等;第八类是学案与资料汇编,如《近思录》《孔子集语》《宋元学案》《明儒学案》《中国哲学史教学资料汇编》《中国佛教思想资料选编》等;第九类是各科专史,如《中国科学技术史》《中国伦理学史》《宋高僧传》《汉魏两晋南北朝佛教史》《中国道教思想史》《伊洛渊源录》《经学历史》等科技史、宗教史、经学史方面的书籍。

石峻关于工具书使用的介绍不仅开拓了我们的学术视野,而且在研究方法上给予我们重要启迪,那就是不能对某个研究对象进行孤立的研究。从根源上讲,这种方法来自其师汤用彤,正如石自己所说:

> 他从来不把佛教看做是一种孤立的社会现象,这是汤先生之所以在研究中国佛教史之前,先研究印度佛教史,在研究印度佛教史的同时,作《印度哲学史略》一书的指导思想。①

(4)传统史料考据方法的继承与发展

与胡适、冯友兰和张岱年一样,石峻亦很重视传统的史料考据方法,注重目录学、版本学、校勘学、训诂学、辨伪学、辑佚学等传统学问与近代意义的中国哲学史史料学学科的结合。在这些方面,与前贤相比,石峻有所发展之处包括如下几点。

第一,关于目录学。石峻从"目录学之意义及功用""如何利用目录书""相关参考书目"三个部分进行介绍。他认为,寻找目录的途径有三:一是检阅历代正史中的《艺文志》或《经籍志》以及私人官修目录;二是查看大图书馆的分类卡;三是请人开参考书目。有了这些书目,我们

---

① 石峻:《回忆汤用彤先生的治学精神及其两篇逸稿》,载《石峻文存》,第4页。

即可从中初步了解各种书籍的时代、著者、性质、内容、过去评价以及某一时代的学术情况。不仅如此，他还从形式的视角将目录分为三种：一是部类（分部、分类）之后有《小序》（讲源流），书名之下有《解题》（讲作者、内容、问题）者；二是有《小序》而无《解题》者；三是《小序》《解题》并无，只著书名者（包括作者，有时连作者也不能定）。① 在"如何利用目录书"部分，石峻介绍了余嘉锡《目录学发微》中的观点。我们认为，这里他对目录学方法的总结是其 20 世纪 30、40 年代在学术研究中运用目录的自然结果。

第二，关于版本学。首先，研究范围。石峻认为版本类型、版本源流、版本优劣和刻工等皆属版本学范围。他说：

举凡原写本（稿本）、历代刊本、历代传录本（名家）、批校本、稿本（初、定），以及每一书的雕版（先后）源流、传抄源流，孰为善本，孰为劣本，孰为原刻，孰为翻刻、再翻刻，以至印刷用纸、墨色、字体刀法等（历代不同，楷书、仿宋、颜色、字体）、藏书家印记、哪一家的刻本、版式行款、装潢式样（卷子本、蝴蝶装、本装等）等等，都在版本学的研究范围之内，内容可谓丰富之至，这各方面彼此又皆互相关联，缺一不可。除时代的特点之外，尚有（哪一家刻的有哪一家的特点）如有的版式好、插图好等。②

在这方面，石还对一些具体问题作了说明。如：其一，通常的善本有甲骨、金石、木刻等等，敦煌写本不一定都是善本。其二，善本书的标准大致有：①无删节、无缺页的"足本"；②经专家校勘注释的"精本"；③作者本人的稿本或过录本、初印本。其三，稿本之所以重要在于透过它我们能够看出作者的思想演变历程。其次，研究原因。石峻给出两个答案：其一，它是图书馆和资料室工作人员必备的知识；其二，审别版本好坏有助于读者选读古书。

第三，关于校勘学。石峻从两个方面探讨：一方面，校勘的条件包括四个，即任专才、资众手、熟于群籍和深于小学；另一方面，校勘应注意

---

① 参见石峻《中国哲学史史料学讲义》，载《石峻文存》，第 315 页。
② 石峻：《中国哲学史史料学讲义》，载《石峻文存》，第 319 页。

之点有五：①不可妄改妄增文字；②首贵广罗异本、次莫若采相类之书比勘异同；③据古注以校正文；④类书即古注不可尽据，只可参考；⑤旧本书、宋本书亦不可尽据。

第四，辨伪和辑佚必须有"识"。石峻看到，学界在对古书的辨伪方面存在着疑古派和盲目派两种偏颇的派别，在辑佚方面也存在"妄以他书为本书，厚诬古人"的现象。因而，他强调辨伪和辑佚都必须有"识"。分开来讲，辨伪的"识"是指"须明乎书中多附益之笔"，包括"编书者之附益"和"抄书者之附益"。① 如此，就要求辨伪者从多个方面对古书的复杂情况进行考察，避免以不伪为伪。辑佚的"识"则包括三个方面：

> 一、"必究心著述流别，审知一书体例，与之名近者几家，标题相似者有几，皆宜了然于心，辨析同异"；二、"谛观征引者上下语意，以详核之本书，庶几真伪可分，是非无混，别择之际，或可寡过耳"②；三、"辑佚需要广泛了解各种典籍的内容。要知晓引文的出处，就需要有博览群书的工夫。辑佚还需依据可靠的资料，需要一定的版本学知识"③。

在某种程度上可以认为，石峻"辨伪和辑佚必须有'识'"的观点是章学诚之"史识"在辨伪学和辑佚学领域的具体化。

总结第（4）小节所述，石峻从目录、版本、校勘、辨伪和辑佚等角度对中国哲学史料的收集、鉴别、分析和整理等方法都提出了自己的一些见解，这是其将传统的史料考据法运用到近代意义的中国哲学史史料学学科里的产物，亦可说是对传统史料考据法的继承与发展。

三 石峻中国哲学史史料学研究的特点

自让其师汤用彤为他开"佛典选读"的书目，到《肇论》研究中对

---

① 石峻引用张舜徽对两种"附益"的解释，"编书者之附益"指"古书不皆手著，而先秦诸子多出门弟子或宾客及子孙所撰定，故编书时每好记作者行事以附本书，乃并及于身后"，"抄书者之附益"指"雕版未兴，书皆手写，学者好取同类之文、相关之事，附注篇末，以资旁证，传抄既久，混入本文"（石峻：《中国哲学史史料学讲义》，载《石峻文存》，第333页）。

② 石峻：《中国哲学史史料学讲义》，载《石峻文存》，第334页。

③ 石峻：《中国哲学史史料学（辞条）》，载《石峻文存》，第353页。

史料考辨的偏重，再到《中国哲学史史料学讲义》的问世，石峻的史料学研究经历了一个从不系统到较为系统以及学科意识从无到有的过程。总体观之，其中国哲学史史料学研究具有以下几个特点：（1）重视史料学方法。从其史料学方面的系统著作《中国哲学史史料学讲义》可见，他不仅注意总结和吸取前贤的史料学方法，如概括《汉书·艺文志》和朱熹的辨伪方法、介绍余嘉锡的目录学方法等，而且注意在此基础上继续思考，提出自己的见解。从著述模式上看，该讲义更是体现了其对史料学方法的重视，因为史料举要部分的缺失这一事实至少表明，在石峻看来，如果讲中国哲学史史料学，就应该首先讲到史料学方法。（2）注重处理哲学史料的原则和立场。石峻不仅强调坚持马克思主义的指导地位，进行史论结合的研究，而且尤其重要的是他在史料学讲义中专设了"哲学理论和思想史料"一讲对之进行阐发。此外，就是提出具体分析不同时期哲学史料的不同特点和史料搜集范围。（3）更加突出史料方法的实用性和可操作性。如具体讲解史料的引证方法乃至学术论文撰写规范的细节、介绍欲了解史料的某种线索所需查阅的相关工具书等。（4）具备贯通的学术视野。石峻并不只是简单地就中哲史料论中哲史料，而是强调在对之进行整理时具备"贯通意识"①，亦即具备广博的知识面：

　　　　中国哲学史是一种（门）边缘科学，要借助中国通史、中国社会史、经济史、政治史、科技史、宗教史……等的帮助。为了增加感性认识，我还主张看小说，如《水浒传》、《封神榜》、《红楼梦》……要注意精与博的关系，没有适当的博便不能做到精。②

　　在他看来，作为中国哲学史的研究者，不仅要从宏观和微观两个角度了解古代中国哲学，而且要努力做到三通：纵通、横通、旁通。③ 这种观

---

① "贯通意识"是杨庆中对石峻史料学研究特点的一个总结。他说："石先生的史料学研究还有一个突出的特点，就是注重贯通。'贯'是从纵的方面来说的，就是要注意总结中国哲学史史学；'通'是从横的方面来说的，就是要注意与哲学史相关的各个领域的研究成果。"（杨庆中：《石峻先生的中国哲学史史料学研究》，《中国哲学史》2007年第1期）

② 石峻：《中国哲学史史料学讲义》，载《石峻文存》，第308页。

③ 石峻：《中国哲学史研究的展望（2）》，载《石峻文存》，第300页。

点显示了石氏宽阔的学术视野。然而，石峻的中国哲学史史料学研究也存在一些缺点：（1）史料学方法的介绍尚不完善，规模也有待扩大；（2）其作为史料学专著的《中国哲学史史料学讲义》没有涉及史料举要部分，这虽然可视为对著述模式的看法之不同，但对之完全不论恐怕多少也是值得商榷的一种做法。

第四章 "中国哲学史史料学"的突破

第一节 突破阶段概述

整体看来，在中国哲学史史料学学科的发展阶段，不仅具体哲学史料介绍的广度和深度有了较大增加，而且关于史料学方法的理论探讨也已经具备了一定的规模。然而，史料学理论在这一阶段却面临诸多困境——它不是被置于中国哲学史方法论的宽泛视野从而无缘进入中国哲学史史料学的著述体系中，就是在某个史料学著述体系里没有与之呼应的史料举要部分。当然，我们如此说并不意味着我们只承认将中国哲学史史料学著作划为史料学理论和史料举要两个部分的著述模式，而仅在说明相对于其后的史料学之学科发展来说，发展阶段至少在形式上存在以上不足之处。中国哲学史史料学学科的突破阶段之所以被划出，就在于它总体而言对发展阶段的不足有了一定程度的修正，此即具有一定系统的史料学理论进入了中国哲学史史料学的著述体系，这在萧萐父、刘文英师和商聚德师的相关著述中有鲜明表现，故我们以之为代表，专节讨论。此外，突破阶段的几次重大文献结集工作也与中国哲学史史料学密不可分，内容涉及道教、儒学和子学。

第一，《道书集成》，汤一介主编，九州图书出版社 1999 年出版，影印古籍，16 开本 60 册。该丛书亦属于传统道教文献总汇，特色在于，除了现今《道藏》全部内容外增补三类文献：（1）散失的各个图书馆、寺庙以及民间的未经整理的散篇孤本；（2）散见于古代丛书、丛刊中的道书；（3）海外图书馆收藏，现今《道藏》与其他补篇未收的道书。其中多明清抄本。

第二，《儒藏》的编纂。明清学者就有人提出编纂《儒藏》的建议，但此愿望始终未能实现。近年来，四川大学和北京大学各自具体实施《儒藏》编纂计划，这是中国历史上从未有过的大型儒家文献结集工作。1997年，编纂《儒藏》获准四川大学重点项目，1999 年立为国家"211 工程"

重点学科建设项目，2005 年《儒藏》首批成果即史部 50 册由四川大学出版社出版。该部丛书最为引人注目的是主编舒大刚设计的"三藏二十四目"的编纂体例，"三藏"指经、论、史三大藏，"二十四目"指"'经藏'可以分为元典、周易、尚书、三礼（含三礼及总论）、春秋（含三传及总论）、孝经、四书（含大学、中庸、论语、孟子）、尔雅、再加群经、谶纬、出土文献（含简帛、石刻、敦煌遗书）等。'论藏'可分儒家、性理、礼教、政治、杂论等。'史藏'可分孔孟、学案、碑传、史传、年谱、别传、杂史等"，"在三部、二十四类之前，分别撰有《总序》、《分序》和《小序》，讨论儒家学术的源流、各门文献的历史，为读者提供必要的儒学史、经学史、儒学文献史、专经研究史等基本知识"①，这个体例是"现今已有的种种《儒藏》的编纂体例中，最早成型、最为系统、最成熟而且也最为切实可行的"②。

2003 年北京大学"《〈儒藏〉编纂与研究》"获教育部哲学社会科学研究重大课题攻关项目批准立项，汤一介任首席专家。2004 年，"《儒藏》精华本"又被批准为国家社科基金重大项目。该《儒藏》工程包括"《儒藏》编纂"和"儒家思想与儒家经典研究"两项工作，其中，"《儒藏》编纂"又分"《儒藏》精华编的编纂（包括《儒藏总目》)"和"《儒藏》大全的编纂"。《儒藏》精华编所收书籍包括传世文献和出土文献："传世文献按《四库全书总目》经史子集四部分类法分类，大类、小类基本参照《中国丛书综录》和《中国古籍善本书目》，于个别处略作调整。凡单书已收入入选的个人丛书或全集者，仅存目录，并注明互见。出土文献单列为一个部类，原件以古文字书写者一律收其释文文本。韩国、日本、越南儒学者用汉文写作的儒学著作，编为海外文献部类。"③《儒藏》精华编将收录四部之经部 187 种、史部 54 种、子部 83 种、集部 127 种，出土儒家文献计 10 种，分编 281 册，并选收韩国、日本、越南历史上中文儒家著述 100 种，分编 40 册，计划于 2010 年完成。《儒藏》大全计划收录历代

---

① 舒大刚：《儒藏总序——论儒学文献整理的必要性和紧迫性》，《西南民族大学学报》2005 年第 9 期。

② 廖名春：《为往圣继绝学，集儒史之大成——读四川大学编〈儒藏〉之首批成果》，《西南民族大学学报》2005 年第 9 期。

③ 《〈儒藏〉精华编凡例》，第 1 页，引自《儒藏》精华编第 220 册，北京：北京大学出版社，2007。

儒家文献近 6000 部，计划于 2022 年完成。2011 年 5 月，张玉范、沈乃文著《儒藏总目·经部》已由北京大学出版社出版。

第三，《中华道藏》，张继禹主编，华夏出版社 2004 年 1 月出版，共 49 册。这是"继明代编纂《道藏》之后对道教经书所作之系统化、规范化结集整理"，"整理框架有校勘、补佚、校注、标点，并据三洞四辅的宗旨重新分编为三洞真经、四辅真经、道教论集、道法众术、道教科仪、仙传道史、目录索引七大类"①。从内容看，明编《道藏》所收经书除 3 种重复外悉皆收录，但明《道藏》目录有原经一种分作数种或数种合为一卷者则酌情改编，唐宋金元所编《道藏》经书有明代失传或残缺而今复得者，选择其中明《道藏》失收或有版本价值者补入该丛书。从经书构成看，每部经书大致皆有经书编号及经名、说明框、卷篇目录（三卷以内经书可缺省）、序文（原无序文可缺省）、各卷首标题（单卷经书可缺省）、编撰人署名（原无署名者可缺省）、经书正文、后序或题跋（可缺省）、卷尾题、校勘记（可缺省）、点校人员署名等几个部分。

第四，《子藏》。2003 年，华东师范大学与学苑出版社签订了《庄子集成》的出版合同，是为《子藏》工程之始。2010 年，华东师范大学举行"《子藏》工程论证会"，形成书面《〈子藏〉论证决议书》。《子藏》之"子"是"诸子百家"之"子"而非"经史子集"之"子"，"预计历时 10 年，辑影印海内外所存先秦汉魏六朝诸子白文本和历代诸子注释、研究专著约 5000 种，并为每种著述撰写提要、考述著者生平事迹、揭示著作内容、探究版本流变情况"②。2011 年 12 月，《子藏·道家部·庄子卷》由国家图书馆出版社出版，方勇主编，总 162 册，共辑历代庄子学著作 302 部。

第二节　萧萐父的中国哲学史史料学研究

萧萐父连续推出三本"吹沙"力作，即《吹沙集》《吹沙二集》《吹沙三集》。"吹沙"有取于刘禹锡的诗句："千淘万漉虽辛苦，吹尽狂沙始

---

① "中华道藏叙例"，第 4 页，载张继禹主编《中华道藏》第一册，北京：华夏出版社，2004。

② 张晓楠：《〈子藏〉工程首批成果发布》，《中国文化报》2011 年 12 月 17 日第 1 版。

到金。"它一方面表明了萧氏对为学之艰辛的深刻体会,另一方面也彰显了其锲而不舍、不断淘漉、不断冶炼的治学精神。他擅长诗赋、精于书法,是一位具备深厚国学素养的诗人哲学家。

一 珞珈山上的"吹沙"诗哲——萧萐父

萧萐父①,祖籍四川井研,1924年1月出生于四川成都西城区的一个知识分子家庭,原名萐莆,后改为萐父。其父萧仲仑早年参加反清革命,后弃政从学,以教书为业。其母杨励昭肄业于成都女子师范学校,能诗词,擅书画,曾长期担任中小学教员。萧仲仑弃政从学后将废桑园中的寓所题上"常关"二字,意取陶渊明《归去来辞》"门虽设而常关"。在"常关"之内,萧由父母教读,耳濡目染左、孟、庄、骚以及明清野史笔记之类的书籍,直至12岁才入小学。童年时,他曾在屋角儿旧书堆里翻出清末同盟会印作革命宣传品的小册子,其中除邹容、章太炎的论著外,还有黄宗羲的《明夷待访录》、王夫之的《黄书》和王秀楚的《扬州十日记》等。萧氏对书的封面上所写"黄帝纪元""共和纪元"等颇为好奇,加上常听父辈谈起明清史事总是感慨万端以及他们像对老友一样亲切称呼"梨洲""亭林""船山"等,促使他提出了一系列问题:"为什么明末清初这批学者在300年前写的书会对辛亥革命起到鼓动作用? ……何谓近代? 东方各国的近代起于何时? 中国有过自己的文艺复兴么? 百年来中国的败辱源于西方列强的入侵,中国的振兴能靠欧风美雨么?"② 这些问题,构成萧萐父内心的一个历史情结,沉淀为此后其从学术角度寻找答案的潜意识。1937年,萧考入成都县中,校园后的污水塘即是他幼年听舅舅讲述的扬雄的洗墨池,这使他更深刻地感受到了古人的勤学精神。中学期

---

① 文中对萧萐父生平事迹的介绍主要参照其《历史情结话启蒙——〈明清启蒙学术流变〉一书的跋语》《冷门杂忆》(均载萧萐父《吹沙二集》,成都:巴蜀书社,1999)以及郭齐勇:《史慧欲承章氏学 诗魂难扫瑶人愁——萧萐父教授学述》(载萧汉明、郭齐勇编《不尽长江滚滚来——中国文化的昨天、今天、明天》,北京:东方出版社,1994),施田:《"吹尽狂沙始到金"——记哲学史家萧萐父的学术耕耘》[载上海中西哲学与文化交流研究中心编《时代与思潮(3)——中西文化交汇》,上海:学林出版社,1990],田文军:《锦里人文风教永 诗情哲慧两交辉——萧萐父教授学术生涯掠影》(载郭齐勇、吴根友编《萧萐父教授八十寿辰纪念文集》,武汉:湖北教育出版社,2004)等文。
② 萧萐父:《历史情结话启蒙——〈明清启蒙学术流变〉一书的跋语》,载《吹沙二集》,第152~153页。

间，对萧萐父影响最大的是罗孟祯老师。罗老师在一次讲课中提到蒋方震的《欧洲文艺复兴史》和梁启超为之作序而写成的《清代学术概论》，激起他极大兴趣，随即将二书借来阅读。这是萧氏"为了消解心中历史情结而作的历史探索的开始"①。1943 年 3、4 月间，萧萐父逃学去听冯友兰在成都的演讲，听后与同学争论不休，并因而阅读了冯的《新理学》《新事论》《新世训》等书籍。同年，他考入时在四川乐山的武汉大学哲学系。大学期间，萧氏除了完成学校规定的必修课和公共课以外，还选修了朱光潜的"英诗选读"、缪朗山的"俄国文学"、彭迪先的"西方经济学说史"，并"旁听过刘永济、梁园东、叶石荪、王恩洋诸先生的课"②，这些课程使其眼界大开。专业上对他影响最大的则是万卓恒、张真如和金克木。"冷峻清晰"③ 的万卓恒讲授"伦理学原理""西方伦理学史"和"数理逻辑"三门课程，"朴厚凝专"的张真如开设"西方哲学史"和"德国哲学"两门课程。1946 年，武大迁返珞珈山，"渊博嶔崎"的金克木来校任教，特为哲学系开出"梵文""印度哲学史""印度文学史"等新课。1947 年，在万卓恒的指导下，萧以《康德之道德形上学》为题完成毕业论文。同年 8 月，他回到成都任教于华阳中学，同时应蒙文通之邀受聘于尊经国学专科学校，讲授"欧洲哲学史"，兼任《西方日报》"樱下"副刊主编。成都解放后，萧萐父参与接管华西大学，任该校政治理论课教研组组长，主讲"新民主主义论""社会发展史""辩证唯物论"等课程。全国大学院系调整后，华西大学重组，他留任四川医学院马列教研室主任。1956 年，萧萐父被派往中共中央党校高级理论班进修。同年，接受李达返母校武大任教之邀。为此做准备，萧 1957 年初到北京大学进修中外哲学史。其时北大大师云集，萧涵泳于冯友兰、郑昕、朱谦之、张岱年、吴则虞、杜国庠、吕振羽、侯外庐等著名学者的专题课和学术演讲之中，还受到任继愈的具体指点，并常去汤用彤、贺麟家中拜谒。"这次定向进修，使他自觉地跨入了中国哲学史这一学术天地。"④ 是年秋，萧

---

① 萧萐父：《历史情结话启蒙——〈明清启蒙学术流变〉一书的跋语》，载《吹沙二集》，第 153 页。

② 萧萐父：《冷门杂忆》，载《吹沙二集》，第 382 页。

③ "冷峻清晰"与下文的"朴厚凝专"、"渊博嶔崎"是萧萐父对诸师的评价用语。

④ 施田：《"吹尽狂沙始到金"——记哲学史家萧萐父的学术耕耘》，载上海中西哲学与文化交流研究中心编《时代与思潮（3）——中西文化交汇》，第 171 页。

氏正式调入武大哲学系工作。自此，在珞珈山上"吹沙觅金"六十年。萧萐父 1978 年开始招收硕士生，1987 年开始招收博士生，先后开设"哲学史方法论""中国哲学史史料学""中国辩证法史""明清哲学""佛教哲学""道家哲学""马克思的古史研究""马克思晚年的人类学笔记"等课程或系列专题讲座①，兼任中国哲学史学会副会长、中华孔子学会副会长、中国周易学会学术顾问、中国文化书院导师、国际儒联顾问、国际道联学术委员、湖北省社联学术委员等学术职务。2008 年 9 月 17 日，因病医治无效逝世，享年 84 岁。

萧萐父一生学术路向多端，成绩斐然，需要我们特别重视的主要有以下几个方面。

（1）哲学启蒙说。这是萧氏最重要的学术成就。在 20 世纪 80 年代的文化大讨论中，萧萐父被视为"哲学启蒙"派的代表人物，虽然他对这一派别归属并不太认可。② 质言之，"哲学启蒙"说是萧氏对自己童年心中的历史情结的探索。继承梁启超、侯外庐等学者的启蒙理论，他在 1962 年船山学术研讨会的会议论文《船山哲学思想初探》中就明确肯定明末清初掀起了一代启蒙思潮。80 年代，《中国哲学启蒙的坎坷道路》《略论晚明学风的变异》《文化反思答客问》《活水源头何处寻——关于传统文化与现代化之间历史接合点问题的思考》诸文中，萧萐父则系统阐释了其"哲学启蒙"的观点。他强调，纳入马克思主义的历史科学，思想启蒙有其特定的含义，即应仅就其与资本主义萌芽发展相适应、作为封建旧制度崩解的预兆和新思想的兴起的先驱这一特定含义来确定它的使用范围，它是在一个社会的自我批判在自身尚未达到崩溃但矛盾又已充分暴露的条件下进行的，从这个意义上看，"中国有自己的文艺复兴或哲学启蒙，就是指中国封建社会在特定条件下展开过这种自我批判"③。分析其基本特征，萧萐父的"哲学启蒙"说至少有四个：其一，放眼整个中国文化现代化全过程的宽阔视野。在他那里，"哲学启蒙"说从根本上说是对中国文化现代

---

① 郭齐勇：《萧萐父：做人、做学问都要把根扎正》，《社会科学报》2008 年 12 月 4 日。

② 萧萐父说："至于我的看法，用'哲学启蒙'或'早期启蒙'来表述，也不知所云。我想，如果要简略地表达我关于文化问题的一个观点，似乎可以用这样一句话：应当从我国 17 世纪以来曲折发展的启蒙思潮中去探寻传统文化与现代化的历史接合点。"（萧萐父：《文化反思答客问》，载《吹沙集》，成都：巴蜀书社，1999，第 57 页）

③ 萧萐父：《中国哲学启蒙的坎坷道路》，载《吹沙集》，第 15 页。

化的探讨。萧氏认为,西学东渐确乎在中国现代化的文化代谢中起过引发作用,但现代化绝不可能是全方位的西方化,而只能是对于多元的传统文化和外来文化根据时代要求进行文化重构、文化选择,其中最为重要的一点就是"必须从民族文化传统中找到内在历史根芽,找到传统与现代化的历史接合点"①。在他看来,17世纪以来的早期启蒙思潮就是这个"接合点"。这个意义上,中国文化的现代化"是内发原生性的而不是外烁他生的"。②其二,应用双重的定位标准。蒋国保指出,在启蒙思潮的定位上,侯外庐采用的是列宁的标准,即经济、政治为标准,萧萐父采用的是康德意义的标准,即观念的标准。③我们认为,萧氏对两个标准都有所应用,因为他不仅分析了启蒙思潮产生的经济、政治和文化背景,而且注重用"理性法庭"、"理性的觉醒"、"理性的自我批判"和"理性的成熟发展"等词汇判定某一历史阶段是处于"启蒙"还是"难产"之中④,而是否具有自觉运用自己的理性的权利是康德的启蒙标准。⑤其三,从文化类型学的视角对比中西启蒙哲学。通过比较,萧萐父发现中国的启蒙哲学显然异于意大利及法、英等国,而与德国、俄国却有不少历史的相似点或共同点。其四,体用一源的思维模式。萧反对那种在文化更新问题上割裂体用的做法,坚持超越中西对立、体用两橛的思维模式,认为中国文化之体在历史地更新着,我们应该用自我更新了的中国文化之体去接受西方的先进文化。在这种思维模式下,早期启蒙思潮能够成为现代精神赖以生发的传统资源。

(2)人文易研究。与文化大讨论相伴,"易学"在20世纪80年代亦掀起研究热潮。萧萐父看到,象数易、科学易、考古易均取得引人注目的新进展,神道易(包括占卜易)也一度流行,而人文易的研究却显得薄弱。可在他看来,人文易由于凝结人文意识和价值理想于易学传统"似乎

---

① 萧萐父:《活水源头何处寻——关于传统文化与现代化之间历史接合点问题的思考》,载《吹沙集》,第95页。

② 萧萐父:《吹沙三集》,"自序",第1~2页,成都:巴蜀书社,2007。

③ 参见黄敦兵《"国际明清学术思想研讨会暨纪念萧萐父先生诞辰八十五周年"综述》,《哲学动态》2010年第1期。

④ 分别参见萧萐父《中国哲学启蒙的坎坷道路》,载《吹沙集》,第19~24页,第25、26页。

⑤ 康德说:"启蒙运动就是人类摆脱自己所加之于自己的不成熟状态。不成熟状态就是不经别人的引导,就对运用自己的理智无能为力。……要有勇气运用你自己的理智,这就是启蒙运动的口号。"(〔德〕康德:《历史理性批判文集》,何兆武译,北京:商务印书馆,1990,第22页)

应当成为易学和易学史研究的主干和灵魂"①，王夫之的易学思想可视为近代"人文易"的雏形。进而，萧强调，"人文易"是对传统易学中"象数"和"义理"的双向扬弃和新的整合，其内蕴的民族文化之魂至少包括时代忧患意识、社会改革意识、德业日新意识和文化包容意识四个层面。我们认为，这些论述必然有利于从一个侧面推动易学研究。

（3）道家（道教）研究。萧萐父重视道家道教的研究，乃是基于其传统观。② 传统在其思想里并非已死的历史陈迹而是生生不已的文化生命，是文化现代化的源头活水。而学术界流行一种偏见，即把传统文化单一化、凝固化和儒家化。因而，萧从文化发生学的角度来审视整个人类文化，指出它"从来是多源发生、多元并存、多维发展的。这从全世界的考古成果中已得到充分证明"③。他认为，中国知识分子既有学而优则仕的优秀传统，又有学而优则不仕的优秀传统，道家道教即是后一种传统的代表。萧不仅从三个层面概括"道家风骨"的内涵："被褐怀玉"的异端性格、"道法自然"的客观视角和"物论可齐"的包容精神，而且有《隋唐时期道教的理论化建设》（1990）、《"道家（道教）文化与当代文化建设"学术研讨会开幕词》（1990）等道教方面的论文。我们知道，相对于中国哲学思想史的其他领域而言，道教研究至今为止仍然比较薄弱，尤其是缺乏年轻学者的加入。在这样的情境下，萧对道教研究的提倡和实践更显可贵。

（4）哲学史方法论。萧萐父于哲学史方法论的关注在对其"历史情结"的探索之始既已发生。④ 20世纪50年代在北大进修期间，他发表《我对研究中国哲学史的几点意见》《怎样理解马克思主义哲学的继承性》《关

---

① 萧萐父：《人文易与民族魂》，载《吹沙二集》，第71页。
② 刘建平《论萧萐父的"道家风骨"》一文认为，萧萐父提出"道家风骨"的思想渊源有二：一、中国哲学史中维系先秦儒家失落的真精神的道家人物为之欣赏。二、港台新儒学对他的影响［载《武汉大学学报（人文社会科学版）》2010年第1期］，可备一说。
③ 萧萐父：《道家·隐者·思想异端》，《吹沙集》，第149页；亦载萧萐父《传统的多维与两分》，载朱哲编《吹沙纪程》，上海：上海文艺出版社，1998，第3页。
④ 在《历史情结话启蒙——〈明清启蒙学术流变〉一书的跋语》中，萧萐父说："从中学到大学的泛览中，我特别注意到，除《清代学术概论》一书外，梁启超还写有一部《中国近三百年学术史》，而同一主题，30年代还有蒋维乔、钱穆等各自的撰述；更有杜国庠、嵇文甫、容肇祖、谢国桢等都着重研究了晚明到清初学术思潮的变动，各有灼见；到40年代，侯外庐推出《中国近世思想学说史》上下卷，似拟扬榷诸家而总其成。但上述多种'近三百年'学术史，不仅详略不同，取舍各异，而且立论宗旨与褒贬取向亦迥然有别。这就在许多学术问题的歧解之上，又蒙上了一层历史观和方法论的迷雾。"（《吹沙二集》，第153页）

于继承祖国哲学遗产的目的和方法问题》等论文,阐述其关于哲学史研究方法的看法。到武大后,他和李德永、唐明邦一起,提出以研读"两典"(马列经典和中国古代哲学经典文献)为基石,以清理"藤瓜"(哲学发展的线索及其重点)、探索"两源"(哲学思想的社会根源和认识根源)为起点,规划中国哲学史课程的教学。60年代初,发表《历史科学的对象问题》《哲学史研究的根本目的和根本方法》等文,深化对哲学史方法论的认识。但是,萧这方面代表性的观点则体现在他70年代末和李锦全共同主编的《中国哲学史》以及1999年出版的该书的缩写本《中国哲学史纲要》中。此中,他对哲学史方法论的贡献主要有三:其一,明确"哲学史研究的特定对象"是"哲学认识的矛盾发展史"①;其二,突出哲学发展的螺旋结构,代替50年代以来惯用的唯物主义与唯心主义、辩证法与形而上学的对子结构;其三,强调在唯物史观的前提下,坚持历史与逻辑的统一。80年代以降,哲学史方法论也一直是萧关注的重点之一。如他主张,研究历史要抛开个人感情好恶的"私情"、逻辑方法要从范畴入手、范畴研究中要论史结合、哲学史研究要坚持纯化和泛化的统一、思想史研究必须注意共性、殊性和个性的关系等等②,其中某些方法至今仍不失指导意义。

总之,萧萐父在中国文化现代化、易学研究、道家道教研究和哲学史方法论诸多问题上都有自己的独到贡献和见解。此外,他最突出的成就就是其中国哲学史史料学研究。

二 萧萐父对中国哲学史史料学的贡献

(一) 20世纪60、80年代关于史料学问题的零散论说

1965年2月,萧萐父撰成《略论杨泉及其〈物理论〉》一文初稿,其中他从目录学和他书引用的视角推知《物理论》之流传和影响:

　　杨泉继承和发展了当时荆州和江南一带的新学风,曾仿扬雄著有

---

① 萧萐父:《中国哲学史方法论问题刍议——新编〈中国哲学史〉导言》,载《吹沙集》,第364页。

② 以上观点参见其《马克思主义哲学史观与蒙古族思想史研究——1983年5月在呼和浩特蒙古族哲学思想史首次年会上的发言》《历史感情与科学——1982年12月在衡阳王船山学术思想讨论会上的发言》《中国哲学范畴研究中的论史结合问题》《哲学史研究中的纯化和泛化》(均载《吹沙集》)、《历史乐章凭合奏》(载《吹沙纪程》)诸文。

《太玄经》十四卷，又著有重要哲学著作《物理论》十六卷，另有集二卷，录一卷。这些论著，《隋书》、《旧唐书》的《经籍志》均著录。值得注意的是，从梁庾仲容《子钞》、萧衍《金楼子》、北魏郦道元《水经注》、唐马总《意林》、虞世南《北堂书钞》、徐坚《初学记》、欧阳询《艺文类聚》、司马贞《史书索隐》、陆德明《经典释文》、李善《文选注》、李贤等《后汉书注》、慧琳《一切经音义》等，直到北宋的《太平御览》、《事物纪原》、《埤雅》等书，均曾广为引述。足见杨泉的著作，尤其是《物理论》一书，曾经流传全国，从南北朝、隋、唐直到北宋，一直为学术界所重视，在文化思想战线上发生过特定的影响。①

之所以将《物理论》之影响的时间下限定为"北宋"，不仅是因为北宋的书籍对之广为引述，而且也是历代目录所提示的。萧发现，南宋以后的官私目录均不再著录杨泉的著作，因而断定其著作全都散佚。然而，由于前人的大量引用，《物理论》尚有很多内容可寻。事实上，清乾嘉时期，就有人对之做辑佚工作。所以，萧又对该书的辑佚情况略作回顾，并进而指出"如以孙辑《物理论》、马辑《太玄经》、严辑文集为基础，重加辑校订补，合编为一本《杨泉集》，将会有助于杨泉思想的研究"②。纵览其论著可知，该文对目录学、辑佚学等史料研究方法的自觉运用是萧重视史料学相关问题的开始。

20 世纪 80 年代，萧萐父为武汉大学中国哲学专业的研究生开设"中国哲学史史料学"一课。自此，他更为重视史料学问题的探讨。如果说《长沙汉墓出土之〈黄老帛书〉四篇》（1982）、《长沙汉墓出土之帛书〈老子〉甲乙本》（1989）等文是其对出土哲学史料对于考订文献、补足哲学史重要环节之作用的发现③，那么，《泥古、疑古、释古》（1984）、

---

① 萧萐父：《略论杨泉及其〈物理论〉》，载《吹沙集》，第221页。
② 萧萐父：《略论杨泉及其〈物理论〉》，载《吹沙集》，第223页。
③ 如萧萐父说："故帛书《老子》，在考订文献、深研老学方面，实有非常可贵的价值"（萧萐父：《长沙汉墓出土之帛书〈老子〉甲、乙本》，载《吹沙纪程》，第99页）。"1973 年长沙马王堆三号汉墓出土、与《老子》乙本合卷的帛书《经法》等四篇古佚书，据考，正是晚周至秦汉流行的《黄帝书》的重要部分，补足了这一时期哲学史料的重要环节"（萧萐父：《长沙汉墓出土之〈黄老帛书〉四篇》，载《吹沙纪程》，第100页）。

《关于史料的整理与诠释》（1986）、《正确对待民族文化遗产》（1987）诸文则是其关于史料的思想的阐发。其史料思想，大致而言，包括三个方面的内容：第一，科学的古史研究面临着扬弃泥古派和疑古派的双重任务——由泥古到疑古，再由疑古到科学地释古。萧氏认为，"根据日益丰富的考古新成就，运用马克思主义的方法，重新考释传世的古史文献，完全有可能科学地阐释古史，恢复中华民族文明史的原貌和全貌"①。第二，为了系统周密地掌握史料和确切如实地理解史料，就要在坚持马克思主义哲学史方法论原则的同时，直接从原始文献中独立地筛选出反映哲学思想的典型史料，并在此基础上揭示哲学思想矛盾发展的逻辑进程。第三，我国直接由半封建半殖民地形态进入社会主义形态，留下不少清理文化遗产和考订历史文献的补课任务。这一方面，虽然明清之际的启蒙思想、乾嘉时期的朴学以及"五四"以来的"整理国故"取得了某些重要成果，但"毕竟范围颇狭，方法颇拘"，"留下不少疑难问题和空白，我们必须在此基础上继续奋进"。②

我们认为，20 世纪 60 年代和 80 年代萧萐父对于史料学相关问题的如上观照，是其中国哲学史史料学系统研究的必要前提。

（二）20 世纪 90 年代关于中国哲学史史料学的系统成就

1998 年，萧萐父在长期教学实践的基础上积累而成的《中国哲学史史料源流举要》（以下简称《举要》）由武汉大学出版社出版。该书的面世，标志着中国哲学史史料学的发展有了新的突破。这主要表现在三个方面。

1. 比较系统的史料学理论进入中国哲学史史料学著述体系

虽然自冯友兰的《中国哲学史史料学初稿》即设有"史料学的范围和内容"和"论目录"两个小的章节简略讲述史料学理论，其后又有张岱年的《中国哲学史方法论发凡》较大篇幅地研讨"整理史料的方法"，从前贤的史料学研究中，我们亦能感到他们在思想观念上对史料学理论的重视，但是，比较系统的史料学理论进入中国哲学史史料学的学科著述体系始终未得实现。萧萐父《举要》的最大创获即在于此，该书用业已形成一定规模且涉及语言学、目录学、版本学、校勘学、辨伪学和辑佚学诸多

---

① 萧萐父：《泥古、疑古、释古》，载《吹沙纪程》，第 69 页。
② 萧萐父：《正确对待民族文化遗产》，载《吹沙纪程》，第 238 页。

方面的整个一讲即第三讲"朴学简介"对史料学的方法理论进行介绍。我们认为，史料学著述形式上的此种变化在中国哲学史史料学史上具有重大的转折性意义，因为它内蕴着该学科的实质性进展，即不再仅仅从思想观念上重视史料学方法，而是落实到思想观念和著述体例的双重维度。有人可能会认为这种评价太高了。他们可能会问："不就是把史料学理论写进了史料学著作吗？"是的，仅此而已。可就是被我们视为如此"简单"的一个著述行为，从 1919 年胡适的《大纲》到 1998 年萧萐父的《举要》，竟花了整整 79 年时间。

　　20 世纪 90 年代，萧萐父于 80 年代对清代朴学的态度是有所修正的。在其 1982 年撰写的代表作《中国哲学启蒙的坎坷道路》中，萧立足哲学启蒙的立场，视 18 世纪的朴学为"历史洄流"，赞同侯外庐关于乾嘉汉学产生的原因在于对内大兴文字狱对外闭关锁国的概括，并认为乾嘉汉学支配学术界"不仅掩埋了 17 世纪启蒙哲学的思想光芒，使之被人遗忘，濒于夭折，而且严重地延缓了整个中国历史的发展进程，使之迅速落后于世界形势"①。在《举要》中，他则指出：

　　　　朴学是我国封建社会末期特殊历史条件下的产物。明清之际的历史剧变，促使一代进步知识分子对统治思想达 500 年之久的宋明理学进行反省和批判，主张以实学代空言。继之而来的康乾盛世，经济的发展，政治的稳定，资本主义萌芽的重新增长，推动了文化的繁荣，使明清之际开启的新思潮和新学风在考据学的形式下进一步发展起来。过去把清代大兴文字狱作为朴学产生和兴盛的主要根据的观点，是浮浅而片面的。②

　　前面认为朴学掩埋了启蒙的光芒，后面却主张新思潮在考据学形式下进一步发展，其中的思想转变显而易见。这种转变的发生乃是基于其对整个中国传统学术思想的分析："从两汉以来的经今、古文之争到宋明以来的汉、宋之分，始终存在着两种不同的传统和学风。"③ 萧萐父指出，经

---

① 萧萐父：《中国哲学启蒙的坎坷道路》，载《吹沙集》，第 25 页。
② 萧萐父：《中国哲学史史料源流举要》，武汉：武汉大学出版社，1998，第 39 页。
③ 萧萐父：《中国哲学史史料源流举要》，第 38 页。

今文学和宋学长于义理思辨，经古文学和汉学重视文字训诂、史实考证，两者各有利弊，可互相促进。因此，我们要用历史主义的分析态度对待清代朴学，在马克思主义指导下加以发掘和改造，从而建立起马克思主义的文献考据学。前文可知，在"哲学启蒙"问题上，萧氏重视发掘中国文化现代化的"内在历史根芽"。我们认为，此处他主张发扬朴学学风在一定程度上也可以看作是对近代意义之中国哲学史史料学的"内在历史根芽"的回溯。在他看来，"乾嘉朴学'审名实'、'重佐证'、'戒妄断'、'守凡例'、'断情感'、'汰华辞'的求实学风，作为近代科学方法的前驱，是值得珍视和发扬的"，"'五四'以来马克思主义史学在中国的发展，是从继续王国维、章太炎等朴学考证的学术路线而起步的"。① 然而，萧却否定"回到朴学去""回到汉学去"的还原路径，强调超越汉宋、扬弃朴学。

朴学对整理古籍史料、总结中国古代学术意义重大。它不仅校订群经，而且对历史、地理、天文、历法、音律、典制等进行考究。在此过程中，朴学推动了语言学、目录学、版本学、校勘学、辨伪学和辑佚学诸方面的发展。《举要》里，萧氏就从以上几个方面对朴学以及近代学者对它的发展进行简要介绍。

如关于语言学，他鉴于中国汉字包括形、音、义三部分，将之分为文字学、音韵学和训诂学。文字学从第一部以"六书"理论为指导系统分析字形结构的字典——东汉许慎的《说文解字》说起，接着介绍宋初徐铉、徐锴兄弟对《说文》传抄中讹误的订正工作、清代《说文》研究四大家、近人丁福保的《说文解字诂林》和当代学者张舜徽的《说文解字约注》。此外，还把近人有关中国文字学的通论著作如吕思勉《文字学四种》、唐兰《中国文字学》、高亨《文字形义学概论》等列为参考。至于这些文字学著作对哲学研究的作用，萧萐父作了具体说明：

> 在这些文字学著作中，保存了历代学者关于哲学概念、范畴的各种解释，为研究范畴的演变提供了资料。例如，在段玉裁的《说文解字注》中，"絪缊"这一范畴，就汇集了历代学者（蔡邕、虞翻、赵岐、张载等）、历代著作（《周易》、《思玄赋》等）及作者本人对

---

① 萧萐父：《中国哲学史史料源流举要》，第 145 页。

"絪缊"二字的考释,颇有参考价值。

有些由哲学家编著的字书,本身就是阐发哲学思想的著作,如王安石的《字说》,王夫之的《说文广义》。朱熹的弟子陈淳作《北溪字义》,汇集并解释程朱理学的主要范畴(如"理"、"气"等),是研究程朱哲学思想的重要资料。清惠栋著《周易述》后附《易微言》、戴震著《孟子字义疏证》等,均有助于研究各家的范畴。①

音韵学从现存最早和最完整的韵书《广韵》开始介绍,清代古音学著作《音学五书》《古韵标准》《音韵阐微》《诗经群经楚辞韵谱》等以及现代学者王力的《汉语音韵学》、丁声树的《古今字音对照手册》均在其罗列之中。训诂学也以最早的释义辞书《尔雅》为始,之后介绍《尔雅》注疏、"群雅"(包括汉刘熙《逸雅》、三国张揖《广雅》、宋陆佃《埤雅》、明清之际方以智《通雅》、清吴玉搢《别雅》、史梦兰《叠雅》等)以及清代学者对"群雅"的研究著述,晚清及近现代训诂学专著则重点介绍。萧氏认为,文字训诂之学,辨古今字、繁简字、异体字还较易,而辨通假字,或本无其字,依声托事,或同声相假,形近相假,则不易辨识,"之""于""言""夫"等虚字尤难确解。

又如关于目录学。首先,萧萐父给出了一个具体的定义:

> 目录学是关于图书分类编目,揭示文献内容,考镜学术源流的专门之学。②

其次,他简述了我国古代学术重视目录研究的优良传统和特点。萧指出,目录学包括书籍分类、学术分科、思想分派,这在先秦稍已萌芽,至两汉则首具模式。学术分科自孔子四科——"德行、言语、政事、文学"始,孔子之后,《孟子》分天下学术为杨、墨、儒三派,《庄子·天下》篇则将之分为八派,《荀子》的《非十二子》《天论》和《解蔽》诸篇,《韩非子》的《显学》,《尸子》的《广泽》,《吕氏春秋》的《不二》等各有不同的学术分派,汉初,司马谈分先秦诸子学术思想为"阴阳、儒、

---

① 萧萐父:《中国哲学史史料源流举要》,第40~41页。
② 萧萐父:《中国哲学史史料源流举要》,第43页。

墨、名、法、道德"六派。至于图书分类,萧认为存在两个系统:其一,由于刘歆《七略》的影响,以"七"分类一时成为惯例,南朝刘宋时有王俭的《七志》,梁朝有阮孝绪的《七录》;其二,由晋朝荀勖创始的"四部"分类法。他撰有《中经新簿》,把当时书籍分为甲、乙、丙、丁四部,大致相当于经、子、史、集。后东晋李充"换其乙丙之书",遂使四部的次序相当于经、史、子、集。至唐代修《隋书·经籍志》,两个图书分类系统始得结合:"以四部类别图书,直标经、史、子、集,每部之下又分小类,变通《七略》、《七录》之法。"① 这种结合的分类直到近代仍为各家目录所因循。再次,萧为中国古代目录归类。他认为,古代目录大体可以分为官藏目录、史家目录、私藏目录、专门目录和综合性目录。其中,史家目录又分历代目录、当代目录、地方文献目录和个人著述目录四类,专门目录则分专题性目录、佛道经藏目录和禁毁书籍目录三类。在萧氏对各类目录的举例介绍中,我们更能体会到其所说"进行文献研究,首先必须通晓目录学"② 的深刻。进言之,《中国哲学史史料源流举要》本身即是目录学成功应用之作,正如萧所指出的,其主旨在"叙列中国哲学史史料之目录,考辨中国哲学学术之源流;其方式是以纲带目,略举其要"③。

再如关于辑佚学,萧萐父主要介绍了清代的《四库全书》《汉魏遗书钞》《汉学堂丛书》《玉函山房辑佚书》《全上古三代秦汉三国六朝文》等辑佚巨著,还总结了三种辑佚的基本方法:第一,善于利用类书;第二,善于利用唐以前书的旧注;第三,善于利用唐以后学者的集注。

"朴学简介"部分尤其值得关注的是萧对清代及近现代学者编撰的大量工具书的介绍。他认为这些工具书可用于查找六类事物:第一,查成语、方言、俗语、谣谚;第二,查人物的生卒、传记;第三,查历代典制沿革;第四,查典故、史实;第五,查年表、历表;第六,查个人行迹。

总之,萧萐父《举要》对朴学的重视和绍述,使其史料学研究中的文献评介和方法运用更为有效、系统地结合起来:"以中国历代哲学思想资料及有关史料为对象,序列文献,综述目录,介绍研究成果,考辨学术源

---

① 萧萐父:《中国哲学史史料源流举要》,第10页。
② 萧萐父:《中国哲学史史料源流举要》,第43页。
③ 萧萐父:《中国哲学史史料源流举要》,第5页。

流，近于目录学、校雠学、文献学、史源学之综合"①，从而迈出中国哲学史史料学学科发展的重要一步。

2. 泛化与纯化辩证统一的哲学史方法论反映于史料学

在《举要》的《弁言》中，萧萐父指出其"中国哲学史史料学"课程的特点之一是熔铸了较为丰富的文史考古知识。这种做法的最直接的原因当如其所云"常有文科其他系相关专业的研究生也来选修或旁听，为照顾听课的对象，在讲授中不免适当扩充内容"②。我们认为，此外还有更深层的原因，即其哲学史方法论。萧主张，哲学史是文化史的核心，文化史是哲学史的铺垫，二者要循环互补，不可偏废。故而，我们一方面要把哲学史研究"纯化"为哲学认识史，以便揭示哲学运动的特殊规律；另一方面又要进行"泛化"的哲学文化史研究，以便挖掘哲学赖以生长的土壤。③ 在某种意义上说，《举要》对文史考古知识的广泛融摄就是其"纯化"和"泛化"辩证统一的哲学史方法论在中国哲学史史料学学科中的反映。

萧氏提到，中华民族崇尚人文精神，富有历史感，素有撰修历史和整理文献的优良传统。因此，他不仅对这两个传统进行了史的梳理，而且强调"我们研究中国哲学史，探寻中国哲学史史料之源流，应该珍视这一优良传统，不断提高自己基于历史自觉的学术责任心"④。

《举要》中，萧萐父还特设"古史祛疑"一讲，将他20世纪80年代一些史学主张吸收到其史料学著作里。其中，萧氏首先从介绍20年代以顾颉刚为代表的疑古思潮以及国外同一时期出现的"中国文化西来说"和"中国历史缺环论"等思潮出发，重提把考古新发现、少数民族的历史调查与传世的古文献结合起来研究，从而科学地阐释古史的要求。对这种方法，萧有所应用，如总结大汶口文化的特点时，他说：

---

① 萧萐父：《中国哲学史史料源流举要》，第1~2页。对"史源学"的综合得自陈垣的启发。萧萐父说："陈垣先生是我国近代以来继承乾嘉朴学传统而成就最大的学者，他把追寻史源作为考证的首要环节。'史源学'的宗旨，在于使学生通过'一一追寻其史源，考证其讹误，以练习读史之能力，警惕著论之轻心'。我们研究中国哲学史，为了确切把握各时代哲学家思想的承先启后的关系，也需要对各种哲学史史料进行一番史源学的探究。"（萧萐父：《中国哲学史史料源流举要》，第2页）

② 萧萐父：《弁言》，第1页，载《中国哲学史史料源流举要》。

③ 参见萧萐父《文化与哲学、文化史与哲学史》，载《吹沙纪程》，第58页。

④ 萧萐父：《中国哲学史史料源流举要》，第12页。

大量成套的酒器的出现，反映了可用于酿酒的剩余粮食的增多。①

至今云南纳西族人仍用家里悬挂猪头的数目标志财产的多寡。从大汶口挖掘的 133 座墓中，有 43 座墓有随葬猪头，其中半数只有一个猪头，而有一大墓达 14 个猪头。……从大汶口文化的殉葬品看，贫富差别已甚鲜明。②

此外，他还讨论了中国的"纪元"问题、关于奴隶制的上限问题、史前三大文化区的划分问题③以及奴隶制的形成过程和发展阶段。基于释古的立场，萧萐父既反对泥古派褒义地神化古史，又反对疑古派贬义地神化古史，而主张"神话传说本身也有它产生的历史，并必然是某种历史的投影"④。我们认为，较之泥古和疑古的偏颇而言，萧氏的观点是更为客观公允的，也是更接近历史真实的。也正是有鉴于此，萧对陶文、甲骨文、金石文、石鼓文、竹简、帛书、帛画等地下考古发掘出的文字资料，《逸周书》《竹书纪年》《穆天子传》《山海经》《世本》等"传世的古史文献"，"三礼"、《春秋经传》《国语》《战国策》《越绝书》等"关于古史的旁证材料"进行了简要的介绍，这些内容虽然前贤略有涉及，但远没有萧氏所述全面和丰富。

3. 在具体哲学史料的介绍上特色鲜明

萧萐父对具体哲学史料的介绍偏于简略，但与之前的史料学著作相比，特色鲜明。

第一，尤其重视哲学史料的源流衍变。其实，此前冯友兰通过史料的历史对史料的审查、张岱年对史料的流传情况的介绍以及刘建国对"史料的著录和流传"的关注等都是注重史料之源流衍变的表现。不同的是，萧萐父明确宣称这是其中国哲学史史料学研究的主要特色之一，并力图"在清理、评介史料中注意辨章学术、考镜源流"⑤。因为在他看来，"历史科学的研究，第一步就是充分地占有历史资料，而要做到这一点，就必须了

① 萧萐父：《中国哲学史史料源流举要》，第 22 页。
② 萧萐父：《中国哲学史史料源流举要》，第 23 页。
③ 萧萐父关于史前三大文化区的划分主要承自蒙文通在《古史甄微》中从文化地缘学的角度对史前文化的划分，另外还参照了徐旭生《中国古史的传说时代》提出的史前三个集团——东夷集团、华夏集团和苗蛮集团的主张。
④ 萧萐父：《中国哲学史史料源流举要》，第 37 页。
⑤ 萧萐父：《弁言》，第 1 页，载《中国哲学史史料源流举要》。

解各种史料的源流衍变"①。因此之故，他的课程名和书名也不沿用学界习用的"中国哲学史史料学"，而称之为"中国哲学史史料源流举要"。

第二，以学派和思潮为中心介绍哲学史料。与先前史料学论著主要以哲学著作为中心的介绍不同，萧著侧重从学派和思潮的角度整合各时期的哲学史料。如关于"周秦之际哲学史料"，他分为"《周易》与早期阴阳家言""《论语》与先秦儒家言""《墨子》与先秦墨家言""《老子》与先秦道家言""《管子》与先秦法家言""《邓析子》与先秦名家言""《孙子》与先秦兵家言"。之后的哲学史料，萧更是直接以学派和思潮为评介轴心："秦汉哲学史料"有"秦汉之际的三种思潮""秦汉之际的自然科学思潮""王充及汉末社会批判思潮"等；"魏晋南北朝哲学史料"有"玄学思潮""反玄学思潮""佛教兴盛与反佛思潮"等；"隋唐五代哲学史料"有"唐初无神论思潮""儒学正宗与史学巨擘""晚唐五代批判思潮"等；"宋元明哲学史料"有"宋元明道学诸流派""宋元明时期非道学思想家"等；"明清之际哲学史料"有"明末清初道学余波的史料""清初反道学思潮的史料""17、18世纪自然科学家的著作"等。与以著作为中心的介绍方式相比，萧氏对具体哲学史料的评介模式在反映哲学思想的变动与发展方面更具优势。

第三，特别划出"秦汉之际""明清之际"的哲学史料。受侯外庐启蒙说的影响，萧萐父于20世纪"50、60年代……在教学体系上作了重要改革，将明清之际（即明嘉、万时期至清乾、嘉时期）作为中国思想发展的一个特殊阶段而独立成编，提出这一编的教学，旨在'推程、朱、陆、王之'陈'，出顾、黄、王、方之'新'，即重点表彰能够冲决思想'囚缚'的'破块启蒙'的思想家们"②。70年代末与李锦全共同主编的《中国哲学史》中，"明清之际"作为中国早期启蒙哲学也被凸显出来，此外，"本书关于秦汉之际思潮的论述亦有独创性"③。《举要》作为史料学著作将"秦汉哲学史料"与"明清之际哲学史料"特别划出，与萧氏在

① 萧萐父：《中国哲学史史料源流举要》，第1页。
② 萧萐父、许苏民：《明清启蒙学术流变》，沈阳：辽宁教育出版社，1995，第780～781页。
③ 郭齐勇：《史慧欲承章氏学 诗魂难扫瑶人愁——萧萐父教授学述》，载萧汉明、郭齐勇编《不尽长江滚滚来——中国文化的昨天、今天、明天》，北京：东方出版社，1994，第36页。

中国哲学史研究中对这两个时代的殊异关注相辅相成。

第四，重视异端思潮的介绍。萧萐父认为，思想异端在发展科学、文艺和哲学思辨方面有独特贡献。故而，他在史料介绍中对之格外重视。如在秦汉和隋唐五代部分分别讲述"原始道教史料"和"道教理论著作"。[①]另，"王充及汉末社会批判思潮""反玄学思潮""反佛思潮""唐初无神论思潮""晚唐五代批判思潮"等的述评皆是这一学术倾向的表现。

第五，关注时代特点和思想动向。如关于秦汉，萧萐父说："在政治上，封建地主阶级业已确立了全国性的集权统治；在思想上，呈现出百家合流的趋势"，"统治阶级内部就营造什么样的上层建筑，有一个争论和探索的过程，相应地哲学思想也有一个分化、改组与重新整合的过程"。[②]关于魏晋南北朝，他则认为是一个民族大融合、经济文化大交流而得到新发展的时期。关于隋唐五代，萧主张儒释道三教由于开放的文化政策既有矛盾又有融合，同时，三教中神道迷信的恶性膨胀及宗教教义的教条化、烦琐化导致唐代无神论思潮和社会批判思潮的兴起。我们认为，对时代特点和思想动向的关注有助于了解各时代哲学史料的社会根源和认识论根源，这是以马克思主义为指导研究哲学史的一大优点。

第六，重视自然科学思潮的介绍。如《举要》中设有"秦汉之际的自然科学思潮"、魏晋南北朝"道教与科学文献"、"17、18世纪自然科学家的著作"等章节。我们认为，这仍然与萧对早期启蒙思潮的重视有关。因为在其思想世界里，"明清之际的自然科学研究热潮和中西科学文化的早期交流，使这一时期启蒙哲学的理论创造从内容到方法都具有新的特色。如方以智在《物理小识》中关于物质和运动不可分的理论论证，王夫之在《张子正蒙注》、《俟解》中关于物质不灭和能量守恒原理的具体论证等，都由于吸收科学成果而达到新的水平"[③]。

综上，萧萐父在具体哲学史料部分注重史料的源流衍变、以学派和思潮为介绍中心、重视异端思潮和科学思潮的介绍、关注某个时期的时代特点和思想动向，并特别关注"秦汉之际""明清之际"等特殊历史时期哲

---

① 道家道教学者是萧萐父视为"思想异端"的主要人物（参见萧氏《道家传统与思想异端》《道家风骨：被褐怀玉的异端性格》诸文，载《吹沙纪程》）。

② 萧萐父：《中国哲学史史料源流举要》，第147页。

③ 萧萐父：《中国哲学启蒙的坎坷道路》，载《吹沙集》，第20页。

学史料的述介，表现出与其他史料学著作相异的著述特征。

三 萧萐父中国哲学史史料学研究的特点

总结萧萐父关于中国哲学史史料学研究的优点，主要有四：其一，在著述体例上有所创新。这是指他将具有一定系统性的史料学理论纳入中国哲学史史料学学科的著述系统。其二，在研究特征上古今通气。表现在他一方面发掘清代的朴学成就，另一方面主张对之加以现代改造从而建立马克思主义的文献考据学。其三，在具体哲学史料介绍上颇具个性。注重史料的源流衍变，特别提出两个"之际"的哲学史料、以学派和思潮为介绍中心、重视异端思潮的介绍等，都使其具体史料介绍个性张扬。其四，在研究方法上重视实践。郭齐勇对萧萐父讲述史料学一课情景的描述可作证明："萧师单独给我们开了一学期的'中国哲学史史料源流举要'的课，每上完一课，就让我们到图书馆特别是线装书库、善本室里去查书，了解这一讲的目录、版本情况，与所听讲不符的，或另有发现的，下一堂课来交流。"① 然而，萧萐父的中国哲学史料学研究也有有待完善和改进之处：其一，史料学理论的规模尚有待进一步扩展。虽然较之以前的史料学著作，萧著《举要》在史料学理论的篇幅上大为增加，但该书之具体哲学史料介绍部分的内容仍然处于绝对的"大家族"优势。其二，史料学理论即"朴学简介"部分主要以介绍前人相关著述成就为准，而关于实际的史料学操作方法的论述似还不够丰硕。其三，正如商聚德师所云，"萧著在介绍文史考古知识方面比较重视，但所论及的内容中上古的居多，而与中国哲学史直接相关的考古重要发现，论述则过于简略"②。其四，具体哲学史料的介绍也嫌简略。这虽然亦可视为"凝练"③，但在某种程度上说太过简略的介绍方法却易于导致某些史料信息的缺失。

第三节 刘文英的中国哲学史史料学研究

跨入 21 世纪，第一部中国哲学史史料学专著就是刘文英师主编的

---

① 郭齐勇：《坐我光风霁月中——追怀萧萐父先生二三事》，《读书》2009 年第 3 期。
② 商聚德、韩进军：《中国哲学史史料学论稿》，第 4 页。
③ 商聚德、韩进军：《中国哲学史史料学论稿》，第 3 页。

《中国哲学史史料学》（高等教育出版社，2002）。该书被教育部研究生工作办公室推荐为哲学专业研究生教学用书。刘著的问世，标志着中国哲学史史料学学科取得了显著进展。

一　东方的"释梦"者——刘文英

刘文英，1939年2月15日生于陕西省乾县的一个贫苦农民家庭。1951年进入乾县中学，之后6年在此读初中和高中。[①] 他与哲学之渊源始于高中一次语文课。这次课上其师张毓华所讲屈原的《天问》令刘先生在课后追问不止，张老师不仅耐心解答疑问，而且将郭沫若的译本借给他。《天问》的启蒙，使得刘先生特别关注宇宙人生问题，并在1957年高中毕业后选择了中国人民大学哲学系。1962年，刘先生大学毕业，分配到兰州大学工作。"文革"期间，他潜心中医研究，为走向中国哲学殿堂打开了一条特殊通道[②]，其《梦的迷信与梦的探索》一书对"问梦与疾病的诊断"的讨论以及晚年巨著《梦与中国文化》以57页之篇幅对"梦与中国传统医学"的系统论说无疑要从这个时期找到起点。1978年，刘文英先生加入中国共产党，同年任讲师。1982年晋升副教授。1985年担任中国哲学专业硕士研究生导师。1986年晋升教授。在兰州大学期间，刘先生曾任中国哲学教研室主任、哲学系主任、校务委员会委员、校学位委员会学术委员会副主任等职。1993年初调入南开大学哲学系，同年底被国务院学术委员会批准为中国哲学专业博士生导师。2005年4月27日凌晨1时40分在天津肿瘤医院逝世，享年66岁。刘先生生前曾担任多种学术职务，主要有中国哲学史学会副会长、国际中国哲学会中国大陆西北资讯中心学术顾问、国际中国哲学会华北地区学术顾问、中国周易研究会理事、天津市哲学学会副会长、南开大学中国哲学研究中心主任等。

最初，刘文英先生从事马克思主义哲学的教学和研究，曾主编《简明马克思主义哲学原理》（甘肃人民出版社，1986），发表《一个反辩证法的公式——批判四人帮的"宁要——不要"》（《甘肃日报》1977年11月

① 这个时间据陈生玺所说"刘文英教授和我同乡……同毕业于陕西乾县中学。我比文英痴长几岁，我高中毕业时，他方入初中……我高中毕业后入南开大学，他入中国人民大学；我1956年毕业后考入南大明清史研究生"（陈生玺：《痛忆刘文英教授》，《中华读书报》2006年4月11日）推断而得。
② 参见杨羽、张颖《刘文英和他的哲学世界》，《人物》2000年第5期。

21 日)、《反革命的捣乱哲学——批判四人帮鼓吹的"对着干"》(《甘肃日报》1978 年 6 月 9 日)、《"顶峰论"是对马克思主义的反动》(《甘肃日报》1978 年 7 月 27 日)、《辩证唯物主义的修养论》(《甘肃日报》1980 年 5 月 20 日)、《社会主义精神文明的作用》(《甘肃日报》1982 年 4 月 5 日)等论文,但他对中国哲学一直有浓厚的兴趣。1972 年,刘先生从新闻中得知毛泽东将朱熹的《楚辞集注》作为礼品送给田中首相,这使他意识到《楚辞》可以从"四旧"中解禁了。于是,他开始致力于比较《天问》之古今诸家注解。1978 年,刘文《奇特而深邃的哲理诗——关于屈原的〈天问〉》[①]在《文史哲》第 5 期发表,"在学术界引起很大反响,从此走上了研究中国哲学的道路"[②]。概括刘文英先生在哲学领域的学术成就,主要有以下几个方面。

第一,梦的研究。梦是人体的一种很特殊的精神现象。中国古人于梦有非理性的迷信也有理性的探索,二者分属宗教和科学的范畴,但由于涉及形神关系、心物关系以及天人关系等问题,因而也构成了中国古代哲学的一个侧面。在某种意义上说,刘文英先生是中国古代梦说研究的代表人物。所以,我们对他在此方面的成绩做重点介绍。刘先生对梦的关注始于20 世纪 70 年代。[③]1983 年,其《中国古代对梦的探索》(《社会科学战线》1983 年第 4 期)一文发表后,得到美国阿拉马契大学心理学教授琼·伍德沃斯(Jones Woodworth)的赏识。1985 年,在《中国古代的意识观念》中,刘先生设定"关于梦的认识与探索"一节,初步整理了一些相关材料。1989 年,其《梦的迷信与梦的探索》[④](中国社会科学出版社,1989)深入探究了中国古人对于梦的思考。之后,《中国古代的梦

---

① 除该文外,刘文英先生先后发表多篇关于《天问》的论文,如《〈天问〉的科学思想初探》(《社会科学战线》1980 年第 2 期)、《〈天问〉"东流不溢"集解》[《社会科学》(甘肃)1980 年第 3 期]、《关于〈天问〉中的几个古史问题》(《兰州大学学报》1980 年第 3 期)、《评王夫之〈楚辞通释·天问篇〉》(《江汉论坛》1983 年第 5 期)、《从〈楚辞通释·天问篇〉看王夫之的哲学》(《江汉论坛》1983 年第 6 期)、《从〈楚辞集注·天问篇〉看朱熹的哲学》[《社会科学》(甘肃)1983 年第 6 期]等。

② 曹玉田:《刘文英》,载方克立、王其水主编《二十世纪中国哲学(第二卷)·人物志下》,北京:华夏出版社,1995,第 54 页。

③ 刘文英:"自序",第 1 页,载刘文英、曹田玉《梦与中国文化》,北京:人民出版社,2003。

④ 该书英译本书名为 *An Oriental Interpretation of Dreams*(China Social Sciences Publishing House, 1995),即直译为《东方人的梦说》。

书》（中华书局，1990）、《星占与梦占》（新华出版社，1993）相继问世。
1998 年，在其《精神系统与新梦说》（南开大学出版社，1998）里，刘先
生则对其《梦的迷信与梦的探索》中提出的"新梦说"进行系统论证。
2003 年出版的《梦与中国文化》则是刘先生站在更为宏阔的视域从文化
角度对梦之有关问题的研究。此时，梦的迷信和梦的探索均属于特殊的文
化历史现象，而不再对之进行单纯的对象性研究。有关梦的研究，刘文英
先生的主要贡献如下：其一，在研究方法上，强调同时用东方人和西方人
的双重眼光去审视梦说。他"反对用现代世界梦说简单地裁剪中国古代的
梦说，或把中国古代梦说作为一种插图，简单地去注释现代世界的梦
说"①。其二，在思想内容上，提出了具备中国传统哲学底蕴的新梦说。
刘先生反对弗洛伊德之意识在上、潜意识在下的单向塔式结构，认为中国
古代"神蜇""神藏"等类似于"潜意识"之范畴的提出，使意识和潜意
识处于双向的相互转换的格局，而这种格局避免了弗氏塔式结构中意识对
潜意识的压抑。刘先生将自己的梦说归纳为七点：（1）人的潜意识是自我
意识的沉淀，而不是"本我"的"原欲"。梦的本质是潜意识对人之现实
生活的一种反映。（2）梦的活动以意象为基本要素，并不是由于潜意识受
到"压抑"或为逃避"检查"而进行"伪装"。（3）梦的材料来自人脑
后天储存的意象库，而非"天之所予"或"我固有之"。（4）做梦过程中
的眼球快速运动根源于"内视"，实质是潜意识对意象进行的跳跃式检索、
比较和构思。（5）梦是一个人内心世界的全面暴露，并非任何时候都是
"欲望的满足"。（6）梦的原因包括生理病理、精神心理和潜意识情结三
个层次，前两者是做梦的触发条件，后者是做梦的内在根据。（7）梦具备
生理和心理两种功能：既能通过精神系统的松弛调节人体生理节律、通过
梦象的特征显示人体脏腑机能，又能维护精神系统的活动节律、促进精神
系统各种心理因素的平衡。刘先生新梦说提出后，得到学界高度评价。牟
钟鉴和胡孚琛认为"这个新的梦学理论体系的初步确立，为融合中西文化
提供了一个范例"②。著名科学家钱学森读到后致信刘先生说：

---

① 刘文英：《梦的迷信与梦的探索》，北京：中国社会科学出版社，1989，第 3 页。
② 牟钟鉴、胡孚琛：《旧梦说的整理和新梦说的提出——读刘文英〈梦的迷信与梦的探
　索〉》，《哲学研究》1991 年第 1 期。

是您纠正了 Sperry 以及其他人的这种局限性，把研究扩展到文化、宗教、文艺理论和哲学，用综合集成的方法。而您在尊作《外篇》的论述已不限于梦，是对整个意识，包括自觉意识、潜意识和下意识的整体探讨，是为研究人脑这个开放的复杂巨系统打下基础，特别为精神学这门专研究大脑高层次活动的学问打下基础。研究方法超过前人，完全正确。

我认为您之所以成功，是您运用了辩证唯物主义的哲学，也运用了唯物史观。所以是有中国特色的，是中国人的胜利！①

其三，在精神系统的结构上，建构了精神太极图模型。刘先生主张用中国古代太极图作为精神系统的基本模型：意识子系统的活动是自觉的、显现的，为阳面；潜意识子系统的活动是不自觉的、潜隐的，为阴面；整个精神大系统是"阴入于阳而阳入于阴，阴中有阳而阳中有阴"② 的阴阳合体。关于精神系统的运作机制，刘先生则概括为阴阳连续恒动机制、阴阳有序转换机制、阴阳互渗互补机制、阴阳矛盾平衡机制四种，这"既充分注意到现代西方精神分析和实验研究的积极成果，又吸取了中国文化和东方文化的思想资源"③。

第二，原始思维与原始文化研究。刘先生"研究中国哲学，一开始就同原始思维与原始文化问题结下了不解之缘"。早年他研究的《天问》里有许多问题和神话"不知不觉之中把"他"拉到了原始时代"，后来追溯时空观念和意识观念的起源时，也"不能不进入原始思维和原始文化领域"。④ 1987 年，刘先生的这项课题获得国家社科基金重点资助，1994 年最终完成书稿，1996 年以《漫长的历史源头：原始思维与原始文化新探》为名由中国社会科学出版社出版。在这个问题上，刘先生综合运用人类学、民族学、文字学、心理学、考古学、语言学、宗教学以及脑科学等多个学科的方法，考察原始思维的发生、发展及其基本特征，认为它"既没

---

① 钱学森：《钱学森同志的一封信》，《哲学研究》1991 年第 6 期。
② 刘文英：《精神系统与新梦说》，天津：南开大学出版社，1998，第 36 页。
③ 刘文英：《精神系统与新梦说》，"前言"，第 5 页。
④ 刘文英：《漫长的历史源头：原始思维与原始文化新探》，北京：中国社会科学出版社，1996，"后记"，第 754 页。

有清晰的、明确的逻辑结构，同时又有一种模糊的、潜在的逻辑结构"①。
刘先生指出，原始思维的特殊机制表现在：其一，活动目标只是把感觉材
料最后加工成类化意象，而不可能构成抽象概念；其二，活动模式主要是
自我体验模式而非知识经验模式；其三，活动成果具有一种系统化的内在
趋势。他进而认为，从原始思维的特殊要素、特征结构和特殊机制出发，
诸多原始文化如梦魂观念、图腾观念、巫术、宗教等的萌芽都可得到较好
的阐释。

　　第三，中国哲学之问题和整体特质的研究。刘先生发现，虽然前辈学
者以著作、时代或人物为中心所做的中国哲学史研究已经取得很多有价值
的成果，但涉及的问题很多很杂，而且每个问题的源流脉络都不够清楚。
因之，他在研究中突出问题本身，先后对中国古代的时空观念、意识观
念②进行发生学考察。③ 亦即，以时空观念、意识观念等问题为中心，由
流溯源，再由源及流，系统梳理其产生和发展的过程，并全面探讨其所涉
及的诸多方面，如"时空观念的来源、时空概念的抽象、时间空间的本
质、时空的有限性与无限性、时空的相对性与绝对性、时空的连续性与间
断性"④，与意识观念相关的形神关系问题、心物关系问题、闻见思虑关
系问题、言意关系问题、意识修养问题、思维器官问题、人工智能问题等
等。⑤ 关于中国哲学的整体特质，也是刘文英先生特别关注的问题之一。
他曾说，像牟宗三的《中国哲学十九讲》《中国哲学的特质》之类的书
应该多出。在这方面，刘先生为博士生开设了"中国哲学通论"一课，
包括"中国哲学与世界哲学""中国哲学与中国文化""中国哲学的萌
芽与开端""中国哲学发展的历史阶段""中国哲学学派的源流演变"
"中国哲学的思维方式""中国哲学的整体结构与范畴网络""中国哲学
的理论学说""中国哲学的基本精神与价值取向"和"中国哲学的现代

---

① 刘文英：《漫长的历史源头：原始思维与原始文化新探》，"自序"，第3~4页。
② 刘先生还曾计划研究中国古代的物质观念［参见刘文英《中国古代的时空观念（修订
　本）》，"一九九二年日文本自序"，第5~6页，天津：南开大学出版社，2000］，但最终
　未能实现。
③ 关于刘先生对发生学方法的应用，张扬认为体现在三个方面：第一，通过古代语言文字
　去追溯古代的信息；第二，通过考古文物去追溯远古的信息；第三，通过原始民族的风
　俗、信仰习惯等"活化"上古的传说（参见张扬《发生学方法与中国哲学史研究——读
　刘文英先生的两部哲学史专著》，《兰州大学学报》1988年第3期）。
④ 刘文英：《中国古代的时空观念（修订本）》，第1页。
⑤ 参见刘文英《中国古代意识观念的产生与发展》，上海：上海人民出版社，1985。

化"等十讲内容。① 他注重中西相通之处，更重视具备中国特征的哲学智慧。如刘先生认为，在思维方式上，中国哲学有直觉成分，但从整体上来说也是逻辑的，所以，中国哲学的特征不在于有没有逻辑，而在于它有什么样的逻辑，他将中国哲学的思维方式概括为"名象交融"，并强调：

> 西方哲学的单一概念符号和单纯概念思维只是哲学思维的一种类型；中国哲学的名、象共存、共用和名象交融也是哲学思维的一种类型。②

在认识论上，中国传统哲学不仅研究了人对自然物理的认识，而且特别关注人对自身的认识，并自觉区分形上之知与形下之知，其理论意义在于

> 没有在认识论中拒斥或否定形上之知，因而提供了西方哲学所没有或不突出的另一种类型的认识论，有助于克服单纯形下型认识论的局限性，同样有助于建构更完整、更丰富的认识论体系。③

在精神哲学上，与西方哲学之理论旨趣在于对精神对象、现象作出理论的解释与说明不同，中国哲学意在人的精神提升与精神超越，因而中国传统精神哲学包括精神形上学和精神修养学两个层面，儒道释分别以道德心、自然心和清净心作为精神生活的基点，并提出入世、隐世和出世三种精神超越的路径④；在哲学主题上，中国哲学有自己特殊的主题，即"通天人之际"："中国哲学史上所讨论的道理、性命、名实、形神、有无、动静、言意、道器、理气、心物、知行、古今等问题，归根到底都以'天人之际'为中心。"⑤ 我们认为，刘先生关于中国哲学特质的如上看法是他放眼整个世界哲学的大背景从而将中西哲学视为两种类型并以二者可以相通而不能彼此约化之思想⑥的具体化。

---

① 刘文英：《中国哲学通论讲义稿》，曹树明课堂记录，2002 年下半年。
② 刘文英：《中国传统哲学的名象交融》，《哲学研究》1999 年第 6 期。
③ 刘文英：《认识的分疏与认识论的类型——中国传统哲学认识论的新透视》，《哲学研究》2003 年第 1 期。
④ 参见刘文英《中国传统精神哲学论纲》，《中国哲学史》2002 年第 1 期。
⑤ 刘文英主编《中国哲学史》上卷，天津：南开大学出版社，2002，第 4 页。
⑥ 参见刘文英《中国哲学史百年述评与展望》，《中国哲学史》2001 年第 1 期。

第四，儒家文明研究。20 世纪末期，刘文英先生开始关注儒家文明。在他看来，在走向现代化的过程中，我们对儒家文明的传统要采取既要继承又要超越的态度，从而在保持中华文明之民族特色的同时使之具备现代特征。与通行的说法将文明视为"人类社会的进步状态"不同，刘先生对文明有自己的理解：

> "文明"在其本质上，乃是人类对"人之为人"在思想上的一种自觉和这种自觉在实践中的表现。①

而儒家文明则是以儒家文化为标志的古代中华文明。从现实层面看，它是以自然经济为基础的农业文明、以上下等级为标志的君权文明，其崇尚礼乐教化、崇尚道德理性、注重道德修养、凸显非宗教的现实精神、既保守又包容；从理想层面看，它追求理想人格、理想人际、理想社会、理想生态和理想境界；从价值层面看，它重德贵义、认为世界的整体价值高于人的价值、高扬"道德价值""群体价值"而对"知识价值""个体价值"重视不足。刘先生坚信，儒家文明传统与现代化不是对立的，因为前者对后者有积极作用；世界文明的未来是中西文明传统的"优化融合"。这无疑是一种较为开放和圆融的文化心态。

二　刘文英对中国哲学史史料学的贡献

事实上，集中研究中国哲学史史料学之前，刘文英先生就一直自觉地使用着相关的史料学方法。据他自己回忆，20 世纪 80 年代初，在研究中国古代的精神意识观念时，他发现有关梦的资料很多，于是便利用文献目录学系统地考察了中国历代梦书的存佚情况②，从敦煌遗书中整理出几部梦书残卷，又根据有关类书提供的线索，"从历代正史、野史著作中，医

---

① 刘文英：《儒家文明·传统与传统的超越》，天津：南开大学出版社，1999，第 2 页。
② 刘先生运用文献目录学方法考察历代梦书可从其《梦的迷信与梦的探索》上编第四部分"占梦书的流传"之"历代占梦书的流传"一节得到证明。该节中，他利用《汉书·艺文志》《隋书·经籍志》《国史经籍志》（明焦竑）、《明史·艺文志》《四库全书总目提要》以及《清史稿·艺文志》等史志目录的"数术类"和"五行类"的记载，理出一条线索，并总结道："以上根据史志目录统计，中国历代出现过的梦书一共二十二部。其中真正的占梦之书或解梦之书共十四部。"（刘文英：《梦的迷信与梦的探索》，第 119 页）

学、文学著作中，佛教、道教著作中去寻找有关资料"①。在此后的教学工作中，刘先生又为兰州大学、南开大学的研究生多次讲授"中国哲学史史料学"，并积累了一部讲义。2002 年 6 月，高等教育出版社出版了由其主编的《中国哲学史史料学》，其中包括刘先生在讲义基础上撰写的"概论""先秦哲学史料""两汉哲学史料"以及"中国少数民族哲学思想史料"等部分。此中，"概论"以相当程度的篇幅讲述史料学的方法理论。这样，从撰写体例上看，刘著与萧萐父先生的《举要》保持了一致，而从内容上看，则又在萧著的基础上有一定的发展。我们这样说，不仅因为刘先生所讲的方法更具方法的功能，而且因为他在该书的"内容提要"里明确指出其"突出了史料学的方法"。这是一种思想观念的自觉。它表明学界对史料学方法在中国哲学史史料学之著述体例中的重要地位的认识已从实践层面上升到思想层面，提到了理论的高度。此举无疑是意义重大的。

整体观之，刘文英先生对中国哲学史史料学的贡献至少表现在以下三个方面。

（一）进行系统的学科定位

"史料学"曾被视为"历史科学中的一个部门"②、"基础学科"③ 或"边缘性的科学"④，这些定位都有一定的合理性，但并不能将史料学内在地统一于中国哲学史研究。刘先生则把中国哲学史看作是一个包括诸多学科譬如中国哲学史的通论、专论、通史、断代史、专门史和史学史等的体系，并把中国哲学史史料学也置于这个体系之中。这样，该学科便成为中国哲学史学科体系的内部成员或分支学科。基于此种观念，他对中国哲学史史料学学科的性质与地位、对象与任务、范围与类别等问题进行了系统的思考。

1. 性质与地位

在刘文英先生看来，作为中国哲学史学科体系的分支学科之一，中国哲学史史料学具有三个特殊的性质，而正是这些特殊性质决定了它的特殊地位。

---

① 刘文英：《我对中国古代梦说的研究》，载北京大学中国传统文化研究中心编《文化的馈赠——汉学研究国际会议论文集·哲学卷》，北京：北京大学出版社，2000，第 155 页。
② 冯友兰：《中国哲学史史料学》，载《三松堂全集》第六卷，第 295 页。
③ 石峻：《中国哲学史史料学讲义》，载《石峻文存》，第 307 页。
④ 刘建国：《前言》，载《中国哲学史史料学概要（上）》。

　　第一个特殊性质是交叉性。这是因为，它和中国哲学史学科本身一样，既隶属于中国哲学的门类，又隶属于中国历史的门类，属于交叉学科。因而，在史料学的一般理论和方法上，其和中国历史学的史料学、中国学术思想史的史料学是相通的或共同的。不同的是，该学科只限于讨论具有哲学意义的史料，或者说只限于讨论有关哲学思想的史料，是一个专业性很强的学科，非一般意义的史料学所能替代。

　　第二个特殊性质是基础性。之所以具备基础性，是因为中国哲学史的任何理论研究和历史研究都必须以充分掌握客观的史料为前提，即以史料为基础。否则，如果没有掌握系统的可靠的哲学史料，就不可能得出令人信服的、正确的结论。刘文英先生指出，宋明时期一些学者"束书不观、游谈无根"的空疏学风和"文化大革命"中一些人对古人乱戴"儒家""法家"的帽子的做法都是不承认史料学之为思想史、哲学史的基础造成的。因而，史料的功夫和修养表现了一个哲学史工作者的基本素质和态度。

　　第三个特殊性质是工具性。工具性的提法源于冯友兰对史料学的界定。冯氏主张，史料学是"关于史料的方法论"①。刘先生进一步认为，既然是关于方法论的学科，那么中国哲学史史料学就必然具有工具性。所以，史料学之研究史料问题，不能只是从理论上肯定和强调史料工作的重要，还"应该从方法上告诉人们，如何收集史料、如何鉴别史料、如何解释史料等等"②。从中国哲学史史料学的研究现状而言，这是需要继续加强的一个重要方面。

　　2. 对象与任务

　　刘先生主张，中国哲学史史料学的对象就是中国历代哲学思想的有关史料，而其任务的确定需从其学科定位出发。上文已明，他把中国哲学史史料学视为中国哲学史学科体系的一个分支学科。因此他认为，该学科的任务应该从属于中国哲学史学科体系的总任务。而中国哲学史的总任务有四个方面：第一，系统地清理中国哲学发生、发展的历史脉络或历史线索，这是它作为一门历史学科的最基本的要求；第二，要深入地揭示中国哲学思想的逻辑演变及其发展规律，这是它作为一门哲学学科的基本要

---

① 冯友兰：《中国哲学史史料学》，载《三松堂全集》第六卷，第295页。
② 刘文英主编《中国哲学史史料学》，北京：高等教育出版社，2002，第6页。

求；第三，认真地研究中国哲学思维方式的特征及其演变的规律，这是它作为人类精神反思的基本要求；第四，全面总结中国哲学智慧的长短得失，继承和发扬其优秀传统，这是研究中国哲学史的直接目的。① 因之，中国哲学史史料学的具体任务，"就是为中国哲学史研究这些方面的问题，提供系统的、可靠的和有价值的史料"②。

这种说法与前贤的观点恰好相互补充。如张岱年曾说：

> 中国哲学史史料学的任务，就是对于中国哲学史的史料作全面的调查，考察各种史料的来历，确定其为真实史料的价值。
>
> 中国哲学史史料学，就是把有关中国哲学史的重要史料都列举出来，分别加以考订，确定其历史年代与史料价值。③

可以看出，这是就中国哲学史史料学学科本身而言。根据这一任务，张著便以介绍具体史料为主，而将史料学方法贯穿于史料介绍之中。刘先生则是从整个中国哲学史学科体系角度讲史料学应做的工作。从其确定的任务出发，刘著自然更为注重史料学方法理论的研究。

3. 范围与类别

对于一般历史学而言，只要是保留一定历史信息的材料就被视为史料。而中国哲学史史料的范围则由其对象和内容决定，因为只有那些同中国历代哲学有关的材料才能算作其史料。如此，哲学观就成为判断一个材料是不是哲学史料的基本依据。所以，刘先生首先提出自己的中国哲学观：

> 中国古代本无"哲学"之名，只有"哲人"之称。但从内容来说，中国古代大凡讨论天道、人道或宇宙、人生基本问题的学问，就是哲学。……西方哲学所谓宇宙论或自然观、认识论、历史观、伦理学，在中国古代学术思想中都有相应的内容。中国古代哲学以天人关系为主干，以人生哲学为重点，同时特别注意人的道德修养或精神境

---

① 刘文英主编《中国哲学史》上卷，天津：南开大学出版社，2002，第6页。
② 刘文英主编《中国哲学史史料学》，第8页。
③ 张岱年：《中国哲学史史料学》，载《张岱年全集》第四卷，第273、274页。

界，反映了人生的价值观及其目的和追求，这些则是西方哲学薄弱或
缺少的。①

以此为据，他认为，中国哲学史的史料基本上是文献史料，经、史、
子、集四部里都有相关内容。这种看法与朱谦之不谋而合。②

关于中国哲学史史料的类别，前贤多有论述。如胡适和冯友兰都将之
分为两种，只是提法稍有不同，胡氏称为原料和副料，而冯氏称为原始史
料和辅助史料。张岱年则把史料分为实物史料和文字史料，进而把文字形
式的哲学史料分为直接史料和间接史料。刘建国又依据史料的重要性将之
分为主要史料和次要史料。而在刘文英先生看来，这些划分是存在某些问
题的，因为原始史料实指直接史料，实物史料实指文物史料，与辅助史料
相对的应是主体史料而不是原始史料。因此，他对中国哲学史史料进行了
重新分类：以史料形态为准分为文物史料和文献史料，以史料作者为准分
为直接史料和间接史料，以史料内容为准分为主体史料和相关史料，以史
料作用为准分为主要史料和次要史料。在某种意义上说，这种分类是更为
系统和更为合理的。

客观地说，刘先生对中国哲学史史料学学科的如上定位不仅是必要
的，而且是必需的。因为只有在对一个学科的性质与地位、对象与任务、
范围与类别等问题有了系统的把握之后，才能在明确的学科观念的指导下
对之进行研究。如上文所示，刘先生强调对史料学方法的理论研究就是基
于其对该学科的学科性质和任务的认识。

（二）突出史料学方法的理论研究

中国哲学史史料学要真正成为"学"，就不能停留在史料介绍的水平
上，而应该以探讨史料的研究方法为主。③ 而这正是刘著之前的史料学专

---

① 刘文英主编《中国哲学史史料学》，第8页。
② 朱谦之说："就哲学史的史料的来源来说，它的重点既然是在哲学著作本身，即文字记
　录的哲学史料，这便和普通历史的史料来源，兼注重在文字记录以外史料的有些不同。"
　（朱谦之：《中国哲学史史料学》，载《朱谦之文集》第四卷，第177页）朱谦之的《中
　国哲学史史料学》只有1957年的油印本收藏在北京大学图书馆，2002年9月才被福建
　教育出版社出版的《朱谦之文集》第四卷收入。刘文英先生写作此书前并没有见到，所
　以我们认为二人的看法是"不谋而合"。
③ 参见商聚德《关于完善"中国哲学史史料学"体系的构想》，《河北大学学报》1999年
　第4期。

著如朱谦之《中国哲学史史料学》（北京大学图书馆油印本，1957）、冯友兰《中国哲学史史料学初稿》（上海人民出版社，1962）、张岱年《中国哲学史史料学》（三联书店，1982）、刘建国《中国哲学史史料学概要》（吉林人民出版社，1983）和萧萐父《中国哲学史史料源流举要》（武汉大学出版社，1998）等做得不够充分、不够系统的地方，尽管著者都不同程度地意识到了这个问题并有逐步的改进。针对这种情况，刘先生说："如果我们研究一个哲学家，冯友兰的书中没有介绍，那么我们应该怎样去找他的思想史料呢？我们如何判断所找的史料是'全'还是'不全'呢？如果没有解决这些方法问题，我们只能局限在他已经介绍过的史料之中。"① 因而，他用大量篇幅书写"概论"部分，加强对史料学方法的理论探讨。具体而言，有四个方面，即中国哲学史史料的收集、鉴别、解释和整理等。

1. 史料的收集

收集史料是史料工作的第一步，冯友兰指出："这一步工作的要求是'全'。"② 刘先生则认为这个要求只是收集史料的目标问题，此外，还要解决途径问题。

仅就目标问题而论，他也在冯先生的基础上前进了一步。这表现在其划定了判断所收集的史料"全"与"不全"的标尺，即是否包括以下几个方面的内容：（1）有关哲学思想的原著史料；（2）有关思想源流的文献史料；（3）有关时代背景的文献史料；（4）历代注疏、评论和研究性的文献史料。也就是说，如果我们收集的史料包括这四个要件，就可以视之为"全"，否则，就是"不全"。然而我们认为，刘先生此说只适合于对中国古代哲学的研究，而不合适于对当代中国哲学的研究，因为对于当代的中国哲学著作而言，至少是没有历代注疏的。

途径问题主要是一个方法问题，也就是"应该从哪些方面入手，才能找到我们要找的史料"③。这一直是中国哲学史史料学学科的薄弱环节。在此问题上，冯友兰讲到了目录学却没说如何利用它，张岱年提出了泛观

---

① 刘文英主编《中国哲学史史料学》，第6页。
② 冯友兰：《中国哲学史史料学》，载《三松堂全集》第六卷，第295页。
③ 刘文英主编《中国哲学史史料学》，第14页。

博览和深入考察两个步骤。① 刘文英先生则根据一般文献史料学的内容和
研究中国哲学史的经验体会，指出图书目录学、图书编纂学、古籍辑佚学
和文献索引学四个收集史料的途径，并介绍它们的历史演变、功用和方法
等。如关于目录学的功用，他主张有四个：（1）提供寻找文献史料的线
索；（2）了解有关著作存佚真伪的情况；（3）反映学术流派演变发展的
状况；（4）直接提供某些重要的史料。关于辑佚，他认为有六条线索：
（1）同时代其他有关著作，该书亡佚前其他有关著作；（2）有关史书的
传记及其注文；（3）关于古籍的注疏；（4）唐宋明代的有关类书；
（5）各个时代的总集或有关丛书；（6）有关地方志中的人物志、艺文志
以及碑石铭文等。不难发现，这些方法是具有较强的实际操作性的，对于
我们在研究过程中收集史料是很有帮助的。

2. 史料的鉴别

鉴别史料是史料工作的第二步，冯友兰称为"审查史料"，并说明
"这一步工作的要求是'真'"。② 刘先生赞同冯说"鉴定史料的目的在于
去伪求真"③。进而，他从古籍辨伪学、考据学、版本学和校勘学四个方
面介绍史料鉴别的知识，对其中各个方面的必要性、原则方法及相关书目
等进行探讨或总结。如关于辨伪的基本方法，他首先列举胡应麟的"辨伪
八法"、梁启超的 12 条"公例"、胡适审定史料的五种证据等前人的成
绩，然后说：

　　以上这些方法都是经验之谈，并且都有一定的道理。但是在我们
今天看来，缺少一种全面性的综合判断的观念。如果把其中一条绝对
化，也可能只见树木，不见森林，而做出错误的判断。所以，有关辨
伪的经验和方法，还需进一步研究和总结。④

关于古籍版本，他指出，就形式而言有写本、刻本、活字本、石刻
本、竹简本、帛书本、宋本、元本、明本等，就内容而言则有校点本、批
校本、注释本、译注本等，而古籍文献中所谓"善本"一般兼顾形式和内

① 张岱年：《中国哲学史方法论发凡》，载《张岱年全集》第四卷，第 183 页。
② 冯友兰：《中国哲学史史料学》，载《三松堂全集》第六卷，第 296 页。
③ 刘文英主编《中国哲学史史料学》，第 33 页。
④ 刘文英主编《中国哲学史史料学》，第 35 页。

容，哲学史研究却着重从内容上选择和利用善本。那么，何谓"善本"呢？刘先生认为，就内容而言，善本应如张之洞所说是足本、精本和旧本，而我们所要选择和利用的善本，其底本应越早越好，其校注则应以质量为原则，可选古本，也可选今本。这些观点是刘先生对自己一生治学经验的总结，体现了其严谨的治学态度和实事求是的基本精神。

3. 史料的解释

收集和鉴别哲学史料之后要对它的思想和意义进行解释，因为其价值就在于此。而由于古今语言以及社会典章制度、风俗习惯的改变，这种跨时空的解释存在着一定难度。因此，我们往往借助于古代的注释性著作，尽管它们与原著之间也有历史距离。刘先生指出，这就需要我们了解古籍注疏学和文字训诂学的一些基本知识和方法。

关于注疏学，他首先揭示其双重价值：第一，注疏是解释文本的重要史料；第二，注疏也是注者的思想史料。然后，他把注疏分为传注和义疏两大类别，并对传、记、注、说、笺、解、章句、集注等直接解释原始文本的传注，以及疏、义、义疏（疏义）、讲疏、疏证、索隐等进一步解说传注的义疏进行具体分析。在训诂学方面，刘先生从以形索义、因声求义和比较互证三个角度深入分析训诂方法，还对一些常见的训诂学术语如"读曰、读为""读若、读如""如字""曰、为、谓之""谓""之言、之为言"等作了区分。

然而，"仅仅有注疏学和训诂学的功夫，还只停留在语言文字层面上，并不一定真正理解语言文字内隐的或深藏的精神实质"[1]。为了由表及里地理解文本的思想和意图，我们作为现代解释者还需要与古籍原作者在心理上的沟通，即陈寅恪所言"神游冥想，与立说之人，处于同一境界"[2]。这是刘先生在史料的解释问题上刻意强调的一点，也是对研究对象进行"同情的了解"的必要步骤。在此之后，才能做到"客观的评价"和"批判的超越"。

4. 史料的整理

收集史料、鉴别史料和解释史料，最终是为研究哲学史服务。而杂乱无章的史料只有经过整理或系统化，才能真正作为研究的基础和根据。因

---

[1]　刘文英主编《中国哲学史史料学》，第52页。

[2]　陈寅恪：《冯友兰中国哲学史上册审查报告》，载《金明馆丛稿二编》，第247页。

此，史料的第四步工作是整理史料。胡适称这项工作是寻求一个"脉络条理""头绪条理"。陈寅恪称之为"联贯综合""统系条理"。张岱年则名之曰"史料的诠次"。

刘文英先生将整理史料的方法概括为历史的方法和逻辑的方法两种。其中，历史的方法就是首先把有关哲学史料按时间顺序进行排列，然后从这个排列中寻找它们之间的联系，进而追溯其源流。这样便可以看出一种哲学思潮、学派和一个哲学家思想发生发展的过程。但刘先生特别指出，在运用这种方法清理历史脉络时，"要慎重从事，不可勉强安排先后"①。一般地说，中国古代哲学没有形式系统，其逻辑结构往往是内在的。因此，刘先生认为，将有关哲学史料按逻辑层次分类归纳，从逻辑联系中寻找一种哲学或一个哲学家的主要概念、范畴和命题，再以主要范畴、命题勾画其逻辑结构的逻辑方法就可用于中国哲学史的研究。他指出，这两种方法各有侧重但本质一致，所以要注意二者的有机结合，而且"无论历史的方法还是逻辑的方法，都要注意每个时代的中心问题，再看一个学派和一个哲学家的态度和回答"②。由于整理史料的过程需要对史料进行选择，所以刘先生又提出了选择史料的三个标准：史料的真实性、史料的历史性和史料的典型性。再者，他还主张在最后运用史料时要坚持史料与观点的统一。

（三）拓展史料学研究领域

刘文英先生在中国哲学史史料学研究上的贡献还在于他有意识地拓展研究领域，这主要表现在三个方面。

1. 介绍前人不甚关注的哲学史料

在"史料举要"部分，刘著于每个时期都是先介绍该时期哲学的综合性史料，刘先生自己撰写了"关于先秦哲学综合性的史料"和"关于两汉哲学综合性的史料"两个部分，其中展示了甲骨文字、《两汉三国学案》《黄帝内经》《史记》和《盐铁论》等史料的基本情况。这体现出他对综合性史料的重视。所谓"综合性的史料"，"一是包含哲学史料而非专属哲学史料的文献，一是包含诸家学派和人物的哲学史料而非专属某派

---

① 刘文英主编《中国哲学史史料学》，第 53～54 页。

② 刘文英主编《中国哲学史史料学》，第 54 页。

某人的文献"①。这是以前研究中国哲学史史料学的学者不甚注意的。众所周知，中国传统文化具备文、史、哲不分家的特性，所以我们认为这个补充是很有意义的。

现代研究中国儒学和中国哲学者，受 20 世纪上半叶疑古思潮的影响，很少留意周公。而事实上，作为儒家学派创始人的孔子的基本理论主要是继承和发展周公的有关思想。因此，对这一作为源头活水的哲学史料是不能忽视的。鉴于此，刘先生设"周公哲学思想的史料"一节，对周公的生平史料、思想资料以及关于周公哲学思想的研究状况做了介绍。

2. 吸收和补充新出土的有关哲学文献

新中国成立后，尤其是 20 世纪 70 年代以来，有许多重大的考古发现。其中，与中国哲学研究直接相关的就有 1972 年山东临沂银雀山竹简、1972～1974 年长沙马王堆帛书、1972 年河北定县八角廊竹简、1993 年湖北荆门郭店楚墓竹简和 1995 年上海博物馆从香港购回的战国楚墓竹简。

冯友兰的《中国哲学史史料学初稿》出版于 1962 年，无法反映这些新的发现。张岱年、刘建国和萧萐父的著作中都或多或少地补充了相关内容，而对于其出版之后发掘的郭店楚简也没有补充的可能。刘文英先生则进一步吸收和补充这些考古成果。如关于孔子作《易传》的问题，他运用王国维发明的"二重证据法"把地上材料《史记·孔子世家》与地下出土的材料帛书《二三子问》《子曰易之义》和《要》篇等相互对证，得出《易传》中包含着孔子的思想的结论；关于《老子》版本，他专列郭店简本进行介绍。尤其值得注意的是，刘先生将《黄帝四经》纳入写作范围。《黄帝四经》本是 1973 年长沙马王堆汉墓出土的一套帛书，在《老子》乙本卷前，共四部，包括《经法》《十六经》《称》和《道原》。唐兰考证这四部古佚文是"黄帝之言"，内容属于黄老之学，并且只有《黄帝四经》之名与这四部古佚文相等。② 刘先生采用唐说。他从《黄帝四经》的书名由来、成书时代、哲学史料和文本注本几个方面宣介"《黄帝四经》的黄老道家史料"。

3. 重视中国少数民族哲学思想史料

中国是个多民族的国家，中国哲学史应该普遍反映各民族哲学思想的成果。虽然早在 1956 年冯友兰就提出"对于中国汉族以外的其他民

① 刘文英主编《中国哲学史史料学》，第 58 页。
② 唐兰：《马王堆出土〈老子〉本卷前古佚书研究》，《考古学报》1975 年第 1 期。

族的哲学史进行研究。在我们的民族的大家庭里，汉族以外的其他民族，都有民主的革命的历史传统，也都有他们的哲学遗产。我们都应该把它们发挥出来，继承下来，使我们在哲学史研究的领域里，也有'百花齐放'的奇观"①，1964 年朱谦之也看到"今天所有的哲学史书，都有一个缺点，就是只写汉族的哲学史，没有注意其他民族在哲学史上的贡献"②，石峻亦云"我国历史上各少数民族是人才辈出，曾做出了重要的贡献，共同创造了中华民族的传统文化"③，但时至今日关于少数民族哲学思想的研究仍然很是欠缺。其中原因，大致有以下四点：（1）自古以来的华夏文化中心论，使得占中国人口绝大多数的汉族学人居于自傲的心态，不屑于研究少数民族的哲学思想。（2）长期以来不研究少数民族哲学思想的习惯，使得后人极少意识到少数民族思想资源的重要性。（3）语言文字的障碍，使得研究少数民族哲学思想具备相当的难度。（4）口传资料在少数民族中占据绝对比重，甚至有的民族根本没有文字，使得搜集资料相当困难。

刘文英先生长期致力于中国古代精神思维的研究，在这个过程中接触到少数民族关于哲学萌芽的很多史料。1978 年写成书稿的《中国古代的时空观念》里，他就开始使用早期阶段的少数民族资料研究时空问题，如用云南纳西族关于"日"字的象形文说明先民用太阳表示白天。④ 1996 年出版的《漫长的历史源头——原始思维与原始文化新探》一书中，他更是运用少数民族如拉祜族、布依族、瑶族、彝族、壮族、傣族、蒙古族和白族等的神话传说来说明原始人所构想的各种世界图式以及关于人类的起源的认识。⑤ 可见，刘先生一直重视少数民族方面的史料。相应于中国哲学研究而言，他深切体会到少数民族哲学史料的特殊价值。因为在他的思想里，它们不仅可以大大充实和丰富中国哲学史的内容，而且有助于解决目前中国哲学史研究的某些难题。比如，有关中国哲学萌芽的史料，汉族的盘古神话只留下一些碎片，而少数民族的创世神话则十分生动；汉族关于周易

---

① 冯友兰：《重视整理祖国的哲学遗产》（《人民日报》1956 年 5 月 7 日），载《三松堂全集》第十三卷，第 61 页。
② 朱谦之：《谈谈有关研究中国哲学史的几个问题》，载《朱谦之文集》第四卷，第 454 页。
③ 石峻：《中华文化是全国各民族的共同创造》，载《石峻文存》，第 456 ~ 457 页。
④ 刘文英：《中国古代的时空观念》（修订本），天津：南开大学出版社，2000，第 3 页。
⑤ 刘文英：《漫长的历史源头：原始思维与原始文化新探》，第 641 ~ 667 页。

八卦及阴阳五行观念的由来早已模糊不清，而在少数民族中类似的观念则非常具体。因此，刘先生特别设立一章内容讲述"中国少数民族哲学思想史料"，包括"少数民族哲学萌芽的史料""纳西族和傣族的哲学萌芽与思想史料""白族和壮族的哲学萌芽与思想史料""彝族和满族的哲学萌芽与思想史料""蒙族和藏族的哲学思想史料"以及"维吾尔族和回族的哲学思想史料"六个部分。这在中国哲学史史料学专著里尚属首例。

三　刘文英中国哲学史史料学研究的特点

总体而言，刘文英先生在中国哲学史史料学领域的研究具备以下几个特点：（1）立足中国哲学史的整体学科体系，系统定位中国哲学史史料学。在他那里，中国哲学史史料学既不再是基础学科，也不再是边缘性科学，而是中国哲学史的分支学科。这样，该学科就不再外在于中国哲学史，而是被内化到整个中国哲学史学科体系之中。（2）努力突破"史料介绍"的局限，打造真正的中国哲学史史料"学"。这表现在他较为集中、较为系统地论述了中国哲学史史料的调查与收集、鉴别与考证、注疏与解释、整理与运用等有关史料学方法的理论。不仅如此，相对于萧萐父的"朴学简介"而言，刘先生的史料学方法还更具实用性和可操作性。（3）积极拓宽学术视野，深入挖掘哲学智慧资源。前人不甚关注的哲学史料、与中国哲学史研究相关的新的考古学成果以及少数民族哲学思想史料进入他的研究范围，便是最好的证明。其中，吸收和补充新的考古成果和哲学史料已被并世学者列入完善中国哲学史史料学体系所要解决的主要课题之一。[①] 遗憾的是，刘先生主编的《中国哲学史史料学》教材本身也存在一些疏失。诚如傅杰所言，"哲学史史料学的主要任务是推荐介绍哲学史上有代表性的人物及其著作。对著作及其版本，一般总要取其精善，兼顾易得，并能体现新的研究水平。而本书（引者按：'本书'指刘著）无论是对原著的读本，还是在相关研究著作的选择上，都还有可改善之处"，如"杨伯峻的《春秋左传注》举中

[①] 如商聚德先生在《关于完善"中国哲学史史料学"体系的构想》（《河北大学学报》1999 年第 4 期）中说："80 年代中期以来，专门的史料论著诚然比较缺乏，但有关的研究成果还是不少，需要加以吸收。其中，尤以考古新发现所涉及的问题最为突出。……尽管有关研究尚在进行之中，但对于如此重要的史料，'中国哲学史史料学'显然不应置之不理"，"许多新的哲学史料需要补充介绍"。

华书局 1981 年版，但这是一个作者后来自我检讨说'以各种原因，错字衍文以及脱夺倒转之文字语句，几乎数不胜数'（《修订小记》）的本子，1990 年出版的修订本才是值得推荐的定本"①。此外，傅还指出刘著的另两个缺点：表述欠妥；著录不确。这些失误虽然有些是由于作者校对不精，有些则纯属印刷错误，但傅氏提出的批评确乎有一定道理。教材本应精益求精，不可有一点马虎。

第四节　《论稿》② 作者的中国哲学史史料学研究

2004 年，《中国哲学史史料学论稿》（以下简称《论稿》）由河北教育出版社出版，为中国哲学史史料学学科增添了新的内容。该书是 1998 年度"河北省哲学社会科学规划研究项目"的最终成果。

一　《论稿》作者简介

《中国哲学史史料学论稿》由商聚德师、韩进军合著完成。以下分别对二人作简要介绍。

商聚德，1935 年 9 月生于河北省徐水县。1956 年考入河北天津师范学院中文系。1958 年，该校院校调整，商先生随中文系并入河北北京师范学院（现河北师范大学）。1960 年 7 月，他大学毕业后分配到河北保定的河北水利学院。1966 年，随校迁至岗南水库。1970 年，该校又搬到沧州。1976年 3 月，商先生调入河北大学哲学系，与卢育三、王维庭等同事。后历任哲学系讲师、副教授、教授，先后担任中国哲学史教研室主任、系副主任和系主任以及河北大学学术委员会委员、河北大学学位委员会委员、河北大学教学督导组成员等职务，社会兼职主要有中国哲学史学会理事、河北省董仲舒研究会副会长、中国人民大学孔子研究院学术委员等。1994 年，商先生开始招收硕士研究生，2000 年退休。之后，返聘至 2007 年，主要开设"中国哲学史史料学""先秦儒学""中国传统文化导论"等课程。商聚德先生温

---

① 傅杰：《部分教学用书不该如此疏失》，《文汇报》2004 年 1 月 11 日。
② "《论稿》"指商聚德、韩进军所著《中国哲学史史料学论稿》一书，为了题目的精简，故略写。

文尔雅，为人谦和，是很受尊敬的一名学者。其学术成就主要集中在两个方面：第一，儒学研究。在此方面，他主要从两个角度展开工作。首先，个案研究的角度。代表作是《孔子的智慧》（河北人民出版社，1997）和《刘因评传》（南京大学出版社，1996年，《中国思想家评传丛书》之一）。前者对孔子的时代生平、核心思想——"仁"、重内省重自觉的伦理观与修养学说、德治主义的政治观、奋发进取的人生观、听天命远鬼神的天命鬼神观、自然科学素养、丰富博大的教育思想、文艺思想、朴素的辩证观以及孔子与中国文化的关系等进行了深入的分析，后者则系统探讨了元儒刘因的时代与家世、生平和著述、政治态度、理学思想、人生观、历史观及史学思想、为学思想以及其成就、影响和历史地位，并编制"刘因年谱"附录于后。其次，现代意义的角度。商先生之所以重视这个维度，是因为他发现近代以来儒学"受到严厉的批判，甚至被看作万恶之源，被认为是中国迈向现代的主要障碍，是与现代化根本不相容的东西"，而在他看来，"儒学中虽然有些东西确实应该抛弃，却不应也不能一概打倒，因为它自有其精华在"。[①] 关于儒学现代意义的问题，商先生发表了《儒学精神及其现代意义》（《河北大学学报》1995年第2期）、《弘扬儒家道德精神》（《河北大学学报》1996年第4期）、《传统义利观要义及其改造与转换》（《中国哲学史》1999年第4期）、《儒商精神探析——从〈论语与算盘〉得到的启发》（《河北建筑科技学院学报》2000年第3期）、《道德建设也必须坚持"三个面向"》（《河北大学学报》2001年第4期）等一系列论文进行探讨。第二，传统文化研究。1996年，河北大学出版社出版了由商聚德先生等主编的《中国传统文化导论》，其中第一、二两章是商先生撰写的。该书中，他对中国传统文化的内容、发展历程和特点以及作为其核心的中国哲学之对象、特点、主要思潮流派及其代表人物乃至中国哲学的精神作了整体概说。主要观点如下：其一，中华民族生息的地理环境形成了特殊的中国传统文化：以农业为基础的农业文化、独立发展的格局、在统一基础上的多样性；其二，"以文化的核心——哲学思想为主，适当兼顾其他，将中国文化的发展大致分为以下四期"[②]：雏形期（夏、商、周三代）、形成

---

① 商聚德：《儒学精神及其现代意义》，《河北大学学报》1995年第2期。
② 商聚德、刘荣兴、李振纲主编《中国传统文化导论》，保定：河北大学出版社，1996，第23页。

期（春秋、战国）、发展期（秦、汉——鸦片战争）和转型期（鸦片战争以来）；其三，中国传统文化的特点有四：崇尚统一、追求和谐、注重实用和强调道德；其四，中国哲学的精神也有四个方面：天人协调、入世济世、理想主义和辩证思维。

韩进军，1964 年生，河北省保定市人，1986 年毕业于河北大学哲学系。2006 年考取中国人民大学中国哲学专业博士生。现为河北大学哲学系教授，中国哲学专业硕士研究生导师，主要讲授"明清实学"等课程。曾任河北大学社会学系副主任。兼任河北省青联委员、北京国富经济研究院研究员、北京现代城市形象研究所研究员。主要致力于中国传统文化与现代管理哲学的结合，尤其注重其在现代企业管理中的应用研究。发表《论荀子社会控制系统的运行机制》（《河北大学学报》1998 年第 3 期）、《董仲舒社会控制思想初论》（《河北学刊》1998 年第 5 期）、《论董仲舒对先秦仁学的继承和改造——孔、孟、董论"仁"比较》（《河北大学学报》2002 年第 1 期）、《论董仲舒社会控制思想体系的理论基础》（《河北大学学报》2006 年第 5 期）、《李塨对颜元思想的背离与超越》（《河北大学学报》2008 年第 1 期）等论文。此外就是与商聚德先生合著的《中国哲学史史料学论稿》。

二　《论稿》作者对中国哲学史史料学的贡献

通过对《论稿》作者之一商聚德先生的访谈，我们得知，他之所以进入中国哲学史史料学研究，有以下几个机缘：其一，上大学时，其师朱泽吉①开设"目录学"一课，给他留下了深刻印象；其二，20 世纪 80 年代，河北大学邀请张岱年来校讲学，商聚德先生得以了解张氏在北京大学讲授"中国哲学史史料学"和"中国哲学史方法论"两门课程，从而重新唤起其对中国哲学史史料学的兴趣；其三，河北大学招收硕士研究生后，要开设"中国哲学史史料学"一课，为了工作需要②，商先生也必须进行中国哲学史史料学研究。事实上，《中国哲学史史料学论稿》就是商先生在对

---

① 据商聚德先生介绍，朱泽吉毕业于辅仁大学，乃余嘉锡弟子。

② 1996 年至 2007 年，商聚德先生一直为河北大学哲学系中国哲学专业硕士研究生开设"中国哲学史史料学"，也就是说，《中国哲学史史料学论稿》问世前后他始终对这个学科有所关注。

其多年积累的"讲义"进行修改完善①的基础上,与韩进军共同合作完成的。前文已及,《论稿》之前的 1985 年,以商聚德先生为第一作者的《中国哲学名著简介》就由河北人民出版社出版。此书在一定程度上亦可以看作是哲学史料介绍式著作。1990 年浙江古籍出版社出版的《文史工具书词典》之"书目"类收入此书,并说:

> 该书为通俗地介绍中国哲学名著的工具书。收录上起先秦、下讫现代数千年间各个时代各个时期有代表性的、影响较大的哲学著作 118 种,对各著作者的生平、写作的历史背景及哲学内容等,分别作了介绍,并实事求是地予以评介。该书有助于读者认识和掌握中国哲学思想发展的基本轮廓,并为进一步的研究提供线索。②

1994 年警官教育出版社出版的《20 世纪中国哲学著作大辞典》之"中国哲学卷"也评介商著道:

> 这是一部通俗地介绍中国哲学名著的工具书。它的编撰主旨是试图通过上起先秦、下讫现代数千年间有代表性的哲学名著(从《周

---

① 笔者 1999 年至 2002 年在河北大学攻读中国哲学专业硕士学位,曾两次听商聚德先生讲授"中国哲学史史料学":第一次是必修,第二次是为了考博而旁听。比较笔者对"讲义"的笔记和其后的《论稿》,颇能看出商先生对其"讲义"的修改完善。如"绪论","讲义"分三节:第一节中国哲学史史料学的定义(对象、范围、任务),第二节中国哲学史史料学的历史发展,第三节学习史料学的意义和方法;《论稿》则分四节:第一节中国哲学史史料学的研究现状,第二节关于中国哲学史史料学的定义,第三节关于中国哲学史史料学体系的构想,第四节学习中国哲学史史料学的意义和方法。又如"第二章中国哲学史史料的搜集","讲义"分四节:第一节搜集史料的意义,第二节史料分类,第三节从目录学入手探求史料,第四节其他方法;《论稿》前两节与"讲义"一致,第三节改为"从目录书入手探求史料",第四节是"通过丛书搜集史料",第五节才是"通过其他途径搜集史料"。再如"第三章中国哲学史史料的鉴别",《论稿》比"讲义"多出"第五节伪书的价值"。变化比较大的是第四章,"讲义"原为"考古成果对于中哲史料的价值和意义",《论稿》第四章中,它则只是"中国哲学史史料的考证"的"附录"。另,对一些细节问题,商先生也不断补充完善,如上编第一章第一节之"当前需要解决的课题"部分,《论稿》加入"《道家文化研究》第十七辑也出版了'郭店楚简专号',中国社会科学院简帛研究中心、清华大学思想文化研究所等单位亦分别出版了多辑《简帛研究》"(商聚德、韩进军:《中国哲学史史料学论稿》,第 4 页),而这段话在商先生 1999 年第 4 期《河北大学学报》发表的《关于完善"中国哲学史史料学"体系的构想》一文的相应部分并未出现。

② 祝鸿熹、洪湛侯主编《文史工具书词典》,杭州:浙江古籍出版社,1990,第 313 页。

易》到《关于正确处理人民内部矛盾的问题》共一百一十八篇）的选介，帮助读者认识和掌握中国哲学思想发展的基本轮廓，为读者阅读和欣赏中国哲学名著提供方便。同时也是发掘和整理古代文化遗产，并通过学习和研讨使其精华的东西得以发扬光大的一次初步的尝试。

　　本书对每一哲学名著的简介，首先介绍该著作者的生平及该著作产生的历史背景，接着着力介绍该著主要的哲学内容，最后运用马克思主义理论本着实事求是的原则对作品做出评价。①

　　2003 年，商聚德先生参编的《诸子百家名篇鉴赏辞典》（上海辞书出版社，2003）也具有与史料学著作相似的特征。我们认为，这些工作均不同程度地促进了商先生对中国哲学史史料学的系统探究，即《中国哲学史史料学论稿》的问世。

　　概而言之，《论稿》在以下几个方面对中国哲学史史料学有某种程度的推进作用。

（一）更大规模、更为系统的史料学方法论之探讨

　　首先，整体观之，与刘文英先生思路一致②，《论稿》作者强调"史料学通论"即史料学方法的理论探讨在中国哲学史史料学著述体系中的重要性。因之，较之其前的史料学著作，《论稿》的史料学理论部分有三个显著的特征：其一，在篇幅上，规模大为增加。从章节上看，自第二章到第八章共七章。从页码上看，自第 15 页到第 186 页共 172 页。客观地说，这种规模在其他史料学论著中是没有的。其二，在体例上，大致遵循了将某一史料方法的阐述分为"……的意义""……的历史发展""……的原则和方法"等几个部分的模块式写法。其三，在内容上，更为注重各种史料方法之间的逻辑性，并对这种要求作出了解释和说明。在讲课过程中，

---

① 李超杰、边立新主编《20 世纪中国哲学著作大辞典》，北京：警官教育出版社，1994，第 685～686 页。

② 需要说明的是，《论稿》作者在撰写此书时并未见到刘文英先生的《中国哲学史史料学》。《论稿》即将出版之际，商聚德先生才得知有刘著的存在，并因而犹豫是否出版其书。笔者闻知后，从刘文英师那里为商先生讨要了一本《中国哲学史史料学》，商先生阅读后才最后决定出版《论稿》。在这种情况下，二人都强调"史料学方法论"之重要，可谓思路一致。

商先生也数次提到其间的逻辑关系。在作者看来，史料的搜集问题是进行学术研究的首要工作，故而《论稿》首先对之进行阐发。"在搜集史料的过程中以及搜集来之后，还必须对之进行审查鉴别考证，以去伪存真"①，所以接下来讲"中国哲学史史料的鉴别"。然而，通过鉴别辨明了史籍的真伪，并不等于史料中已经没有问题：

> 因为真书上的许多史料也还有许多问题需要考察。例如，一个思想家的生平，各书记载不一；一个人的思想，各书表述不同。如果不弄清楚，就可能众说纷纭，无所适从。草率作出结论，就会自相矛盾，漏洞百出；或谬误相因，以讹传讹。因此，需要进一步对史料进行考证。另外，典籍上的文字，不同版本互有出入；有些语句义不可解，或不能贯通，这也需要加以考证。②

这样，下一章就非"中国哲学史史料的考证"莫属。此后几章，《论稿》对关于中国哲学史史料的校勘、辑佚和注解的探讨则都属于史料的"使用"。一句话，《论稿》更大规模更为系统地讲述了关于中国哲学史史料之搜集、鉴别、考证、校勘、辑佚和注解的方法论，从量和质的双重向度推进了中国哲学史史料学的"史料学通论"。

其次，分而言之，在一些具体的史料学问题上，我们也不难发现《论稿》的进步之处，比如：

第一，关于"中国哲学史史料的搜集"。在这部分讲到"史料的分类"时，作者提供了一个新的角度，即从"史料产生的时间"的角度将哲学史料分为"早出史料"和"晚出史料"，并认为"一般说来，早出史料可信度高，应尽量利用早出史料做根据"，但是"如果晚出的史料比较翔实，补充了早出史料所未记载的可靠材料，也可以使用"。③ 这是没有引起前贤的充分注意的地方。④ 从后文看，作者作出这个分类也是有很强

① 商聚德、韩进军：《中国哲学史史料学论稿》，第 57 页。
② 商聚德、韩进军：《中国哲学史史料学论稿》，第 77 页。
③ 商聚德、韩进军：《中国哲学史史料学论稿》，第 19、20 页。
④ 就笔者所见，曾经对此问题有所讨论的只有冯友兰一人："如果有较早的史料而他不知，却引了较晚的史料，这叫做'陋'。"（冯友兰：《中国哲学史史料学》，载《三松堂全集》第六卷，第 297 页）但他并没有深入探讨。《论稿》则用了整整 1 页对之进行论述。

的现实针对性的：

> 今天有的学生写文章为了应付交作业、学年论文、毕业论文，习
> 惯于东拼西凑，而不从原始资料入手，不肯下真工夫，这是一种很不
> 好的学风，应该努力克服。①

从这些话里，我们可以感到这个史料分类并不止分类那么简单，因为
它背后还饱含着前辈学者对后学的殷殷期盼之情。

涉及具体的史料搜集方法，作者设置了三节内容，包括"从目录书入
手搜集史料""通过丛书搜集史料"和"通过其他途径搜集史料"。其中，
"从目录书入手搜集史料"自冯友兰提倡，其后的张岱年、刘建国、石峻、
萧萐父和刘文英诸位先生无不对之有所关注，且从整体趋势上看，论述日
渐翔实。《论稿》则更进一步，用了近27页的篇幅更为详尽地对之进行探
讨，内容包括"目录和目录学""目录的作用和价值""传统目录的类别"
"传统目录学的历史发展""中国现代目录学"五个部分，其中对《汉
书·艺文志》和《四库全书总目》作了重点评介。"通过丛书搜集史料"
部分则简略介绍了《十三经注疏》《诸子集成》《新编诸子集成》《四部丛
刊》《四部备要》《丛书集成初编》《丛书集成续编》《畿辅丛书》等常用
的著名丛书。《论稿》所谓搜集史料的"其他途径"有"查史书传记"
"查学术史著作""查总集""查注疏""查类书"② 和"逐书搜求"等。

第二，关于"中国哲学史史料的考证"。《论稿》从"考证的意义"
"考证的内容"和"考证的原则和方法"三个角度阐发。其考证特指对思
想家之生平、思想的考察和辨正：生平考证主要考察哲学家的生卒年、死
因、家世、出生地或祖籍、生平事迹以及人物年代的先后；思想考证则主
要是"对思想资料的可靠性、准确性、翔实性的考证。包括思想资料的来
源、出处、详略、表述的异同等"③。《论稿》认为，史料考证原则有三：

---

① 商聚德、韩进军：《中国哲学史史料学论稿》，第20页。
② 关于类书的使用，《论稿》还列举了注意事项：1. 要熟悉几部常用类书的性质、编纂年
代和收录文献资料的时限；2. 要知道类书组织材料的体例；3. 要善于利用类书的索引；
4. 征引类书，要注意史料的真实性和科学性（参见商聚德、韩进军《中国哲学史史料学
论稿》，第55页）。
③ 商聚德、韩进军：《中国哲学史史料学论稿》，第88页。

其一，搜集材料力求全面，其二，比较异说，加以识断，其三，严守史料所证明的限度①；史料考证方法亦有三：其一，"考信于六艺"；其二，以其他"中华原典"为坐标；其三，依据"正史"。

第三，关于"中国哲学史史料的校勘"。《论稿》对"校勘的内容"论述较详。作者认为，在传抄、刊印书籍的过程中，有讹误、缺脱、衍羡、错乱等情况的发生。讹误就是错字，分"原作甲而误为乙""原为一字，误为两字""原为两字，误为一字""因重文叠句作'＝'而发生讹误""因原稿中缺字作□而发生讹误"几种类型。缺脱即脱文或夺文，包括"脱漏一两个字""整句缺脱""因脱简而造成文字缺脱"和"因政治原因故意删除"几种情况。衍羡是指比原文多出的字句，有"衍一二字""衍整句"和"成段衍羡"。错乱，即文字的次序颠倒错乱，有"字的错乱""句的错乱"和"段的错乱"。对于如上情况，作者都有举例说明，并特别强调：

> 有时会遇到两种或两种以上的情况同时存在，即一句一段之中，既有衍羡，又有缺脱；既有讹误，又有错乱，等等。（前面的例文已有这种情况）必须仔细加以研究，才能恢复（或接近）文籍的本来面目。②

关于这些内容，前贤并非完全没有注意，事实上，张岱年和刘文英先生都有所涉及，但所论过少。

第四，关于"中国哲学史史料的版本和辑佚"。《论稿》讲述了几种版本鉴别方法：其一，根据图书本身所具有的记载和特征如"书名页""碑记""序跋""字体""避讳""刻工姓名""行款""用纸""墨色""版式"和"装帧形式"等来鉴别版本；其二，根据图书流出过程中所形成的特点如"批校""题跋""图章"等来鉴别版本；其三，注意伪本。关于"哲学史料的辑佚"，虽然石峻提出"辑佚必须有识"的卓见，萧萐父和刘文英二先生对辑佚方法有简要的概括，但前贤多论之不详。《论稿》则从"辑佚的意义""辑佚的方法""辑佚的取材"和"辑佚应注意的问

---

① 第三个原则承自张岱年的《中国哲学史方法论发凡》。
② 商聚德、韩进军：《中国哲学史史料学论稿》，第113页。

题"几个方面进行说明。其中,辑佚的方法包括"摘录佚文""选择底本""注明异同""校正文字"和"恢复篇第"等;取材范围涵盖"类书""古注""子史群书""总集""杂纂杂抄""地方志""金石""石室秘藏与出土佚书""海外流散佚书"和"报纸杂志";应注意的问题有"广泛搜罗佚文""认真删汰繁芜"和"进行精确考证"等。此外,《论稿》还指出,辑佚书的错误大致有"漏(遗漏,不全)、滥(臆断,非本书文字)、误(不审时代,据误本、俗本)、陋(不审体例,不考源流,臆定次序等)"几个类别。①

第五,《论稿》作者特设"中国哲学工具书检索"一章。关于"工具书",石峻和萧萐父都曾论及。《论稿》的相关论述则更为全面和丰富,它从"工具书的意义""工具书的类型""工具书的编排和检索方法""检索工具书应注意的几个问题"四个方面进行分析。就类型来说,《论稿》认为工具书有"书目、索引、文摘"和"字典、词典"两种。不仅如此,作者还具体介绍了篇目索引、字句索引、主题索引、专名索引以及文摘的相关书籍,更对《康熙字典》《汉语大字典》《汉语大词典》《辞源》《辞海》《哲学大辞典》(中国哲学史卷)、《中国哲学辞典大全》和《中国哲学大辞典》作了重点介绍。② 就工具书的编排和检索方法而言,作者主要介绍了常用的形序法、音序法、号码法和义序法。最后,作者指出检索工具书应注意的五个问题:(1)利用常用字、词典,扫除一般文字障碍;(2)尽量熟悉多种工具书的性质、功能;(3)遇有疑难,应参互对照两种以上的工具书;(4)综合运用多种工具书;(5)跟上时代。

如实地说,以上关于中国哲学史史料的方法论并不都是《论稿》作者首创,但对之进行如此详细和系统的总结在中国哲学史史料学史上却是无前例的。

(二)完善中国哲学史史料学学科体系之构想

在中国哲学史史料学史上,《论稿》作者首次构想如何完善该学科的体系结构。换句话说,其对有关中国哲学史史料学的著作的撰写模式开始有较为深入的思考。具体言之,作者分三个步骤完成这一任务。

---

① 参见商聚德、韩进军《中国哲学史史料学论稿》,第137~142页。
② 参见商聚德、韩进军《中国哲学史史料学论稿》,第166~175页。

1. 分析现状，指出课题

《论稿》认为，中国哲学史史料学作为学科是既古老又年轻的。因为在作者看来，按最保守的说法，自西汉刘向、刘歆父子编著《别录》《七略》即可视为中国哲学史史料学之始，清代的目录学、校勘学、辨伪学、训诂学等在古籍整理方面所做出的成绩亦为中国哲学史史料学打下了坚实的基础。然而，"史料学"作为专门的学科则是近代的事情。《论稿》看到，20世纪80年代以来，不仅在哲学、历史学领域有一批史料学专著问世，而且"中国哲学史史料学"成为中国哲学专业研究生普遍开设的专业必修课。但是，"与对课程开设的普遍重视形成反差的是，对史料学的理论研究却相对薄弱"①。作者指出，冯（冯友兰）著、张（张岱年）著、刘（刘建国）著都以时代为序，用绝大部分篇幅逐人逐书介绍史料，而将有关理论穿插于史料介绍之中，"严格地说，这与'史料学'的名称不甚相符，倒与'史料介绍'大致近似"②，其后的萧（萧萐父）著理论色彩大为加强，但没有超出冯、张、刘三著的基本模式。有鉴于此，《论稿》抛出了"当前需要解决的"三个课题：其一，体系有待完善；其二，吸收考古等新成果；其三，补充介绍新的哲学史料。

2. 理解定义，确定方向

《论稿》作者认为，"一个学科的理论体系往往是由于对其定义、对象和范围的理解所决定的"③，中国哲学史史料学也不例外：学界对之理解不一，以致写出来的史料学著作从内容到形式都呈现不同的面貌。在这种思想下，作者把学界对"中国哲学史史料学"的定义分为两类：一类是冯、张、刘等先生的见解，一类是陈高华等的见解，并最终得出如下认识：

> 中国哲学史史料学应该担负两个任务，一是阐述中国哲学史史料的方法论，一是为学习和研究中国哲学史指示读书门径。前一个任务由"史料学通论"解决，后一个任务由"具体的史料学"即"史料举要"加以解决。这样，与其说史料学著作分为"史料学通论"和

---

① 商聚德、韩进军：《中国哲学史史料学论稿》，第2页。
② 商聚德、韩进军：《中国哲学史史料学论稿》，第3页。
③ 商聚德、韩进军：《中国哲学史史料学论稿》，第5页。

"具体的史料学"并行的两类，不如说一部完整的史料学应该包括史料学通论和史料举要两部分更为恰当。①

我们认为，《论稿》作者在前贤基础上总结出来的上述观点虽尚有可商榷之处，但决不失为真知灼见。

3. 通观全盘，构想体系

在前两个步骤的基础上，《论稿》作者提出了关于中国哲学史史料学体系的具体构想。② 作者认为，中国哲学史史料学宜设上、下两编内容。

上编为"史料学通论"部分，主要探求"中国哲学史史料的搜集、鉴别、考证、校勘、解释、运用诸问题的意义、历史发展、主要成绩和代表著作及其研究方法等"，意在开阔视野，掌握方法。③ 这必然要涉及中国古代固有的诸多学科，如目录学、辨伪学、考据学、校勘学、版本学、训诂学等，但鉴于各个学科的相对独立性，在将之纳入中国哲学史史料学时应做到择其精要，同时要紧密结合中国哲学具体史料作具体分析。《论稿》还特别提示，要安排相应的练习题，以便更好地掌握各种史料方法。

下编为"中国哲学史史料举要"部分，"设若干章。以时代为序，分别介绍各流派、各思想家的主要哲学著作"④，意在指示读书门径、分别版本优劣。作者认为，在具体哲学史料介绍的详略取舍上应坚守三个原则：其一，力求精当，即在人物著作的选择上不要烦琐；其二，不求划一，即在人物著作的介绍上有话则长无话则短；其三，切于实用，即尽量介绍最新版本，以利于寻求，另设"辅助资料"介绍重要思想家重要著作的研究成果。

此外，《论稿》还主张要酌情设置"附录"。作者说：

"附录"选得好，可与正文互相补充印证，有相得益彰之效，同

---

① 商聚德、韩进军：《中国哲学史史料学论稿》，第9页。
② 作者关于完善中国哲学史史料学体系的构想主要是受陈高华等的启发："陈高华等提出的这一理论颇有可取之处：一方面，它对已出版的几部史料介绍型的史料学著作的价值和合理性给予了肯定；另一方面，又对理论型的'史料学通论'的出现作了呼唤。它虽然是从中国古代史料学的角度立论的，但对于解决中国哲学史史料学的体系构想也同样具有启发意义。"（商聚德、韩进军：《中国哲学史史料学论稿》，第8页）
③ 商聚德、韩进军：《中国哲学史史料学论稿》，第11页。
④ 商聚德、韩进军：《中国哲学史史料学论稿》，第11页。

时也为读者提供了学习史料学最必需的参考资料，省去了读者的翻检之劳，其意义是毋庸置疑的。只要篇幅允许，适当设"附录"十分必要。①

这虽然是在冯著、张著等的启发下提出的，但我们认为，把"附录"作为完善学科体系的内容之一则是有识见的。

（三）"常见易得"——史料介绍原则的观念转变与具体贯彻

清代学者张之洞为回答"诸生好学者"之"应读何书，书以何本为善"的提问而著有《书目答问》，在《略例》里他讲到其收录书籍的原则：

> 读书不知要领，劳而无功；知某书宜读而不得精校精注本，事倍功半。（此编所录，其原书为修四库书时所未有者十之三四。四库虽有其书，而校本、注本**晚出者**十之七八。）……凡所著录，并是要典雅记，各适其用。（皆先辈通人考求论定者。）总期令初学者**易买易读**，不致迷惘眩惑而已。②

此中"易买易读"之原则广为后人所称颂。《论稿》作者则将之概括为"常见易得"，并认为哲学史料的介绍也应遵循此一宗旨："从当今的实际出发，为今天的读者着想，注重介绍和评介新版史籍。"③ 然而，我们认为，作者产生这种想法，张之洞的启发只是外在原因，其真正的内在动力则是基于对学界史料学研究现状的分析。作者看到，冯、张、刘三书皆偏重于历史上的版本沿革以及珍善本的评介，可是这些版本现在已很难觅得，而新出的中国哲学史籍却层出不穷。因之，《论稿》采用"常见易得"的原则。这一方面可与其前的史料学著作相互配合，另一方面也能在哲学史料的介绍上再显新意。需要说明的是，作者对此原则的遵循并不意味着对古旧版本的完全忽略，在他们看来，对于有代表性的和有影印本的古旧版本还要着重介绍。

---

① 商聚德、韩进军：《中国哲学史史料学论稿》，第 12 页。
② （清）张之洞：《书目答问略例》，第 1 页，载《书目答问》，上海：商务印书馆，1935。
③ 商聚德、韩进军：《中国哲学史史料学论稿》，第 5 页。

从《论稿》的"中国哲学史史料举要"部分看，该书也确实力图贯彻上述史料介绍原则。如，关于《论语》，首先介绍了三国魏何晏《论语集解》、宋朱熹《论语集注》、清刘宝楠《论语正义》、程树德《论语集释》，然后列举了杨伯峻《论语译注》、钱穆《论语新解》、钱逊《论语浅解》和李泽厚《论语今读》等新的注解本，之后介绍李天辰等译的《论语》汉英对照读本（山东大学出版社，1991）和严灵峰编注的《论语章句新编》（台湾水牛出版公司，1998）以及关于孔子研究的辅助性资料；关于《孟子》，则列举了《孟子注疏》（东汉赵岐注，宋孙奭疏）、《孟子集注》（南宋朱熹注）、《孟子正义》（清焦循撰）和杨伯峻的《孟子译注》，另就是元程复心《孟子年谱》、明陈士元《孟子杂记》、清周广业《孟子思考》以及《孟子研究论文集》（山东大学出版社，1984）、《孟子思想研究》（山东大学出版社，1986）、黄俊杰《孟子思想史论》、贺荣一《孟子之王道主义》、何晓明《亚圣思辨录》、张奇伟《亚圣精蕴——孟子哲学真谛》和杨泽波《孟子评传》等辅助性资料；关于《庄子》，介绍了晋郭象《庄子注》、明焦竑《庄子翼》、清郭庆藩《庄子集释》、清王先谦《庄子集解》、刘武《庄子集解内篇补正》、奚侗《庄子补注》、马叙伦《庄子义证》、刘文典《庄子补正》、王树楠《庄子校释》、刘师培《庄子校诂》、闻一多《庄子内篇校笺》、关峰《庄子内篇译解和批判》、曹础基《庄子浅注》、陈鼓应《庄子今注今译》、张耿光《庄子全译》等，另介绍"丛书"（包括严灵峰的《无求备斋庄子集成初编》《续编》）和崔大华《庄学研究》《庄子歧解》、刘笑敢《庄子哲学及其演变》、颜世安《庄子评传》等"辅助性资料"；关于《论衡》，《论稿》指出其主要版本是《诸子集成》本，新注本有黄晖《论衡校释》、刘盼遂《论衡集解》、北大历史系编《论衡注释》（全四册）、吴承仕《论衡校释》、杨宝忠《论衡校笺》（上、下册），辅助资料有周桂钿《虚实之辨——王充哲学的宗旨》、钟肇鹏、周桂钿《桓谭　王充评传》；关于《肇论》，则介绍明德清《肇论略注》、任继愈的《物不迁论今译》《不真空论今译》和《般若无知论今译》，辅助性资料言及李润生《肇论》、涂艳秋《僧肇思想探究》、许抗生《僧肇评传》、〔日〕塚本善隆主编的《肇论研究》和〔韩〕孙炳哲的博士论文《肇论通解及研究》。我们认为，《论稿》如上形式的史料宣介对我们今日的哲学史研究确实有很多裨益，其对"常见易得"之原则也的确很注重。然而，作者对此原则的贯彻程度似乎尚有进一步探讨的余地。

如关于墨子的研究成果，作者将河北大学已故学者王维庭的遗著《墨辩会诠》举出，而该书却不是"常见易得"的。① 再如关于《肇论》的古注，《论稿》仅列明代德清的《肇论略注》。其实，唐代元康的《肇论疏》载于《大正藏》卷四十五，不可谓不"常见易得"。元代文才的《肇论新疏》更是有《大正藏》《卍续藏经》《佛教大藏经》《高丽藏经》《嘉兴大藏经》《中华大藏经》《乾隆大藏经》《大藏卍新纂续藏经》等多种版本，其《肇论新疏游刃》也收入《卍续藏经》《佛教大藏经》《嘉兴大藏经》《中华大藏经》和《大藏卍新纂续藏经》。可见，文才的两本《肇论》注疏也都很容易找到。然而，《论稿》对三书均未涉及。

三　《论稿》作者中国哲学史史料学研究的特点

总结上述《论稿》对中国哲学史史料学的研究，我们认为，其优点有三：（1）体系意识非常明确。这不仅表现在作者提出了完善中国哲学史史料学学科体系的构想，而且更表现在其对此构想的具体落实。通观《论稿》，我们不难发现，该书正是以上编"中国哲学史史料学通论"和下编"中国哲学史史料举要"组成，上编阐述中国哲学史史料学的方法论，下编以时代为序，宣介各流派各思想家的哲学史料。（2）方法功能更为强烈。上文可见，《论稿》用模块式写法对中国哲学史史料的搜集、鉴别、考证、校勘、版本与辑佚、注解和工具书检索等进行了较为详细的论述和探讨，使史料学方法的阐述更为系统、更具规模。（3）介绍形式与时俱进。"常见易得"之史料介绍原则的坚持为最新的精品研究成果进入介绍范围提供了更大的可能性。这些优点，使得《论稿》成为"一部既吸收了新的研究成果，同时又对新的哲学史进行了补充的体系完备之作"②。但是，《论稿》也有一些不足或者有待商榷之处：（1）史料学方法的探究还有进一步深化和完善的余地。如何将之更为紧密地与中国哲学史史料学研究结合起来仍需学人不断探索。当然，这不单是本书的缺点，而是任何学术发展的必由之路。（2）"常见易得"原则之时效性值得怀疑。毋庸置

① 据商聚德先生课堂上介绍，《墨辩会诠》是王维庭用毛笔小楷写成，张岱年为之作序，本来中华书局答应出版，可后来未能如愿，后河北大学出版社又答应出版，但至今仍未面世。

② 马力、宋薇：《革故鼎新　别开生面》，《中国图书评论》2005年第8期。

疑，这种原则具有一定的合理性。然而，撰写书籍时"常见易得"之史籍在日后未必仍然为学人所"常见易得"。（3）研究模式的多样化未得到充分注意。《论稿》构想并具体落实了一种史料学学科体系，这固然为我们提供了良好的典范，但同时又有可能导致研究模式单一化的格局。而事实上，研究模式的多样化、多元化格局对任何学科之发展都是更为有利的。

结语 "中国哲学史史料学"之发展历程的反思

伴随着近代意义的中国哲学史的产生和发展，中国哲学史史料学也走过了近一个世纪的路程。在这个过程中，中国哲学史史料学并不像中国哲学史那样广为学人所关注和研究。究其原因，大概有二：其一，历史研究者认为这种研究太过专一，从而认定它是中国哲学史研究者的特定任务；其二，中国哲学史研究者大都偏爱哲学思想，对文献性质的史料考证或史料列举等内容提不起足够的研究兴趣，或者由于中国哲学史史料学学科的基础性质而认为它是一种水平偏低的研究，从而对之不屑一顾。我们认为，历史研究者将这个任务归于哲学史研究者尚有一定的道理，但哲学史研究者不重视哲学史史料学问题是无论如何也说不过去的。因为史料学研究与哲学史研究本应相得益彰，二者之间的关系恰似汉代经学中的古文与今文或宋明以来的汉学与宋学，因而如果我们能够为哲学思想的研究填补充分的史料学基础，则必定会在相当程度上避免思想解析的空疏性。当然，我们亦不能由于史料学的重要性而忽视在哲学史研究中占有更为重要位置的哲学思想的理解。事实上，胡适的《中国哲学史大纲》在大多数人眼里只具备学科开创意义而不被看作中国哲学史研究的正统之作，就在于其忽视了哲学思想的深度分析。如果说史料学研究更多地关涉中国哲学史研究的外在框架的话，那么哲学思想的理解就是中国哲学史研究的内在生命。正常的情况是前者服务于后者，否则史料学研究就难以在中国哲学史研究中得到身份认同。

尽管中国哲学史史料学的研究相对于中国哲学史的研究来说显得有些冷清，但该学科的研究者大都是名家，他们宽广的学术眼界以及深厚的理论基础使得中国哲学史史料学在每一历史阶段都有一定程度的进展。回顾其近一个世纪的发展历程，我们可以清楚地看到中国哲学史史料学于不同的时期呈现出不同的特征，从而具有鲜明的阶段性。这就为中国哲学史史料学史的成立奠定了充足的客观条件。然而，如"绪论"所言，我们关于中国哲学史史料学史之阶段划分的依据重点并不在于思想家之时代的相近与否，而是落在学科发展风貌的相似与否上，即落在史料学理论和史料举要在某个思想家史料学研究中所表现的性征上。以此为主要标准，结合前文关于具体个案的述论，我们总结中国哲学史史料学史之四个历史阶段的主要特征如下。

（1）以胡适、梁启超为代表的萌芽阶段。该阶段的主要特征有：第一，兼采中西史料整理方法之长。中国传统的考据学尤其是清儒的考据学在史料整理方面积累了很多有价值的成果，它们"道地的科学精神"和"道地的科学方法"是胡适和梁启超有关哲学史料之整理方法的内在源头，其民族特性相应于中华民族特有的哲学史料来说也正好是"对症下药"。西方实证主义考证法对中国哲学史料而言虽然是外在的从而显得有些"水土不服"，但其在理论阐述方面的优势恰能弥补中国传统考据学"支离破碎"的缺点。因而，胡适和梁启超在哲学史料的整理上兼采中西之长。这样就既能保证与传统的连续性，又能吸取西方方法论的系统性。第二，哲学史料已从内在的信仰对象转变为物化的反思对象。胡、梁业已摆脱中国古人那种强烈的经典崇奉意识，哲学史料对他们来说只是客观的学术研究对象，而不再是神圣的不可违逆的圣人教诲。因而，在写作形式上，二人都不再向前人一样去注疏经典，而是采用现代化的论文或专著形式。我们认为，这种变化不止是形式的变化，更是其精神信念转变——从"信古"到"疑古"——的外在折射。第三，初步涉及了中国哲学之史料研究方法的方方面面，"大体上勾画出'中国哲学史史料学'的轮廓"①。表现在二人都对史料的种类、搜集、校勘、辑佚、辨伪等问题有所探究，尽管尚不深入和系统。然而，胡适和梁启超的相关研究还只能称作中国哲学史史料学研究的萌芽。这是因为：其一，从思想上看，他们并没有将中国哲学史史料学作为一个学科，而只是将与之有关的内容或置于宽泛的历史学视域中，或置于中国哲学史研究方法的框架中；其二，以实践而言，他们的相关研究从量上来说过于简略，亦不能支撑起一个学科。

（2）以朱谦之、冯友兰为代表的形成阶段。按常理，一个学科的确立应该以某一个人或某一件事为标志。而我们之所以选择了两个人物作为形成阶段的代表，一方面是由于二人完成中国哲学史史料学专著的时间接近；另一方面，也是最主要的原因，是朱谦之的《中国哲学史史料学》最

---

① 刘文英主编《中国哲学史史料学》，第4页。

初只以油印本发行，且只留存于北京大学图书馆，而最先在正规出版社出版的史料学专著是冯友兰的《中国哲学史史料学初稿》。此外，学界回顾此一学科的历史时也大都是将冯作为开创者。

概括言之，中国哲学史史料学之形成阶段的特征有三：第一，学科意识明确。这表现在朱、冯不仅提出了"中国哲学史史料学"的学科名称，而且按照自己的想法撰写了相关的著述，建立了中国哲学史史料学的学科体系。第二，尝试以马克思主义作为指导原则。由于二人关于中国哲学史史料学的系统研究都开始于新中国成立后，而学习和研究马克思主义是当时大的氛围，所以他们都或自觉或不自觉地在学术研究中以马克思主义为理论立足点，将之作为指导思想，并以现有的马克思主义水平分析中国哲学史史料学。第三，中国哲学史史料学之撰写体例呈现多样化的局面。如前文所示，朱谦之把重点著作作为选题来架构其史料学专著，而冯友兰的《中国哲学史史料学初稿》在第一章讲"史料学的范围和内容"，在第二章讲"论目录"，其后第三章至第十四章则都是具体哲学史料的介绍。显然，这是两种差异很大的撰述模式。虽然后世的史料学专著大都以冯氏的模式为主要参照，但我们认为，史料学研究模式的多样化或多元化才是更值得提倡的和更为合理的学术格局。在形成阶段，中国哲学史史料学也有明显的需要改进之处，如史料学方法的理论阐述仍然严重不足且不够集中，具体哲学典籍的介绍也嫌简略。

（3）以张岱年、刘建国和石峻为代表的发展阶段。这个阶段的主要特征包括以下几个方面：第一，整体看来，关于史料学方法的理论阐释业已形成一定规模，并具备一定的系统性。在这一阶段，除了刘建国在史料学方法方面的进展相对小一些以外，张岱年和石峻均对此有很大程度的推进：不仅篇幅大为增加，而且论述的广度和深度也非往昔能比。第二，具体哲学史料的介绍得到完善和发展。在这方面，张岱年于更广范围介绍史料、关注史料的流传情况、总结与史料有关的古代文化现象、更精更详地介绍史料版本，并及时吸收相关的考古新成果；刘建国介绍的哲学史料的内容也更加丰富、选用的介绍维度更为全面。第三，对马克思主义基本原理的应用较为成熟。发展阶段的三位代表人物都信奉马克思主义，其中张岱年在新中国成立前就建构了新唯物论哲学体系，并自始至终声称自己是马克思主义者。他们扬弃了新中国成立初期学界对马克思主义的教条化应用，开始真正以之为指导思想撰写史料学论著。但是，三人都没有将成规模、成系统的史料学方法纳入中国哲学史史料学的著述系统。张岱年把它放进中国哲学史方法论的视域内，石峻的《中国哲学史史料学讲义》没有遵循分史料学通论和史料举要两部分的撰写模式，刘建国的《中国哲学史史料学概要》虽然两部分内容俱全，但史料学通论部分却仍没有形成规模。前文已说，这些缺憾是我们将之与突破阶段分开的最主要理由。

（4）以萧萐父、刘文英先生和《论稿》作者为代表的突破阶段。该阶段的主要特征有三：第一，具有一定规模和一定系统的史料学方法通论进入中国哲学史史料学的专著体系。第二，开始反思中国哲学史史料学的学科体系。如刘文英先生对中国哲学史史料学进行系统的学科定位，商聚德先生提出完善中国哲学史史料学学科体系之构想。第三，具体哲学史料介绍上展现特色。萧萐父以学派和思潮为介绍中心、注重史料之源流衍变、重视异端思潮的介绍并特别提出"秦汉之际""明清之际"的哲学史料，《论稿》作者则以"常见易得"为哲学史料介绍的基本原则。然而，中国哲学史史料学的突破阶段无论在史料学理论还是在史料举要上都仍然存在有待改进或有待商榷之处。如，如何使史料学理论更为紧密地与中国哲学史研究结合起来？亦即，如何使史料学理论更具中国哲学色彩？再如，具体哲学史料的介绍究竟以何为原则才是最合适的？如何才能更好地体现各个不同时期的哲学史料的特殊性？等等，都需要我们不断地思考和研究。

事实上，相对于《汉志》之"诸子略"等广义的中国哲学史史料学著述而言，近代意义的中国哲学史史料学的发展过程也是其现代转型的过程。不可否认，这个过程亦构成中国文化现代转型的一个侧面。而"中西文化客观上存在着的势差决定了中国文化的现代化必然与向西方学习相伴随。对于现代性的追求正是由此成为处在由传统向现代转型过程中的中国文化的基本思想主题"①。我们认为，在中西文化碰撞、交流与融合的过程中，一方面，中国哲学史史料学对现代性②之理性精神的追求使得其更具科学性；另一方面，中国哲学史史料学对传统考据学或传统朴学的较为充分的吸收从一个侧面更有力地证明了中国文化的现代化不能完全化约为

---

① 李翔海：《中国文化现代化历程的哲学省思》，《中国社会科学》2002 年第 6 期。
② 关于现代性，我们亦同意李翔海先生《中国文化现代化历程的哲学省思》一文中采用的唐文明的观点，认为包括理性精神的凸显、个人主义的兴起和进步历史观的出现三个方面的基本内容（参见唐文明《何谓现代性》，《哲学研究》2000 年第 8 期）。

西方化的论断。

反观中国哲学史史料学之萌芽、形成、发展和突破的整个学科演变历程，我们认为，其间遵循了一定的逻辑规律：其一，从学科定位的角度看，经历了一个从无学科意识到有学科意识以及学科意识产生之后在具体的学科定位上将之从视为基础学科到看作分支学科的过程。其二，从史料学方法的角度看，呈现出从方法较为粗浅或将方法蕴含于具体治学实践、渗透于具体哲学史料的介绍到史料学方法逐步集中、逐步完善和逐步系统的趋势。其三，从史料举要的角度看，贯穿着一个从哲学史料介绍的相对简略到广度深度逐步增加的线索。其四，从史料学通论和史料举要两个部分在史料学论著中所占的比例的角度看，发生了从只有简单的史料方法介绍（胡适）到史料学通论部分规模逐步扩大乃至其与史料举要部分在篇幅上平分秋色的衍化。就此我们可以断言，中国哲学史史料学学科自产生以来已经取得了相当程度的发展。但是我们认为，其距离学科的成熟状态尚有一定的距离。那么，如何判定一个学科是否已经成熟呢？这可以从两个方面去检测：第一，从外在形式上看，成熟的标志包括是否有专门的研究人员、是否有经常性的学术会议、是否有专业性的学会或者研究机构、是否有专业的学术期刊、大学是否开设了相应的专业课程、是否形成了若干学术派别、是否有卓越的研究成果等等[1]；第二，从内在本质上看，成熟的标志有是否建立了学科体系、是否有规范化的概念范畴[2]、是否有明确的研究对象、研究主体是否形成了自觉的研究方法[3]等等。以这些标准来

---

[1] 本文所制定的学科成熟的外在形式上的标志主要参照了丁兴富在《当代开放远距离教育发展和革新中的重大课题》（载《中国远程教育》1997年第7期）一文中关于"开放远距离教育"学科确立标志的论述。由于学科之间的相通性，我们认为这种借用是可行的。

[2] 这个标志取自库恩的说法："有了一种规范，有了规范所容许的那种更深奥的研究，这是任何一个科学部门达到成熟的标志。"（〔美〕T. S. 库恩：《科学革命的结构》，李宝恒、纪树立译，上海：上海科学技术出版社，1980，第9页）

[3] 参照潘懋元主编的《高等教育研究方法》，其中说："作为一个学科而言，研究方法是衡量该门学科成熟程度的重要标志，因为研究方法是该门学科获得稳步发展的基础，也是学科进行自我检讨的镜子。一个学科如果没有一套比较系统的方法，则在很大程度上说明该学科是不成熟的"，"正如一个学科一样，一个研究者如果对自己的研究方法不自觉的话，那么只能说明他所达到的研究层次尚属于浅层状态，或者说他的学术思想还处于零散的状态，还没有形成一以贯之的系统"（潘懋元主编《高等教育研究方法》，北京：高等教育出版社，2008，第371、376页）。

衡量，我们断难认定中国哲学史史料学学科已经成熟。

由于外在形式上的发展不是单纯的学术问题，牵扯的因素极其复杂，比如专业学术期刊的创办就有多项条件限制①，所以下文我们仅从内在本质的维度推测中国哲学史史料学在走向成熟的过程中可能出现的一些具体研究趋向。

第一，进一步深入对史料学方法的理论研究。作为中国哲学史史料学能否称为"学"的重要考量标准，史料学方法的理论探讨会越来越为中国哲学史史料学研究者所重视。在某种意义上说，专门的中国哲学史史料学方法方面的专著的撰写也是有必要的。

第二，反思中国哲学史史料学的研究方法或研究模式。这一则是因为一个成熟的学科要求其研究主体有自觉的研究方法，一则是由于研究模式的多元化从归根结底的意义上说更有利于学科的发展。以几何学上的圆为喻，如果我们主张研究模式的单一化，那么我们所提倡的研究模式就会处于圆心的位置。这种优势地位一方面会造成此种研究模式阻碍其他研究模式的产生，另一方面也必将由于长期的单一化而导致研究模式的僵化和教条化。因此，处于圆心的研究模式必须移居边界，参与和其他研究模式之间的对话。因为圆心不可能是多个，它只能放置唯一的研究模式，从而不能成为研究模式的合理处所。移居边界后，研究模式就可以围绕中国哲学史史料学这个研究对象组成一个圆圈。圆圈由无数的点组成，所以可以容纳无数的中国哲学史史料学研究模式。在多个研究模式的围绕下，中国哲学史史料学的研究才会活力四射，才会焕发多种色彩。进言之，处于圆心位置的只能是中国哲学史史料学学科本身，而如何研究这一学科的模式问题可以围绕中国哲学史史料学学科本身多方辐射。

---

① 据 2001 年 12 月 25 日发布的《出版管理条例》（中华人民共和国国务院令第 343 号）第十一条，设立出版单位（本条例所称出版单位，包括报社、期刊社、图书出版社、音像出版社和电子出版物出版社等），应当具备下列条件：（一）有出版单位的名称、章程；（二）有符合国务院出版行政部门认定的主办单位及其主管机关；（三）有确定的业务范围；（四）有 30 万元以上的注册资本和固定的工作场所；（五）有适应业务范围需要的组织机构和符合国家规定的资格条件的编辑出版专业人员；（六）法律、行政法规规定的其他条件。审批设立出版单位，除依照前款所列条件外，还应当符合国家关于出版单位总量、结构、布局的规划。第十二条则规定，设立出版单位，由其主办单位向所在地省、自治区、直辖市人民政府出版行政部门提出申请；省、自治区、直辖市人民政府出版行政部门审核同意后，报国务院出版行政部门审批。

　　第三，展开断代史、专门史和宗派（学派）史的史料学研究。至今为止，关于中国哲学史史料学的著作以通史研究为主，而这种局面不足以揭示各个时代之哲学史料的特殊性进而也就不能为制定相应的史料整理方法提供对策。因此我们认为，中国哲学史史料学之断代史、专门史、宗派（学派）史的研究迟早会进入学术视野。举例来说，断代史如先秦哲学史史料学、魏晋南北朝哲学史史料学、隋唐哲学史史料学、宋代哲学史史料学、明代哲学史史料学、清代哲学史史料学、中国近代哲学史史料学等；专门史如道教史史料学、中国佛教史史料学、易学哲学史史料学、中国少数民族哲学史史料学、中国老学史史料学、中国庄学史史料学等。专门史中有的还可以再进行断代史或地域史研究，如研究魏晋南北朝道教史史料学、隋唐道教史史料学、宋元明清道教史史料学、魏晋南北朝佛教史史料学、隋唐佛教史史料学、明清佛教史史料学、近代佛教史史料学、四川道教史史料学、陕西道教史史料学、江西道教史史料学、河北佛教史史料学、陕西佛教史史料学、广东佛教史史料学等，中国少数民族哲学史史料学还可从某个民族入手，如研究苗族哲学史史料学、彝族哲学史史料学等；宗派（学派）史如关学哲学史史料学、天师道史史料学、楼观道史史料学、中国儒学史史料学、中国禅宗史史料学、中国三论宗史史料学、中国华严宗史史料学、中国天台宗史史料学等。毫无疑义，这些研究与通史研究之间必将互惠互利：通史研究给予其他研究以宏观大局，其他研究为通史研究提供微观细节。

　　需要补充的是，学界并非完全没有涉及上述各个研究领域。如前文已多少有所涉及，关于中国近代哲学史史料学，季甄馥和高振农就编著有《中国近代哲学史史料学简编》，对中国近代史研究有一定的参考价值；关于中国佛教史史料学，陈垣和周叔迦分别著有近似的著作《中国佛教史籍概论》（有科学出版社，1955，中华书局，1962，上海书店出版社，1999、2001、2005，台湾文史哲出版社，1981，台湾复文图书出版社，1984，台湾新文丰出版股份有限公司，1999 等，亦收入蓝吉富主编《现代佛学大系》台湾弥勒出版社 1984 年版第四十三册、《陈援庵先生全集》台湾新文丰出版股份有限公司 1993 年版第九册）和《释家艺文提要》（有稿本，北京古籍出版社，2004 年排印本，后收入《周叔迦佛学论著全集》中华书局 2006 年版第四册），蓝吉富所撰《佛教史料学》中第四章也专讲中国佛教史料；关于道教史史料学，近似著作有陈国符的《道藏源流考》（有

《民国丛书》本，中华书局，1949、1963，上海书店出版社，1989，台湾
祥生出版社，1975 等）和《道藏源流续考》（台湾明文书局股份有限公
司，1983）、任继愈主编的《道藏提要》（中国社会科学出版社，1991）、
朱越利的《道经总论》（辽宁教育出版社，1991）、《道藏分类解题》（华
夏出版社，1996）和其主编的《道藏说略》（北京燕山出版社，2009）、
潘雨廷的《道藏书目提要》（上海古籍出版社，2003）等。关于易学哲学
史史料学，黄寿祺所著《易学群书平议》（北京师范大学出版社，1988）、
潘雨廷所著《读易提要》（上海古籍出版社，2003）都可视为类似著作。
在一定意义上说，这些研究成果都在迈向中国哲学史史料学之断代史和专
门史的研究过程中奠定了某些基础，但尚处于起步阶段，仍有很大的发展
空间。

　　第四，继续吸收相关的考古新成果。对于考古学界出现的新成果，张
岱年、刘建国、萧萐父、刘文英先生和《论稿》作者均有不同程度的补
充。这是特别值得肯定和继续发扬的一种做法。因为与中国哲学史有关的
地下文物或文献绝没有被我们完全挖掘和发现，而将要出土的相关内容很
可能对于纠正中国哲学史上的某些说法或补足其某些环节具有重要作用。
因此，中国哲学史史料学研究是绝对不能忽视这些考古新成果的。

　　第五，介绍具体哲学史料时，注重分析其史料属性。哲学史料的属性
在很大程度上决定着研究者对其所承载的哲学思想的诠释倾向。然而，我
们在分析哲学思想时，虽然并非完全漠视中国哲学史料的特殊属性，但甚
少对之进行自觉的归纳和深入的总结，以致限制研究方法的改进。这种工
作对于我们把握中国哲学的特质、凸显中国哲学的主体性来说是有待补充
的。举例来说，绝大多数中国古代哲学史料是对话（语录）式的或注疏式
的，前者如《论语》《孟子》《二程语录》《朱子语类》等，后者如《论
语注疏》《孟子正义》《荀子集解》《庄子集释》《肇论疏》等，而不追求
西方式的概念明晰和体系完备，也不讲究学术规范。鉴于此种史料属性，
我们可以认为，在研究《论语》时是否能够对其中对话的生活场景进行适
度的还原从而体验对话人物的生活感悟就在很大程度上决定着我们对它的
理解，而完全用西方式的概念化的方式去概括譬如孔子的"仁"是什么的
做法是需要修正的。进言之，先秦、两汉、魏晋南北朝、宋元明、近代、
现当代的哲学史料各有什么特殊性质都应进入中国哲学史史料学之"史料
举要"的研究范围。

第六，进一步使中国哲学史史料学之学科体系规范化和科学化。学科体系的规范化和科学化是有效整合同一学科内学术资源的有力武器，也是避免自说自话的无谓争辩的最佳手段，同时亦是学术研究与国际接轨的唯一途径。因而，它为各个学科所注重。所以我们认为，在未来的中国哲学史史料学研究中，其概念范畴将日趋精确和稳定，其学科体系也将日趋严密和科学。

第七，要及时容纳信息化、电子化和网络化的相关成果。谁都无法否认，当今的时代是网络化时代，我们通过网络架起了信息高速公路，为我们的日常生活提供方便快捷的服务。在这方面，学术研究领域也不示弱：①制作了大量的电子书（包括原书扫描版和文本格式版），如《文渊阁四库全书》电子版（武汉大学出版社，1997）、《大正藏》和《卍续藏经》电子版（台湾中华电子佛典协会）、《四部丛刊》电子版（北京书同文数字技术化有限公司，2001）、《古今图书集成》电子版（蒋廷锡等原纂，东吴大学编，台湾故宫版）、二十五史全文检索系统、"中央研究院"汉籍电子文献瀚典全文检索系统（其中与中国哲学史有关的资料库有《二十五史》《十三经》《正统道藏》等）等。②设立了很多可以下载或检索书籍学术网站，如全国文化信息共享工程网、国学数典、读书中文网、百灵书库等。它们虽然不是专为中国哲学史研究而设，但我们可以从中找到很多相关的哲学史料。③创建了数字图书馆。如读秀学术搜索、中国国家数字图书馆、超星数字图书馆、高等学校中英文图书数字化国际合作计划、中国数字图书馆、中国基本古籍库等。这些电子书、学术网站和数字图书馆为我们搜集、检索中国哲学史料提供了很大的方便，往往能起到事半功倍的效果。当然，这些只能是辅助的手段。学术研究需要坐十年冷板凳的精神，需要反复阅读经典书籍，需要做笔记、记卡片等，这些仍然是我们应该努力坚持的最主要的为学精神和方法。因为缺乏了这些学术功底，做出的学问只能是空中楼阁。

第八，重视中国哲学史史料学史的研究。史的梳理不仅能够帮助我们指陈中国哲学史史料学发展历程中取得的成绩和存在的不足，而且能够在此基础上帮助我们展望该学科的未来走势。由此，中国哲学史史料学学科的发展和完善将在史的梳理过程中得到有益的启示，整个中国哲学史研究也定会因此而有所受益。我们对于此项课题的研究只不过是抛砖引玉的工作，希望将来学界会有更多的人对此有所关注。

附录 20世纪出土的中国哲学简帛文献的整理与研究

王国维曾说："古来新学问大都由于新发见。"① 20世纪一系列简帛的发现就在一定意义上促成了一门新的学问——简帛学。这些简帛中，与中国哲学史相关者主要有银雀山汉简、定县八角廊汉简、马王堆帛书、郭店楚简、上海博物馆藏战国楚竹书、清华简、北京大学藏西汉楚竹书等。

一 出土简帛简介

首先简单介绍一下上述简帛的基本情况。

（一）银雀山汉简。1972年4月，山东省博物馆和临沂市文物组发掘了位于临沂市的银雀山1号和2号汉墓。从出土的钱币和2号墓中的《元光元年历谱》推断，这批竹简约成简于汉武帝前期（前140～前118）。汉简主要出土于1号墓中，包括完整简、残简4942枚，残片数千。大体而言，它们可分为传本书籍和古佚书两类，前者主要有《孙子兵法》《尉缭子》《晏子》《六韬》等，后者主要有《孙膑兵法》《守法守令十三篇》《地典》《曹氏阴阳》等。

（二）定县八角廊汉简。该批汉简是1973年河北省文物管理处和定县博物馆在定县八角廊村40号汉墓中发掘。其中涉及《论语》620枚简、《儒家者言》104枚简和《哀公问五义》《保傅传》《六韬》《文子》《日书》等书籍。简本《论语》分章与传本不同，是迄今所见时代最早的古本，为研究《论语》的版本流传提供了重要参照。

（三）马王堆帛书。1973年12月至1974年初，湖南省博物馆发掘长沙马王堆2号和3号汉墓。据出土的一件有纪年的木牍，该墓下葬年代为

---

① 王国维：《最近二三十年中国新发见之学问》，《王国维遗书》第五册《静安文集续编》，上海古籍书店据商务印书馆1940年版影印，1983，第615页。

汉文帝前元十二年（前 168）。① 墓中有医书简 4 种，题为《十问》（竹简）、《合阴阳》（竹简）、《杂禁方》（木简）、《天下至道谈》（竹简），另有帛书《老子》《周易》等古籍 28 种。《老子》有甲、乙两种写本，并各附四篇古佚书，甲本在卷后，无篇题，其中比较重要的是《五行》（有学者命名为《德行》）经、说，乙本在卷前，分别为《经法》《十六经》《称》和《道原》。与通行本《道经》在前、《德经》在后正好相反，帛书《老子》《德经》在前、《道经》在后。帛书《周易》卦爻辞与今本基本相同，但六十四卦的排列次序与今本差异较大，卷后有《二三子问》《要》《昭力》《缪和》等解释《周易》的佚文。

（四）郭店楚简。1993 年 10 月，湖北省荆门市沙洋区郭店 1 号楚墓出土 804 枚竹简，其中有字简 730 枚，简长 15 ~ 32.4 厘米，宽 0.45 ~ 0.65 厘米，编绳 2 ~ 3 道，形制有简端平齐和简端作梯形两种。从墓葬形制和器物特征判断，该墓具有战国中期偏晚的特点，墓葬年代当在前 4 世纪中期至前 3 世纪初。② 出土著作包括道家类两种，即《老子》甲、乙、丙三组和《太一生水》；儒家类 14 种，即《缁衣》《鲁穆公问子思》《穷达以时》《五行》《唐虞之道》《忠信之道》《成之闻之》《尊德义》《性自命出》《六德》和《语丛》四篇。③ 其中，三组《老子》共 2046 字，相当于今本的五分之二，不分《道经》《德经》，章序与今本也不一致；《太一生水》与简本《老子》丙组编连在一起，但"无论就篇章结构，还是文气文意来说，都表明它是一篇相当完整而独立的文章，似不可与《老子》简丙搅混"④；与帛书《五行》不同，简本《五行》只有经，没有说；《性自命出》与上海博物馆藏战国楚竹书《性情论》应是一篇，只是存在一些差异。⑤

（五）上海博物馆藏战国楚竹书。1994 年 5 月，上海博物馆从香港文物市场购得一批战国楚简，残简、完简共计 1200 枚，简长 23.8 ~ 57.2 厘

---

① 湖南省博物馆、中国科学院考古研究所：《长沙马王堆二、三号汉墓发掘报告》，《文物》1974 年第 7 期。

② 王传富、汤学锋：《荆门郭店一号楚墓》，《文物》1997 年第 7 期。

③ 李学勤则认为"《唐虞之道》《忠信之道》，虽带儒家色彩，但专讲禅让，疑与苏代、厝毛寿之流纵横家有关。竹简的第三部分是所谓《语丛》四组，杂抄百家之说，应系教学用书"（李学勤：《郭店楚墓文献的性质与年代》，载邢文编译《郭店〈老子〉：东西方学者的对话》，北京：学苑出版社，2002，第 7 页）。

④ 丁四新：《郭店楚墓竹简思想研究》，北京：东方出版社，2000，第 2 页。

⑤ 陈来：《郭店楚简〈性自命出〉与上博藏简〈性情篇〉》，载陈来《竹帛〈五行〉与简帛研究》，北京：三联书店，2009。

米，宽约 0.6 厘米，厚度为 0.1～0.14 厘米。同年秋冬之际，香港又发现一批竹简，文字内容和 5 月份所购有密切关联，朱昌言、董慕节、顾小坤、陆宗麟、叶昌午等香港友人联合出资收购后捐赠给上海博物馆。① 研究者从《缁衣》《性情论》与郭店楚简内容大体相同，推测这批竹简出土地点与郭店相距不远，是"楚国迁陈郢以前贵族墓中的随葬品"②。上海博物馆藏战国楚竹书的简文包括儒、道、兵、杂诸家之作，大多为古佚书，主要有《易经》《孔子诗论》《缁衣》《性情论》《子羔》《孔子闲居》《彭祖》《乐礼》《曾子》《武王践阼》《赋》《子路》《恒先》《曹沫之陈》《曾子立孝》《颜渊》《乐书》等。

（六）清华简。2008 年 7 月，清华大学校友赵伟国向母校捐赠了 2388枚竹简，学界称之为"清华简"。李伯谦、裘锡圭等 11 位专家鉴定其为楚地出土的战国中晚期文物，为了印证这一论断，2008 年年底北京大学加速器质谱实验室、第四纪年代测定实验室对这批竹简中的无字残片进行了AMS 碳-14 年代测定，得出结论与专家鉴定基本一致。从内容看，竹简多是前所未见的经、史类书，包括多篇《尚书》，其中有些篇如《金縢》《康诰》《顾命》等有传世本，但篇题、文句与今本差异较大，更多篇则是前所未见的佚文，或虽见于传世本，却是伪古文。在出土的这些《尚书》篇章中，《保训》篇与中国哲学史研究关系密切。

（七）北京大学藏西汉楚竹书。2009 年初，北京大学接受捐赠，获得了从海外抢救回归的 3346 枚竹简。按长度，这批竹简大致可分三类：长简约长 46 厘米，三道编绳；中简约长 29.5 厘米～32.5 厘米，三道编绳，不同内容的篇卷的简长与契口位置均有差异；短简约长 23 厘米，两道编绳，无契口。此中短简都是医药类书籍。竹简抄写年代"多数当在汉武帝时期，可能主要在武帝后期，下限亦应不晚于宣帝"③。竹简背面多有较浅的斜直划痕，当与竹简编连有关。④ 竹书涉及《苍颉篇》《赵正书》《老

① 骈宇骞、段书安编著《二十世纪出土简帛综述》，北京：文物出版社，2006，第 470 页。
② 马承源："前言：战国楚竹书的发现保护和整理"，第 2 页，载马承源主编《上海博物馆藏战国楚竹书（一）》，上海：上海古籍出版社，2002。
③ 朱凤瀚、韩巍、陈侃理：《北京大学藏西汉竹书概说》，《文物》2011 年第 6 期。
④ "简背划痕现象，最早是由北京大学考古文博学院 09 级本科生孙沛阳同学于 2010 年 1 月参加北京大学藏秦简牍整理工作时发现的。他还……推测这类痕迹与竹简编连有关。"（朱凤瀚、韩巍、陈侃理：《北京大学藏西汉竹书概说》，《文物》2011 年第 6 期，尾注[1]）

子》《周驯》《妄稽》《反淫》《日书》《堪舆》《雨书》《六博》《荆决》
和医书等近 20 种文献。与中国哲学史紧密相关者主要是竹书《老子》，计
简 280 枚，保存近 5300 字，篇章结构较为完整。《老子》简中两枚简的背
面有"老子上经"和"老子下经"的篇题，分别相当于今本的"德经"
和"道经"，篇章顺序与马王堆帛书《老子》相同，与通行本相反。"这
是首次发现《老子》书名出现在出土简帛中，也印证了有关《老子》称
'经'的文献记载。"① 竹书《老子》的文字内容与传世本、郭店本、帛书
本多有差异，不但具有很高的校勘价值，而且对研究《老子》版本演变极
有意义。

二　出土简帛的整理

各类简帛出土后，都有一批专家学者对之进行整理研究。整理工作包
括竹简的拍照、文字的释读、简文的注释等，这些工作为我们的思想史或
哲学史研究提供了基础的文献依据和研究参照。

（一）银雀山汉简

1972 年至 1974 年，罗福颐、顾铁符、吴九龙三人对银雀山竹简（银
雀山汉墓竹简）进行考释研究，为其后的整理工作打下了良好基础。1974
年，银雀山汉墓竹简整理小组成立。② 1975 年 1 月，文物出版社出版了银
雀山汉墓竹简整理小组编的《银雀山汉墓竹简〔壹〕》线装影印本，一函
十册，1985 年又发行该书的修订本，内容包括《孙子兵法》《孙膑兵法》
《尉缭子》《晏子》《六韬》和《守法守令》等十三篇。《文物》1975 年第
1 期载《临沂银雀山汉墓出土〈孙膑兵法〉释文》，1976 年第 12 期刊发
《临沂银雀山汉墓出土〈王兵〉篇释文》。1976 年整理小组编辑的《孙子
兵法》32 开单行本由文物出版社出版。《文物》1977 年第 2 期和 1985 年
第 4 期分别刊载《银雀山简本〈尉缭子〉释文（附校注）》和《银雀山竹
书〈守法〉、〈守令〉等十三篇释文》。1985 年，文物出版社出版吴九龙释
《银雀山竹简释文》，内容涉及银雀山 1 号、2 号墓的全部竹简、木牍的释
文。1988 年，骈宇骞著银雀山竹简《晏子春秋校释》由书目文献出版社

---

① 《北京大学藏西汉竹书》，《解放日报》2013 年 2 月 26 日。
② 银雀山汉墓竹简整理小组编《银雀山汉墓竹简〔壹〕》，"出版说明"，北京：文物出版
　社，1985，第 1 页。

出版（2000 年台北万卷楼图书公司再版该书）。1993 年，美国学者安乐哲翻译的银雀山简本《孙子兵法》由白兰汀图书公司（Ballantine Books）出版。2001 年，文物出版社出版骈宇骞编著的《银雀山汉简文字编》，分单字、残字、合文、待识字四部分对银雀山汉简的文字进行编排。2001 年齐鲁书社出版李兴斌、杨玲注译的银雀山汉墓竹简校本《孙子兵法新译》，该书以魏武帝注本《孙子兵法》为底本，以银雀山汉墓竹简《孙子兵法》为校本，采取段注段译对读形式对之进行注译，后附银雀山汉墓竹简《孙子兵法》摹本以及残文、佚文等。2003 年天津古籍出版社出版宋开霞等注译的银雀山汉墓竹简校本《六韬新译》和《尉缭子新译》，作者以常熟瞿氏铁琴铜剑楼藏影宋写本《武经七书·六韬》《续古逸丛书》影宋本《武经七亿·尉缭子》为底本，以银雀山汉墓出土竹简《六韬》《尉缭子》的释文为主要校本进行校勘，并对《六韬》《尉缭子》进行简明注释、直译。2010 年 1 月《银雀山汉墓竹简〔贰〕》由文物出版社出版，八开精装本。该书前半部分是竹简图版，后半部分是释文注释，内容为"佚书丛残"，由于所收各篇原编次已不可知，故而整理者根据内容分编为"论政论兵之类""阴阳、时令、占候之类"和"其他"三部分。《银雀山汉墓竹简〔叁〕》也已整理完毕，包括全部散碎竹简、篇题木牍及《元光元年历谱》，待出。

（二）定县八角廊汉简

《文物》1981 年第 8 期载《定县 40 号汉墓出土竹简简介》，其中刊布《儒家者言》的释文，1995 年第 12 期发表定州汉墓竹简整理小组整理的《定州西汉中山怀王墓竹简〈文子〉释文》《定州西汉中山怀王墓竹简〈文子〉校勘记》《定州西汉中山怀王墓竹简〈文子〉的整理和意义》，1997 年第 5 期刊载《定州西汉中山怀王墓竹简〈论语〉释文选》《定州西汉中山怀王墓竹简〈论语〉选校注》，2001 年第 5 期发表《定县西汉中山怀王墓竹简〈六韬〉释文及校注》。文物出版社 1997 年 7 月出版了由河北省文物研究所、定州汉墓竹简整理小组合编的《定州汉墓竹简〈论语〉》，该书不仅介绍了出土简本《论语》的版本、文句，而且对《论语》的全部释文进行了校勘和注释。2007 年，该书收入北京大学出版社出版的《儒藏》精华编 281 册。

（三）马王堆帛书

《文物》1974 年第 10、11 期发表《〈老子〉乙本卷前古佚书释文》

《〈老子〉甲乙本及〈五星占〉释文》，1975 年第 4 期刊载《马王堆汉墓出土〈赵国策〉释文》，1984 年第 3 期发表《马王堆帛书〈六十四卦〉释文》。1974 年，文物出版社发行马王堆汉墓帛书整理小组编的《马王堆汉墓帛书（壹）》线装大字本第一册和《老子甲本及卷前古佚书》，1976 年出版整理小组整理的《马王堆汉墓帛书〈老子〉》《马王堆汉墓帛书〈经法〉》和《马王堆汉墓帛书〈战国纵横家书〉》，1977 年出版整理小组编的《马王堆汉墓帛书古地图》。1979 年，美国达慕思大学教授韩禄伯（Robert G. Henricks）在《通讯》第 4～5 期（第 65 辑）发表《马王堆帛书〈老子〉考：与王弼本的比较研究》，在《古代中国》第 4 辑（1979 年 6 月号）发表《马王堆帛书〈老子〉的分章问题》。1980 年，文物出版社又出版了国家文物局古文献研究室编的《马王堆汉墓帛书（壹）》，八开精装本，其中包括《老子》甲本及卷后古佚书《五行》《九主》《明君》《德圣》《老子》乙本及卷前古佚书《经法》《十大经》《称》《道原》的图版、释文和注释。同年，齐鲁书社出版庞朴的《帛书五行篇研究》。1981 年，韩禄伯《马王堆本〈老子〉异体字全表》《马王堆本〈老子〉的异体字》分别刊于《中国语言学学报》第 10 辑（6 月号）和《清华学报》新第 8 卷第 1、2 期合刊（12 月号）。1983 年和 1985 年，马王堆汉墓帛书整理小组编的《马王堆汉墓帛书（叁）》和《马王堆汉墓帛书（肆）》由文物出版社出版，两书均为八开精装本，前者包括《春秋事语》《战国纵横家书》的图版、释文和注释，后者包括 3 号墓出土的帛书、全部竹简医书，即《足臂十一脉灸经》《阴阳十一脉灸经》甲本、《脉法》《天下至道谈》《杂禁方》《合阴阳》《十问》《胎产书》《杂疗方》《阴阳脉死候》《五十二病方》《却谷食气》《阴阳十一脉灸经》乙本、《导引图》《养生方》的图版、释文和注释。1985 年，许抗生《帛书老子注译与研究》由浙江人民出版社出版，韩禄伯《马王堆本〈老子〉及其文献流传的线索》一文刊于《中国文化》第 26 卷第 2 期（1985 年 6 月号）。1987 年，湖南出版社出版邓球柏的《帛书周易校释》（1996 年出版增订本）。1988 年，李光正编《马王堆汉墓竹简》由湖南美术出版社出版，全书共收集简帛单字 2000 多个，系对原文字进行拍照并放大而成。1989 年，韩禄伯《老子道德经：新出马王堆本的翻译》（*Lao-Tzu Te-Tao Ching: A New Translation Based on the Recently Discovered Ma-wang-tui Texts*, New York: Ballantine Books, 1989）由美国白兰汀图书公司出版；3 月，池田

知久《〈马王堆汉墓出土老子甲本卷后古佚书五行篇〉译注》（一）载
《二松学舍大学论集》第 32 号。1990 年 3 月，池田知久《〈马王堆汉墓出
土老子甲本卷后古佚书五行篇〉译注》（二）载《二松学舍大学论集》第
33 号。1991 年，台湾学生书局出版黄钊著《帛书〈老子〉校注析》和张
立文著《周易帛书今注今译》（1992 年中州古籍出版社再版该书，名为
《帛书周易注译》），魏启鹏著《马王堆汉墓帛书〈德行〉校释》亦由巴蜀
书社发行，3 月，池田知久《〈马王堆汉墓出土老子甲本卷后古佚书五行
篇〉译注》（三）载《二松学舍大学论集》第 34 号。1992 年，湖南出版
社出版傅举有、陈松长编《马王堆汉墓文物》，公布帛书《易传》之《系
辞》的部分照片和释文；3 月，池田知久《〈马王堆汉墓出土老子甲本卷
后古佚书五行篇〉译注》（四）载《二松学舍大学论集》第 35 号。1993
年，上海古籍出版社出版廖名春的《马王堆帛书周易经传释文》（后收入
《易学集成》第三册，四川大学出版社，1998），池田知久《马王堆汉墓
帛书五行篇研究》由东京汲古书院（中译本 2005 年线装书局出版，王启
发译）出版，其中有对帛书《五行》篇的注释，陈松长之《帛书〈系辞〉
释文》和《帛书〈二三子问〉、〈易之义〉、〈要〉释文》亦载陈鼓应主编
的《道家文化研究》第三辑（马王堆汉墓帛书专号）（上海古籍出版社，
1993）。1994 年，严灵峰著《马王堆帛书易经斠理》由台湾文史哲出版社
出版。1995 年，海南国际新闻出版中心出版马王堆汉墓帛书整理小组编
的《天下至道谈》《十问》《合阴阳》等系列书籍。1996 年，高明《帛书
老子校注》由中华书局出版；美国学者夏含夷（Edward L. Shaughnessy）
的《易经：马王堆帛书易经翻译》（*I Ching：The Classics of Changes*，
New York：Ballantine Books，1996）由美国白兰汀图书公司出版。1997
年，任教于台湾辅仁大学的英国籍学者雷敦龢翻译的《马王堆黄帝四
经》（*The Yellow Emperor's Four Canons*）由台北利氏学院出版，叶山
（Robin D. S. Yates）《佚籍五种：汉代中国的道、黄老与阴阳》（*Five
Lost Classics：Tao，Huang-Lao，and Yin-Yang in Han China*，New York：
Ballantine Books，1997）由美国白兰汀图书公司印行。1998 年，戴维
《帛书老子校释》由岳麓书社出版。2001 年，陈松长编著《马王堆帛书
文字编》由文物出版社发行，全书汇编马王堆汉墓出土的帛书、竹简
（包括遣策、医简和木牌）文字，计有帛书 44 种，遣策 722 支，医简
200 支，木牌 101 块，一些无法缀合的帛书残片中较清晰的字亦酌情收

入，共收单字 3226 个，重文 9566 个，合文十五个，存疑字 39 个，汇编之字头严格按照原物照片取样。2002 年，徐志均《老子帛书校注》由学林出版社出版。2004 年，中华书局发行魏启鹏的《马王堆汉墓帛书〈黄帝书〉笺证》。2005 年岳麓书社印行余明光校注今译，张纯、冯禹英译的《黄帝四经》汉英对照本。2006 年，日本学者泽田多喜男译注的《黄帝四经：馬王堆漢墓帛書老子乙本卷前古佚書》由日本知泉书馆出版。2007 年，商务印书馆出版陈鼓应注译《黄帝四经今注今译：马王堆汉墓出土帛书》，对《经法》《十大经》《称》和《道原》进行了注释和今译工作；北京大学出版社出版的《儒藏》精华编第 281 册收录丁四新校点的《马王堆汉墓帛书〈周易〉》和周锋利校点的《马王堆汉墓帛书〈五行〉》。同年，尹振环《帛书老子再疏义》由商务印书馆出版，书末附"四部最古本《老子》对照篇"，对比了《老子》楚简本、帛书甲乙本和傅奕本。2008 年，巴蜀书社和中华书局分别发行沈祖春《〈马王堆汉墓帛书（壹）〉假借字研究》和张政烺《马王堆帛书〈周易〉经传校读》。2009 年，刘彬《帛书〈要〉篇校释》由光明日报出版社出版。2011 年台湾花木兰文化出版社出版廖伯娥的《马王堆帛书〈易之义〉校释与思想研究》。

（四）郭店楚简

1998 年，荆门市博物馆编《郭店楚墓竹简》由文物出版社出版，郭店一号楚墓出土的全部竹简的图版、释文和注释尽在其中，图版按竹简原大影印，分篇排列编号，整理者还根据简文内容及传本加上各篇篇题。同年，丁原植《郭店竹简〈老子〉释析与研究》在台湾万卷楼图书有限公司出版。1999 年，郭店楚简整理工作比较多，有张光裕主编的《郭店楚简研究》（第一卷《文字编》，台湾艺文印书馆）、刘信芳《荆门郭店竹简老子解诂》（台湾艺文印书馆）、魏启鹏《郭店〈老子〉柬释》（台湾万卷楼图书有限公司，亦载陈鼓应主编《道家文化研究》第十七辑"郭店楚简专号"，三联书店，1999）、池田知久著《郭店楚简老子研究》（东京大学文学部中国思想文化学研究室）、赵建伟《郭店竹简〈老子〉校释》（《道家文化研究》第十七辑"郭店楚简专号"，三联书店）、侯才《郭店楚墓竹简〈老子〉校读》（大连出版社）、李零《郭店楚简校读记》（《道家文化研究》第十七辑"郭店楚简专号"，三联书店）。2000 年，刘信芳《简帛五行解诂》由台湾艺文印书馆出版，庞朴《竹帛〈五行〉篇校注及研究》和魏启鹏《简帛〈五行〉笺释》由台湾万卷楼图书有限公司出版，彭浩校编《郭店楚简〈老子〉校读》由湖北人民出版社出版，邹安华编著《楚简与帛书老子》由民族出版社印行，郭沂《郭店楚简〈成之闻之〉篇疏证》刊载于《中国哲学》第二十辑"郭店楚简研究"（辽宁教育出版社，2000），廖名春《郭店楚简〈六德〉篇校释》载《清华简帛研究》第一辑，韩禄伯《老子道德经：新出郭店惊人之本的翻译》（*Lao Tzu's Tao Te Ching: A Translation of the Startling New Documents Found at Guodian*）在美国纽约哥伦比亚大学出版社印行。2001 年，台湾万卷楼图书有限公司发行涂宗流、刘祖信《郭店楚简先秦儒家佚书校释》，何琳仪的《郭店楚简选释》载《文物研究》第 12 辑（黄山书社，亦载《简帛研究二〇〇一》，广西教育出版社，2001），廖名春《郭店简〈成之闻之〉篇校释札记》刊于《古籍整理研究学刊》第 5 期。2002 年，李零《郭店楚简校读记》（增订本）和陈伟《郭店竹书别释》分别由北京大学出版社和湖北教育出版社出版，韩禄伯《简帛老子研究》经邢文改编、余谨汉译由学苑出版社出版，李天虹将《〈性自命出〉与上海简书〈性情论〉校读》作为其《郭店竹简〈性自命出〉研究》（湖北教育出版社）的第九章。2003 年，清华大学出版社发行廖名春著《郭店楚简老子校释》。2005 年，刘钊《郭店楚简校释》由福建人民出版社付梓，魏启鹏《简帛文献〈五行〉笺证》由中华书局出版，邓各泉《郭店楚简〈老子〉释读》由湖南人民出版社出版，王立波编著《郭店楚墓缁衣校注》由吉林大学出版社发行，何琳仪、程燕《郭店楚简〈老子〉校记（甲篇）》刊载《简帛研究二〇〇二、二〇〇三》（广西师范大学出版社）。2007 年，湖北人民出版社印行翟信斌主编《郭店楚简简明读本》，北京大学出版社出版的《儒藏》精华编第 281 册收录周锋利校点《郭店楚墓竹简〈五行〉》和李天虹校点《郭店楚墓竹简〈性自命出〉》。2010 年，丁四新著《郭店楚竹书〈老子〉校注》由武汉大学出版社出版。2011 年，上海古籍出版社发行丁四新《楚竹书与汉帛书〈周易〉校注》，巴蜀书社出版彭裕商、吴毅强《郭店楚简老子集释》，台湾古籍出版有限公司出版丁原植《郭店楚简：儒家佚籍四种释析》，尤其值得关注的是，李天虹、彭浩、龙永芳、刘祖信整理的《郭店楚墓竹书》由文物出版社出版，此书"最吸引人的地方，是拥有精美的图版，其清晰程度远高于最早的《郭店楚墓竹简》，甚至超过已经发行的郭店楚简书法版，极为赏心悦目。新版还补拍了老版所遗漏的一些文字"①。

（五） 上海博物馆藏战国楚竹书

2001 年至 2012 年，经过北京、上海、香港有关专家的整理，上海古籍出版社陆续出版了由上海博物馆馆长马承源主编的九本关于上博简的整理书籍，其中彩色图版均放大 3.65 倍。各书具体情况如下：2001 年 11 月，《上海博物馆藏战国楚竹书》（一），内容为《孔子诗论》《缁衣》《性情论》三篇的照片和释文，书中将 0.5 厘米见方的竹简文字放大至 1.8 厘米，释文考释《孔子诗论》为马承源、《缁衣》为陈佩芬、《性情论》为濮茅左；2002 年 12 月，《上海博物馆藏战国楚竹书》（二），收入《民之父母》《子羔》《鲁邦大旱》《从政》（甲篇、乙篇）、《昔者君老》和《容成氏》六篇，共 115 简，约 4000 字，释文考释《民之父母》为濮茅左、《子羔》和《鲁邦大旱》为马承源、《从政》（甲篇、乙篇）为张光裕、《昔者君老》为陈佩芬、《容成氏》为李零；2003 年 12 月，《上海博物馆藏战国楚竹书》（三），收入《周易》《亘先》《中弓》《彭祖》等四篇竹书图版和释文，释文考释《周易》为濮茅左、《中弓》为李朝远、《亘先》和《彭祖》为李零；2004 年 12 月，《上海博物馆藏战国楚竹书》（四），收入竹书七篇的图版和释文，分别为《采风曲目》《逸诗》《昭王毁室 昭王与龚之脽》《柬大王泊旱》《内豊》《相邦之道》和《曹沫之陈》，释文考释《采风曲目》和《逸诗》为马承源、《昭王毁室 昭王与龚之脽》为陈佩芬、《柬大王泊旱》为濮茅左、《内豊》为李朝远、《曹沫之陈》为李零；2005 年 12 月，《上海博物馆藏战国楚竹书（五）》，收录八篇竹书的图版和释文，分别为《竞内建之》《鲍叔牙与隰朋之谏》《季庚子问于孔子》《姑成家父》《君子为礼》《弟子问》《三德》和《鬼神之明·融师有成氏》，释文考释《竞内建之》和《鲍叔牙与隰朋之谏》为陈佩芬、《季庚子问于孔子》为濮茅左、《姑成家父》为李朝远、《君子为礼》和《弟子问》为张光裕、《三德》为李零、《鬼神之明 融师有成氏》为曹锦炎；2007 年 7 月，《上海博物馆藏战国楚竹书（六）》，收录《竞公疟》《孔子见季趄子》《庄王既成 申公臣灵王》《平王问郑寿》《平王与王子木》《慎子曰恭俭》《用曰》《天子建州》（甲本）和《天子建州》

---

① 曹峰：《融合最新学术成果的〈郭店楚墓竹书〉》，《中华读书报》2012 年 8 月 1 日第 15 版。

（乙本）等九篇竹书的图版和释文，释文考释前两篇为濮茅左、《庄王既成　申公臣灵王》《平王问郑寿》《平王与王子木》为陈佩芬、《慎子曰恭俭》为李朝远、《用曰》为张光裕、《天子建州》（甲本、乙本）为曹锦炎；2008 年 12 月，《上海博物馆藏战国楚竹书（七）》，收录《武王践阼》《郑子家丧》（甲本、乙本）、《君人者何必安哉》（甲本、乙本）、《凡物流形》（甲本、乙本）及《吴命》等五篇竹书的图版和释文，释文考释《武王践阼》《郑子家丧》（甲本、乙本）为陈佩芬、《君人者何必安哉》（甲本、乙本）为濮茅左、《凡物流形》（甲本、乙本）和《吴命》为曹锦炎；2009 年 12 月，《上海博物馆藏战国楚竹书（八）》，计收《子道饿》《颜渊问于孔子》《成王既邦》《命》《王居》《志书乃言》《李颂》《兰赋》《有皇将起》和《鹠鹩》等十篇竹书，其中，释文考释前三篇为濮茅左、中三篇为陈佩芬、后四篇为曹锦炎；2012 年 12 月，《上海博物馆藏战国楚竹书（九）》，共《成王为城濮之行（甲、乙本）》《灵王遂申》《陈公治兵》《举治王天下（五篇）》《邦人不称》《史蒥问于夫子》及《卜书》七篇竹书的图版和释文，释文考释《成王为城濮之行（甲、乙本）》《灵王遂申》和《陈公治兵》为陈佩芬、《举治王天下（五篇）》《邦人不称》和《史蒥问于夫子》为濮茅左、《卜书》为李零。

　　除上之外，2002 年，台湾万卷楼图书股份有限公司出版李零《上博楚简三篇校读记》（2009 年中国人民大学出版社又出增订本）。2004 年，黄怀信著《上海博物馆藏战国楚竹书〈诗论〉解义》由社会科学文献出版社出版，该书针对竹简中 60 多篇诗论，分章逐字解析，并译为现代汉语。同年，季旭昇主编《〈上海博物馆藏战国楚竹书（一）〉读本》（2009 年北京大学出版社再版）和《〈上海博物馆藏战国楚竹书（二）〉读本》由台湾万卷楼图书股份有限公司出版，前者以《上海博物馆藏战国楚竹书（一）》为释读范围，包括《孔子诗论》《缁衣》《性情论》三篇的题解、原文、语译和注释，后者以《上海博物馆藏战国楚竹书（二）》为释读范围，内容包括《民之父母》《子羔》《鲁邦大旱》《从政（甲、乙篇）》《昔者君老》《容成氏》等六篇的题解、原文、语译和注释，经过对楚简的重新排序，思路更为清晰，2005 年 10 月，季旭昇主编《〈上海博物馆藏战国楚竹书（三）〉读本》由台湾万卷楼图书股份有限公司出版，以《上海博物馆藏战国楚竹书（三）》为释读范围，内容包括《周易》《亘先》《中弓》《彭祖》四篇的题解、原文、语译和注释。2006年，台湾花木兰文化出版社出版苏建洲《〈上海博物馆藏战国楚竹书（二）〉校释》和邹濬智《〈上海博物馆藏战国楚竹书（一）·缁衣〉研究》。2007年，作家出版社出版李守奎编著的《上海博物馆藏战国楚竹书（一——五）文字编》，线装书局印行冯胜君《郭店楚简与上博简对比研究》，北京大学出版社出版的《儒藏》精华编第281册收入李天虹校点《上海博物馆藏楚简〈性情论〉》、刘信芳校点《上海博物馆藏楚竹书〈孔子诗论〉》和何琳仪校点《上海博物馆藏楚竹书〈周易〉》。2008年，台湾花木兰文化出版社出版陈思婷《〈上海博物馆藏战国楚竹书（四）·采风曲目、逸诗、内豊、相邦之道〉研究》、高佑仁《〈上海博物馆藏战国楚竹书（四）·曹沫之陈〉研究》（上、下）、金俊秀《〈上海博物馆藏战国楚竹书（四）〉疑难字研究》系列书籍。2009年，台湾万卷楼图书股份有限公司出版苏建洲编著《〈上博楚竹书〉文字及相关问题研究》一书。2011年，柯佩君《上海博物馆藏战国楚竹书文字研究》由台湾花木兰文化出版社付梓。2012年，安徽大学出版社发行饶宗颐主编《上博藏战国楚竹书字汇》。

（六）清华简

《文物》2009年第6期刊载清华大学出土文献研究与保护中心整理的《清华大学藏战国竹简〈保训〉释文》。《中国哲学史》2010年第3期载黄人二《战国简〈保训〉通解——兼谈其在中国经学史上"道统说"建立之重要性》、廖名春与陈慧《清华简〈保训〉篇解读》、姜广辉《〈保训〉疑伪新证五则》、丁进《清华简〈保训〉献疑》系列论文。中西书局2010年出版的《出土文献》第1辑刊发廖名春《清华大学藏战国竹简〈保训〉释文初读》、陈伟《〈保训〉字句试读》、沈培《清华简〈保训〉释字一则》、王辉《读清华简〈保训〉札记（四则）》等文。2010年12月，中西书局发行清华大学出土文献研究与保护中心编的《清华大学藏战国竹简（壹）》，共收录竹简《尹至》《尹诰》《程寤》《保训》《耆夜》《金縢》《皇门》《祭公》《楚居》九篇，包括原大图版、放大图版、释文注释、字形表和竹简信息表等内容，各篇考释工作的负责人分别是：《尹至》《尹诰》：李学勤；《程寤》《金縢》：刘国忠；《保训》《楚居》：李守奎；《耆夜》：赵平安；《皇门》：李均明；《祭公》：沈建华。《中国史研究》2011年第1期载马楠《清华简第一册补释》。《古籍整理研究学刊》

2011 年第 3 期载黄怀信《清华简〈金縢〉校读》一文。2011 年 12 月，中西书局出版清华大学出土文献研究与保护中心编《清华大学藏战国竹简（贰）》。该书收录"一种前所未见的史书，原简没有篇题，因其史事多有纪年，拟题为《系年》"①，分上、下册，上册是《系年》竹简的原大图版和放大图版，下册则是《系年》的释文、注释、字形表和竹简信息表。2012 年 12 月，中西书局出版清华大学出土文献研究与保护中心编《清华大学藏战国竹简（叁）》，该书共收录六种失传 2000 多年的清华简文献，包括《傅说之命》三篇、《周公之琴舞》《芮良夫毖》《良臣》《祝辞》和《赤鹄之集汤之屋》。

（七）北京大学藏西汉楚竹书

2010 年，北京大学出土文献研究所撰写的《北京大学新获西汉竹书概述》载《国际汉学研究通讯》第 1 期（中华书局，2010 年 4 月），韩巍《北京大学藏西汉竹书本〈老子〉的文献学价值》一文刊于《中国哲学史》第 4 期。2011 年，《文物》第 6 期发表北京大学出土文献研究所《北京大学藏西汉竹书概说》一文，首次披露了北大汉简的整体情况。同期刊发的《北京大学藏西汉竹书分述》则对西汉竹书各篇文献的内容进行了简要介绍，具体包括赵化成《北大藏西汉竹书〈赵正书〉简说》、韩巍《北大汉简〈老子〉简介》、阎步克《北大竹书〈周驯〉简介》、何晋《北大汉简〈妄稽〉简述》、傅刚、邵永海《北大藏汉简〈反淫〉简说》、李零《北大汉简中的数术书》、陈苏镇《北大汉简中的〈雨书〉》、陈侃理《北大汉简数术类〈六博〉、〈荆决〉等篇略述》、李家浩、杨泽生《北京大学藏汉代医简简介》。9 月，出土文献研究所与上海古籍出版社确定了《北京大学藏西汉竹书》大型资料报告集的出版计划。这套书籍将收入西汉竹书的原大和放大彩色照片、红外照片、简背划痕示意图、竹简文字的释文、注释、竹简数据一览表及部分研究论文，共分七卷，具体卷次按《汉书·艺文志》"六略"的顺序安排：第一卷，《苍颉篇》，一册；第二卷，《老子》，一册；第三卷，《周驯》《赵正书》、子书丛残，一册；第四卷，《妄稽》《反淫》，一册；第五卷，数术类文献五种：《荆决》《六博》《雨书》《堪舆》《节》，一册；第六卷，日书类文献三种：《日书》《日忌》《日约》，三册；第七卷，医书，二册。2011 年末，除数术书和医书外，

---

① 李学勤主编《清华大学藏战国楚简（贰）》，"本辑说明"，上海：中西书局，2011，第 1 页。

西汉竹书的其他文献都已初步完成释文，有些已开始注释工作。① 2012年6月，北京大学出土文献研究所编《北京大学藏西汉竹书墨迹选粹》由人民美术出版社印制。12月，北京大学出土文献研究所编、韩巍编撰的《北京大学藏西汉竹书〔贰〕》（《老子》卷）由上海古籍出版社出版，收入西汉竹书《老子》的全部资料，由前言、凡例、图版、释文与注释和附录组成，其中包括《老子》简的原大和放大彩色照片、部分字迹模糊竹简的红外照片，全部竹简的简背划痕示意图。"附录一"为《西汉竹书〈老子〉竹简一览表》，"附录二"是《老子》主要版本全文对照表，为西汉竹书本与郭店本、帛书甲本、帛书乙本、王弼本、河上公本、严遵本、想尔注本、傅奕本的对比，"附录三、四"为整理者的两篇论文。

三 出土简帛研究方法

大量简帛出土之后，学界首先进行的是如上所云图片拍照、文字释读和注释等整理工作，接下来自觉②考虑的事情就是如何整理这些简帛文献，如何研究这些简帛文献，更有人进而开始扩展视域而重新思索整个中国哲学史的研究方法。

1998年5月，在美国达慕思大学召开了关于郭店竹简《老子》的国际学术会议，郭店简的整理方法是该会的主题之一。裘锡圭以郭店《老子》简为例探讨了古文字的考释。他认为，古文字考释的根据主要是字形和文例，郭店简《老子》《缁衣》有传世本可以对勘，《五行》篇有马王堆帛书本可以对勘，在根据文例释字方面，有比一般古文字资料优越得多的条件。③ 裘氏进而将需要考释的字分为五类：其一，在字形和文例上都能找到直接根据的；其二，需要对字形稍加解释的；其三，字形方面没有

---

① 《北京大学藏西汉竹书整理与研究的新进展》，《北京大学出土文献研究所工作简报》2012年3月总第5期，第2页。

② 这里用"自觉"一词，是因为各位研究者在整理出土文献时虽然没有讨论方法论问题，但却不自觉地应用着他们认为合理的方法。

③ 他还曾说："在释读简帛佚籍时，必须随时翻看有关古书，必须不怕麻烦地利用索引书籍和电脑做大量的检索工作，尽最大努力去寻找传世古书中可以跟简文对照的语句"，"在将简帛古书与传世古书（包括同一书的简帛本和传本）相对照的时候，则要注意防止不恰当的'趋同'和'立异'两种倾向。前者主要指将简帛古书和传世古书中意义本不相同之处说成相同，后者主要指将简帛古书和传世古书中彼此对应的、意义相同或很相近的字说成意义不同"（裘锡圭：《中国出土古文献十讲》，上海：复旦大学出版社，2004，第8页）。

明显的文献根据，需要从分析字形等途径加以论证的；其四，可以根据文例确定其字但目前对其字形还无法做出合理解释的；其五，与今本在字形上对不上而又能讲得通的。① 彭浩首先介绍了竹简的清理工作："清理表层污泥；绘制竹简堆积的平、剖面图；对竹简堆积状况拍照；揭取竹简；对竹简作初步清洗；对竹简作保护处置，使字迹显示出来；正式拍摄竹简文字；竹简装入试管，注入蒸馏水保存"，然后叙述了竹简整理工作的几个步骤：第一步，按照一定标准区分各类古籍；第二步，对每种古籍逐一恢复编联次序；第三步，释文和注释②，并以郭店《老子》为例讲整理方法：简本《老子》的缀联要参照帛书本的文句，在帛书本缺损时，参照通行的王弼本、河上公本等。关于竹简的分篇，裘锡圭指出，当对一组竹简是否属于一篇独立的文献有疑问时，应该"在发表时把材料分成较小的单元，而不是把可能单独成篇的材料归并为一篇文献"③。谭朴森赞同这种方法。这是因为，在他们看来，在整理阶段对文献材料进行拆分，在研究阶段再行合并，是可取的研究方法。美国学者鲍则岳认为，整理中国古代写本文献要考虑如何作释文、如何辨读释文和如何追溯写本文献的源流三个问题：作释文时，针对完整清晰的文字，"释文应该是准准确确、不折不扣地反映原写本的文字原貌"，"而不是反映某整理者或某校勘家对原写本的本文应该是什么所作出的判断"；针对残缺或部分字形模糊的文字，"释文一定要严格区别原写本本文和整理者经推测而增加、删减或修改的文字"。④ 辨读释文即对原写本里某个字实际上代表哪个字作出判断时，对于有传本对照的异文文字，要首先判断是异读还是异字，并"尽最大努力解释清楚造成其他异文的可能因素"⑤；对于没有传本对照的文字，意味着我们要用一个已知的词来界定一个未知的字，这"最好根据谐声的材料加以确定"，即先找出一组谐声字，然后提取贯穿于其中的一个要素，

① 裘锡圭：《以郭店〈老子〉简为例谈谈古文字的考释》，载邢文编译《郭店〈老子〉：东西方学者的对话》，北京：学苑出版社，第26～31页。

② 彭浩：《郭店〈老子〉整理的几个问题》，载邢文编译《郭店〈老子〉：东西方学者的对话》，第36～39页。

③ 转引自邢文编译《郭店〈老子〉：东西方学者的对话》，第112页。

④〔美〕鲍则岳：《古代文献整理的若干基本原则》，载邢文编译《郭店〈老子〉：东西方学者的对话》，第45、46、47页。

⑤〔美〕鲍则岳：《古代文献整理的若干基本原则》，载邢文编译《郭店〈老子〉：东西方学者的对话》，第53页。

把它与最适合上下文关系的词义相结合。① 美国学者罗浩借鉴西方的治学经验探讨了郭店《老子》对文研究的方法论。他认为，研究郭店《老子》"是否属于传世或通行的 81 章《老子》文本的一种版本？还是这些简文自身就是独立的文本或者甚至说是 3 种互不相关的文本"② 的问题时，西方的文本研究方法会大大有助于此一问题的解决，这种方法包括文本历史的研究与文本批评研究；《老子》简文不是叙述体，而是具有诗歌的特点，所以西方的文学研究方法也可用于其研究；此外，哲学研究方法和宗教研究方法对于作为哲学诗和重视通过练气或打坐来自我修炼的郭店《老子》来说，同样是适用的。英国学者谭朴森则以对《老子》一则短文的校勘为例，讨论了文献证据的组织问题。他主张，"在丰富的、直接的文献传统存在之处，依据直接证据作出结论之前，不应使用间接证据"，然而我们要在每一页校勘的底部所列出的异文中，注明"间接证据与古代写本之间不见于传世文献的偶合之处"。③ 关于郭店简的文字分析方法，有人提出，一般而言我们不认识的字多为假借字或异体字，裘锡圭则主张我们不应该有目的地用出土文献中的文字去套传世本中的相应文字，也不应该滥用音近通假的方法，许抗生也认为如果出土文献中某个字的字形我们认识且在句子里讲得通，那么即便与之对应的传世文献中有一个不同的字，我们也不能视之为通假字或异体字。关于郭店简的校勘，韩禄伯对《老子》郭店简本、马王堆帛书甲乙本、王弼本作了比勘，雷敦龢、叶山、夏德安等主张"使用竹简和文字的序号来表示某一章或某一字，而不是用今本的分章与分行的序号"，谭朴森则提出校勘时"把'证据'垂直地排列起来"，并使用"不同的色彩来区分不同形式的异文"。④ 2000 年 8 月，在北京召开的"新出简帛国际学术研讨会"上，美国学者顾史考也就郭店楚简的研究方法发表了意见。他认为，有关郭店楚简的思想史研究"必须以文献本身为基础，因而古文字学等基本研究又是

---

① 〔美〕鲍则岳：《古代文献整理的若干基本原则》，载邢文编译《郭店〈老子〉：东西方学者的对话》，第 57～58 页。

② 〔美〕罗浩：《郭店〈老子〉对文研究的方法论问题》，载邢文编译《郭店〈老子〉：东西方学者的对话》，第 60 页。

③ 〔英〕谭朴森：《论文献证据的形式处理》，载邢文编译《郭店〈老子〉：东西方学者的对话》，第 85 页。

④ 邢文编译《郭店〈老子〉：东西方学者的对话》，第 125 页。

从事于思想史研究者所不可不察的"①。

　　有感于学界简、帛《老子》研究中的某些问题,黄钊对研究出土简帛
文献的方法论做了思考。他主张,对简帛文献的价值既不能人为地贬低,
也不能人为地拔高。因为传世今本得以传承乃是历史选择的结果,具有一
定的权威性,简单地用出土文献来取代传世今本,是极不慎重的做法。黄
氏说:"出土的《老子》本,保存了古代《老子》本的某些长处,对于校
正今本确有重要参考价值",但"对于传世今本与出土古本文字上的差异,
我们应该历史主义地看待它们,具体问题,具体分析,慎重裁断。值得注
意的是,有的论者一看到古本与今本不同的字句,就匆忙指责今本被人
'窜改',应该说这是欠妥的"。②

　　沈颂金在其所著《二十世纪简帛学研究》中专设一章讲述"简帛学
研究理论与方法"。他指出,"简帛学方法论,要求掌握历史、考古、文
献、文书档案、古文字等多学科的理论方法,结合简牍和帛书实物,加
以创造性运用,从而形成自己的方法体系"③。因而,考古学的方法、文
书学的方法、历史学的方法和比较的方法都可以应用于简帛学研究,其
中比较方法又可分"同一时代不同地区出土简帛的比较"和"同一地区
不同时代出土简帛的比较"两种类型。④ 沈颂金还特别讨论了简帛学与
文献史料学的关系。在他看来,"简牍和帛书是考古发现的原始记录,
在史料记载的准确性方面,比任何传世文献都真实可信,凭借这些珍本
秘籍,可以对古代文献进行辑佚、校勘、考订,有助于研究古籍的时代
和源流,包括认识古籍的成书时代和过程、资料来源以及分合变化等问
题"⑤。

　　比具体分析简帛整理或研究方法更进一步,台湾学者郑吉雄强调
从理论上研究这些出土文献研究方法及方法论的重要性:"方法与方
法论的检讨,是今天出土文献研究工作的当务之急","研究者从研究
出土文献,转而为研究'研究出土文献'的材料,再转而为针对研究

　　① 艾兰、邢文编《新出简帛研究——新出简帛国际学术研讨会文集》,北京:文物出版社,
　　　　2004,第218页。
　　② 黄钊:《关于研究出土简帛文献的方法论思考——回顾简、帛〈老子〉研究有感》,《中
　　　　国哲学史》2001年第3期。
　　③ 沈颂金:《二十世纪简帛学研究》,北京:学苑出版社,2003,第301页。
　　④ 沈颂金:《二十世纪简帛学研究》,第301页。
　　⑤ 沈颂金:《二十世纪简帛学研究》,第339页。

的方法作出反思"。① 针对出土文献的研究方法和方法论问题，他所在的台湾大学东亚文明研究中心组织多次学术会议进行讨论。会议中，叶国良对王国维的"二重证据法"进行了反思。他指出，"二重证据法"乃针对疑古派而发，将之置于古史研究范畴内尚可，但就古代文献的研究方法之理论而言，"则此论囿于出土材料的材质与时代，确有不完备之处"。② 季旭昇则就《孔子诗论》分章编联方法进行了讨论。③ 林启屏也从出土文献会不经意地重现的事实出发，提出我们"面对古代文献的方式，采取着'相信'的态度，或许是一个较佳的作法"④。

　　曹峰不仅关注出土文献的研究方法，而且强调其对思想史研究方法论的启示。他对出土文献的性质有着较为理性的认识：其一，出土文献是"思想史的断片，而不是具有纯正概念、系统论述、完整框架的研究对象"⑤，相对于传世文献具有不成熟、不系统、不典型的特征；其二，其文本形态往往凌乱不堪、其思想面貌往往杂芜纷呈，但保留了思想生动而鲜活的特征。基于这种认识，他认为研究出土文献必须考虑思想史资料的复杂性，而"不加分析地相信古书的记载，轻易地将出土数据视为信史，而鼓励大胆立说，这必然导致一场新的灾难"⑥。是故，出土文献的价值和意义应主要是作为参照物，为我们了解后人提炼、提升的纯正概念、系统论述、完成框架的形成提供方便。由此，他提出四个有关出土文献的研究方法，其中兼及思想史方法论：第一，不能轻易将作为思想史断片的出土文献塞入已有的思想史、哲学史体系中作纵向的、线型的比较；第二，由于出土文献在出土地域和抄写时间上具有局限性，因而更适合做横向的比较研究，即研究同一时期思想现象之间的交叉互动以及地域之间的相互影响；第三，出土文献所呈现的复杂性、多元性证明由依据类似进化论法

---

① 郑吉雄："导言"，第3、8页，载叶国良等编《出土文献研究方法论文集·初集》，台北：台大出版中心，2005。

② 叶国良：《二重证据法的省思》，载叶国良等编《出土文献研究方法论文集·初集》，第6页。

③ 季旭昇：《〈孔子诗论〉分章编联方法浅探》，载叶国良等编《出土文献研究方法论文集·初集》，第41～68页。

④ 林启屏：《疑古与信古之间——以古代中国思想的研究为例》，载叶国良等编《出土文献研究方法论文集·初集》，第97页。

⑤ 曹峰：《先秦思想多元性及其研究的方法论问题——以新出楚简文献为契机》，《史学月刊》2012年第12期。

⑥ 曹峰：《出土文献与思想史研究方法论刍议》，《社会科学》2012年第11期。

则的"思想线索排比法"得出的一些结论过于简单而不可靠，因此思想线索的分析比对，不能仅从纵向单线展开，也要考虑从纵向多元、横向多元加以展开；第四，出土文献有时难以直接对应司马谈、刘向父子描述的学派，因而我们可以将出土文献视为学派形成过程中的环节。这样，不仅如何定性定位的问题可以妥善解决，与出土文献性质特征类似的传世文献也可以得到重新整理与评价。①

关于由"思想发展线索"为考证根据的做法，刘笑敢亦曾撰文指出，出土简帛证明这类考证方法得不出可靠的结论，原因在于其前提假设就是错误的，这种方法相信众多思想家思想之发展有一清晰的单一的先后有序的发展线索；而事实是"思想前后之发展有顺承者，有逆反者；有由浅入深者，亦有前深而后浅者；有徘徊于边缘者，亦有异峰突起者，无法归结为单一发展的线索"②，所谓"思想发展线索"，不过是一时、一地、一些人的见解和总结，有相当大的主观性，不能作为据之以断定某种观点和概念或作者之先后的客观依据。针对葛瑞翰假定《老子》晚于《庄子》的推论前提是：如果甲书在乙书以前没有提到过，那么就可以或应该假定乙书之前没有甲书，关于甲书的记载就是不可信的，刘笑敢也以出土文献为例进行批评："出土文献提供的许多实例说明，根据先前的很多书中都没有提到某书某事，就断定关于某书某事存在的'原初历史记载'不可靠往往是错误的。"③

四 有关出土简帛的版本研究

由于出土简帛文献的章次、结构、文字等方面与传世文献或其他出土文献存在着某些差异，促使学界从一开始就关注与之相关的版本问题。

（一）关于《老子》

讨论最多的是《老子》版本问题，因为 20 世纪出土的文献中包含了三种《老子》，即帛书本、郭店本、西汉竹书本。研究者不仅将这些版本

① 曹峰：《先秦思想多元性及其研究的方法论问题——以新出楚简文献为契机》，《史学月刊》2012 年第 12 期。

② 刘笑敢：《出土简帛对文献考据方法的启示（之一）：反思三种考据方法的推论前提》，《中国哲学与文化》第 6 辑，桂林：广西师范大学出版社，2010，第 30 页。

③ 刘笑敢：《出土简帛对文献考据方法的启示（之二）——文献析读、证据比较及文本演变》，《中国哲学史》2010 年第 2 期。

与通行本比较，而且在三者之间相互比勘。择其要者，介绍如下。

马王堆帛书发掘不久，高亨、池曦朝即撰文讨论帛书《老子》的抄写时间和版本差异。关于版本，二人据帛书甲乙本都是《德经》在前、《道经》在后，推测战国时期可能有两种《老子》传本：一种是道家传本，《道经》在前，《德经》在后；一种是法家传本，《德经》在前，《道经》在后，并进而指出帛书本不是《老子》原貌，虽然很多地方胜于今本，但也不是处处比今本好。① 徐复观不赞同两种传本同时共存的说法，而认为二者是历时发展的关系："由先秦以至西汉皆《德经》在前、《道经》在后，这种情形或因老子本人多言德而少言形而上之道，由此次序以保持其思想发展之迹。或者只反映出《德经》集结于先，《道经》集结于后，另无其他深意。但《老子》本书言及道德时，皆道先德后，所以在西汉末甚或迟至东汉，有人按道先德后的语义，而把全书上下的次序倒转过来，并把儒生章句之学应用到《老子》上，分为八十一章。"② 严灵峰则坚持道先德后才是《老子》原貌，而帛书的篇次可能是"竹书存放的次序由右而左，而传抄者却由左而右顺序取出抄写"③。郭店楚简出土后，《老子》版本问题更加受到重视。池田知久从简本《老子》甲乙丙三组文本中分别抽取性质各异的存在版本问题的一个段落，与帛书本及诸通行本的相应段落比较分析，得出郭店本是"尚处于形成阶段的、目前所见最古的《老子》文本"④ 的结论。许抗生、裘锡圭等学者主张郭店简《老子》只是《老子》的一种节选本。⑤ 韩禄伯在达慕思大学郭店简国际学术研讨会总结发言中指出，三组郭店《老子》与今本《老子》的关系，大家提出了两种主要的可能性：一是郭店本是今本的摘抄，二是郭店本从一组口传的文献中选录成编，后来与其他材料一起被整理为今本。⑥ 郭沂则认为，郭店简本优于今本，且是一个原始的完整的本子，因为从文字看，今本难解粗陋之处

---

①　高亨、池曦朝：《试谈马王堆汉墓中的帛书〈老子〉》，《文物》1974 年第 11 期。

②　徐复观：《帛书〈老子〉所反映出的若干问题》，香港《明报月刊》1975 年第 6 期。

③　严灵峰：《马王堆帛书老子试探》，台北：河洛图书出版社，1976，第 11 页。

④　〔日〕池田知久：《尚处形成阶段的〈老子〉最古文本——郭店楚简〈老子〉》，载陈鼓应主编《道家文化研究》第十七辑，北京：三联书店，1999，第 167 页。

⑤　许抗生：《初读郭店竹简〈老子〉》，载国际儒联学术委员会编《中国哲学》第二十辑，沈阳：辽宁教育出版社，2000，第 95 页；裘锡圭：《郭店〈老子〉简初探》，载陈鼓应主编《道家文化研究》第十七辑，第 27～28 页。

⑥　邢文编译《郭店〈老子〉：东西方学者的对话》，第 138 页。

往往由讹误所致，从分篇和章次看，简帛更合理、更符合原作者本意。①
沈清松主张，郭店简《老子》是一种受到儒家诠释影响的版本，虽属迄今
最早的抄本，但既不是唯一的抄本，也很难说是最接近原本的抄本。②

　　学者们也多注意到郭店《老子》简甲组和丙组相当于通行本 64 章的
部分在语句上的差异，从而断定二者是"由两位不同作者抄自两种不同的
文本来源"③。丁四新通过简本《老子》与帛书本、通行本的比较研究，
总结了《老子》文本编辑的总体发展过程："从简本发展到帛甲本，帛甲
发展到帛乙本，贯穿于其中的总体原则就是成篇成书的指导思想；从帛乙
发展到西汉邻、傅、徐、刘四本，从这四本发展到以王弼本为代表的各通
行本，贯穿于其中的总体原则就是帛书乙本成篇成书的编辑结果上，再次
进行比较完整细致的章句划分，以满足老学系统中《经》、《传》、《说》
日益发展而日益相分别、相倚重的需要，同时亦满足学人对文意的理解和
文句记诵的需求。"④ 北大竹书《老子》的重现，加深了学界对《老子》
版本演变的认识。韩巍通过简背划痕的能否衔接判定，北大简本《老子》
的章序与帛书本不一致而与今本一致，这"一方面将《老子》今本章序
的形成提前到了西汉中期甚至更早，另一方面也证明《老子》在西汉中期
尚未固定为今本八十一章的面貌，当时可能还存在多种分章形式的版
本"⑤。他还通过一些文句的比勘总结了北大简本《老子》的文本特点：
既有大量同于帛书本而异于今本的地方，也有不少异于帛书本而合于今本
的地方，还有少数异于帛书本和今本却合于郭店本的地方，表现出介于帛
书甲、乙本与今本（王弼、河上公本）之间的"过渡性"，在郭店本、帛
书甲乙本和今本之间架起了一座桥梁。

（二）关于《缁衣》

　　廖名春比较了郭店楚简本《缁衣》与《礼记·缁衣》，认为有三点主
要不同：第一，"一般而言，楚简本的章次较《礼记·缁衣》合理"。第
二，"楚简本征引《诗》、《书》之序与《礼记·缁衣》也颇有不同"：楚

① 郭沂：《从郭店楚简〈老子〉看老子其人其书》，《哲学研究》1998 年第 7 期。
② 沈清松：《郭店楚简〈老子〉的道论与宇宙论——相关文本的解读与比较》，载《中国哲
　学》第二十一辑，沈阳：辽宁教育出版社，2000，第 176～177 页。
③ 罗浩：《郭店〈老子〉对文中一些方法论问题》，载陈鼓应主编《道家文化研究》第十
　七辑，第 202 页。
④ 丁四新：《郭店楚墓竹简思想研究》，第 42～43 页。
⑤ 韩巍：《北大汉简〈老子〉简介》，《文物》2011 年第 6 期。

简本称引《诗》《书》有严格规律，都是先《诗》后《书》，《礼记·缁衣》本则有两章先《书》后《诗》。第三，"楚简本文字与《礼记·缁衣》也有一些出入"：楚简本通假字多，书写不如《礼记·缁衣》规范，但有意义之别的异文往往胜过《礼记·缁衣》。① 胡治洪则分析了《缁衣》郭店本、上博本与传世本之章句与思想的异同：首先，《缁衣》传世本总共二十五章，而郭店本和上博本的章节数则分别是二十三和二十二。具体地说，"传世本的第一、十六、十八这三章，乃是郭店本和上博本所无而为汉儒所加的"。其次，"三个文本的章序也存在差异"。再次，"在章句文字方面，严格说来，三个文本之间几乎没有一章是彼此雷同的"："郭店本与上博本的差异多属书写习惯、引文详略、文字衍夺等原因所致"，而传世本与二者之间，却因传世本"章句文字的改动而存在着重大的思想内容差异"。②

（三）关于《五行》

帛书《五行》和郭店简《五行》的版本区别很明显，学者们的概括也大体相似：其一，帛书本是马王堆帛书《老子》甲本卷后古佚书的一种，无篇题，有学者命名为《五行》，有学者命名为《德行》，郭店本本身即有篇题"五行"③。其二，帛书本有"经"有"说"，郭店本有"经"无"说"④。其三，"从形式上看，显然马王堆《五行》要比郭店《五行》经历过更多的修整，因此，可以认为郭店《五行》是战国后期的古本，而马王堆《五行》是数十年后形成的战国末期的新文本"⑤。其四，在章节上，两书有两处不同："一处靠近末尾，谈认识论的那几章"，"另一处章节上的不同较大，涉及到第十章至第二十章间的所有次序，而且关系到思想内容方面"，但"从文理和逻辑来分析，帛书本的次序，较为合理，因而可能是本来的面目"。⑥

---

① 廖名春：《荆门郭店楚简与先秦儒学》，载《中国哲学》第二十辑，第 37～42 页。
② 胡治洪：《原始儒家德性政治思想的遮蔽与重光——〈缁衣〉郭店本、上博本与传世本斠论》，载郭齐勇主编《儒家文化研究》第一辑"新出楚简研究专号"，北京：三联书店，2007，第 177～184 页。
③ 陈来：《竹帛〈五行〉与简帛研究》，第 9 页。
④ 庞朴：《竹帛〈五行〉篇比较》，载《中国哲学》第二十辑，第 221 页。
⑤ 〔日〕池田知久：《郭店楚简〈五行〉研究》，载《中国哲学》第二十一辑，第 101～102 页。
⑥ 庞朴：《竹帛〈五行〉篇比较》，载《中国哲学》第二十辑，第 222、223 页。

五　出土简帛与中国哲学史研究

出土简帛尤其是郭店楚简在一定程度上修正或改变了人们对先秦哲学史的某些观念，其中涉及儒道关系、道家发展趋向、郭店儒简的思想归属和早期宇宙论等问题。

（一）早期儒道关系

郭店楚简的出土，为学界重新认识早期的儒道关系提供了重要资料。在郭店本《老子》中，没有后来通行本中"绝仁弃义""绝圣弃智"等与儒家针锋相对的话语。据此，大多数学人认为早期的儒道在思想上并不激烈冲突，而是"儒道相谋"①的。然而，也有一些不同意见，冯国超就认为："以楚简《老子》为依据，认为其中无反仁义的观点，所以认定庄子前的儒道两家是和平共处的，却忽略了一个重要的前提，就是楚简《老子》是原始《老子》的全本还是节抄本。若是节抄本，你怎么能知道未抄的部分是个什么样子，并且肯定是不反仁义的呢？"②曹峰则主张，"通过郭店本可以看出，大约战国中期或更早的《老子》并非与儒家相敬如宾，但反儒也没有像汉代那么强烈、系统"③。

（二）道家发展趋向

鉴于简本与今本之间的差异，郭沂分析了今本在思想内容上对简本的五个方面的发展："一是理论思维上的玄虚化、思辨化，二是政治倾向上的权术化，三是学术观点上的非儒化，四是大大发展和丰富了原有的有、无、道等范畴和宇宙论等学说，五是提出阴阳、明等新范畴和新思想。"④刘文英师则将通行本对简本的发展概括为"道论的思辨化""道术的权术化"和"道家与儒家的对立化"三个方面，并举例进行较为详细的论证。⑤

---

① 如李存山说"除《老子》和《太一生水》外，我们从属于儒家著作的楚简其他篇中也可见到'儒道相谋'的迹象"（李存山：《从郭店楚简看早期儒道关系》，载《中国哲学》第二十辑，第 200 页）。

② 冯国超：《郭店楚墓竹简研究述评（下）》，《哲学研究》2001 年第 4 期。

③ 曹峰：《先秦思想多元性及其研究的方法论问题——以新出楚简文献为契机》，《史学月刊》2012 年第 12 期。

④ 郭沂：《楚简〈老子〉与老子公案——兼及先秦哲学若干问题》，载《中国哲学》第二十辑，第 133 页。

⑤ 刘文英主编《中国哲学史》上卷，第 116～121 页。

（三）郭店儒简的思想归属

庞朴指出，郭店楚简中的十四篇儒家经典"正是由孔子向孟子过渡时期的学术史料，儒家早期心性说的轮廓，便隐约显现其中"①。李学勤也认为，郭店楚简中的儒书"都与子思有或多或少的关连，可说是代表了由子思到孟子之间儒学发展的链环"②。李泽厚则主张，"竹简明确认为'仁内义外'，与告子同，与孟子反。因之断定竹简属'思孟学派'，似嫌匆忙，未必准确。相反，竹简给我的总体印象，毋宁更接近《礼记》及荀子"，"更可能是当时派系分化尚不鲜明，只是处在某种差异状态中，因此不能判其属于某派某子"③。池田知久以郭店《五行》为研究对象反对将之归为思孟学派的著作，而是认为"郭店《五行》是以孟子、荀子的思想为中心，折衷了许多先秦时代的儒家思想，进而吸收了儒家以外诸子百家思想，由某位属于儒家的思想家执笔完成的文献"④。

（四）早期宇宙论

庞朴认为，《太一生水》描述了一种与《周易》《老子》都不相同的有机的宇宙生成论，它的特色在于肯定"反辅"的作用和指出宇宙生成至"成岁而止"⑤。许抗生也指出，《太一生水》的思想几乎是现存先秦诸子学中从未见过的一种新宇宙生成论思想，"太一生水"说是对老子"尚水"思想的发挥。⑥ 刘文英师认为，《太一生水》的尚水传统"不但上承于简本《老子》，而且在先民创世神话的混沌观念中还有更古老的渊源"，"'反辅'与'相辅'是极有创造性的两个新概念。太一生水、生万物是一个顺向的过程。水反辅太一、天反辅太一是一个逆向的过程。顺向与逆向的双向互动，使其宇宙图式成为一种有顺有逆、有来有往的螺旋形，很形象地体现了简本《老子》的'反也者，道动也'，这一点至今尚未引起人们的注意"⑦。李锐将"气是自生"视为《恒先》篇独特的宇宙论，它

---

① 庞朴：《孔孟之间——郭店楚简的思想史地位》，《中国社会科学》1998 年第 5 期。
② 李学勤：《先秦儒家著作的重大发现》，载《中国哲学》第二十辑，第 16 页。
③ 李泽厚：《初读郭店竹简印象记要》，载《中国哲学》第二十一辑，第 8、9 页。
④ 〔日〕池田知久：《池田知久简帛研究论集》，曹峰译，北京：中华书局，2006，第 70 页。
⑤ 庞朴：《一种有机的宇宙生成图式——介绍楚简〈太一生水〉》，载陈鼓应主编《道家文化研究》第十七辑，第 301～305 页。
⑥ 许抗生：《初读太一生水》，载陈鼓应主编《道家文化研究》第十七辑，第 306 页。
⑦ 刘文英：《关于〈太一生水〉的几个问题》，载艾兰、邢文编《新出简帛研究——新出简帛国际学术研讨会文集》，北京：文物出版社，2004，第 271、272 页。

与突出"有生于无"的宇宙生成论相近而不同,与突出生成秩序的数术生成论相近而不同,与将上述两者结合起来的混合型生成论也相近而不同。①曹峰主张"气是自生"在《恒先》中的出现和反复强调,至少证明在阴阳气化模式之外,中国古代还存在一种自生的生成模式。此外,从"气是自生""恒莫生气"中可以明确地提炼出一种新的生成动力因。王中江从总体上概括出土简帛对宇宙生成论的贡献:"新出土简帛文献《太一生水》、《恒先》和《凡物流形》三篇佚文,使我们看到了中国古代早期三种新的宇宙生成模式",它们"都不是直接把'道'作为宇宙创生和起源的开端","这三种解释,进一步证明,中国古代的宇宙观主要是'生成论'而不是'构成论'","只关注宇宙的生成和变化问题,他们不考虑宇宙的最终归宿问题"。②

　　总之,一系列有关中国哲学的简帛出土后,学界不仅进行了认真细致的整理工作,而且对这些出土简帛的史料属性、与之相关的史料研究方法乃至相关的中国哲学史问题进行了研究。这些研究开阔了我们的学术视野,深化了我们对中国哲学史尤其是先秦哲学史的认识。

---

①　李锐:《"气是自生":〈恒先〉独特的宇宙论》,《中国哲学史》2004 年第 3 期。

②　王中江:《出土简帛文献与古代思想世界新视野(上)》,《学术月刊》2012 年第 9 期。

参考文献

一 古籍类

（汉）刘安：《淮南子集释》，何宁集释，《新编诸子集成》本，北京：中华书局，1998。

（汉）司马迁：《史记》，北京：中华书局，1959。

（汉）班固撰、（唐）颜师古注《汉书》，北京：中华书局，1962。

（宋）程颢、程颐：《二程集》上册，北京：中华书局，2004。

（宋）苏轼：《苏轼集》，影印文渊阁《四库全书》本。

（清）李颙：《二曲集》，北京：中华书局，1996。

（清）戴震：《戴震集》，上海：上海古籍出版社，1980。

（清）段玉裁：《经韵楼集》，《续修四库全书》本。

（清）黄宗羲：《明儒学案》（修订本），北京：中华书局，2008。

（清）顾炎武：《亭林文集》，上海：上海古籍出版社，1996。

（清）章学诚：《章学诚遗书》，北京：文物出版社，1985。

（清）张之洞：《读书法》，北平：文化学社，1931。

（清）张之洞：《书目答问》，上海：商务印书馆，1935。

二 著作类

艾兰、邢文编《新出简帛研究——新出简帛国际学术研讨会文集》，北京：文物出版社，2004。

蔡仲德：《冯友兰先生年谱初编》，郑州：河南人民出版社，2001。

曹伯言、李维龙编著《胡适年谱》，合肥：安徽教育出版社，1986。

曹伯言整理《胡适日记全编》第1、2、3、4、8册，合肥：安徽教育出版社，2001。

陈鼓应主编《道家文化研究》第十七辑，北京：三联书店，1999。

陈来：《现代中国哲学的追寻——新理学与新心学》，北京：人民出版社，2001。

陈来：《竹帛〈五行〉与简帛研究》，北京：三联书店，2009。

陈来主编《不息集——回忆张岱年先生》，北京：北京大学出版社，2005。

陈少明：《经典世界中的人、事、物》，上海：上海三联书店，2008。

陈士强主编《中国学术名著提要·宗教卷》，上海：复旦大学出版社，1997。

陈寅恪：《金明馆丛稿二编》，上海：上海古籍出版社，1980。

陈垣：《校勘学释例》，北京：中华书局，1959。

陈智超主编《陈垣全集》第2、22册，合肥：安徽大学出版社，2009。

丁四新：《郭店楚墓竹简思想研究》，北京：东方出版社，2000年。

丁文江、赵丰田编《梁任公先生年谱长编（初稿）》，北京：中华书局，2010。

方克立：《现代新儒家与中国现代化》，天津：天津人民出版社，1997。

冯友兰：《三松堂全集》第1、2、4、5、6、7、8、11、13卷，郑州：河南人民出版社，2001。

冯友兰：《三松堂学术文集》，北京：北京大学出版社，1984。

高平叔编《蔡元培全集》第3卷，北京：中华书局，1984。

葛懋春、李兴芝编《胡适哲学思想资料选》上，上海：华东师范大学出版社，1981。

耿云志、欧阳哲生编《胡适书信集》上、下册，北京：北京大学出版社，1996。

耿云志编《胡适评传》，上海：上海古籍出版社，1999。

耿云志主编《胡适遗稿及秘藏书信》第6、7、8、9、20、21、37册，合肥：黄山书社，1994。

耿云志主编《胡适研究丛刊》第一辑，北京：北京大学出版社，1995。

顾颉刚编著《古史辨》第1、4册，上海：上海古籍出版社，1981。

郭齐勇、吴根友编《萧萐父教授八十寿辰纪念文集》，武汉：湖北教育出版社，2004。

郭齐勇主编《儒家文化研究》第一辑"新出楚简研究专号"，北京：

三联书店，2007。

国际儒联学术委员会编《中国哲学》第二十辑，沈阳：辽宁教育出版社，2000。

贺麟：《当代中国哲学》，南京：胜利出版公司，1945。

胡不归等：《胡适传记三种》，合肥：安徽教育出版社，2002。

胡道静等主编《藏外道书》，成都：巴蜀书社，1992。

胡适：《尝试集》（增订四版），北京：人民文学出版社，1984。

胡适：《胡适古典文学研究论集》下册，上海：上海古籍出版社，1988。

胡适：《胡适留学日记》，上海：商务印书馆，1947。

胡适：《中国哲学史大纲》卷上，上海：商务印书馆，1919。

胡颂平编著《胡适之先生年谱长编初稿》，台北：联经出版事业公司，1984。

黄寿祺：《易学群书平议》，北京：北京师范大学出版社，1988。

季维龙编《胡适著译系年目录》，合肥：安徽教育出版社，1995。

季甄馥、高振农著《中国近代哲学史史料学简编》，上海：华东师范大学出版社，1992。

姜义华主编《胡适学术文集·中国佛学史》，北京：中华书局，1997。

蒋广学、何卫东：《梁启超评传》，南京：南京大学出版社，2005。

蓝吉富：《佛教史料学》，台北：东大图书股份有限公司，1997。

李超杰、边立新主编《20世纪中国哲学著作大辞典》，北京：警官教育出版社，1994。

李国俊编《梁启超著述系年》，上海：复旦大学出版社，1986。

李喜所、元青：《梁启超传（修订本）》，北京：人民出版社，2010。

李学勤主编《清华大学藏战国楚简（贰）》，上海：中西书局，2011。

梁启超：《清代学术概论》，上海：上海古籍出版社，1998。

梁启超：《饮冰室合集》第1～12册，北京：中华书局，1989。

刘鄂培、衷尔钜编《张岱年研究》，北京：清华大学出版社，2004。

刘建国：《先秦伪书辨正》，西安：陕西人民出版社，2004。

刘建国：《中国哲学史史料学概要（上下）》，长春：吉林人民出版社，1983。

刘梦溪主编《中国现代学术经典·陈垣卷》，石家庄：河北教育出版社，1996。

　　刘文英、曹田玉：《梦与中国文化》，北京：人民出版社，2003。

　　刘文英：《精神系统与新梦说》，天津：南开大学出版社，1998。

　　刘文英：《漫长的历史源头：原始思维与原始文化新探》，北京：中国社会科学出版社，1996。

　　刘文英：《梦的迷信与梦的探索》，北京：中国社会科学出版社，1989。

　　刘文英：《儒家文明·传统与传统的超越》，天津：南开大学出版社，1999。

　　刘文英：《中国古代的时空观念（修订本）》，天津：南开大学出版社，2000。

　　刘文英：《中国古代意识观念的产生与发展》，上海：上海人民出版社，1985。

　　刘文英：《中国哲学通论讲义稿》，曹树明课堂记录，2002年下半年，稿本。

　　刘文英主编《中国哲学史》上卷，天津：南开大学出版社，2002。

　　刘文英主编《中国哲学史史料学》，北京：高等教育出版社，2002。

　　柳诒徵：《柳诒徵史学论文续集》，上海：上海古籍出版社，1991。

　　鲁迅：《鲁迅全集》卷12，北京：人民文学出版社，1981。

　　吕澂：《吕澂佛学论著选集》卷三，济南：齐鲁书社，1991。

　　罗尔纲：《师门五年记——胡适琐记（增补本）》，北京：三联书店，1998。

　　马承源主编《上海博物馆藏战国楚竹书（一）》，上海：上海古籍出版社，2002。

　　蒙默编《蒙文通学记》，北京：三联书店，1993。

　　孟祥才：《梁启超传》，北京出版社，1980。

　　欧阳哲生：《自由主义之累——胡适思想的现代阐释》，上海：上海人民出版社，1993。

　　欧阳哲生编《胡适文集》第1、2、3、4、5、6、7、8、10、11、12册，北京：北京大学出版社，1998。

　　欧阳哲生主编《傅斯年全集》第3、7卷，长沙：湖南教育出版社，2003。

潘富恩主编《中国学术名著提要·哲学卷》，上海：复旦大学出版社，1992。

潘懋元主编《高等教育研究方法》，北京：高等教育出版社，2008。

骈宇骞、段书安编著《二十世纪出土简帛综述》，北京：文物出版社，2006。

钱穆：《论语新解》，北京：三联书店，2005。

裘锡圭：《中国出土古文献十讲》，上海：复旦大学出版社，2004。

任继愈主编《道藏提要》，北京：中国社会科学出版社，1991。

商聚德、韩进军：《中国哲学史史料学论稿》，石家庄：河北教育出版社，2004。

商聚德、刘荣兴、李振纲主编《中国传统文化导论》，保定：河北大学出版社，1996。

沈颂金：《二十世纪简帛学研究》，北京：学苑出版社，2003。

石峻：《石峻文存》，北京：华夏出版社，2006。

宋志明、梅良勇：《冯友兰学术思想评传》，北京：北京图书馆出版社，1999。

唐德刚译《胡适杂忆》，北京：华文出版社，1990。

王国维：《古史新证——王国维最后的讲义》，北京：清华大学出版社，1994。

王国维：《王国维遗书》第五册《静安文集续编》，上海古籍书店据商务印书馆1940年版影印，1983。

吴其昌：《梁启超传》，天津：百花文艺出版社，2004。

萧超然等编《北京大学校史1898—1949》，北京：北京大学出版社，1988。

萧萐父、许苏民：《明清启蒙学术流变》，沈阳：辽宁教育出版社，1995。

萧萐父：《吹沙二集》，成都：巴蜀书社，1999。

萧萐父：《吹沙集》，成都：巴蜀书社，1999。

萧萐父：《吹沙纪程》，朱哲编，上海：上海文艺出版社，1998。

萧萐父：《吹沙三集》，成都：巴蜀书社，2007。

萧萐父：《中国哲学史史料源流举要》，武汉：武汉大学出版社，1998。

邢贲思主编《中国哲学年鉴》，北京：中国大百科全书出版社，1983。

邢文编译《郭店〈老子〉：东西方学者的对话》，北京：学苑出版社，2002。

徐复观：《中国人性论史（先秦篇）》，上海：上海三联书店，2001。

许冠三：《新史学九十年》，长沙：岳麓书社，2003。

雪克编校《胡朴安学术论著》，杭州：浙江人民出版社，1998。

严灵峰：《马王堆帛书老子试探》，台北：河洛图书出版社，1976。

姚名达：《中国目录学史》，上海：上海古籍出版社，2002。

姚鹏、范桥编《胡适讲演》，北京：中国广播电视出版社，1992。

叶国良等编《出土文献研究方法论文集·初集》，台北：台大出版中心，2005。

银雀山汉墓竹简整理小组编《银雀山汉墓竹简〔壹〕》，北京：文物出版社，1985。

印顺：《太虚法师年谱》，北京：宗教文化出版社，1995。

余英时：《文史传统与文化重建》，北京：三联书店，2004。

余英时：《重寻胡适历程——胡适生平与思想再认识》，桂林：广西师范大学出版社，2004。

郁有学：《哲学与哲学史之间——冯友兰的哲学道路》，上海：华东师范大学出版社，2004。

张岱年：《张岱年全集》第1、2、3、4、5、6、8卷，石家庄：河北人民出版社，1996。

张国义：《朱谦之学术研究》，北京：中国文联出版社，2008。

张继禹主编《中华道藏》第一册，北京：华夏出版社，2004。

张心澂编著《伪书通考》，上海：商务印书馆，1939。

章太炎：《章太炎先生自定年谱》，上海：上海书店，1986。

章太炎讲演、曹聚仁记录：《国学概论》，成都：巴蜀书社，1987。

郑大华整理《胡适全集》第13卷，合肥：安徽教育出版社，2003。

中国人民大学哲学系编《中国哲学的继承与创新·纪念石峻教授八十华诞论文集》，北京：中国人民大学出版社，1999。

中国社会科学院近代史研究所中华民国史研究室编《胡适的日记》下册，北京：中华书局，1985。

中国社会科学院近代史研究所中华民国史组编《胡适来往书信选》

上、中、下册，北京：中华书局，1979。

　　周质平：《胡适与中国现代思潮》，南京：南京大学出版社，2002。

　　周质平编译《不思量，自难忘——胡适给韦莲司的信》，合肥：安徽教育出版社，2001。

　　朱伯崑：《易学哲学史》第一卷，北京：华夏出版社，1995。

　　朱谦之：《现代思潮批评》，北京：新中国杂志社，1920。

　　朱谦之：《中国哲学史史料学》，北京大学图书馆藏油印本，1957。

　　朱谦之：《朱谦之文集》第1~7卷，福州：福建教育出版社，2002。

　　祝鸿熹、洪湛侯主编《文史工具书词典》，杭州：浙江古籍出版社，1990。

　　《道藏》第1册，北京：文物出版社，上海：上海书店，天津：天津古籍出版社，1988。

　　《儒藏》精华编第220册，北京：北京大学出版社，2007。

　　《中国哲学》第二十一辑，沈阳：辽宁教育出版社，2000。

　　《中国哲学与文化》第6辑，桂林：广西师范大学出版社，2010。

　　〔德〕康德：《历史理性批判文集》，何兆武译，北京：商务印书馆，1990，第22页。

　　〔美〕T. S. 库恩：《科学革命的结构》，李宝恒、纪树立译，上海：上海科学技术出版社，1980。

　　〔日〕池田知久：《池田知久简帛研究论集》，曹峰译，北京：中华书局，2006。

三　论文类

　　白奚：《超越疑古　回归本真——由〈先秦伪书辨正〉一书说起》，《中国人民大学学报》2005年第3期。

　　曹峰：《出土文献与思想史研究方法论刍议》，《社会科学》2012年第11期。

　　曹峰：《融合最新学术成果的〈郭店楚墓竹书〉》，《中华读书报》2012年8月1日15版。

　　曹峰：《先秦思想多元性及其研究的方法论问题——以新出楚简文献为契机》，《史学月刊》2012年第12期。

　　曹玉田：《刘文英》，载方克立、王其水主编《二十世纪中国哲学

（第二卷）·人物志下》，北京：华夏出版社，1995。

陈来：《恺悌君子　教之诲之——张岱年先生与我的求学时代（上）》，《文史知识》2005年第2期。

陈生玺：《潜研道藏死方休——缅怀道藏学大师陈国符先生》，《群言》2001年第7期。

陈生玺：《痛忆刘文英教授》，《中华读书报》2006年4月11日。

丁兴富：《当代开放远距离教育发展和革新中的重大课题》，《中国远程教育》1997年第7期。

董群：《石峻先生与中国佛教哲学的研究》，《中国哲学史》2007年第1期。

方用：《试论朱谦之〈周易哲学〉中的"情"》，《周易研究》2007年第3期。

冯国超：《郭店楚墓竹简研究述评（下）》，《哲学研究》2001年第4期。

傅杰：《部分教学用书不该如此疏失》，《文汇报》2004年1月11日。

高亨、池曦朝：《试谈马王堆汉墓中的帛书〈老子〉》，《文物》1974年第11期。

郭齐勇：《史慧欲承章氏学　诗魂难扫瑷人愁——萧萐父教授学述》，载萧汉明、郭齐勇编《不尽长江滚滚来——中国文化的昨天、今天、明天》，北京：东方出版社，1994。

郭齐勇：《萧萐父：做人、做学问都要把根扎正》，《社会科学报》2008年12月4日。

郭齐勇：《坐我光风霁月中——追怀萧萐父先生二三事》，《读书》2009年第3期。

郭沂：《从郭店楚简〈老子〉看老子其人其书》，《哲学研究》1998年第7期。

韩巍：《北大汉简〈老子〉简介》，《文物》2011年第6期。

贺更粹：《"纪念石峻教授诞辰90周年学术研讨会"综述》，《中国人民大学学报》2006年第6期。

胡适：《诸子不出于王官论》，《太平洋杂志》第1卷第7号，太平洋出版社，1917。

湖南省博物馆、中国科学院考古研究所：《长沙马王堆二、三号汉墓发掘报告》,《文物》1974 年第 7 期。

黄敦兵:《"国际明清学术思想研讨会暨纪念萧萐父先生诞辰八十五周年"综述》,《哲学动态》2010 年第 1 期。

黄夏年:《朱谦之著述目录》,《世界宗教研究》1999 年第 2 期。

黄钊:《关于研究出土简帛文献的方法论思考——回顾简、帛〈老子〉研究有感》,《中国哲学史》2001 年第 3 期。

雷戈:《论史料》,《史学月刊》2003 年第 8 期。

李存山:《张岱年先生与新唯物论》,《哲学研究》2005 年第 9 期。

李锐:《"气是自生":〈恒先〉独特的宇宙论》,《中国哲学史》2004 年第 3 期。

李翔海:《中国文化现代化历程的哲学省思》,《中国社会科学》2002 年第 6 期。

李宗桂:《评中国哲学史史料学概要》,《社会科学评论》1986 年第 6 期。

廖名春:《梁启超古书辨伪方法的再认识》,《汉学研究》1998 年第 1 期。

廖名春:《为往圣继绝学,集儒史之大成——读四川大学编〈儒藏〉之首批成果》,《西南民族大学学报》2005 年第 9 期。

刘建平:《论萧萐父的"道家风骨"》,《武汉大学学报(人文社会科学版)》2010 年第 1 期。

刘文典:《怎样叫做中西学术之沟通》,《新中国》第一卷第六号(1919 年 10 月 15 日)。

刘文英:《认识的分疏与认识论的类型——中国传统哲学认识论的新透视》,《哲学研究》2003 年第 1 期。

刘文英:《我对中国古代梦说的研究》,载北京大学中国传统文化研究中心编《文化的馈赠——汉学研究国际会议论文集·哲学卷》,北京:北京大学出版社,2000。

刘文英:《中国传统精神哲学论纲》,《中国哲学史》2002 年第 1 期。

刘文英:《中国传统哲学的名象交融》,《哲学研究》1999 年第 6 期。

刘文英:《中国哲学史百年述评与展望》,《中国哲学史》2001 年第 1 期。

刘笑敢:《出土简帛对文献考据方法的启示(之二)——文献析读、

证据比较及文本演变》，《中国哲学史》2010 年第 2 期。

马力、宋薇：《革故鼎新 别开生面》，《中国图书评论》2005 年第 8 期。

牟钟鉴、胡孚琛：《旧梦说的整理和新梦说的提出——读刘文英〈梦的迷信与梦的探索〉》，《哲学研究》1991 年第 1 期。

庞朴：《孔孟之间——郭店楚简的思想史地位》，《中国社会科学》1998 年第 5 期。

钱学森：《钱学森同志的一封信》，《哲学研究》1991 年第 6 期。

任继愈：《〈中华大藏经〉编纂记》，《光明日报》2005 年 7 月 14 日第 9 版。

商聚德：《关于完善"中国哲学史史料学"体系的构想》，《河北大学学报》1999 年第 4 期。

商聚德：《儒学精神及其现代意义》，《河北大学学报》1995 年第 2 期。

施田：《"吹尽狂沙始到金"——记哲学史家萧萐父的学术耕耘》，载上海中西哲学与文化交流研究中心编《时代与思潮（3）——中西文化交汇》，上海：学林出版社，1990。

舒大刚：《儒藏总序——论儒学文献整理的必要性和紧迫性》，《西南民族大学学报》2005 年第 9 期。

宋志明：《哲学史家——石峻》，《中国人民大学学报》1989 年第 5 期。

宋志明：《中国近现代哲学史学科的奠基人——石峻学术思想评述》，《中国哲学史》2007 年第 1 期。

孙道升：《现代中国哲学界之解剖》，《北平晨报》1936 年 10 月 7 日。

唐兰：《马王堆出土〈老子〉本卷前古佚书研究》，《考古学报》1975 年第 1 期。

唐文明：《何谓现代性》，《哲学研究》2000 年第 8 期。

王传富、汤学锋：《荆门郭店一号楚墓》，《文物》1997 年第 7 期。

王中江：《出土简帛文献与古代思想世界新视野（上）》，《学术月刊》2012 年第 9 期。

温克勤：《石峻先生和伦理学研究》，《伦理学研究》2007 年第 3 期。

谢维扬：《古书成书和流传情况研究的进展与古史史料学概念——为纪念〈古史辨〉第一册出版八十周年而作》，《文史哲》2007 年第 2 期。

徐复观：《帛书〈老子〉所反映出的若干问题》，香港《明报月刊》1975 年第 6 期。

杨庆中：《石峻先生传略》，《湖南科技学院学报》2005 年第 9 期。

杨庆中：《石峻先生的中国哲学史史料学研究》，《中国哲学史》2007 年第 1 期。

杨庆中：《石峻先生的中国哲学研究》，《湖湘论坛》1999 年第 5 期。

杨庆中：《石峻先生学述》，载《中国哲学的继承与创新·纪念石峻教授八十华诞论文集》，北京：中国人民大学出版社，1999。

杨羽、张颖：《刘文英和他的哲学世界》，《人物》2000 年第 5 期。

张晓楠：《〈子藏〉工程首批成果发布》，《中国文化报》2011 年 12 月 17 日第 1 版。

张扬：《发生学方法与中国哲学史研究——读刘文英先生的两部哲学史专著》，《兰州大学学报》1988 年第 3 期。

周予同：《五十年来中国之新史学》，《学林》1941 年第 4 期。

朱凤瀚、韩巍、陈侃理：《北京大学藏西汉竹书概说》，《文物》2011 年第 6 期。

朱谦之：《朱谦之的回忆》，载高军等主编《无政府主义在中国》，长沙：湖南人民出版社，1984。

《北京大学藏西汉竹书》，《解放日报》2013 年 2 月 26 日。

四　外文论著

Chen Derong, *Category and Meaning*: *A Critical Study of Feng Youlan's Metaphysics*, University of Toronto, Thesis of Ph. D, 2005.

Fung Yu-lan, *A Short History of Chinese Philosophy*, *Selected Philosophical Writings of Fung Yu-lan*, Foreign Languages Press, Beijing, 1991.

Hu Shih (Suh Hu), "Hu Shih's Review on Fung Yu-Lan's *History of Chinese Philosophy*", *The American Historical Review*, vol. LX, No. 1 (July, 1955).

Hu Shih (Suh Hu), *The Development of the Logical Method in Ancient China*, the Oriental Book Company, Shanghai, 1922.

Liu Wenying, *An Oriental Interpretation of Dreams*, China Social Sciences Publishing House, 1995.

关键词索引

人名索引

后　记

　　我本是以佛教哲学为主要研究方向的，博士学位论文即以《〈肇论〉思想意旨及其历史演变》为题。因此，转到《中国哲学史史料学史论》这个课题似乎并不是那么合乎逻辑。但事实上，对我而言两个课题之间却是存在着一定的联系的。和许多其他中国古籍一样，《肇论》并不是一开始就是我们所见的通行本的那个样子，它的形成有一个过程。研究其形成过程尤其是历代注疏本时，我惊奇地发现，原来不同版本的《肇论》在文字上竟然存在着很大的差异，有些差异甚至会导致义理的不同。这个发现使我开始关注佛经的版本。随着版本研究的深入，与之相关的校勘、目录、辨伪、辑佚等都逐渐纳入我的视野。于是，我决心研究中国佛教史史料学，这是一个学界不甚关注的领域。然而也正因为学界的关注不足，当我试图进入其中时，从何处下手就成了一个大难题。所以，必须首先找到研究方法。如何找到研究方法呢？我认为应该从相关的史料学学科中去获取。我的专业是中国哲学，因此之故，中国哲学史史料学的学科发展史就成了我思考的课题。

　　接触中国哲学史史料学，始于 2000 年。这年，商聚德先生为我们开设了该门课程。这门课我总共听过两次，第一次是必修，第二次则是为了考博。虽然其中掺杂着一定的功利目的，但这门课程也确实培养了我对中国哲学史史料学的兴趣。真正动手研究中国哲学史史料学史，是在我来到陕西师范大学之后，此中主要机缘之一则是该课题得到了刘学智先生的认可和支持，这对我展开该课题无疑是极大的鼓舞。所以，该书得以面世，首先要感谢的是多年来一直培养和教导我的刘学智先生。书中处处渗透着刘师的心血。书稿完成后，交由林乐昌先生审阅。他认为，将中国哲学史史料学史的后两个阶段称为"发展——第一阶段"和"发展——第二阶段"存在逻辑关系不清的问题。其实，我自己也多少有些这种感觉。经过林先生点醒，更加确定这样概括有失妥当。反复斟酌和思考之后，我将后两个阶段改称为"发展阶段"和"突破阶段"，并提出了理由。故而，书稿在这个问题上得以完善，乃得益于林乐昌先生的启发。对此，我表示衷心的感谢。写作期间，宋锡同博士跑到北京大学图书馆为我复印朱谦之先生的油印本《中国哲学史史料学》，为拙著的完成提供了必要的一手资料，这也是令我很感动的。我的研究生马波涛和范茹丹帮我校对了书稿的第二次清样，在此一并致谢。

经过申报，拙著于 2010 年 12 月获得了国家社科基金后期资助项目的资助，没有这笔经费，此书的问世至少不会这么顺利。所以，请允许我对全国哲学社会科学规划办公室及国家社科基金项目的评审专家致以诚挚的敬意，尤其感谢评审专家为书稿提出修改意见。此外，我还要感谢社会科学文献出版社的领导和编辑，谢谢他们对拙著出版的支持和帮助。

最后，感谢我的家人。年迈的母亲一直在老家默默支持我的工作，妻子姜春兰细心照顾我的日常生活，女儿曹艺凡虽然很想跟爸爸玩耍但在我工作时也不打扰，这一切我都铭记在心，也化作了我继续努力工作的动力。

曹树明

2013 年 7 月 22 日于陕西师范大学

图书在版编目（CIP）数据

中国哲学史史料学史论/曹树明著. —北京：社会科学
文献出版社，2014.3
（国家社科基金后期资助项目）
ISBN 978-7-5097-5568-6

Ⅰ.①中… Ⅱ.①曹… Ⅲ.①哲学史-史料学-研究-中国
Ⅳ.①B2

中国版本图书馆 CIP 数据核字（2014）第 012597 号

·国家社科基金后期资助项目·

中国哲学史史料学史论

著　　者 / 曹树明	

出 版 人 / 谢寿光
出 版 者 / 社会科学文献出版社
地　　址 / 北京市西城区北三环中路甲 29 号院 3 号楼华龙大厦
邮政编码 / 100029

责任部门 / 人文分社　（010）59367215		责任编辑 / 袁卫华
电子信箱 / renwen@ ssap. cn		责任校对 / 张彦彬
项目统筹 / 宋月华		责任印制 / 岳　阳

经　　销 / 社会科学文献出版社市场营销中心　（010）59367081　59367089
读者服务 / 读者服务中心（010）59367028

印　　装 / 三河市东方印刷有限公司		
开　　本 / 787mm×1092mm　1/16		印　张 / 22
版　　次 / 2014 年 3 月第 1 版		字　数 / 370 千字
印　　次 / 2014 年 3 月第 1 次印刷		
书　　号 / ISBN 978-7-5097-5568-6		
定　　价 / 89.00 元		